외식 경영 노하우

Successful Foodservice
Management Bible

박진우 지음

한 권으로 배우는
남기는 경영

매뉴얼로
경영하라

남기는 경영을 꿈꾸는 외식업 CEO, 골목 식당 사장님,

**외식 프랜차이즈 점포 경영자님들을
위한 필독서**

"줄만 많이 서면 뭐하니? 남아야 경영이지."

"가게 문을 열면 빚만 쌓여요."

남기는 경영을 위한 노하우

형설출판사
www.hyungseul.co.kr

프롤로그

"외식업은 참 어렵다."

이 말을 머리에 새기면서 책을 집필하였다. 지속적으로 치솟는 임대료와 식자재원가, 말할 것도 없이 매년 상승하는 인건비까지. 게다가 인건비는 둘째치고라도 어려운 일, 힘든 일을 하기 싫어하는 오늘의 현실이 외식업을 운영하기 더욱 힘들게 한다. 하지만 절망 속에 희망이 있다고 하였던가. 외식업은 그래도 지속적으로 성장하고 있고, 외식업을 희망의 직업으로 삼아 살아가는 사람들 역시 지속적으로 늘어나고 있다.

외식업의 운영은 어려운 것임에 틀림이 없다. 하지만 돌파구는 있다. 늘 누군가에게 정성을 다해서 음식을 만들어서 제공하고, 최선을 다해서 웃음으로 서비스한다면 성공하리라는 굳은 믿음을 가지고 외식업에 임하는 것, 그것이 바로 외식업 운영에 있어서 가장 중요한 점이다.

외식업은 머리로 하는 사업이 아니고 가슴으로 하는 사업이다. 그 가슴은 고객을 생각하고, 고객을 이해하고, 고객을 위해서 모든 것을 하는 것이다. 고객을 향해 끊임없이 그들을 위한 가치를 제공하려고 노력하면 그만큼 성공에 성큼 다가가 있을 것이다.

우리 외식 경영자들이 고객에게 제공하는 그 가치를 좀 더 과학적이고 체계적으로 쓰고 싶었고, 외식운영에 한 걸음 한 걸음 발전되기를 기원하면서 집필하였다. 마음은 있으나 양식이 없어 정확한 진단을 하지 못하고, 가치의 평가를 어떻게 해야 할지 모르고 있는 외식 경영자들에게 조금이나마 도움이 되게 하고 싶은 마음으로 하나씩 풀어서 써내려갔다. 조금은 편한 마음으로 편하게 글을 쓰려고 하였으며, 쉽게 읽고, 쉽게 이해하고, 쉽게 적용할 수 있도록 하기 위해서 나름의 노력을 기울였다.

외식업을 운영하는 데에는 운영에 있어서의 섬세함, 시장과 고객을 읽는 통찰력, 고객가치의 제공, 과학적 운영기법 등 다양한 능력이 요구된다. 이에 외식업을 운영하는 원리를 익히고, 운영원리의 학습을 통해서 다양한 정보를 체계화하여 복잡한 경영환경에 대처할 수 있도록 하기 위해서 가장 기초적인 부분을 언급하였다. 본서가 외식업을 운영하는 외식점포의 점장, 프랜차이즈업의 슈퍼바이저, 외식업을 창업하려는 예비창업자들에게 가장 기본적인 지침서가 되길 바란다.

실무와 이론을 결합하여 집필하는 과정에서 많은 오류와 연구에 한계점이 있으리라 생각한다. 또 많은 선후배님들의 연구과정에 큰 도움을 받았으나, 책의 집필에 부족한 부분들은 후일 하나하나 수정하도록 노력해야 할 것으로 보인다. 부족한 부분에 대해서 외식업 선후배님들의 아낌없는 질책과 조언 바라며, 외식업에 종사하는 모든 분들이 희망찬 미래를 만들어가기를 바란다.

외식업이 필자에게도 희망이었듯이, 이 책을 읽는 모든 분들에게도 외식업이 희망이기를 간절히 기원하면서 글을 마친다.

내 직업이 외식업임을 안 순간부터 지금까지 늘 함께했던 나의 에고에게, 힘겨운 고뇌의 시간 속에서 내 영혼에 울림을 줬던 외식업을 생각하면서 그리고 외식업을 하는 선후배들에게 작은 위안과 안내지침서가 되어 주길 바라는 마음으로 이 글을 마무리한다.

"사람이 되어야 한다. 따뜻한 사람이 되어야 한다." 이것이 내가 외식업을 하는 이유이다.

2022년 6월

저자 박진우

차례

1

점포경영자의 역할과 책임

1. 외식점포에서의 경영자의 역할과 책임

외식업은 힘들면서도 어렵기까지 하다. 고객들의 기호와 트렌드는 급격하게 변화해 가고, 임대료와 식자재원가는 지속적으로 상승한다. 최근 최저 임금을 둘러싼 논란 역시 당장의 문제만은 아닌 듯 하다. 이제 인건비로 인한 비대면 주문방식과 비대면 서비스의 다양한 디바이스 도입도 검토되거나 시도되고 있다. 그리고 밀레니얼 세대의 특징 중 하나가 힘들고 어려운 일을 기피하는 현상까지 가세하면서 외식업은 인력난까지 겹쳐져 힘겨운 싸움을 하고 있다.

이런 와중에도 외식업의 매력에 빠지거나 직장에서 퇴직한 자영업자들이 음식점에 대한 선호현상이 더해지면서 외식업의 경쟁구도는 말할 수 없을 만큼 심화되고 있는 실정이다. 이러니 외식업은 참으로 힘들고 어렵다. 그래서 외식업에서 가장 중요한 것은 점포경영자이다. 음식점의 성패는 메뉴, 서비스, 인테리어 등 다양하지만 그 첫 번째가 경영자의 마인드라고 할 수 있다.

외식을 하는 기업체에서도 외식점포 점장을 선임할 때 가장 중요하게 보는 것이 점장의 마인드이다. 요리사이건 서비스를 제공하는 직원이건 중요하지 않은 사람은 없겠지만 외식점포에서 가장 중요한 것은 역시 경영자이다. 다시 말하면 경영자의 마인드이다.

필자의 경험을 빌리자면 한 점포의 점장을 교체한 이후로 월평균 매출이 2억이던 점포가 일년 만에 4억으로 상승하는 경험을 했다. 이전 점장과 비교해봤을 때 점장의 교체 이후 일어나는 일련의 활동들은 구성원들과 할 수 있다는 팀웍과 협업 문화에 치중했고, 점포 내의 QSC에 관심을 가지고 지속적으로 QSC에 대한 고객의 니즈를 반영했으며, 이를 바탕으로 다양한 마케팅활동들을 진행했다. 물론 다른 다양한 영향요인이 없다고는 할 수 없지만, 역시 가장 중요한 것은 점포를 판단하고 점포를 읽고, 고객의 소리에 귀를 기울이는 것이 경영자의 역할임을 보여준 사례라 하겠다. 경영자 한 명에 의해서 100%까지의 매출상승이 이루어지는 것을 보면 점포에 있어서 경영자의 역할이 얼마나 중요한지를 설명하지 않아도 알 수 있다.

매출을 구성하는 요건은 브랜드의 파워, 직원들의 역할, QSC(Quality, Service, Cleanliness)의 문제, 시장에서의 상황 등 다양하겠지만 역시나 가장 중요한 것은 경영자의 역할이라 생각한다. 경영자의 마인드에 따라 매출은 20%~30% 정도 등락할 수 있다고 판단된다. 평균적으로 그렇다는 얘기이다.

외식점포에 있어서 경영자는 고객과 점포의 구심점 역할을 한다. 고객에게는 만족감을 전해주고, 점포에는 이익을 가져다 주는 역할을 해야 한다. 그래서 늘 고객의 소리에 귀 기울여 고객의 니즈를 조사하고 이를 점포운영의 핵심으로 삼는 노력이 필요하다. 또 외식점포에서 직원들은 경영자를 보면서 꿈과 비전을 키우고 성장해 간다. 따라서 점포의 경영자는 직원들에게도 핵심역할을 해주어야 한다. 외식점포는 나이 어린 아르바이트 직원부터 주부사원으로 근무하는 어른까지 근무자의 연령대가 다양하다. 그리고 외식업에 꿈을 가지고 일하는 캡틴, 매니저 사원까지 계층 또한 광범위하다. 따라서 이러한 모든 직원들의 현황을 파악하고, 그들의 상황과 요구조건, 필요사항, 점포에서의 역할 등을 신속히 파악하고 점포에서 적용하는 역할까지도 경영자가 해주어야 한다. 이것이 점포에서 경영자가 직원의 구심점이 되어야 하는 이유이다. 그리고 경영자는 점포에서의 모든 업무 결과에 대해서 책임을 져야 한다. 그 결과 중 가장 중요한 것은 QSC의 관리이며, 매출과 손익이다. 이 밖의 모든 사고와 사소한 일까지, 모든 것들에 대해 책임지는 역할을 해야 한다.

외식점포에 있어서 경영자의 업무와 역할은 매출과 손익 관리, 직원관리, 마케팅 관리, QSC 관리, 시설자산 관리, 운영보고관리의 6가지 업무로 집약할 수 있다.

점포의 경영자로서 자산을 이용하여 6가지의 관리 툴을 잘 활용하며 고객들에게는 만족감을 전해주고 점포에는 이익을 가져다 주는 역할을 하여야 한다.

점장은 기업의 중간관리자, 점포의 최고관리자로서 회사의 자산을 이용하여 6가지의 관리툴을 잘 활용하며 운영하여 회사에 이익을 가져다주고, 고객들에게는 만족을 가져다주는 역할을 하여야 한다.

[그림 1 - 1] 점장의 역할

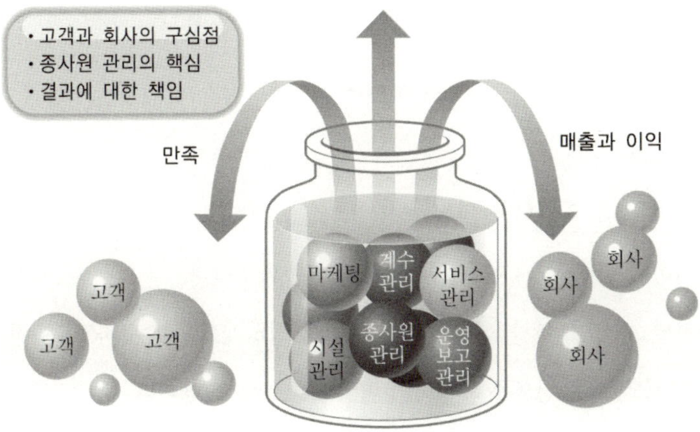

1 매출손익관리

모든 기업(개인사업자)의 공통된 운영 목적은 이익의 실현이다. 외식점포 역시 마찬가지이며 경영자의 역할 중 가장 중요한 것은 매출과 손익의 목표에 대한 실현이다. 경영자는 이런 궁극적인 목표를 실현하기 위해서 직원관리, 마케팅관리, 시설자산관리, QSC 관리, 운영보고관리 등 5가지의 관리를 하게 된다. 따라서 매출과 손익의 실현은 점장의 업무 중 가장 중요하다고 할 수 있다.

매출과 손익의 실현을 위해서는 점장의 예측과 비용관리 업무에 대해 연간 단위부터 주간단위까지의 관리를 실천해 나가야 한다.

매출 관련 경영자의 주요 업무를 살펴보면 다음과 같다.

① 연간, 월·주간 단위로 매출예측(매출, 고객수, 객단가, 좌석회전율, 손익계산서 등)하도록 한다.

② 일별 매출을 확인하고 일별 목표매출, 예상매출을 확인하여 예상된 매출에 의거하여 인력, 식자재가 준비되어 있는지 확인한다.

③ 주간별, 요일별 매출을 확인하여 당일의 영업계획을 수립하고, 주변 경쟁사와 고객의 반응 정도를 관찰하여 영업의 흐름을 파악한다.

④ 영업 후 매출실적을 분석하여 매출 상승 및 하락의 원인을 파악하고, 결과에 대해서 전략과 계획을 수립하도록 한다.

⑤ 고객층의 변화, 주요 고객군의 만족도, 고객만족도, 메뉴 분석, 객단가, 점포의 영업운영흐름, 고객의 소리(VOC : Voice of Customer) 등을 파악하여 변경 내지 수정할 부분들은 빠르게 보완하고, 점포 마케팅(LSM : Local Store Marketing) 등을 기획하여 매출 증대방안을 마련하도록 한다.

⑥ 경영자의 주요한 역할 중의 하나인 마케팅능력을 배양하여 점포운영에 적극

반영하도록 한다. 경영자의 마케팅 역량은 지속적인 마케팅 도서를 구매하여 읽고, 경쟁사를 둘러보면서 이벤트, 프로모션 등을 파악해서 좋은 것들은 점포에 반영하여 운영하고, 각 경쟁사의 홈페이지 등을 통해서 경쟁사현황을 적극적으로 분석하여 점포에 반영할 것들이 있는지 정기적으로 살펴보는 일 등을 통해 강화될 수 있다.

⑦ 주간, 격주간, 월간으로 상권, 입지, 타 브랜드의 동향 등을 조사하여 점포운영 시 활용하고 포인트를 찾아내어 점포에 적극 반영하도록 한다.

비용 관련 경영자의 주요 업무를 살펴보면 다음과 같다.

① 월별 예측된 매출에 의거하여 각종 변동비용(원가, 인건비, 소모품비, 수도광열비 등)들은 목표비율을 설정하고 직원들과 공유하도록 한다.

② 원가와 인건비에 관하여서는 일별로 사용금액과 비율을 체크하고, 예측된 매출과 실제 매출을 비교하여 이상 유무를 파악하여야 한다.

③ 예상 초과 시 주간단위로 초과원인을 파악하여 초과 집행 이유를 분석하고 대응책을 수립하여야 한다.

④ 월간단위의 메뉴 분석을 통하여 고객의 메뉴 만족도와 메뉴의 흐름, 원가 등을 분석하여 대응방안을 마련한다.

⑤ 직원들의 스킬 향상을 통하여 직원들의 생산성이 높아지도록 교육하고 훈련한다.

⑥ 점포에서 사용되고 있는 기기, 설비에 대해서는 사용방법과 관리방법에 대해서 알고 있어야 하며, 주기적으로 담당자들을 교육하여 장기간 사용가능하도록 하며, 수선유지비 등이 과다 발생되지 않도록 한다.

2 직원관리

점포 조직 역시 사람과의 관계에 의해서 형성된 조직이다. 사람과의 관계를 중점적으로 관리해야 하며, 관계 속에서 팀워크가 형성되고 형성된 팀워크가 점포의 매출과 손익에 긍정적 영향을 미치도록 관리해야 한다. 외식점포에서 경영자 늘 직원들에게 관심과 애정을 표현하고 실천하여 직원들의 마음을 움직일 수 있는 리더가 되어야 한다.

경영자는 직원들을 근로기준법에 의해 관리해야 하며, 회사의 취업규칙과 임금규정 등을 확실히 이해하도록 설명해 주어야 한다. 직원의 채용과 평가, 퇴사 절차뿐만 아니라 점포의 사기, 팀워크 관리 등이 모두 경영자의 업무이다.

① 직원 채용 시 채용 절차에 준하여 회사규정에 의거하여 선발하여야 한다.

② 직원 채용 시 회사의 비전과 목표를 인지시키고 효과적인 업무를 수행하도록 지원해야 한다.

③ 직원 면담은 수시, 정기적으로 진행해서 직원들의 요구사항을 파악하도록 한다.

④ 직원의 평가는 객관적인 방법과 자료를 마련하여 이를 토대로 진행하며, 목표 달성에 불필요한 요인이 있을 경우 성과 창출을 위한 피드백을 하도록 한다.

⑤ 파트타이머 직원의 경우 객관적인 평가(목표 부여)를 통해서 월별 또는 비정기적 임금조정이 이루어질 수 있도록 한다.

3 마케팅관리

필자는 마케팅업무를 점장의 업무 중 가장 중요한 부분이라고 생각한다. 경영자는 모든 사고의 출발점을 마케팅에 두어야 한다. 마케팅은 고객과 밀접한 관련을 가지고 있고, 매출향상에 가장 중요한 역할을 한다. 따라서 경영자는 마케팅 관련 서적을 꾸준히 탐독하고 경쟁사의 상황을 분석하여 효과적인 마케팅방안을 만들도록 해야 한다.

① 마케팅의 시작은 분석하는 데 있다. 점포의 각종 수치를 분석할 줄 알아야 한다.
② 점포에는 제휴, 프로모션 등 LSM이 항상 운영되도록 한다.
③ 인근 경쟁점포의 상황을 파악하고 대응방안을 만들어야 한다.
④ 점포 적용방안 작성을 위해서 외식업체 홈페이지 방문 등을 통해 아이디어를 구하도록 한다.
⑤ 매월 1권 정도의 마케팅 관련 서적을 탐독하도록 한다.
⑥ 매월 마케팅 비용을 적정 규모로 집행할 수 있도록 한다. 장기적 관점에서 마케팅 비용은 줄이기보다 적정 비용을 사용하도록 한다.
⑦ 제휴, 프로모션 등을 완료한 후에는 반드시 결과가 보고될 수 있도록 서류를 만든다.

4 QSC 관리

고객만족도에 가장 많이 영향을 미치고, 향후 점포의 매출과 손익에 직접적인 영향을 미치는 부분이다. 장기적인 관점으로 볼 때 QSC를 상향평준화해서 지속적인 고객방문이 이루어지도록 관리해야 한다. QSC는 매출에 매우 직접적인 영향을 미친다는 것을 항상 염두에 두고 점포를 운영해야 한다. 매출이 떨어지고 있다면 원인이 내부에 있음을 잊어서는 안 된다.

① 점포에 대한 고객만족의 책임을 지고 고객의 소리, 고객만족도 조사, 미스터리 쇼퍼 제도 시행 등 QSC 전반에 관해서 체크하고 관리해야 한다.

② QSC 체크리스트를 반드시 만들고 이를 활용해서 경영자가 직접 점포를 진단하며 주간별, 월간별로 관리해 나가야 한다.

③ QSC에 대한 주간별, 월간별 액션플랜을 수립하여 점포의 QSC 레벨(level)을 향상시키도록 노력해야 한다.

5 시설자산관리

점포, 점포의 상품, 설비, 비품 등의 관리를 모두 통틀어 시설자산관리라 한다. 시설자산관리는 고객에게 제공하는 만족도에 직접적인 영향을 미치는 것이므로 늘 최고의 상태로 보존할 수 있도록 노력을 기울여야 한다. 또한 경영자는 점포 내의 시설과 자산, 상품에 대한 지식을 가지고 있어야 하고, 자산설비의 관리방법과 수리방법에 대해서도 알고 있어야 한다.

① 메뉴와 관련된 식자재 등 상품의 가치는 늘 최고의 상태로 관리하여 고객에게 제공하도록 한다.

② 고객이 입점하여 퇴점할 때까지 쾌적하고 기분 좋은 공간을 제공하도록 한다.

③ 주방의 자산과 설비 등은 최고의 상태를 유지하여 질 좋은 메뉴를 생산하고 제공하도록 한다.

④ 고객이 직접 사용하는 점포의 설비는 만족도와 연관되어 있으므로 늘 고객에게 불편함이 없도록 관리한다.

⑤ 직원이 사용하는 직원 관련 시설물들도 쾌적하게 관리하여 최고의 근무환경을 제공할 수 있도록 해야 한다.

6 운영보고관리

경영자는 점포에서 발생하는 모든 업무에 대한 책임이 있으며, 업무를 수행하기 전, 수행하고 난 후의 모든 업무에 대한 보고서를 제출해야 한다. 보고의 업무만 충실히 수행해도 50점이라는 말이 있다. 업무 수행에 대한 책임을 지고 수행 전후의 업무에 대해서 회사에 보고서를 제출하는 것이 경영자가 해야 할 일이다. 내부적인 관리를 위한 서류 작성과 회사에서 내려오는 보고서의 제출, 문서의 관리 등도 점장이 해야 할 운영보고의 업무이다.

경영자가 작성하고 보고, 제출해야 하는 업무는 다양하나 주요 업무보고 내용을 살펴보면 다음과 같다.

①점포의 주간보고서

②점포의 월 운영계획서 및 예측손익계산서

③점포의 경비관리보고서

④점포의 손익분석보고서

⑤점포의 스케줄

⑥점포의 LSM 계획서

⑦점포의 마케팅활동 계획서 및 결과보고서

⑧기타 점포의 특수사항

2. 점포경영자의 일별, 주간별, 월별 업무

1 점포경영자의 일별 업무

점포 경영자의 일과는 정말 바쁘다. 관리자로서의 업무, 직원으로서의 업무, 보고자로서의 업무 등 하루가 눈코 뜰 새 없다. 고객을 상대로 하는 곳이다 보니 점포의 관리부터 회사 내의 보고 업무, 특히나 외식업이 가지고 있는 특수성으로 인해서 발생하는 다양한 일까지 처리하기에는 하루 근무시간이 짧기만 하다. 필자 역시 점포에서 점장생활을 하는 동안은 하루 12시간이 부족할 정도로 바쁜 일정을 보냈다.

점포경영자에게는 점포 생활이 모든 것이 되어야 하고, 점포생활이 생활의 구심점이 되어야 한다. 이 말은 점포경영자 역할의 중요성이 점포에서 그만큼 크다는 의미로 받아들이면 된다.

다음은 점포경영자의 일과를 살펴본 것이다. 필자의 경험과 일반적으로 외식점포에서 점포경영자들이 하루 동안 수행하는 업무를 바탕으로 설명하고 있다고 보면 될 것 같다.

특수한 경우를 제외하고는 외식점포의 근무시간은 오후 12시부터 9시까지가 된다. 외식점포의 영업은 런치와 디너 영업이 대다수를 이루며(아침식사 영업을 하는 특이한 경우를 제외하면), 런치가 40%, 디너가 60% 정도의 비중으로 고객수를 형성하고 있다. 따라서 대다수 런치와 디너 영업을 하는 점포의 경우 점장의 근무시간은 오후 12시에서 9시까지이다. 이렇게 스케줄링되는 이유는 런치와 디너를 모두 점장이 체크하고 직접 운영하면서 점포를 진단하기 위해서이다.

점포 경영자의 주요 업무는 아래와 같다.

①점포의 영업준비사항 체크

②식자재 점검

③매출분석 및 확인

④주요 업무 및 회사의 주요 전달사항 확인

⑤위생 점검 및 푸드퀄리티 점검

⑥점포 마케팅(LSM:Local Store Marketing) 계획 및 실행

⑦점포의 비용관리

⑧점포 영업 및 맨파워(manpower)의 역할

점포경영자가 하루에 처리해야 할 업무는 이렇게 많다. 이러니 근무시간이 부족할 수밖에 없는 것이다.

2 점포경영자의 일간 시간대별 업무

필자의 경우 점장이었을 때 통상 오전 10시 30분 정도에 출근을 했다. 12시에 한꺼번에 밀려오는 고객을 상대해야 되는데, 12시에 맞춰서 출근을 하게 되면 점포의 상황과 체크해야 할 부분들을 전혀 점검하지 못하고 고객을 맞이해야 하므로 런치 영업의 점포 QSC 상태가 정상적으로 유지되지 못하고 무너져 버린다. 따라서 늘 10시 30분 정도에 출근을 해서 점포를 진단하고 체크했다. 즉 점포에서 고객을 맞을 준비가 되었는지를 사전 점검한 후 고객을 맞아야 하는 것이다.

점포경영자의 일간 시간대별 업무를 정리하면 〈표 1 - 1〉과 같다.

[표 1-1] 점포경영자의 일간 시간대별 업무

시간대	업무 내용
11:00~12:00	1. 오픈체크리스트 확인, 주방 검수일지 및 prep 상태 확인 2. 식재료 세팅 및 퀄리티 확인 3. 주방의 전반적인 위생상태 점검 4. 매니저 미팅(목표 공유 및 전달사항 전달) 5. 매출분석 및 각종 비용 점검 6. 메일 확인 및 전달사항 공유
12:00~14:00 (core time)	1. 런치 영업 2. 점포 운영상황 체크(메뉴퀄리티, 서비스, 전체 상황, 고객의 소리 등)
14:00~17:00	1. 이메일 확인 및 공유사항 공지 2. 고객의 소리 확인 3. 주방의 위생, 메뉴퀄리티 점검 4. 매니저 미팅 5. 매출, 비용 분석 6. LSM 관련 진행 7. 식사
17:00~18:00	1. 아침 근무자 퇴근 미팅 2. 디너 영업을 위한 고객동선 점검 3. 디너 영업을 위한 전체 체크(주차, 기물 보충, 세팅, 식자재 prep 등 전반적인 사항)
18:00~21:00 (core time)	1. 디너 영업 2. 점포 운영상황 체크(메뉴퀄리티, 서비스, 전체 상황, 고객의 소리 등)
21:00~22:00	1. 일간 영업현황 분석 2. 익일 예상매출, 스케줄, 식자재 발주 등 확인 3. 이메일 확인 및 전달사항 공유 4. 일일 점포 전반적인 사항에 대한 미팅 5. 보고서 작성

※ prep은 preparation의 줄인 말로 식자재를 조리 가능하도록 미리 준비해두는 것을 말한다. 예를 들어서 식재료의 커팅, 반조리 등을 일컫는다.

※ core time은 점장이 반드시 근무해야 할 시간을 말한다.

(1) 10시 30분~11시(식자재 점검 및 주방 점검, 오퍼레이션 점검)

점포경영자의 경우 출 · 퇴근시간에는 항상 고객동선을 따라 이동해야 한다. 이는 고객동선을 고객의 입장에서 체크해보는 것으로 이해하면 된다. 10시 30분에 고객의 동선으로 점포로 들어서며 외부의 입간판, 조명, 청소 상태 등을 점검한 뒤 가장 먼저 들어가는 곳이 주방이다. 주방에서 오전에 입고된 식자재가 발주했던 만큼, 적정한 품질로 적정하게 배송되었는지를 점검하고, 점포경

[표 1-2] 검수일지(receiving control report)의 예시

Date	품목		검수결과확인					
	분류	세분류	발주 수량	입고 수량	보관 방법	입고 상태	온도	조치 상황
4/1	야채류	토마토	1box	1box	냉장	냉장	5℃	무
		깐마늘						
		당근						
	청과류	바나나						
		키위						
		사과	2box	2box	냉장	냉장	10℃	상한 품목 있어 반품
	수산물	광어						
		농어						
		숭어						
	패류	전복						
		대합						
		피조개						
	난류 및 유제품	계란	60알	60알	냉장	냉장	4℃	무
		우유						
		치즈						
	공산품	영콘	5can	4can	상온	상온	15℃	무
		황도						
		칠리소스						

영자가 예측(forecasting, 이 부분에 대해서는 뒤에서 언급하기로 한다.)한 고객수와 매출액만큼 식자재가 준비되었는지 점검해야 한다. 식자재는 예측에 의거하여 정확하게 준비되어야 하고, 또 예측분에 의해서 운영되어야 한다. 예측보다 많이 준비했을 때에는 식자재가 남게 되어 부패하거나 버려지는 경우 혹은 품질이 현저히 저하되는 경우가 생기게 되고, 적게 준비했을 때에는 판매에 영향을 미치고 고객만족도에도 영향을 미치게 된다. 따라서 점포경영자에게는 하루하루의 매출액과 고객수를 정확히 예측하는 역량이 요구된다. 또 점포는 철저하게 점포경영자의 예측에 의해서 움직여질 수 있도록 해야 한다. 이러한 이유로 경영자는 출근과 동시에 점포의 주방에 들어가서 주방을 먼저 점검하는 것이 좋다.

검수일지의 경우 모든 식재를 점검할 수 없으므로 일일 분류별 3~5가지 정도의 품목을 정해서 선별검수를 하는 것이 적정하다. 위의 양식에 맞춰서 점포나 브랜드별로 활용하는 것이 좋다. 주방 점검이 끝난 이후에는 점포의 출입구부터 홀의 영업준비상태, 조명, 음악, 간판, 기물의 stock, 직원의 스케줄 확인 등 영업을 위한 모든 주방, 홀의 컨디션을 점검해야한다. 영업준비가 완벽해야 영업이 수행되고 난 이후 아무런 문제없이 고객을 맞을 수 있다. 이런 준비 상황을 점검한 후에는 사무실로 들어가서 기타 업무를 준비해야 한다.

(2) 11시 ~ 12시(전일 영업현황·오늘의 영업현황을 점검, 주요 업무사항 체크)

11시부터 12시까지 영업을 위해 해야 할 준비를 모두 점검하고 직원들에게 부족분을 알려주어 준비에 대한 지시를 한 후 사무실로 들어와서 전일 영업현황과 오늘의 매출과 고객수, 객단가, 식자재 원가, 인건비 등의 목표를 파악하도록 한다. 이런 기본적인 업무에 대한 파악은 전일에 대한 반성과 오늘에 대한 목표를 명확히 함으로써 영업에 대한 지침을 마련하여 준다. 요즘은 체인레스토랑의 경우 대부분 ERP 시스템이 갖추어져 있어서 ERP를 통해서 영업에 관한 수치를 확인할 수 있다. 하지만 아직까지 이런 시스템이 갖추어져 있지 않는 레스토랑에서는 엑셀시트를 활용하기 바란다. 또한 ERP 시스템이 갖추어져 있다고 하더라도 엑셀을 활용해서 경영자가 직접 보고자 하는 내용을 따로 정리해두어, 자신이 보고자 하고 목표로 하는 수치를 항상 볼 수 있도록 만드는 노력이 필요하리라 생각한다. 〈표 1 - 3〉을 참고하여 본인이 원하는 시트를 직접 만들어서 사용하기를 권장한다.

〈표 1 - 3〉의 레스토랑은 현재 150석 규모로, 직원 수 25명, 평균시급 7,500원으로 운영되는 곳이다. 〈표 1 - 3〉의 시트를 보면 예측 관련해서 매출, 고객수, 객단가, 좌석회전율을 예측하였고, 예측대비한 실제의 매출, 고객수, 객단가, 좌석회전율 등을 비교하여 현재까지의 누계달성률을 보도록 경영자가 관리하고 있다. 또 현재까지의 식자재 원가율과 인건비율을 파악함으로써 관리 포인트를 찾아갈 수 있다. 이렇듯 엑셀시트를 활용하여 경영자가 보고 싶어하고, 파악해야 하는 수치를 엑셀시트에 넣어 두고 관리하는 것은 우수한 관리방법으로 볼 수 있다.

〈표 1 - 3〉의 시트에서 4월 기준 평균매출액은 약 1억 원 정도, 객단가는 7,500원, 식자재 원가율은 30% 정도, 인건비율은 25% 정도, 음료비율은 3.4%, 주류비율은 1.6% 정도이다. 이런 수치를 보면서 수치가 의미하는 시사점을 파악해야 한다. 예를 들어서 객단가 7,500원은 우리 레스토랑에서 적당한 객단가인가, 음료비율과 주류비율은 어느 정도가 적당한가 등등을 살펴보고 부족한 부분에 대해서 목표를 다시 설정하여 직원들과 의사소통하고 목표에 대해서 공유하여 우수한 레스토랑으로 거듭날 수 있는 방법을 찾아야 한다.

[표 1-3] 점장 일일매출 점검표(sales control sheet)의 예시

좌석수	직원수	영업일수	평균시급
150	25	30	7500

날짜	4/1	4/2	4/3	4/4	4/5	4/6	4/7	4/8	4/9	4/10	4/11	4/12	4/13	Total
요일	일	월	화	수	목	금	토	일	월	화	수	목	금	
예상매출	5,000,000	2,500,000	3,000,000	2,750,000	3,500,000	3,800,000	5,250,000	4,900,000	2,300,000	2,900,000	3,500,000	3,650,000	3,950,000	47,000,000
실매출	5,150,000	2,750,000	2,980,000	2,690,000	3,750,000	3,900,000	5,010,000	4,920,000	2,420,000	3,100,000	3,650,000	3,600,000	4,070,000	47,990,000
달성율	**103.0%**	**110.0%**	**99.3%**	**97.8%**	**107.1%**	**102.6%**	**95.4%**	**100.4%**	**105.2%**	**106.9%**	**104.3%**	**98.6%**	**103.0%**	**102.1%**
예상객수	625	313	375	344	438	475	656	613	288	363	438	456	494	5,875
실고객수	644	340	390	320	445	480	650	615	300	380	442	460	500	5,966
예상객단가	8,000	8,000	8,000	8,000	8,000	8,000	8,000	8,000	8,000	8,000	8,000	8,000	8,000	8,000
실객단가	7,997	8,088	7,641	8,406	8,427	8,125	7,708	8,000	8,067	8,158	8,258	7,826	8,140	8,044
예상회전율	4.17	2.08	2.50	2.29	2.92	3.17	4.38	4.08	1.92	2.42	2.92	3.04	3.29	
실회전율	4.29	2.27	2.60	2.13	2.97	3.20	4.33	4.10	2.00	2.53	2.95	3.07	3.33	
달성율	103.0%	108.8%	104.0%	93.1%	101.7%	101.1%	99.0%	100.4%	104.3%	104.8%	101.0%	100.8%	101.3%	
발주금액	1,500,000	950,000	1,050,000	1,000,000	1,100,000	1,200,000	1,450,000	1,100,000	850,000	950,000	1,150,000	1,050,000	1,200,000	14,550,000
식자재원가	**29.1%**	**34.5%**	**35.2%**	**37.2%**	**29.3%**	**30.8%**	**28.9%**	**22.4%**	**35.1%**	**30.6%**	**31.5%**	**29.2%**	**29.5%**	**30.3%**
홀근무시간	70	44	45	44	50	55	75	72	40	48	49	55	65	712
주방근무시간	80	50	55	55	60	65	85	86	55	56	60	70	70	847
총근무시간	150	94	100	99	110	120	160	158	95	104	109	125	135	1,559
시간당인건비	7,500	7,500	7,500	7,500	7,500	7,500	7,500	7,500	7,500	7,500	7,500	7,500	7,500	7,500
누계인건비	1,125,000	705,000	750,000	742,500	825,000	900,000	1,200,000	1,185,000	712,500	780,000	817,500	937,500	1,012,500	11,692,500
현인건비율	21.8%	25.6%	25.2%	27.6%	22.0%	23.1%	24.0%	24.1%	29.4%	25.2%	22.4%	26.0%	24.9%	24.4%
음료판매금액	120,000	100,000	90,000	150,000	100,000	85,000	90,000	200,000	120,000	200,000	110,000	90,000	180,000	1,635,000
음료판매비율	2.3%	3.6%	3.0%	5.6%	2.7%	2.2%	1.8%	4.1%	5.0%	6.5%	3.0%	2.5%	4.4%	3.4%
주류판매금액	50,000	60,000	45,000	50,000	70,000	25,000	100,000	120,000	30,000	45,000	50,000	55,000	60,000	760,000
주류판매비율	1.0%	2.2%	1.5%	1.9%	1.9%	0.6%	2.0%	2.4%	1.2%	1.5%	1.4%	1.5%	1.5%	1.6%
날씨정보	맑음	흐림	비	비	맑음	맑음	맑음	구름많음	흐림	흐림	맑음	맑음	맑음	
특이사항		쿠폰배포							SMS행사할인					

〈표 1 - 4〉와 같이 월별로 경비 컨트롤 시트를 만들어서 경비를 컨트롤해 나가야 한다. 그러기 위해서 현재까지의 매출에 대한 정보를 정확히 파악하고, 월별기준으로 보았을 때 당월 예상되는 매출액과 매출액 대비 집행해야 할 경비 등을 정확히 체크해 나가야 한다. 엑셀시트에 매일매일 집행되는 금액에 대해서도 꼼꼼히 기록하고 관리해 나가야 한다. 경비 관련한 사항은 뒤에서 상세히 설명하도록 하겠다. 아무쪼록 사용하는 비용에 대해서 입력하고 사유에 대해서 명확히 입력해서 근거를 남겨 두는 것이 좋다. 그리고 임대료, 감가상각비, 이자비용 등 고정비용으로 발생하는 금액은 일별로 배분해서 입력해두는 것이 좋다.

〈표 1 - 3〉의 시트를 보면서 항상 월에 대한 대략적인 손익을 예측하고, 월별 흐름에 맞는 마케팅활동을 계획하는 노력을 기울여야 한다.

그리고 11시~12시 사이 사내 메일을 읽거나 로그북(레스토랑에서 직원들끼리 의사소통하기 위해서 만든 노트)을 통해서 주요 전달사항을 읽거나 전달하도록 한다. 레스토랑은 근무조 단위로 운영되기 때문에 직원 간의 의사소통, 캡틴과 매니저 등 간부들의 의사소통을 위해서 로그북 사용은 중요하다. 로그북에는 전날의 매출 관련 사항, 수리내역, 직원들 교육 내용, 고객의 소리, 기타 업무상 체크사항 및 전달사항 등을 기록해두므로 레스토랑의 업무일지로 보면 되겠다. 이런 로그북은 직원들의 조회나 미팅에도 용이하므로 반드시 만들어서 사용하도록 한다. 로그북은 하루 2페이지에서 4페이지 정도 분량으로 구성되어 있으며 정보와 체크사항 등으로 나누어 볼 수 있다. 레스토랑 체크표는 오프닝 체크와 클로징 체크로 나눠서 운영하도록 한다. 〈표 1 - 4〉의 시트를 참고해서 점포 상황에 맞게끔 만들어 사용해보길 권장한다. 〈표 1 - 4〉는 일반적인 예시이므로 점포의 특수사항을 반영하여 작성하고 이를 활용하기 바란다.

[표 1-4] 점장 손익 실적 관리표(profit & loss statement control)의 예시

월별 경비 콘트롤 시트

계정항목	예측금액	비율	실제금액	비율	차이금액	4/1	4/2	4/3	4/4	4/5	4/6	4/7	4/8	4/9
1.매출액	100,000,000	100.0%	33,570,000	100.0%		5,150,000	2,750,000	2,980,000	2,690,000	3,750,000	3,900,000	5,010,000	4,920,000	2,420,000
2.매출원가	30,000,000	30.0%	10,200,000	30.4%										
식료원가	27,000,000	27.0%	10,000,000	29.8%		1,500,000	950,000	850,000	1,000,000	1,100,000	1,200,000	1,450,000	1,100,000	850,000
주음료원가	3,000,000	3.0%	200,000	0.6%				200,000						
3.인건비	24,400,000	24.4%	8,145,000	24.3%		1,125,000	705,000	750,000	742,500	825,000	900,000	1,200,000	1,185,000	712,500
급여수당	20,000,000	20.0%	8,145,000	24.3%		1,125,000	705,000	750,000	742,500	825,000	900,000	1,200,000	1,185,000	712,500
상여금	2,000,000	2.0%	0	0.0%										
법적복리비	1,500,000	1.5%	0	0.0%										
퇴직금	500,000	0.5%	0	0.0%										
교육비	200,000	0.2%	0	0.0%										
기타인건비	200,000	0.2%	0	0.0%										
4.매출이익	45,600,000	45.6%	25,425,000	75.7%										
5.일반관리비	14,950,000	15.0%	3,930,000	11.7%										
1) 마케팅비	3,000,000	3.0%	1,050,000	3.1%			350,000			700,000				
2) 소모품비	1,500,000	1.5%	800,000	2.4%				350,000						450,000
3) 사무용품비	50,000	0.1%	40,000	0.1%					30,000				10,000	
4) 교통비	300,000	0.3%	150,000	0.4%		20,000	15,000	25,000	20,000	10,000	15,000	15,000	10,000	20,000
5) 수선유지비	200,000	0.2%	50,000	0.1%							50,000			
6) 수도광열비	5,000,000	5.0%	1,570,000	4.7%		300,000	100,000	120,000	120,000	130,000	120,000	330,000	200,000	150,000
7) 통신비	200,000	0.2%	0	0.0%										
8) 차량비	200,000	0.2%	70,000	0.2%						70,000				
9) 연구비	500,000	0.5%	150,000	0.4%		150,000								
10) 보험료	1,000,000	1.0%	0	0.0%										
11) 조세공과금	300,000	0.3%	0	0.0%										
12) 청소비	700,000	0.7%	50,000	0.1%			50,000							
13) 기타경비	2,000,000	2.0%	0	0.0%										
6.영업이익 1	30,650,000	30.7%	21,495,000	64.0%										
7.기타고정비용	14,770,000	14.8%												
1) 임대료	10,000,000	10.0%	2,999,997	8.9%		333,333	333,333	333,333	333,333	333,333	333,333	333,333	333,333	333,333
2) 감가상각비	2,770,000	2.8%	830,997	2.5%		92,333	92,333	92,333	92,333	92,333	92,333	92,333	92,333	92,333
3) 이자비용	2,000,000	2.0%	599,994	1.8%		66,666	66,666	66,666	66,666	66,666	66,666	66,666	66,666	66,666
8.영업이익 2	15,880,000	15.9%	17,064,012	50.8%										
9.점포이익	15,880,000	15.9%	17,064,012	50.8%										
10.법인세/소득세	3,800,000	3.8%	4,095,363	12.2%										
11.순이익	12,080,000	12.1%	12,968,649	38.6%										

[표 1-5] 로그북(log book) 예시

<앞면> 일자:2014. 4. 1.

매출액	요일 ______ 날씨 ______ 매출액 ______ 고객수 ______ 객단가 ______ 음료비율 ______ 주류비율 ______ 회전율 ______
캡틴매니저 전달사항	
주요 프로모션 판매현황	
직원교육 사항	
수리내역	
고객의 소리	
매니저 사인	

<뒷면> 오픈체크리스트

구역	체크 사항	점검 확인	조치 사항
외부 및 주차장	외부간판의 조명은 잘 들어와 있는가?		
	주차장은 청결한가?		
	주차장 직원의 유니폼은 깨끗한가?		
	입간판 등 외부 POP는 잘 걸려 있는가?		
	외부출입구는 전반적으로 깨끗하고 정돈되었는가?		
안내대	안내대는 청결한가?		
	안내대 직원의 유니폼은 깔끔한가?		
	고객대기공간은 잘 정돈되어 있는가?		
	안내공간의 비치물은 잘 세팅되어 있는가?		
	각종 시설물들은 이상 없는가?		
화장실	화장실은 깔끔하게 정리되어 있는가?		
	각종 부착물은 잘 부착되어 있는가?		
	필요한 소모품(비누, 가글, 휴지 등)은 보충되었는가?		
	화장실 변기는 깨끗한가?		
홀	홀의 온도는 적정하게 유지되는가?		
	홀의 음악상태는 적정한가?		
	테이블은 잘 세팅되어 있는가?		
	각종 고객용 설비와 비품들은 준비되어 있는가?		
	고객용 POP 등은 잘 정비되어 있는가?		
주방	냉장고, 냉동고의 온도는 정상적인가?		
	각종 주방설비물은 정상적으로 작동하는가?		
	식재료의 보관상태는 적정한가?		
	보관된 식재는 이상이 없는가?		
	주방의 각종 POP는 정상적으로 세팅되었는가?		

로그북을 점검하고 전달사항을 전달한 후 회사의 이메일 등도 확인하여 오늘의 주요 업무 추진사항에 대해서 확인하고 이를 처리할 준비를 하도록 한다. 12시 이전까지 이렇듯 많은 업무를 처리해야 하고, 또 런치 영업에 필요한 각종 사항들을 점검하여 영업에 이상이 없도록 해야 한다. 영업준비가 소홀하게 되면 매출에도 큰 영향이 있으므로 항상 영업준비는 충분한 시간을 가지고 하기 바란다.

> 외식점포는 대부분이 현장에서 그 답이 보인다. 즉 현장에서 들리는 고객의 소리가 정답인 경우가 많다.

(3) 12시 ~ 14시(점포 근무, core time)

점포별로 바쁜 시간(rush time)과 한가한 시간(swing time)은 다르겠지만 일반적으로 런치 영업시간은 바쁜 시간이다. 항상 바쁜 시간에는 경영자가 점포 내에서 스탠바이(stand by, 상주와 대기의 의미)하면서 고객의 요구사항을 관찰하고 정상적으로 점포의 영업흐름이 이어지는가를 점검해야 한다. 또 직원들과 함께 영업에 임함으로써 항상 직원들과 함께 호흡하는 모습을 보여 줘야 한다. 그동안의 경험으로 보아 외식점포의 경영자가 현장에서 많이 일하는 곳은 우수한 점포인 경우가 대부분이고, 사무실에 오래 앉아서 사무를 주로 보는 점포는 우수한 점포가 되지 못한 경우가 대부분이었다. 외식점포는 대부분이 현장에서 그 답이 보인다. 즉 현장에서 들리는 고객의 소리가 정답인 경우가 많다. 또 점포가 잘 운영되고 있는지 아닌지 경영자가 직접 관여하는 점포는 잘 운영될 수밖에 없다. 이와 반대로 경영자가 사무를 위주로 하며 업무를 지시하는 경우 현장에서 어떤 고객의 소리가 있는지, 직원들이 무엇을 잘못하고 있는지를 모르는 경우가 대부분이다. 이러한 점포가 잘 운영될 리가 없다. 따라서 바쁜 시간에는 반드시 점포에 머무르면서 고객의 소리와 운영상황을 잘 파악하여야 한다. 이것이 바로 경영자가 점포에 존재하는 이유이기도 하다. 대부분의 외식점포 직원들은 현장에서 함께 호흡하며 업무를 병행해주고, 어려운 부분을 도와주는 경영자를 선호한다.

(4) 14시 ~ 17시(점포 점검시간)

런치 영업의 경우 14시쯤에 한산해지는 경우가 대부분이다. 따라서 경영자는 런치 영업을 정리하고, 부족했던 부분에 대해서 직원들에게 전달하고 난 후 사무실이나 점포에서 영업 외적인 부분들을 챙겨야 할 시간이다. 이 시간에는 주로 직원들과의 식사교대, 점포 마케팅계획, 직원 면담, 매출 및 실적분석, 위생 점검과 푸드퀄리티 점검, 매니저들과의 미팅을 한다. 그래서 이 시간도 경영자에게는 바쁜 시간이다. 점포 마케팅의 경우 늘 지속적으로 신경 쓰고 체크해야 하므로 하루하루 해야 할 일들을 체크하고, 익월에 해야 할 사항들, 다음 주에 해야 할 사항들을 정리해서 임하는 것이 좋다. 그리고 필요한 제휴가 있을 경우 점포에서 업체를 만난다든지 직접 외부로 나가서 미팅을 하는 등의 노력이 필요하다. 또 이 시간에는 식사를 같이 하거나 차를 한잔하면서 매니저나 직원들과의 면담을 시행하는 것도 좋다. 대부분의 우수한 점포경영자는 직원들과의 면담을 훌륭하게 소화하거나 시간투자를 하는 경우가 많다. 외식업은 사람의 마음을 움직여 행하는 사람중심의 업이다. 따라서 직원들과의 많은 면담을 통해 훌륭한 성과를 창출해 나가야 한다. 그러므로 항상 일부의 시간은 직원들의 면담을 위해서 투자해야 한다. 그리고 매출과 영업동향에 대한 실적분석뿐만 아니라, 직접 다니면서 위생 점검, 푸드퀄리티 점검도 주관해야 한다. 위생이나 푸드퀄리티의 경우 고객과 직접적인 영향관계가 있고 점포를 평가하는 주요 요건이므로 점포경영자가 직접 위생과 푸드퀄리티를 점검해서 이상 유무를 판단하여야 한다. 위생과 푸드퀄리티에 대한 책임을 직원들에게 전가하는 일은 레스토랑에서 직무유기의 범주에 속하는 아주 안 좋은 습관이다. 따라서 매일은 어렵다 하더라도 일주일에 한두 번 정도는 경영자가 직접 챙겨 보기 바란다. 푸드퀄리티의 경우 식자재의 보관상태, 준비상태 체크부터 점포에서 메뉴를 주문하여 직접 시식함으로써 이상이 있는지 없는지를 점검하는 게 가장 좋다. 따라서 경영자의 경우 반드시 점포 내에서의 메뉴를 주문하여 식사하기를 권장한다. 위생 점검시트와 푸드퀄리티 점검시트는 뒤에서 설명하기로 한다.

(5) 17시~18시(디너 영업준비)

이 시간은 런치 영업과 마찬가지로 디너 영업을 준비하는 중요한 시간이다. 따라서 오전 오픈 점검과 마찬가지로 주방, 홀 그리고 점포의 외부부터 내부 구석구석까지 모두를 점검해야 하는 시간이다. 특히 디너의 경우 런치보다 고객이 더 많이 몰리는 시간이므로 이 시간대의 준비가 디너 영업을 좌우할 수 있다. 특히 금요일과 토요일 등 주중 가장 바쁜 날이라면 더더욱 준비가 철저해야 하겠다. 이 시간에는 레스토랑의 모든 기물들이 보충(stock)되어 있어야 하고, 식자재, 예약상황체크, 테이블 세팅 등이 세심하게 준비되어야 한다. 일반적으로 레스토랑에서는 좌석수의 4배 정도의 기물을 준비한다. 즉 150석의 좌석을 가진 레스토랑에서 포크의 경우 약 600개 정도를 준비하는 것이 통상적이다. 이런 모든 기물들이 세척되어서 세팅되어 있어 디너 영업흐름을 완벽하게 만들 필요가 있다. 고객이 입점한 후부터 준비된다면 디너영업이 원활하게 이루어지지 않을 가능성이 높아지는 것이다. 특히 금요일이나 토요일 등 고객이 더 많이 오는 날에는 더욱 더 철저하게 준비를 하여야 한다. 통상적으로 고객의 식사시간(meal time)을 100분으로 가정한다면 고객이 6시 30분에 들어와서 8시 10분 정도에 점포를 떠나게 된다. 따라서 이런 식사시간을 조절하기 위해서는 가능한 한 빠른 서비스와, 빠른 메뉴의 제공이 이루어져야 한다. 그래야 10분이라도 식사시간을 단축시킴으로써 테이블 회전을 좀 더 빠르게 할 수 있다. 만약 기

> 대부분의 우수한 점장은 직원들과의 면담을 훌륭하게 소화하거나 시간투자를 하는 경우가 많다. 외식업은 사람의 마음을 움직여 행하는 사람중심의 업이다. 따라서 직원들과의 많은 면담을 통해 훌륭한 성과를 창출해 나가야 한다.

다리는 고객 중 10팀(팀당 3명 정도의 고객수)이 기다리다 경쟁사로 넘어간다면 30명의 이탈이 발생하고 이 30명의 고객×객단가 7,500원이면 225,000원의 매출손실이 발생한다. 한 달에 10번 정도 이런 상황이 발생한다면 225,000원×10회는 2,250,000원이며 이를 다시 12개월로 곱하면 27,000,000원의 매출손실이 발생한다. 연간 27,000,000원의 손실이 발생하게 되는 것이다. 체인 점포의 수를 곱하면 그 매출손실은 어마어마하다.

이는 마케팅의 가장 기본적 출발점은 점포임을 다시 한 번 보여주는 사례라 하겠다. 따라서 고객의 식사시간을 최대한 줄이기 위한 운영의 효율화에 노력을 기해야 하며, 이를 위해서 17시 이전부터 디너 영업을 위한 준비를 착실하게 해야 한다. 그리고 디너 영업에서의 가장 큰 포인트는 직원들이 최대한 빠르게 움직여서 서비스와 메뉴의 생산이 최대한 빠르게 일어나도록 하는 것이므로 이를 독려해야 한다.

(6) 18시~21시(점포 근무, core time)

이 시간 역시 점포에서 근무하면서 직원들과 함께 호흡하고 고객의 소리를 듣고, 점포를 우수하다고 판단하는 가장 큰 기준점은 가장 바쁜 시간에 가장 원활하게 서비스가 이루어지고 메뉴가 제공되고 있는가의 여부이다.

영업 현장에서 부족한 부분에 대해서 지속적으로 체크하면서 영업활동을 하도록 해야 한다. 점포를 우수하다고 판단하는 가장 큰 기준점은 가장 바쁜 시간에 가장 원활하게 서비스가 이루어지고 메뉴가 제공되고 있는가의 여부이다.

> 점포를 우수하다고 판단하는 가장 큰 기준점은 가장 바쁜 시간에 가장 원활하게 서비스가 이루어지고 메뉴가 제공되고 있는가의 여부이다.

한가한 시간에는 누구나 운영을 잘한다. 정말 잘 운영되는 점포는 가장 바쁜 시간에도 모든 면에서 원활한 흐름을 유지한다. 따라서 가장 바쁜 시간인 디너 영업에서 점포의 흐름이 어떠한지, 고객의 만족도는 어떠한지를 체크하고 점포를 판단해야 한다. 대부분의 레스토랑에서는 런치와 디너의 고객수와 매출비율이 4:6정도를 유지한다. 따라서 디너 영업은 런치보다 더 잘 준비되어야 한다(물론 점포에 따라서 다를 수 있다. 직장인 상대 점포는 런치 비중이 디너 비중보다 높다). 이 시간 역시 점포에서 영업활동을 수행하면서 점포를 점검하고, 고객들에게 가장 큰 만족을 주도록 경영자로서 노력해야 한다.

(7) 21시~22시(영업 후 정리)

21시면 점포의 영업이 어느 정도 마감되고 고객의 입점이 거의 없는 상황이 된다. 21시는 퇴근시간이지만 경영자들은 또 다시 하루일과를 반성하고 하루를 정리하면서 내일을 준비해야 하는 시간이다. 필자 역시 22시까지 대부분 업무를 정리하고 내일 업무를 준비하는 시간을 보냈다.

21시 이후 경영자는 오늘의 매출현황 파악, 각종 비용의 정리, 내일의 예상 매출액과 발주금액, 직원들의 스케줄, 특이사항 등을 점검하는 시간을 가져야 한다. 매출 관련 특이사항이나 변동사항 등의 유무에 따라 발주금액과 직원들의 스케줄을 체크해보아야 한다. 그리고 목표로 했던 것들에 대한 결과치 등을 리뷰해야 하는데, 예를 들어서 오늘의 메뉴 판매량과 객단가 등등 하나씩 피드백을 해주도록 한다.

또한 직원들에게 전달할 사항들을 로그북에 기록하거나, 이메일로 업무를 전달하는 것을 잊지 말아야 한다. 시간이 허락하면 그날 근무했던 매니저들과 차 한잔하면서 하루를 리뷰하는 것도 좋은 방법이다.

직원들의 스케줄 상황도 체크해서 예측된 매출과 고객수에 대비해서 잘 조정되었는지 확인하고, 인건비율도 체크하여 운영하도록 한다. 〈표 1 - 6〉은 가장 간단하게 작성한 스케줄이며, 스케줄의 작성방법에 대해서는 뒷장에서 설명하도록 한다.

이외에도 발주서와 발주내역서를 확인하여 불필요한 식자재를 발주한 것은 없는지, 또 부족한 식자재는 없는지를 점검해야 한다. 그리고 메뉴의 판매량을 확인하여 판매가 잘 되는 메뉴와 재고가 많은 메뉴 등에 대한 점검을 통해서 고객들이 주문함에 있어서 불편함이 없도록 재고보유량도 항상 체크해야 한다.

[표 1-6] 주간 스케줄 작성의 예시

Schedule

구분													
전년고객수	600	300	350	320	400	455	610	605	260	360	432	429	481
예측고객수	625	313	375	344	438	475	656	613	288	363	438	456	494
실제고객수	644	340	390	320	445	480	650	615	300	380	442	460	500

4월

성명	연락처	특이사항		쿠폰발송							문자발송				
		일자	1	2	3	4	5	6	7	8	9	10	11	12	13
		요일	일	월	화	수	목	금	토	일	월	화	수	목	금
점장	010-0000-0000		C	C	휴무	C	C	C	C	C	C	휴무	C	C	C
매니저1	010-0000-0000		B	휴무	B	B	휴무	B	B	B	휴무	D	D	D	D
매니저2			D	D	D	휴무	D	D	D	D	D	B	휴무	B	B
캡틴1			A	A	A	A	A	휴무	A	A	A	A	A	A	휴무
캡틴2			휴무	D	D	D	휴무	A	C	C	휴무	C	C	C	A
홀1															
홀2															
홀3															
홀4															
홀5															
홀6															
홀7															
홀8															
홀9															
		근무시간합계													
주방1															
주방2															
주방3															
주방4															
주방5															
주방6															
주방7															
주방8															
주방9															
주방10															
주방11															
		근무시간합계													
		총근무시간													

구분													
목표근무시간	150	100	110	110	110	130	150	140	100	110	110	130	130
실제근무시간	150	94	100	99	110	120	160	158	95	104	109	125	135
근무시간차이	0	-6	-10	-11	0	-10	10	18	-5	-6	-1	-5	5

근무조	근무시간
A	0700~1700
B	1000~1900
C	1200~2100
D	1400~2300
E	1200~1600
F	1800~2300

특이사항

[표 1-7] 점포경영자의 점포 daily self checklist

항목	세부 체크 사항	코멘트
점포외관 체크	• 외부의 간판, 조명, 청소 상태는 양호한가? • 간판 조명은 타이머가 세팅되어 적정한 시간에 on/off되고 있는가? • 고객출입동선은 깔끔하게 정리되어 있는가?	
매출분석 및 각종 데이터 확인	• 전일 근무자들의 기록사항, 연락사항들은 빠짐없이 읽고 숙지하였는가? • 오늘 해야 할 업무들을 리스트업을 해두었는가? • 전일까지의 매출, 고객수, 객단가, 좌석회전율을 체크하였는가? • 전일까지의 각종 비용수치를 확인하였는가?	
오늘 업무 목표	• 예측매출과 고객수에 대해 직원들이 숙지하고 있는가? • 오늘의 식자재 발주금액, 직원들의 스케줄 등을 확인하고 조치하였는가? • 오늘의 추천메뉴, 식자재현황, 매출목표 등을 공유했는가?	
주요 시설 체크	• 필요한 조명, 공조기, 냉난방 등은 정해진 시간에 맞춰 운영되고 있는가? • 주방의 각종 냉장·냉동고, 배전판, 전기기구가 정상적으로 작동되고 있는가? • 객석의 조명, 테이블, 의자 등은 고객이 사용하기에 이상이 없는가? • POS, 주문기, 오더기 등은 이상 없이 작동하는가?	
식자재	• 식자재의 prep은 예측에 의해 준비되어 있는가? • 식자재의 결품은 없는가? • 식자재의 검수는 잘 이루어져 있는가?	
오픈 준비	• 오픈 준비는 최소 10분 전에 모두 이루어지고 있는가? • 오픈 전 반드시 직원들과의 미팅을 가지고 있는가? • 점포 내의 온도, 조명, BGM 등은 이상이 없는가? • 모든 기물 등은 보충(stock)되어 있는가? • 각종 POP, 메뉴판 등은 깨끗하게 잘 준비되어 있는가? • 직원들의 유니폼은 청결한가?	
영업 중	• 점포의 서비스에는 문제가 없는가? • 점포의 위생상태는 문제가 없는가? • 점포의 메뉴의 품질상태는 최상인가? • 이 모든 QSC가 가장 바쁜 시간대에 정상적으로 운영되는가?	
직원 관련	• 직원들의 명찰, 유니폼 등은 청결하고 위생적인가? • 직원들은 당일 매출목표, 추천판매 메뉴, 중점사항 등을 암기하고 있는가?	

마감업무	• 고객 주문 마감시간이 정해져 있고 잘 운영되는가? • 간판, 기기 등의 배전판 off 시간이 설정되어 있는가? • 금고마감은 프로세스에 의거해서 운영되는가? • 매출데이터와 장부마감은 하는가? • 직원들에게 주요 전달사항을 전달하였는가? • 점포의 외부시건장치를 하였는가?	

3 점포경영자의 주간 업무

점포경영자의 주간 업무는 일간, 월간 업무와 흡사하나 주간단위로 행하여지는 것이다. 점포를 관리하는 가장 좋은 방법은 주간단위로 모든 수치를 관리하는 것이다. 월간단위로 관리 시 컨트롤하는 데 한계점을 보일 수밖에 없고, 수치변화에 대응하기 어려워진다.

즉 매출, 비용에 대한 단기간의 원인분석을 통해 조기에 문제점을 발견하고 이를 해결할 수 있는 방법이 주간단위의 관리방법이다. 따라서 점포의 수치관리는 주간단위로 하는 것이 가장 좋다. 그래야 변화에 대해서 적극적으로 대응할 수 있다. 따라서 모든 매출, 비용 관련 수치 등 관리방법들은 주간단위로 맞출 수 있도록 해야 한다.

주간단위로 점포를 파악한다는 것은 주간단위의 수치를 분석하여 한 주간의 점포의 현황을 분석하여 대응책을 마련한다는 것이다. 경영자는 주간단위로 영업현황을 파악해야 한다. 따라서 주간단위의 분석시트를 활용하여 주간단위로 점포의

점포를 관리하는 가장 좋은 방법은 주간단위로 모든 수치를 관리하는 것이

> 점포를 관리하는 가장 좋은 방법은 주간단위로 모든 수치를 관리하는 것이다. 월간단위로 관리 시 컨트롤하는 데 한계점을 보일 수밖에 없고, 수치변화에 대응하기 어려워진다.

다. 월간단위로 관리 시 컨트롤하는 데 한계점을 보일 수밖에 없고, 수치변화에 대응하기 어려워진다.

매출, 주요 비용에 관해 파악하고 분석해서 대응책을 찾아야 한다. 이러한 주간단위의 분석은 고객의 만족과 직원과 점포, 회사의 이익을 향상시키기 위한 행동이며, 나아가 우수한 점포경영자의 길로 가기 위한 한 방법이다.

[표 1-8] 점포경영자의 주간 업무

업무분류	세부 체크 사항
매출분석	• 주간 영업분석 및 다음 주 예측(매출, 고객수, 객단가, 좌석회전율 등) • 주간별 식자재 원가, 인건비, 기타 비용 등에 대한 관리
직원 관련	• 직원교육상황 점검 • 직원의 채용면접 및 채용현황 점검
QSC 관련	• 위생 체크 및 체크 상황 점검 • 서비스 체크 및 체크 상황 점검 • 메뉴퀄리티 및 체크 상황 점검 • 각종 시설, 설비 점검 • 주간단위 점포 청소사항 확인
경쟁사 및 마케팅	• 주간단위 경재사 동향, 매출, 시장 조사 • 점포 마케팅 관련 아이디어 회의 및 미팅

[표 1-9] 점장의 주간 업무 관리표

매출분석								
날짜	요일	날씨	전년	예측	실적	예측차이	전년비	특이사항
4월 2일	월	흐림	2,400,000	2,500,000	2,750,000	▲250,000	▲350,000	
4월 3일	화	비	2,800,000	3,000,000	2,980,000	▼ 20,000	▲180,000	
4월 4일	수	비	2,560,000	2,750,000	2,690,000	▼ 60,000	▲130,000	
4월 5일	목	맑음	3,200,000	3,500,000	3,750,000	▲250,000	▲550,000	
4월 6일	금	맑음	3,640,000	3,800,000	3,900,000	▲100,000	▲260,000	
4월 7일	토	맑음	4,880,000	5,250,000	5,010,000	▼240,000	▲130,000	
4월 8일	일	구름	4,840,000	4,900,000	4,920,000	▲20,000	▲80,000	
합계			24,320,000	25,700,000	26,000,000	▲300,000	▲1,680,000	
고객 수						객단가		
날짜	요일	날씨	전년	예측	실적	전년	예측	실적
4월 2일	월	흐림	300	313	340	8,000	8,000	8,088
4월 3일	화	비	350	375	390	8,000	8,000	7,641
4월 4일	수	비	320	344	320	8,000	8,000	8,406
4월 5일	목	맑음	400	438	445	8,000	8,000	8,427
4월 6일	금	맑음	455	475	480	8,000	8,000	8,125
4월 7일	토	맑음	610	656	650	8,000	8,000	7,708
4월 8일	일	구름	605	613	615	8,000	8,000	8,000
합계			3,040	3,214	3,240	8,000	8,000	8,024
주요 경비								
날짜	요일	날씨	매출	발주금액	원가율	근로시간	인건비	인건비율
4월 2일	월	흐림	2,750,000	950,000	34.5%	94	705,000	25.6%
4월 3일	화	비	2,980,000	1,050,000	35.2%	100	750,000	25.2%
4월 4일	수	비	2,690,000	1,000,000	37.2%	99	742,000	27.6%
4월 5일	목	맑음	3,750,000	1,100,000	29.3%	110	825,000	22.0%
4월 6일	금	맑음	3,900,000	1,200,000	30.8%	120	900,000	23.1%
4월 7일	토	맑음	5,010,000	1,450,000	28.9%	160	1,200,000	24.0%
4월 8일	일	구름	4,920,000	1,100,000	22.4%	158	1,185,000	24.1%
합계			26,000,000	7,850,000	30.2%	841	6,307,000	24.3%

경쟁사 동향				
경쟁사	주간매출	고객 수	객단가	마케팅활동 및 주요 이슈 사항
A레스토랑	20,000,000	2,500	8,000	신메뉴 출시 이벤트 진행
B레스토랑	30,150,000	4,638	6,500	특이사항 없음
C레스토랑	25,000,000	3,572	6,998	3주년 기념 페스티벌 진행

마케팅 진행사항 및 특이사항
1. 4월 2일 쿠폰발송(10% 할인 쿠폰)
2. 4월 9일 문자쿠폰 발송 준비
3. D레스토랑 경쟁점 4월 20일 오픈(반경 3km)

4 점포경영자의 월간 업무

점포경영자의 월간 업무를 살펴보면 〈표 1 - 10〉과 같다. 주간단위의 업무파악과 마찬가지로 월간단위의 업무에 대해서도 명확히 파악하고 점검해야 한다. 외식점포의 경우 월간단위로 손익계산서가 작성되고 기타 업무들이 마감되기 때문에 월간단위의 관리는 점포의 평가와 직결되어 있다. 따라서 주간단위로 관리하되 월간단위로 모든 수치관리들이 이루어질 수 있도록 한다. 자세한 사항은 뒤에서 하나씩 설명하도록 한다. 다만 기본적으로 일간, 주간, 월간 업무가 거의 흡사하나 그 기간이 길어진다고 생각하면 된다. 외식점포에 있어서 대부분이 매출 관련, 직원 관련, QSC 관련, 마케팅 관련 업무들이다. 이의 범위를 어떻게 설정하고 설정된 범위 속에서 어떻게 꾸려 나갈지를 고민하는 것이 점포경영자의 업무이다.

[표 1-10] 점포경영자의 월간 업무

업무분류	주요 업무
매출분석	• 월간 예측(매출, 고객수, 객단가, 좌석회전율 등) • 예측사항 공유 및 식자재 원가, 인건비, 비용 등 공유 • 월간 손익분석 • 메뉴 분석
직원 관련	• 직원 면담 • 직원평가표 확인 및 직원평가, 아르바이트 평가 및 시급조정 • 점포 전체 회의 주관
QSC 관련	• 월간 QSC 점검사항 체크 • 월간 청소, 용역 등 점포 전반적인 체크 • 점포의 QSC 점검에 관한 서류 확인
경쟁사 및 마케팅	• 월간단위 경쟁사 동향, 매출, 시장 조사 • 점포 마케팅 관련 아이디어 회의 및 미팅

[표 1-11] 점장의 점포현황 분석표

1. 점포명　　명동점

2. 점포의 임대현황

평수	좌석수	임대료	총투자비	계약만료	BEP
151	150	1천만원	4.1억	2015.4.1	5천9백만원

3.현인원구조

총인원	매니저팀	주방	홀
40	5	20	15

4.매출현황표

구분		1월	2월	3월	4월	5월	6월	7월	8월	9월	10월	11월	12월	합계
	영업일수	31	29	31	30	31	30	31	31	30	31	30	31	
매출	매출(천원)	150,000	158,000	125,000										433,000
	일평균매출	4,839	5,448	4,032	0	0	0	0	0	0	0	0	0	
고객수	고객수	20,000	21,123	17,123										58,246
	일평균고객수	645	728	552	0	0	0	0	0	0	0	0	0	
객단가		7,500	7,480	7,300	#DIV/0!	#DIV/0!	#DIV/0!	#DIV/0!	#DIV/0!	#DIV/0!	#DIV/0!	#DIV/0!	#DIV/0!	
좌석회전율														
일평균매출														
인건비	인건비(천원)	33.0	33.2	30.2										96
	인건비율	22.0%	21.0%	24.2%	#DIV/0!	#DIV/0!	#DIV/0!	#DIV/0!	#DIV/0!	#DIV/0!	#DIV/0!	#DIV/0!	#DIV/0!	22.3%
	평균직원수	40	42	38										
식자재비	식자재비(천원)	45.5	46.6	38.5										130.6
	식자재비율	30.3%	29.5%	30.8%	#DIV/0!	#DIV/0!	#DIV/0!	#DIV/0!	#DIV/0!	#DIV/0!	#DIV/0!	#DIV/0!	#DIV/0!	30.2%
	기말재고(천원)	5.0	4.8	4.5										
영업이익(천원)		19.0	22.0	17.0										
세전이익(천원)		13.0	15.0	13.0										

4.QSC

구분	1월	2월	3월	4월	5월	6월	7월	8월	9월	10월	11월	12월	평균점
Qulity	90.0	91.0	88.0										
Serivce	92.0	91.0	89.0										
Cleanliness	85.0	90.0	88.0										

5.주요메뉴판매량

메뉴	판매가	1월	2월	3월	4월	5월	6월	7월	8월	9월	10월	11월	12월	월평균판매량
설렁탕	7,000	5,321	5,500	3,400										
떡만두설렁탕	8,000	1,200	1,121	824										
특설렁탕	10,000	560	600	333										
곰탕	7,500	1,523	1,489	1,021										
양지탕	9,000	754	853	600										
도가니탕	15,000	387	400	304										

6. 고객층분석(비율)

구분	1월	2월	3월	4월	5월	6월	7월	8월	9월	10월	11월	12월	비율
직장인	55.0%	52.0%	57.0%										
2030여성	10.1%	11.1%	6.4%										
주부	8.2%	9.4%	9.3%										
가족	18.0%	15.7%	14.3%										
학생	8.2%	10.6%	10.9%										
외국인	0.2%	0.3%	0.5%										
기타	0.3%	0.9%	1.6%										
합계	100.0%	100.0%	100.0%	0.0%	0.0%	0.0%	0.0%	0.0%	0.0%	0.0%	0.0%	0.0%	0.0%

7. 점포마케팅현황

행사명	기간	주요내용	효과	행사명	기간	주요내용	효과

8.기타특이사항

점포경영자는 월별로 〈표 1 - 11〉처럼 점포현황에 대한 데이터를 기록해서 변화에 대한 분석을 해야 한다. 월별 점포현황에는 점포의 기본 임대현황, 인원현황에 대한 자료, 매출과 손익에 관한 자료, 월별 QSC 점검에 대한 자료, 주요 메뉴 판매량, 고객층분석, 점포 마케팅현황 등에 관한 자료를 정리해두어야 한다.

점포의 임대현황은 총평수, 좌석수, 임대료, 최초 오픈 시 투자비, 점포의 BEP손익분기점(BEP : Break-Even Point)을 기록하도록 한다(BEP의 경우 제3장을 참고).

인원구조에 대해서도 작성해야 한다. 매니저팀, 주방직원, 홀 직원 등으로 나눠서 기록하고, 적정인원구조에 대해서도 작성하는 것이 좋다. 적정인원구조 대비 인원현황에 대해서 한눈에 파악할 수 있어야 한다.

매출과 손익 관련해서는 세부적으로 잘 작성하고 문제점이나 현상에 대해서 명확히 파악해야 한다. 매출, 일평균 매출, 고객수, 일평균 고객수, 인건비, 인건비율, 평균 직원수, 식자재비, 식자재비율, 기말재고, 영업이익, 당기순이익 등에 대해서 기록해두도록 한다.

QSC 점검과 관련해서는 매월 진행되는 QSC 점검 점수를 기록해두도록 한다. 그리고 주요 메뉴 판매량비율, 고객층분석 등도 넣어 두고 메뉴 판매흐름에 대해서도 파악해야 하며, 고객층의 변동에 대해서도 관심을 가지고 운영해야 한다. 또한 점포 마케팅 진행현황도 기록해두고, 결과치도 넣어 둬서 향후 점포 운영 자료로 활용하도록 한다.

3. 외식점포의 check point

외식점포를 바라보는 시야는 세심하면서도 폭넓어야 한다. 특히 점포경영자는 다방면의 능력을 고루 갖춘 멀티플레이어가 되어야 한다. 마케팅의 업무부터 직원관리, 메뉴 관리, 고객 관리 등 해야 할 업무들이 산재해 있는 가운데, 밸런스를 잘 유지하면서 이를 운영하는 것 이 우수한 점포경영자의 역할이라 할 수 있다. 따라서 다음에 제시되는 모든 업무에 대해서 명확히 파악하고 이를 업무에 적용하거나 달성하고 실천하기 위해서 노력을 기울여야 한다.

밸런스 있는 운영이란 우수한 조직문화, 훌륭한 QSC, 매출과 이익을 달성하는 점포로 가꾸기 위해서 노력하는 것을 의미한다. 외식업은 사람이 하는 업이다. 직원들의 투지와 열정, 팀워크 등이 바탕이 되어서 고객들에게 제공하는 QSC가 완성되며, 이런 QSC를 바탕으로 하여 점포의 매출과 이익이 달성된다.

[그림 1 - 2] 외식점포의 check point 구조

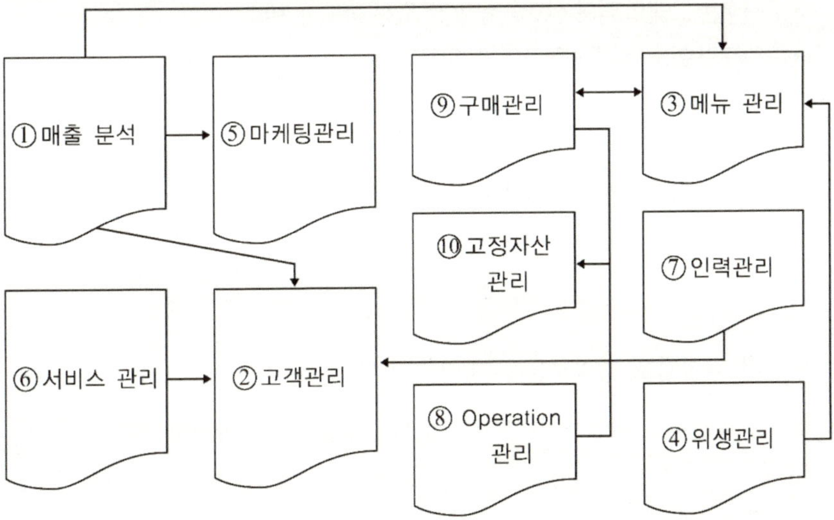

따라서 점장은 이 3가지의 밸런스가 잡힌 운영을 하도록 항상 관심을 가지고 행동해야 한다.

1 매출관리

> **점포의 밸런스 있는 운영이란 우수한 조직문화, 훌륭한 QSC, 매출과 이익을 달성하는 점포로 가꾸기 위해서 노력하는 것을 의미한다.**

매출은 외식점포 운영의 가장 기본이 되며, 매출추이는 외식점포 현재의 위치를 잘 나타내 준다. 외식점포에 있어서 매출관리의 기본은 매출, 고객수, 객단가, 좌석회전율, 좌석당 매출액 등의 분석에서 시작되며, 비교대상이 되는 수치는 예산과 예측, 동일 브랜드 체인 점포·타 경쟁업체와의 매출비교 등이다.

- 매출액은 점포운영의 최종 결과물로서의 의미를 가진다.
- 고객수는 고객의 점포 선호도를 알 수 있는 척도가 된다.
- 고객층의 분포는 현재 점포의 주 이용대상자를 파악하게 하며 마케팅의 척도를 나타내 준다.
- 객단가는 현재 외식점포의 시장 내에서의 positioning을 보여준다.
- 좌석회전율과 좌석당 매출액은 점포의 영업상 효율성을 나타내 주는 수치로서의 의미가 있다.

따라서 외식점포 경영자들은 매출을 항상 분석하여 분석된 결과에 따라서 문제점을 발견하고 대안을 설정하여 점포의 방향을 제시하여야 한다.

① 매출(sales):매출은 고객이 지불하는 가격으로 고객수×객단가로 구할 수 있다. 오늘 고객수가 600명이고 객단가가 약 8,333원이라면 매출액은 약 5,000,000원이 된다.

> 다른 어떤 수치보다 고객수가 가장 중요한 수치이다. 고객수는 점포의 미래를 평가하는 중요한 잣대이며, 점장은 고객수의 증감에 민감하게 반응하여야 한다.

② 객단가(average check):총매출액을 고객수로 나누어 산출할 수 있으며, 객단가는 매출의 분석, 매출전략, 고객이 평가하는 점포의 수준 등을 체크할 수 있는 중요 자료가 된다. 예를 들어 점포의 오늘 매출이 5,000,000원이고, 고객수가 600명이라면 객단가는 약 8,333원이 된다. 객단가 자체에 외식점포의 많은 요소들이 결부되어 있으므로 점포를 평가하는 잣대로 활용될 수 있다. 객단가는 상권, 점포수, 고객수와도 관련되어 있다. 객단가가 낮으면 상권 자체가 좁지만 객단가가 높으면 넓은 상권이 필요하다. 또한 객단가가 낮으면 객단가가 높은 경우보다 많은 사이트를 확보하여 점포를 운영할 수 있다. 객단가가 낮을 경우 점포의 회전율을 높여 매출을 증대시켜야 하므로 메뉴의 생산속도, 서비스의 속도가 빨라야 한다. 객단가의 높고 낮음의 판별은 다양하게 이루어질 수 있으나 통상적으로 5천 원 미만, 1만 원, 1만 5천 원~2만 5천 원, 3만 원~5만 원, 5만 원 이상으로 구분하여 사용하면 된다.

③ 고객수(guests):고객수는 점포에 방문한 내점 객수를 의미한다. 다른 어떤 수치보다 고객수가 가장 중요한 수치이다. 고객수는 점포의 미래를 평가하는 중요한 잣대이며, 경영자는 고객수의 증감에 민감하게 반응하여야 한다.

다른 어떤 수치보다 고객수가 가장 중요한 수치이다. 고객수는 점포의 미래를 평가하는 중요한 잣대이며, 점장은 고객수의 증감에 민감하게 반응하여야 한다.

④ 좌석회전율(turnoverrate):좌석회전율은 방문한 고객수÷좌석수의 의미하며, 좌석이 몇 번 회전하였는가를 나타내는 수치이다. 오늘 방문한 고객수가 600명이고 점포의 좌석 수는 150석이라고 하면 좌석회전율은 600명÷150석이므로 4.0회전이다. 좌석회전율은 소수점 첫째자리까지 구한다.

⑤ 직원당 매출(sales per person):직원당 매출액은 일정 기간 동안 1인의 직원이 발생시킨 매출액으로 직원의 생산성과 매출 효율성을 평가하는 자료가 된다. 일정 기간의 점포의 편의에 따라 설정하며, 직원별로 매출액을 산출하여 직원평가의 지표로 활용하고 문제점 발생 시 빠르게 조치를 취하여야 한다.

⑥ 일행당 매출(sales per party):계산된 계산서별 평균 매출금액으로 일행평균 계산금액으로 생각하면 된다. 이 매출과 더불어 일행당 방문고객의 수, 빈도 등도 함께 체크해보아야 한다. 점포의 주요 방문객 수의 체크는 테이블 운영의 지표로 활용할 수 있다.

(1) 매출액

점포의 매출분석은 매출, 고객수, 객단가, 좌석회전율, 좌석당 매출액 등을 가장 기본으로 한다. 매출액은 고객수×객단가로 구성된다. 매출액을 높이려면 고객수를 늘리거나 객단가를 높이면 된다. 객단가는 점포에 방문하는 고객들을 상대로 업셀링을 통해서 올릴 수 있다. 그러나 항상 생각해야 할 부분이 객단가는 고객만족도와 연동되어 있다는 점이다. 그러므로 객단가를 많이 올리는 것은 좋지 못한 방법이다. 매출을 올리는 가장 좋은 방법은 고객수를 증진시키는 것이다. 따라서 객단가의 등락폭보다 고객수의 등락폭에 더 많은 관심을 가지고 운영해야 한다. 그리고 항상 앞에서 언급한 5가지 항목을 토대로 하여 인근 경쟁점, 동일 브랜드 체인 점포와 비교·분석하면서 문제점을 발견하고 발전적인 방향을 제시하도록 해야 한다.

[표 1-12] 외식점포의 매출관리

content	check point
매출분석	• 매출, 고객수, 객단가, 좌석회전율, 좌석당 매출액은 예측과 일치하는가? • 인근 경쟁사와의 매출 비교 시 특별한 차이점이 발견되고 있는가? • 체인점의 경우 타 점포와 매출 비교 시 특별한 차이점이 발견되고 있는가? • 매일 생산되는 메뉴의 생산량은 예측과 일치하는가? • 시간대별 매출 변화추이를 분석하고 있는가?
예측	• 예측은 일별, 주별, 월별로 정확하게 시행하고 있는가? • 정확한 예측을 위해서 과거 데이터, 현재의 추세를 적절하게 활용하고 있는가? • 정확한 예측을 위해 요일, 기후, 행사, 프로모션 등을 고려하는가? • 쿠폰 발행 및 할인행사 등을 고려해서 예측을 하는가?
월간 예산	• 월 매출 달성을 위해서 일별, 주별 목표를 설정해서 진행하는가? • 고객집객 활동을 수행하고 있으며, 고객집객 부족 시 대안을 마련하고 있는가? • 주간별로 일어나는 큰 변화에 대해 대응책을 마련하고 있는가? • 성수기, 비수기 등에 대비한 적극적인 대응책을 가지고 있는가?
월간 손익달성 전략	• 식자재 원가 달성을 위한 적절한 관리방법을 구사하는가? • 인건비 달성을 위한 적절한 관리방법을 구사하는가? • 영업 관련 비용은 예산에 맞게 적절하게 사용하고 있는가? • 불필요한 경비를 사용하고 있지는 않는가?
객단가	• 객단가 향상을 위해서 특별한 방법을 구사하고 있는가? • 직원들의 행사에 대한 관심을 유도하고 있는가? • 직원들이 향상 up-selling, cross-selling을 하고 있는가? • 시간대별, 요일별, 고객별로 객단가를 분석하고 있는가? • 고객의 만족도에 대한 체크를 실시하고 있는가? • 직원별 매출액, 객단가 등을 체크해서 업무생산성을 체크하고 있는가?
좌석 회전율	• 일별, 요일별, 시간대별로 좌석회전율을 체크하고 있는가? • peak time에 좌석회전율을 높일 수 있는 방법을 강구하는가? • swing time에 고객집객방안에 대해 강구하고 있는가?

(2) 예측

모든 기업은 예측으로부터 출발한다. 화장품회사, 에어컨회사, 자동차회사 등 모든 기업은 예측으로부터 출발해서 영업에 임한다. 생산량의 예측으로부터 모든 활동들이 시작된다. 과예측은 시장에서의 재고생산을, 부족예측은 판매 손실을 가져 오게 된다. 따라서 정확한 예측은 모든 기업에서 가장 중요한 부분이다. 외식기업과 외식점포도 마찬가지이다. 예측으로부터 식자재 발주, 직원들의 스케줄을 통한 인건비 계획, 고객영접 등 모든 것들이 순차적으로 결정되고 준비된다. 따라서 외식기업에 있어서 예측은 상당히 중요하다. 자세한 방법은 제3장에서 설명하겠지만 예측은 신중을 기해서 해야 하며, 외식점포의 경우 연간, 월간, 주간별로 예측을 해야 한다. 또 예측은 ±3% 범주 이내에 들어와야 유효하다고 할 수 있다. 잘못된 예측으로 인한 점포의 혼란은 자연스럽게 점장의 책임이 된다. 따라서 점장은 예측능력을 기르기 위해서 노력해야 한다. 예측 시에는 날씨, 요일, 기후, 쿠폰 배포, 행사 등을 다양하게 고려하도록 한다.

만약 점포경영자의 예측을 통해서 나온 매출액이 목표매출액보다 적다면 그 차액만큼 매출을 달성하기 위한 마케팅활동 등을 전개해야 한다. 이번 달 매출 목표가 1억 원인데 경영자의 예측매출이 9천 8백만 원이라면 2백만 원만큼 부족하게 된다. 따라서 2백만 원을 더 판매하기 위한 다양한 마케팅활동을 진행하게 되는 것이다. 또 외식점포에서 가장 많은 비용을 차지하는 것이 식자재 원가와 인건비이다. 이 두 가지 경비를 합쳐서 prime cost라고 칭하며 외식점포에서 가장 심도 있게 관리해야 하는 경비이다. 평균적으로 외식점포의 경우 60%를 넘지 않는 범위 내에서 관리되어야 하며(업태별로 특징이 있고, 통상적으로 60%를 넘지 않는 범위 내에서 관리되어야 한다는 것이다.), 60%가 넘을 경우 점포를 운영하기가 힘들어진다. 따라서 식자재 원가와 인건비를 컨트롤하고 관리하는 것은 점포에서 이익을 창출하기 위한 가장 기본적인 관리가 되는 것이다. 임대료 역시 마찬가지이다. 임대료는 고정비성 임대료와 변동비성 임대료가 있다. 이는 점장이 직접 컨트롤하기 어려운 비용이기는 하나 대략 점포 매출 대비 10%가 넘지 않게 관리되어야 한다. 그리고 손익목표를 달성하기 위해서 이 밖의 경비인 마케팅비, 소모품비, 수도광열비, 통신비, 연구비 등의 매출 대비 목표 수치를 분명히 설정해야 한다. 이 관리방법에 대한 부분은 제3장에서 상세히 설명하도록 한다.

> 당장의 객단가 상승보다 더 중요하게 생각해야 할 것은 고객의 방문주기이다. 적당한 객단가를 지불하게 하고, 만족도를 지속적으로 높여 나가 고객의 방문주기를 빈번하게 하는 것이 더 중요한 요소이다.

(3) 객단가

필자의 경우 객단가를 '동전의 양면', '양날의 칼'로 자주 비유해서 설명한다. 객단가를 높이면 자연스럽게 매출이 상승된다. 하지만 객단가는 항상 고객만족도와 연동하여 설명된다. 객단가가 지속적으로 높아지면 고객의 만족도를 저해하는 요소로 작용할 수 있다. 예를 들어서 햄버거를 3천 원에 먹기 위해서 패스트푸드점으로 들어갔는데 패스트푸드점에서 직원이 새로 나온 음료와 디저트를 추천판매해서 구매했다고 가정하면, 3천 원의 햄버거만을 예상하고 이용했던 고객은 1만원을 지불함으로써 오히려 비싸다는 생각을 하고 점포를 떠날지 모른다. 그리고 패밀리레스토랑에 가서 식사를 하다 직원들의 추천으로 마지못해 10만 원 상당의 와인 한 병을 먹고 객단가 5만 원 정도를 지불하고 왔다고 하자. 이 역시 만족도를 상당히 저하시키는 원인을 제공하는 것일 수도 있다. 객단가에서 가장 중요한 것은 항상 고객만족도와 연동해서 생각을 하는 것이다. 당장의 객단가 상승보다 더 중요하게 생각해야 할 것은 고객의 방문주기이다. 적당한 객단가를 지불하게 하고, 만족도를 지속적으로 높여 나가 고객의 방문주기를 빈번하게 하는 것이 더 중요한 요소이다. 하지만 점포에서는 고객만족도를 저해하지 않는 범위 내에서 객단가 상승을 위한 노력은 지속적으로 해야 한다. 이런 측면에서 항상 각 직원(홀 직원)별 매출액과 객단가를 POS를 통해서 확인하고 추천판매와 업셀링 등이 잘 이루어지고 있는지 체크해야 한다. 가장 중요한 마케팅 중의 하나는 내부직원의 프로모션과 추천판매이다. 따라서 이 부분 역시 경영자로서 잘 체크해야 한다.

(4) 좌석회전율

> 타깃 고객층의 고객수가 감소하고 있다면 점포의 이상 징조이므로 내부적인 점검을 하고 빠른 대책을 수립해야 한다.

좌석회전은 점포의 효율성을 점검하는 지표이다. 특히 점포가 바쁠 때에는 좌석회전율을 극대화해서 점포의 매출에 도움이 되도록 해야 한다. 금요일과 토요일 디너 영업이 대부분의 레스토랑에서 가장 바쁜 시간대이다. 이 시간에 회전율을 극대화하는 것은 매출에 결정적인 영향을 미친다. 따라서 회전율을 극대화 할 수 있는 방법들을 강구해서 적극적으로 시행해야 한다. 이런 방법으로는 음악, 서버의 응대 등이 가장 효과적이다. 앞서 언급하였지만 영업준비를 철저히 하고, 메뉴의 생산과 서비스 속도를 빠르게 하여 원활한 흐름을 유지하는 것이 중요하며, 점포 내의 다양한 시스템을 이용하여 회전을 극대화하는 것도 한 방법이다. 사람들은 대부분 음악의 템포에 따라서 움직임이 달라진다. 바쁜 시간에는 빠른 템포의 음악을 틀어서 고객들의 움직임이나 식사시간을 조금이나마 더 빨라지게 하기 위해 노력해야 한다. 이 역시 만족도가 저해되지 않는 범위 내에서 행해져야 한다. 서버들 역시 마찬가지이다. 고객에게 제공하는 음식의 속도,

만족도, 테이블 버싱 등을 지속적으로 체킹하면서 고객의 식사시간을 줄여 회전이 빠르게 일어날 수 있도록 해야 한다.

2 고객관리

외식점포에 있어서 고객은 없어서는 안 될 존재이다. "레스토랑에 있어 가장 비싼 것은 레스토랑 좌석이며, 가장 훌륭한 인테리어는 고객이다"라는 말도 있듯이 외식점포는 항상 고객에게 관심을 가져야 하며, 모든 사고의 중심을 고객에게 맞춰야 한다. 매출을 증진하는 방법 역시 고객수를 증가시키거나 점포를 방문하는 고객의 객단가를 높이는 방법 2가지로 제시할 수 있다. 따라서 외식점포에게 고객은 만족시켜야 할 대상이기 때문에 항상 고객의 요구와 소리에 귀를 기울이고, 점포가 추구하는 타깃 고객에게는 관리방안을 마련하여 수행해야 할 필요성이 있다.

(1) 목표고객

각 점포마다 주로 방문하는 고객층이 있다. 이를 핵심고객층, 목표고객층이라 칭한다. 주문 시 우리가 사용하는 POS에 이런 고객층을 입력해서 주문을 넣을 필요가 있고, POS를 통해서 점포의 핵심고객층을 파악할 필요가 있다. 고객층은 주로 20~30대 여성고객, 주부, 회사원, 가족, 외국인, 학생 등으로 분류하기도 한다. 이런 데이터를 토대로 하여 점포의 주 방문고객은 누구인지 파악을 하고, 이를 타깃 고객으로 분류해서 마케팅활동을 수행해야 한다. 타깃 고객이 설정되지 않은 상황에서 마케팅활동을 진행하게 되면 핵심고객이 아닌 고객을 대상으로 마케팅을 하는 오류를 범하게 된다. 그리고 분류된 고객을 주간별·

단골고객, 충성고객의 비율이 늘어난다는 것은 점포가 올바른 방향으로 잘 항해하고 있다는 말과 동일하다. 가능하면 단골고객, 충성고객을 위한 별도의 프로그램을 마련하여 운영하는 것도 한 방법이다.

월간별로 변화가 있는지, 시간대별로 변화가 있는지를 점검하고 이상이 있을 경우 대책을 수립해야 한다. 또 타깃 고객층의 변화에 대해서 민감하게 반응해야 한다. 만약 타깃 고객층의 고객수가 감소하고 있다면 점포의 이상 징조이므로 내부적인 점검을 하고 빠른 대책을 수립해야 한다.

(2) 신규고객

신규고객의 비율도 관리되어야 하는 포인트이다. 신규고객의 비율이 늘어가고 있는지 줄어들고 있는지도 항상 관리해야 한다. 그리고 회원카드(마일리지 카드)는 브랜드별, 점포별로 만들어서 운영하는 것이 좋다. 회원카드는 고객이 타 브랜드로 전환하지 못하도록 브랜드에 묶어 두는 역할을 한다. 따라서 회원카드의 운영은 진행해야 할 마케팅사항 중에 중요한 항목이 된다. 마일리지를 적립하고, 방문횟수를 적립하여 사용하는 등의 이용형태는 외식점포에 더 이상 없어서는 안 될 중요한 제도이다. 스탬프카드 제도가 되었든, 마일리지 적립카드가 되었든 점포의 멤버십카드 운영은 반드시 필요한 제도라 본다.

(3) 단골고객

마케팅에서 단골고객에 대한 언급이 있을 때마다 20/80법칙을 말한다. 20%의 고객이 80%의 매출을 좌우한다는 말이다. 이만큼 단골고객, 충성고객은 점포의 매출에 절대적인 기여를 하므로 점포의 입장에서는 잘 관리해야하는 대상임에 틀림이 없다. 단골고객의 이름을 외우고, 단골고객의 취향을 파악하

[표 1-13] 외식점포의 매출관리

content	check point
고객분석 & 점포고객 targeting	• 방문고객군의 data를 활용하여 마케팅(marketing)활동을 수행하는가? • 주 중, 주말고객의 차이는 있는가? • 시간대별 고객군의 차이는 있는가? • 점포의 목표고객군은 설정되어 있는가? • 목표고객군의 집객을 위한 영업전략은 마련되어 있는가?
신규고객	• 회원카드(마일리지 등) 신청 증가를 위한 노력을 하고 있는가? • 인근 지역의 고객창출을 위한 아이디어를 적극적으로 실천하고 있는가? • 신규가입고객에 대한 혜택은 마련되어 있는가? • 신규고객의 만족도에 대한 리뷰(review)는 진행하고 있는가?
단골고객	• 단골고객(VIP 등)의 관리방안에 대한 대책은 마련되어 있는가? • 단골고객의 성함(history) 등을 직원들이 기억하고 있는가? • 단골고객의 충성도 증가를 위한 노력을 기울이고 있는가?
단체고객	• 단체예약고객의 history는 관리되고 있는가? • 단체예약고객을 위한 특별한 혜택이 마련되어 있는가? • 단체고객의 충성도 증가를 위한 노력을 기울이고 있는가? • 단체고객 증진을 위한 활동을 수행하고 있는가?
어린이 고객	• 어린이고객을 위한 이벤트가 진행되고 있는가? • 어린이를 위한 메뉴가 마련되어 있는가? • 어린이를 위한 시설물, 놀이기구 등이 준비되어 있는가? • 직원들이 어린이들을 잘 응대하고 있는가?
불만고객	• 불만고객에 대한 대응책은 마련되어 있는가? • 불만고객을 매니저(manager)가 직접 응대하고 있는가? • 불만사항에 대해 해결책을 제시하는가? • 불만사항에 대해 직원들과 공유하고 있는가? • 고객이 불만사항을 얘기하도록 다양한 채널을 마련하고 있는가? • 불만사항에 대한 history를 관리하고 있는가? • 직원들이 불만사항을 처리할 수 있도록 권한부여가 이루어지고 있는가?

는 등의 노력을 기울여야 한다. 요즘은 CRM을 통해서 고객의 정보를 쉽게 파악할 수 있다.

단골고객, 충성고객의 비율의 등락에도 많은 관심을 가져야 한다. 단골고객, 충성고객의 비율이 늘어난다는 것은 점포가 올바른 방향으로 잘 항해하고 있다는 말과 동일하다. 가능하면 단골고객, 충성고객을 위한 별도의 프로그램을 마련하여 운영하는 것도 한 방법이다.

(4) 단체고객

단체고객은 객단가적인 측면, 매출적인 측면에서 도움이 많이 되는 고객이다.

따라서 단체고객 확보를 위한 방안을 만들고 개발하여 운영하도록 해야 한다. 대부분의 패밀리레스토랑이 돌잔치 등 각종 행사를 유치하고 진행하고 있는데 이 역시 단체고객이 가져다주는 이점을 활용한 것으로 볼 수 있다. 단체고객의 유지와 관리, 관계 유지 역시 점포에서 관리해야 할 사항이다.

어린이고객은 2가지 측면에서 중요한 고객이다. 브랜드가 지속적으로 존재하는 한 고객의 유지는 필수불가결한 요소이다. 어린이고객이 어렸을 때 브랜드에 대해 가지는 호감은 어른이 되어서도 지속된다. 그리고 어린이를 동반한 가족고객일 경우 외식점포를 선택할 때 선택권을 가진 것이 어린이고객이다. 따라서 어린이고객은 외식점포에서 관리해야 할 중요한 고객이다. 어린이들이 비행기를 타면 선물을 주고, 사탕을 주고 하는 등 어린이를 위한 노력을 기울이는 이유 역시 이런 부분에서 기인한다고 할 수 있다. 어린이를 위한 멤버십프로그램을 운영하고 어린이에게 선물을 증정하며, 어린이 메뉴를 개발하고 저렴하게 제공하는 행사를 하는 등 어린이를 위한 이벤트를 만들고 개발하는 것 역시 외식점포에서 반드시 행해야 할 마케팅의 한 부분이다. 또, 어린이 응대방법 매뉴얼을 만들어서 어린이를 응대하는 서비스를 특별히 교육하고 진행하는 방법도 필요하다. 어린이들의 사고와 문화, 니즈 파악 역시 외식점포에서 반드시 고민해야 할 중요한 요소가 되었다.

(5) 불만고객

외식업 서비스의 특성상 100% 무결점 서비스를 제공하기는 힘들다. 따라서 불만이 발생하기 마련이다. 불만고객이 불만을 말하는 것은 이를 해결해주면 지속적으로 당신의 브랜드를 이용하겠다는 의지를 말하는 것과 같다. 그러므로 불만고객을 불만고객으로 바라볼 것이 아니라 우리의 잘못된 부분을 지적해주고 고쳐 주려 하는 고마운 고객으로 인식하여야 한다. 따라서 불만고객을 잘 응대하여 우리의 팬으로 만들려는 노력을 기울여야 한다. 불만고객응대에 대한 부분은 제2장 서비스 관리에서 자세히 언급하도록 한다.

> 불만고객을 불만고객으로 바라볼 것이 아니라 우리의 잘못된 부분을 지적해주고 고쳐 주려 하는 고마운 고객으로 인식하여야 한다. 따라서 불만고객을 잘 응대하여 우리의 팬으로 만들려는 노력을 기울여야 한다.

3 메뉴 관리

외식점포의 선택 기준은 다른 어떤 것보다 메뉴의 품질과 맛에 있다. 외식점포경영자는 항상 메뉴의 변화와 메뉴에 대한 고객의 반응을 예의주시해야 한다. 그리고 메뉴의 유행과 변화에 대한 흐름을 파악하고 분석할 능력을 배양해야 한다.

메뉴에 있어서 중요한 요소는 역시 맛과 품질이다. 메뉴의 평가는 주관적 기준에 의하여 이루어지는 것이기는 하나 고객들로부터 평가를 받는 것이므로 그 것의 맛과 품질은 철저하게 관리되어야 한다. 그러므로 지속적인 메뉴 만족도를 체크하고, 부족한 부분이 있으면 빠르게 조치를 취해야 한다. 그리고 메뉴 판매 이후에는 반드시 메뉴 분석을 통해서 메뉴의 원가, 만족도에 대한 진단을 하고 이 역시 조치를 하여야 한다. 메뉴 분석은 제2장에서 상세히 설명하겠지만, 주별, 월별, 분기별로 시행하여 결과치를 토대로 액션플랜을 수립하여 운영하도록 한다.

메뉴에 있어서 또 중요한 요소 중의 하나는 주기적인 메뉴의 출시이다. 물론 고정메뉴로 운영하는 점포도 있겠지만 대부분의 점포에서는 주기적으로 메뉴를 출시하고 있다. 메뉴의 주기적인 출시로 고객들에게 새로움을 선사하기도 하고, 지루함을 달래주어야 한다. 또 계절메뉴를 개발하여 고객들에게 계절적인 만족감을 부여하는 것도 필요하다. 고정적인 메뉴에 대해서는 만족도나 고객반응이 민감하기 때문에 지속적인 업그레이드를 해나갈 필요성이 있다.

매출에 있어서 예측의 필요성을 앞에서 언급하였는데 생산량 역시 예측을 통하여 준비하도록 한다. 생산량 예측을 통해서 주방에서의 prep양을 결정하고 준비해야 한다. 매출액 예측과 더불어 주방에서 생산량 예측은 중요한 부분이다. 특히 식자재의 경우 부패의 위험, 품질 변화 등의 문제가 있으므로 생산량 예측은 중요한 요소이다.

생산량 예측의 경우 외식점포에서는 주로 3주 평균 데이터를 많이 활용해서 준비한다. 예를 들면 〈표 1 - 15〉와 같다.

〈표 1 - 15〉에서 보는 것과 같이 생산량 예측에서는 3주간의 평균 데이터를 많이 사용한다. 각 주간별로 3주간의 월별 데이터를 산출하여 평균을 내고, 평균 낸 데이터의 비율을 산출하여 차주 고객수 예측분×판매비율을 계산하여 차주 생산량을 예측하게 된다. 가장 간단하면서도 가장 많이 사용하는 방법 중의

하나이다.

직원들은 레시피를 반드시 준수하도록 하며, 사용가능하면 계량도구를 사용하여 정확한 레시피 준수가 이루어지도록 관리해야 한다. 또한 바쁜 시간을 대비하여 직원들이 레시피에 대한 감각을 익히고, 바쁜 시간에는 일일이 계량도구를 사용하기 힘드므로 본인의 계량에 대한 감을 가질 수 있도록 노력하고 훈련되어야 한다.

[표 1-14] 외식점포의 메뉴 관리

content	check point
메뉴 계획	• 메뉴플랜에 대한 고객의 만족도에 대한 분석은 행하고 있는가? • 적절한 seasonal menu를 메뉴플랜에 넣어 두는가? • 판매된 메뉴에 대한 주별, 월별 분석은 시행하고 있는가? • 신메뉴에 대한 고객반응을 분석하는가? • 메뉴에 대한 프로모션을 실시하는가?
메뉴 가격	• 신메뉴를 시기별로 출시하는가? • 신메뉴에 대한 가격결정방법을 가지고 있는가? • 식자재 가격 변화 시 recipe는 조정하고 있는가? • 기존 메뉴의 food cost가 적정한지 분석하고 있는가?
메뉴 생산	• 키친 매니저는 주별로 생산량 예측을 수행하는가? • 직원들이 생산량 예측에 따라 prep을 실시하는가? • recipe에 따라 직원들이 조리를 수행하는가? • 직원들이 조리 시 조리의 편리를 위해 계량도구를 사용하는가?
메뉴 품질	• 식재료의 검수는 검수일지를 가지고 정확하게 수행하는가? • menu tasting을 수행하고 있는가? • outsourcing 식자재에 대한 점검은 하고 있는가? • 맛을 점검할 수 있는 각종 점검표를 사용하고 있는가? • 음식 맛에 대한 고객 불평은 관리되고 있는가? • 주기적으로 메뉴의 품질향상을 위한 활동을 하고 있는가?

[표 1-15] 생산량 예측의 예시

3월12일~18일

구분	월	화	수	목	금	토	일	합계
설렁탕	90	95	85	124	111	250	240	995
곰탕	60	65	70	77	66	120	115	573
양지탕	40	44	55	60	48	95	95	437
갈비탕	50	52	27	50	34	70	69	352
특곰탕	20	21	16	11	25	48	46	187
합계	260	277	253	322	284	583	565	2544

3월19일~25일

구분	월	화	수	목	금	토	일	합계
설렁탕	85	88	99	111	133	211	252	979
곰탕	58	70	68	80	66	150	110	602
양지탕	48	50	54	65	50	85	100	452
갈비탕	55	53	30	50	30	74	75	367
특곰탕	24	20	20	11	30	50	48	203
합계	270	281	271	317	309	570	585	2603

3월26일~4월1일

구분	월	화	수	목	금	토	일	합계
설렁탕	88	99	83	120	105	275	250	1020
곰탕	65	76	72	75	74	100	110	572
양지탕	40	35	60	63	50	90	100	438
갈비탕	53	50	35	47	39	67	75	366
특곰탕	22	24	18	15	25	35	50	189
합계	268	284	268	320	293	567	585	2585

1차 생산량예측(3주간평균)

4월2일~4월8일

구분	월	화	수	목	금	토	일	합계
설렁탕	88	94	89	118	116	245	247	998
곰탕	61	70	70	77	69	123	112	582
양지탕	43	43	56	63	49	90	98	442
갈비탕	53	52	31	49	34	70	73	362
특곰탕	22	22	18	12	27	44	48	193
합계	266	281	264	320	295	573	578	2,577

1차생산량예측(3주간평균비율)

구분	월	화	수	목	금	토	일	합계
설렁탕	33.0%	33.5%	33.7%	37.0%	39.4%	42.8%	42.8%	38.7%
곰탕	22.9%	25.1%	26.5%	24.2%	23.3%	21.5%	19.3%	22.6%
양지탕	16.0%	15.3%	21.3%	19.6%	16.7%	15.7%	17.0%	17.2%
갈비탕	19.8%	18.4%	11.6%	15.3%	11.6%	12.3%	12.6%	14.0%
특곰탕	8.3%	7.7%	6.8%	3.9%	9.0%	7.7%	8.3%	7.5%
합계	100.0%	100.0%	100.0%	100.0%	100.0%	100.0%	100.0%	100.0%

요일	월	화	수	목	금	토	일	합계
고객수예측	313	375	344	438	485	656	613	3224

2차생산량예측(예측고객수 * 3주간 평균비율)

구분	월	화	수	목	금	토	일	합계
설렁탕	103	126	116	162	191	281	262	1,248
곰탕	72	94	91	106	113	141	118	728
양지탕	50	57	73	86	81	103	104	553
갈비탕	62	69	40	67	56	80	77	452
특곰탕	26	29	23	17	44	51	51	241
합계	313	375	344	438	485	656	613	3,224

4 위생관리

외식점포에 있어 위생은 생명과 같다. 최근 각종 법률들이 마련되고 개정되면서 위생 관련한 문제들은 사회의 화두가 되고 있다. 따라서 외식점포를 경영함에 있어 종사원의 개인의 위생, 식재료관리, 점포 전체의 위생관리 부분은 엄격하고도 세밀하게 관리하여야 할 필요성이 있다.

외식점포에서 고객에게 신뢰감을 형성하고 만족감을 전달하기 위한 방법 중의 하나는 위생과 청결관리이다. 특히 식자재에 대한 이슈가 증가하고 있고, 위생에 대한 고객들의 관심도가 높아진 상황에서 더욱 철저한 관리는 외식점포가 노력해야 할 중요한 부분이다.

[표 1-16] 외식점포의 위생 관리

content	check point
개인위생 관리	• 종사원의 유니폼은 관리되고 있는가? • 종사원에 대한 개인위생 점검은 어떻게 실시하고 있는가?
식재료관리	• 식재료의 유효기간에 대한 점검은 실시하고 있는가? • 식재료의 보관상태에 대한 점검은 실시하고 있는가? • 식재료의 해동, 냉각 공정 관리를 점검하고 있는가? • 식재료 검수에 대한 일지를 작성하는가?
점포위생 관리	• 점포 자체 내의 위생 점검 시스템은 운영되고 있는가? • 주방기기의 위생상태 점검은 실시하고 있는가? • 직원 위생교육을 실시하는가? • 식약청, 구청에서 실시하고 있는 위생교육은 이수하고 있는가? • 이수된 교육은 전 직원들과 공유하고 있는가?

[표 1-17] 위생 점검 체크시트의 예시

체크 항목	세부 체크 항목	배점 100점	점수	비고
개인 위생 관리	• 손전용세제를 사용하고 있으며 손씻기를 잘 시행하고 있는가?	3		
	•보건증은 유효기간에 맞게 보관하고 있는가?	3		
	•직원들의 유니폼은 청결하며 손, 두발 등 상태는 깔끔한가?	3		
	•건강이상자는 작업에서 배제하고 있는가?	3		
검수 관리	•검수일지는 작성하고 있으며 잘 보관되어 있는가?	3		
	•검수자는 위생장갑을 착용하고 작업에 임하는가?	3		
	•검수 시 이상품목은 반품하고 있는가?	3		
	•검수 장소는 청결하고 깔끔하게 운영되는가?	3		
	•식재를 안전하게 정리하는가? (바닥방치금지, 구분보관 등)	3		
시설·기물·냉장·냉동고 관리	•냉장·냉동고의 온도는 이상이 없는가?	3		
	•모든 보관된 식재는 덮개를 구비하고 있는가?	3		
	•모든 설비는 관리담당자가 지정되어 있는가?	3		
	•설비들의 청소상태는 양호한가?	3		
	•칼, 도마는 세척하고, 구분하여 사용하는가?	3		
	•음용수와 식용 얼음은 위생적으로 취급되고 있는가?	3		
	•조리용 기물은 재질이 적절하고 청결하게 관리되는가?	3		
	•쓰레기통은 밀폐형이고, 덮개가 있는가?	3		
	•식기세척대는 청결하고, 스케일링이 되고 있는가?	3		
	•살균소독제를 사용하여 조리기물을 소독하고 있는가?	3		
	•정기적인 방역을 실시하고 있는가?	3		

식자재 위생 관리	•무표시 식재, 변질 식재, 유통기한 경과 식재는 없는가?	10		
	•냉동식품을 위생적으로 해동하고 있는가?	3		
	•반조리식품을 위생적으로 냉각하는가?	3		
	•조리된 식품을 위생적으로 취급하는가?	3		
	•prep된 식재는 냉장으로 잘 보관되어 있는가?	3		
	•prep label이 부착되어 있고, 기간이 경과하지 않았는가?	3		
	•원산지 표기가 잘 되어 있는가?	3		
기타 위생 관리	•창고는 잘 정리되어 있는가?	3		
	•상온식재의 보관이 잘 되어 있으며, 유통기한 경과제품은 없는가?	3		
	•식재가 개봉된 채로 방치되어 있지 않는가?	3		
	•주방바닥은 청결하며 배수상태는 양호한가?	3		

※ prep label은 점포 내부적으로 prep된 식자재를 사용기간을 표시해두는 표시를 해두어 식재를 안전하게 사용할 수 있도록 하는 스티커이며 법적인 효력은 없다. 위생적으로 식재를 안전하게 사용하려고 하는 안전도구로 보면 된다(제2장 위생관리 참조).

점포에서 위생과 관련하여 중점을 둬야 할 관리 분야는 주방과 식자재, 점포, 개인위생관리이다. 주방과 식자재에 있어서 주방의 각종 냉장, 냉동 설비시설부터 조리기구 등에 대한 관리와 식자재의 변질과 유통기한 등의 법적 사항에 대한 부분들이다. 또 점포 내의 깨끗한 점포유지를 위한 청소상태, 개인의 위생관리를 위한 두발과 수염, 손, 화장, 유니폼 등의 개인위생에 대해서도 신경을 써야 한다.

위생 관련한 매뉴얼을 정비하고 매뉴얼에 따라 점포 위생관리가 이루어질 수 있도록 노력을 기울여야 한다. 위생 관련해서는 제2장에서 다시 상세히 설명하도록 하겠다.

위생 점검은 주 1회 내지 2회 정도는 점포경영자가 직접 다니면서 하도록 하며, 점포나 브랜드의 상황에 맞는 위생 점검시트를 만들어서 활용하기 바란다. 그리고 반드시 법적 위반사항은 나오지 않도록 해야 하며, 법적 제재 대상에 대한 학습을 해두어야 한다.

5 마케팅관리

외식점포의 과도한 성장은 생존을 위협할 만큼 치열하고 경쟁적인 시장환경을 조성하고 있다. 외식점포 간의 심화된 경쟁상황 속에서 타 외식점포와의 경쟁에서 살아남기 위해서 마케팅능력은 필수가 되어 가고 있다. 따라서 외식점포경영자는 마케팅능력을 배양하고 점포 내의 행사 진행뿐만 아니라 시장 파악능력을 가지고 점포를 운영해야 한다.

[표 1-18] 외식점포의 마케팅관리

content	check point
점포 내 프로모션	• 점포 내 행사는 실시하고 있는가? • 점포행사 후 분석을 실시하고 있는가? (매출액 변화, 고객수 추이 등) • 계절별로 인테리어에 대한 변화를 주고 있는가? • 직원들의 적극적인 참여를 끌어내고 있는가? • 프로모션을 알리는 적극적인 홍보활동을 하고 있는가?
지역마케팅 (Local Store Marketing)	• 인근 지역 업체와 제휴하여 마케팅을 진행하고 있는가? • 인근 지역 고객의 집객방안을 위한 대책은 있는가? • 점포 홍보를 위한 광고를 활용하고 있는가?
경쟁자 분석	• 경쟁사의 마케팅활동에 대한 분석을 실시하고 있는가? • 경쟁사와 비교해서 문제가 되는 부분을 찾고 있는가? • 점포 홍보를 위한 광고를 활용하고 있는가?
고객 분석	• 고객의 소리를 듣기 위한 다양한 채널을 마련하고 있는가? • 고객의 불평, 칭찬에 대한 이력들을 관리하고 있는가? • 불평고객에 대한 정확한 feedback을 하고 있는가?

활기찬 점포나 잘 운영되고 있는 점포는 늘 어떤 프로모션이나 행사가 진행되고 있다. 경영자는 점포에서 할 수 있는 프로모션을 적극적으로 실행하고, 또 브랜드 전체가 진행하는 nationalwide 프로모션도 적극 가담하여 긍정적인 효과를 이끌어 낼 수 있도록 해야 한다. 또한 계절별로 점포의 인테리어와 환경에 변화를 주어 고객에게 식상함을 방지하고, 트랜디한 느낌을 주는 노력을 기울여야 한다.

언젠가 필자가 신문기사를 통해서 본 "음식점은 착해야 한다"는 글귀가 마음에 와 닿았다. 음식점은 착해야 하고, 음식을 고객에게 퍼 줘야 한다는 말은 일리가 있다고 생각한다. 점포마케팅에서도 마찬가지로 가장 염두에 두어야 할 것이 지역에서의 인심이다. 항상 지역 내의 인심을 얻기 위한 노력을 기울여야 하며, 지역 내의 행사에 적극적으로 스폰서하고 협조하는 자세가 필요하다. 또한 점포마케팅에서는 제휴프로모션이 가장 일반적이다. 상권 내에서 제너레이터(generator)의 역할을 하는 제휴처를 찾아서 이와 제휴하여 고객에게 혜택을 제공함으로써 매출증진을 꾀해야 한다. 내부적으로도 필요한 경우엔 매출증대를 위한 쿠폰 제공, 스탬프카드 제공 등의 행사를 시행하는 것이 좋다. 한 기사를 통해서 모 점포에서는 하루에 스탬프카드 회수가 15장에서 20장까지 된다는 것을 보고 단골이 많은 점포에서는 스탬프카드의 효과도 기대해볼 만한 것 같다는 판단을 했다.

한 번씩 경쟁사의 현황을 파악하는 것도 마케팅 요소 중의 한 부분이다. 주간단위 또는 월간단위로 경쟁사의 프로모션과 매출현황 등을 지속적으로 트래킹하고, 경쟁사의 벤치마킹을 통해서 새롭게 변화시키는 노력도 필요하며, 아이디어를 얻어서 점포에 적용하려는 노력도 기울여야 한다.

마케팅의 출발점 역시 고객이다. 고객의 소리에 정답이 있는 경우가 많고, 고객의 소리를 통해서 불충분한 부분을 점검해나가는 시스템을 안착시키는 노력도 기울여야 한다. 이런 소중한 고객의 소리를 듣기 위해서 점포 내의 고객의 소리 카드 운영, 홈페이지 고객의 소리란 제작 등 다양한 채널을 만들어서 고객이 쉽게 의견을 제시할 수 있도록 해야 하며, 불평고객들에 대한 적극적이고 긍정적인 피드백을 주는 것 또한 잊지 말아야 한다.

6 서비스 관리

> 외식점포 경영자는 직원의 채용, 교육, 복지, 면담, 평가 등을 적극적으로 실행함으로써 장기적인 성공의 기반을 만들어야 할 의무를 가진다.

앞서 언급한 것처럼 타 업체와의 조건이 동일하다면 차별화할 수 있는 유일한 부분은 서비스이다. 외식점포 간의 경쟁이 심화되고, 외식시장이 성숙하면서 점포 간의 서비스 역시 평준화되어 가고 있다. 따라서 경쟁 점포와의 차별화를 위해서 다양한 서비스 방법을 생산하고 관리하는 것이 필수가 되어 가고 있다. 서비스 수준은 교육시간에 정비례해서 올라간다. 따라서 지속적으로 시간을 투자하여 직원들을 교육해야 한다.

외식기업에서 가장 잘 갖추어져야 할 것 중 하나가 매뉴얼이다. 매뉴얼은 서비스매뉴얼, 위생매뉴얼, 조리매뉴얼, 각 직급별 매뉴얼 등 다양하다. 이런 매뉴얼의 구비가 가장 중요한 문제이고, 그 다음은 이 매뉴얼을 가지고 교육시스템을 가동시키는 것이다. 각 매뉴얼에 맞는 직급별로 맞는 교육프로그램을 개발하여 운영하여야 한다. 서비스 관련해서도 정기, 부정기적으로 교육프로그램을 가동하여 서비스 수준을 극대화시키는 노력을 기울여야 하며, 불만과 칭찬에 대한 상벌제도도 마련하여 운영하는 것이 서비스를 극대화시킬 수 있는 좋은 방법이라 생각된다.

[표 1-19] 외식점포의 서비스 관리

content	check point
신입직원 관리	• 신입직원에 대한 교육(OJT, 매뉴얼)은 실시하고 있는가? • 신입직원에 대한 매뉴얼은 마련되어 있는가? • 신입직원에 대한 평가는 실시하고 있는가?
직원교육 및 단계별 교육	• 직원매뉴얼은 마련되어 있는가? • 직원의 직급별 매뉴얼은 마련되어 있는가? • 매뉴얼은 점포에 구비되고 관리되고 있는가? • 재교육은 실시하고 있는가?
정기 교육 및 부정기 교육	• 직원들의 서비스 향상을 위한 정기교육은 마련되어 있는가? • 직원들의 서비스 향상을 위한 특별교육은 실시하는가? • 직원들의 서비스 체크에 대한 tool은 마련되어 있는가?
점포 서비스 체크	• 점포 서비스 체크를 위한 방법은 마련되어 있는가? • 고객 코멘트를 분석하고 있는가? • 고객 불평, 칭찬 코멘트를 직원들과 공유하고 있는가? • 직원들과의 면담은 실시되고 있는가? • 서비스에 따른 직원들의 인센티브에 대한 제도는 있는가?

7 인력관리

외식산업은 철저하게 people business라 칭할 수 있다. 외부고객인 고객뿐만 아니라 내부고객인 직원들의 관리는 외식산업의 근간을 이룬다. 따라서 외식점포 경영자는 직원의 채용, 교육, 복지, 면담, 평가 등을 적극적으로 실행함으로써 장기적인 성공의 기반을 만들어야 할 의무를 가진다.

외식점포 경영자는 점포와 회사에 대한 비전과 목표를 공유하고, 인재를 계발하고, 직원들의 동기를 부여하는 일 등에 최선의 노력을 기울여야 한다.

점포경영자로서 해야 할 역할로는 직원의 원활한 채용과 교육, 기존 직원의 면담과 평가, 보상으로 나눌 수 있다. 따라서 적정한 시간 안배를 통해서 적정수의 직원을 채용하여 점포가 인력부족으로 운영이 어렵지 않도록 해야 하며, 기존 직원에 대한 면담과 평가, 포상을 통해서 내부직원의 만족도 증진을 위한 노력을 기울여야 한다. 또한 점포의 운영상황 등에 대해서 수시로 전달하는 미팅과 조회를 끊임없이 주관하여야 하는데, 아침조회, 점포에서의 개별 지도 및 개별 미팅, 마감 후 마감조회 등으로 운영한다. 그리고 월 1회 정도는 전체직원을 대상으로 미팅을 하고, 또 월 1회 정도 회식을 통해서 직원과 의사소통을 하고 팀워크를 다지는 시간을 가져야 한다. 평가에 있어서도 공정하고 합리적인 시스템을 만들어서 누구나 평가제도에 대해서 인정할 수 있도록 하고, 상벌에 대한 제도 등도 만들도록 해야 한다.

[표 1-20] 외식점포의 직원관리

content	check point
직원 채용관리	• 인원 수급에 대한 주간별, 월별 계획은 마련되어 있는가? • 신입직원 면접 평가표는 마련되어 있는가? • 직원들의 이직률 감소를 위한 방안은 마련되어 있는가? • 직원들에 대한 면담일지는 작성되고 있는가? • 직원의 이력에 대한 직원명부가 마련되어 있는가? • 직원 포상은 실시하고 있는가? • 직원들의 승진, 회사에 대한 비전 등을 어떻게 전달하고 있는가?
직원 미팅	• 직원들과 정기적인 미팅을 실시하고 있는가? • 직원들과의 일별 조회와 미팅을 진행하고 있는가? • 전체직원과 월 1회 전체조회를 진행하고 있는가? • 의사전달을 위한 다양한 tool을 활용하고 있는가? (로그북, 이메일)
직원평가	• 직원들 평가에 대한 기준을 마련하고 있는가? • 직원들의 업무능력 계발과 교육을 위해 투자하고 있는가? • 직원들의 발전을 위한 적절한 직무이동을 실시하고 있는가? • 직원들의 복지 관련 업무에 대해 관심을 가지고 있는가?

8 운영관리

외식점포에는 마케팅, 회계, 인력 등 제반 업무 외에도 운영상의 관리방안 등이 마련되어야 한다. 특히 점포 운영에 필요한 house rule, cleaning, 사고에 대한 관리 등은 영업흐름을 원활하게 하기 위해서 반드시 필요한 부분이라 생각된다.

[표 1-21] 외식점포의 운영관리

content	check point
house rules 관리	• 지각자, 결근자는 어떻게 관리하는가? • 직원 근무시간 초과분(OT)은 어떻게 관리하고 있는가? • 직원 할인제도(discount) 등 복지혜택은 어떻게 실시하고 있는가?
안전사고관리	• 안전사고에 대한 직원들의 정기교육은 실시하는가? • 사고 위험 요소에 대한 점검은 정기적으로 수행하는가? • 안전사고 발생 시 처리에 대한 제도는 마련되어 있는가?
cleaning 관리	• 일별, 주별, 월별 cleaning에 대한 check list는 마련되어 있는가? • cleaning에 대한 점검은 실시하고 있는가? • 청소업체에 대한 평가는 실시하고 있는가? • 청소업체와 정기적인 미팅을 실시하고 있는가?

9 구매관리

구매 자체를 관리한다는 것은 여러 가지 의미를 가진다. 거래처와의 관계뿐만 아니라 신선한 식자재의 입고와 저장, 식자재 원가의 관리 등이 다양하게 연계되어 있다.

따라서 외식점포에 있어서 구매관리는 세밀하게 관리되어야 할 필요가 있는 부분이다. 특히 외식점포는 고객과 직접적으로 연관이 되는 식자재를 다루고 있기 때문에 식자재의 흐름에 따라 구매부터 검수, 입고, 저장, 출고까지의 과정이 진행되는 동안 변질 등이 되지 않도록 철저하고 세심하게 관리해야 한다.

[표 1-22] 외식점포의 구매관리

content	check point
거래처관리	• 업체 평가는 정기적으로 실시하고 있는가? • 신규업체 등록은 어떻게 실시하는가? • 납품 식자재에 대한 문제 발생 시 어떻게 조치하는가? • 거래처와 정직한 관계를 유지하고 있는가?
식자재 원가	• 예산과 일치한 식자재 원가를 유지하는가? • loss나 left over에 대한 관리는 이루어지고 있는가? • recipe에 따라 직원들이 조리를 하고 있는가? • 식자재 원가가 상승되었다면 대책안은 있는가?
구매관리	• 구매는 생산량 예측에 따라 정확히 발주하고 있는가? • 매출에 따른 적정한 식자재 원가를 유지하면서 발주하고 있는가?
검수관리	담당자가 검수를 정확히 수행하고 있으며, 일지를 작성하고 있는가? • 식자재 문제 발생 시 조치방법을 가지고 있는가? • 검수 지역의 위생상태를 관리하고 있는가?
저장, 재고 관리	• 식자재는 보관방법에 준하여 보관하고 있는가? • 식재료, 소모품, 비품에 대한 재고조사는 정기적으로 수행하고 있는가? • 식재료, 소모품에 대한 적정 par는 설정되어 있는가?

※ par는 par stock의 줄인 말로 적정재고량을 의미한다.

또한 외식점포의 비용 구조 중 가장 많은 비율을 차지하는 식자재를 어떻게 관리하느냐에 따라서 손익구조가 크게 달라지므로 손익에 영향을 미치는 요소로서도 철저한 관리가 이루어져야 한다.

10 고정자산관리

외식점포의 주방기기, 인테리어 용품 등은 대부분이 고가이며 이는 메뉴의 품질과 서비스와 직접 연관되어 있으므로 적절한 유지보수·관리를 행하는 것은 비용절감 차원이나 고객만족 차원에서 중요한 부분이다. 또 고정자산은 직원들이 편하게 근무할 수 있는 여건을 조성하도록 외식점포 경영자가 책임 있게 관리하여야 할 부분이라 하겠다. 점포경영자로서 점포의 고정자산에 대한 관리방법과 수리방법, 응급조치방법 등은 기본적으로 알고 있어야 하고, 이를 통해서 점포의 원활한 운영과 경비절감에도 기여를 해야 한다. 특히 외식점포의 경우 고가의 설비를 많이 보유하고 다루고 있으므로 이에 대한 철저한 관리는 결국 경비절감으로 이어지게 된다. 때로는 설비관리 매니저(이는 주방매니저나 홀매니저 중 기기에 해박한 지식을 가진 매니저가 할 수 있도록 한다)를 두고 관리하는 것도 좋은 방법이라 할 수 있다.

[표 1-23] 외식점포의 고정자산관리

content	check point
시설물관리	• 시설물 유지보수 계약은 관리되고 있는가? • 업체와의 정기적인 미팅은 실시하고 있는가? • 시설물에 대한 점검은 정기적으로 실시하고 있는가?
주방기기 관리	• 주방기기에 대한 담당자가 있는가? • 주방기기에 대한 관리대장은 있는가? • 주방기기에 대한 직원교육은 실시하고 있는가? • 주방기기에 대한 정기적인 청소를 진행하고 있는가? • 비상시 응급조치에 대한 방안은 마련되어 있는가? • 주방기기 보수를 위한 비용은 마련되어 있는가? • 주방기기 폐기처분은 어떻게 하는가?
주방기기, 기구 구매관리	• 기기, 기구에 대한 inventory는 실시하는가? • 기기, 기구 구매 시 비교·분석 후 구매하는가? • breakage 관리는 어떻게 실시하는가?

※ inventory는 재고조사를 뜻한다.

※ breakage는 기물파손을 의미한다.

참고문헌

- 김근종.「외식사업경영론」. 대왕사, 2000.
- 박인규 · 안순례 · 하창용.「외식경영실무」. 대왕사, 2003.
- 박진우.「외식경영학」. 형설출판사, 2010.
- 신재영 · 선동규 · 김의근 · 최창권.「외식사업경영론」. 백산출판사, 2002.
- 원융희.「외식산업론」. 대왕사, 1997.
- 이애주.「식음료관리론」. 일신사, 1996.
- 최학수 · 강인호 · 이병연 · 정승환 · 김상철 · 조문식.「실전외식사업경영론」. 한올출판사, 2004.

2

점포의 QCS 관리

1. 서문

외식점포 운영에서 가장 중요한 3가지를 꼽으라면 점포의 조직문화, QSC 관리, 매출과 이익을 들 수 있겠다. 외식업은 사람이 하는 업이며, 인력의존도가 높은 업임에는 틀림이 없다. 따라서 사람이 주체가 될 수밖에 없으며 사람에 의해서 점포가 움직인다. 그래서 계속 '내부고객만족', '내부고객으로부터 출발' 등을 언급하는 것이다. 사람들로 구성된 외식점포의 경우 내부 직원들의 사기와 팀워으로부터 출발하며 직원들의 손을 거쳐 QSC가 관리가 되고, QSC를 통한 매출과 이익의 상승이 이루어진다. 외식점포, 외식기업 중 내부고객, 외부고객을 중요시하지 않는 점포가 성공한 경우를 보지 못했다. 직원들을 중요하게 생각하는 것에서 출발하여 고객들에게 높은 QSC를 전달하며 이를 통한 고객만족으로 매출과 이익을 창출하는 순환적 구조를 만드는 것은 외식점포에서 중요한 요소임을 잊지 말아야 할 것이다.

QSC는 고객만족과 밀접한 관련이 있으며, 고객만족의 척도가 된다. 고객만족도를 측정하는 것은 고객의 기대수준과 만족수준이 다르기 때문에 어려울 수 있으나 항상 객관적인 지표를 가지고 고객들의 평가와 만족도를 측정해야 한다. 매출상승과 이익상승을 이끄는 것이 점포의 인테리어적 요소나 객석의 편안함 등 하드웨어적인 부분도 있을 수 있으나 사실은 보이지 않는 고객만족 요소인 QSC에 있음을 명심해야 한다.

이 같은 이유에서 점포의 QSC 점검은 필수적이다. QSC의 점검은 내부적인 기준으로도 할 수 있고, 외부업체에 의뢰하거나 제3자를 통해서 점검할 수도 있다. 그러나 어떤 기준이 되었든 QSC 레벨은 주기적으로 체크해서 점검하여 빠른 수정과 피드백이 이루어져야 하고, QSC 레벨을 높이기 위해서 지속적인 노력을 기울여야 한다.

몇 가지 고객만족도를 조사하는 툴을 소개하면 다음과 같다.

① 고객의 소리 카드:외식점포에서 많이 사용하는 것으로 점포의 테이블 내에 비치하여 고객들이 직접 작성할 수 있도록 하는 카드이다. 카드는 메뉴에 대한 평가, 서비스에 대한 평가, 위생과 청결상태에 대한 평가 등의 항목으로 구성하고 고객의 기타 의견을 적을 수 있도록 만들어서 운영하고 있다. 대부분의 고객들은 생각을 나타내지 않고 침묵으로 일관하는 경우가 많다. 따라서 고객의 소리카드를 운영할 경우 일정 부분 고객들에게 서비스 혜택을 주어서 고객들이 카드를 작성하도록 유도해야 한다. 예를 들어서 고객의 소리카드를 작성한 고객 중 매월 10명을 추첨하여 무료식사권을 제공하거나, 계산 시 일정금액을 할인해주는 등의 혜택을 제공함으로써 작성에 적극적일 수 있도록 해야 한다.

② 홈페이지 고객의 소리:온라인 홈페이지에도 '고객의 소리'란을 만들어서 언제든지 고객이 점포 방문 후 평가에 대해서 글을 작성할 수 있도록 해야 한다. 고객의 소리 카드와 마찬가지로 고객들이 의사를 개진할 수 있도록 해야 하고, 적극적인 작성이 이루어지도록 고객들에게 서비스 혜택을 제공하는 방법을 고려해야 한다. 고객의 소리 카드나 홈페이지 고객의 소리 모두 고객이 적극적으로 의사를 개진할 수 있도록 하는 데 목적이 있다. 이를 통해 점포를 진단하고 평가해서 고객만족도 지표를 높여나가는 노력을 기울여야 할 것이다.

③ 미스터리 쇼퍼(Mystery Shopper) 운영:미스터리 쇼퍼는 고객을 가장하여 점포의 QSC 점검을 할 목적으로 투입하는 조사원이다. 미스터리 쇼퍼는 일반 고객과 동일하게 점포에 방문하여 메뉴를 주문하고, 화장실 등 위생·청결에

대한 점검도 하고, 메뉴도 평가하며, 직원들의 서비스도 평가하게 된다. 일부 불만을 제기하여 점포에서 불만을 처리하는 과정도 조사하게 된다. 이 조사는 직원들이 모르는 사이에 이루어지기 때문에 객관적인 평가가 가능하고, 미스터리 쇼퍼가 언제 방문할지 모르니 점포의 입장에서 늘 긴장하면서 모든 고객들을 대하고, 표준화된 서비스와 메뉴를 제공하려고 노력하기 때문에 높은 수준의 QSC를 제공하게 되는 이점이 있다. 다만 미스터리 쇼퍼로 인한 직원들의 불만과 피로도가 있을 수도 있다. 또한 조사원들의 충분한 사전 교육이 이루어져야 하고, 객관적인 평가가 이루어지도록 점포와 브랜드에 대해 철저히 이해를 시켜야 한다. 평가를 좀 더 객관화시키기 위해서 점수표나 평가표를 미리 만들어서 조사원들에게 제공하는 게 가장 좋은 방법이라 하겠다.

> 퀄리티를 구성하고 있는 것은 여러 가지가 있겠지만 점포에서는 대부분 온도, 맛, 양, 모양 등으로 평가한다. 하지만 이는 결과적인 문제이고 메뉴의 퀄리티는 식자재의 관리부터 메뉴의 제공까지 모두가 세심하게 관리되어야 한다.

2장

④ 점포평가 설문조사:점포평가를 설문조사를 통해서 진행하는 것으로 주기적으로 조사하고 싶은 평가내용을 설문지로 작성한 후 고객들이 설문에 응하도록 하며, 주 내용은 역시 QSC에 관한 내용으로 구성하여 현재의 점포의 수준을 점검하는 툴로 활용한다. 이는 보통 5점 척도로 구성하여 점포의 시설, 메뉴, 서비스, 위생청결, 기타 사항에 대해서 5점 '매우 만족'부터 1점 '매우 불만족'까지 측정해서 점수로 점포를 평가하는 방법이다. 그리고 예시에는 빠져있지만 고객의 점포와 브랜드에 대한 충성도, 재방문의도, 타인에게의 추천의도 등도 질문해서 점포에 대한 고객의 반응을 살펴볼 필요성도 있다.

설문조사의 예시를 살펴보면 〈표 2 - 1〉과 같다.

[표 2-1] **점포평가 설문조사서**

점포명 : ____________ 방문일시 : ________________

성별 : ① 남 ② 여 연령 : ① 20대 ② 30대 ③ 40대 ④ 50대 ⑤ 60대 ⑥ 기타

직업 : ① 회사원 ② 주부 ③ 학생 ④ 기타

동반인 : ① 가족 ② 연인 ③ 친구, 선·후배 ④ 직장동료 ⑤ 기타

〈서비스〉

	매우 만족		보통		매우 불만족
1. 직원의 용모는 단정하고 깔끔하다.	⑤	④	③	②	①
2. 직원들은 친절하고 예의바르다.	⑤	④	③	②	①
3. 직원들은 정확한 서비스를 제공한다.	⑤	④	③	②	①
4. 직원들은 신속한 서비스를 제공한다.	⑤	④	③	②	①
5. 직원들은 고객을 항상 도우려고 한다.	⑤	④	③	②	①
6. 직원들은 레스토랑에 대한 정확한 지식을 가지고 있다.	⑤	④	③	②	①
7. 직원들은 문제발생 시 대처능력을 가지고 있다.	⑤	④	③	②	①
8. 고객불만에 대해서 관리자들은 능동적으로 대처한다.	⑤	④	③	②	①
9. 직원들은 계산에 대해서 정확하다.	⑤	④	③	②	①

〈메뉴〉

	매우 만족		보통		매우 불만족
10. 품질에 맞는 적정한 가격이다.	⑤	④	③	②	①
11. 음식의 질(신선도, 온도, 맛)이 뛰어나다.	⑤	④	③	②	①
12. 적절한 시간에 음식이 제공된다.	⑤	④	③	②	①
13. 음식의 양은 적절하다.	⑤	④	③	②	①
14. 음식의 프레젠테이션(모양)은 적절하다.	⑤	④	③	②	①

〈위생시설〉

	매우 만족		보통		매우 불만족
15. 레스토랑의 시설(화장실, 테이블 주변 등)은 청결하다.	⑤	④	③	②	①
16. 음식의 제공은 위생적이다.	⑤	④	③	②	①
17. 직원들은 청결(유니폼, 두발, 손톱 등)하다.	⑤	④	③	②	①
18. 시설들은 깨끗한 상태로 관리되고 쾌적한 상태이다.	⑤	④	③	②	①
19. 쾌적한 실내 분위기를 연출하고 있다.	⑤	④	③	②	①

〈기타〉

	매우 만족		보통		매우 불만족
20. 점포분위기와 어울리는 배경음악을 사용하고 있다.	⑤	④	③	②	①
21. 서비스와 관련된 자료(팸플릿, 메뉴판 등)를 잘 갖추고 있다.	⑤	④	③	②	①
22. 메뉴에 대한 홍보와 행사를 진행하고 있다.	⑤	④	③	②	①
23. 기타 부가적인 서비스가 다양하다.	⑤	④	③	②	①
24. 정확한 약속을 이행한다(할인카드 등 정보제공 측면).	⑤	④	③	②	①

2. 점포의 메뉴퀄리티 및 운영관리

메뉴의 퀄리티(Menu Quality)는 메뉴에 대한 고객의 기대이며, 적절한 가격으로 양질의 메뉴를 제공하였냐는 것으로 설명할 수 있다. 여기서 적절한 가격은 메뉴의 품질에 대비하여 설명되는 것이며, 메뉴의 품질은 메뉴를 레시피대로 조리했는지와 온도, 맛, 모양 등은 가격에 맞게끔 구성되고 제공되었는지에 대한 것이다.

퀄리티를 구성하고 있는 것은 여러 가지가 있겠지만 점포에서는 대부분 온도, 맛, 양, 모양 등으로 평가한다. 하지만 이는 결과적인 문제이고 메뉴의 퀄리티는 식자재의 관리부터 메뉴의 제공까지 모두가 세심하게 관리되어야 한다. 양질의 식자재가 입고되어 잘 보관되고, 잘 보관된 식자재가 잘 조리되어 제공될 때 메뉴의 퀄리티가 높아질 수 있다. 조리스킬이 아무리 뛰어나다 하더라도 양질의 식자재를 사용하지 못한다면 좋은 메뉴가 될 수 없다.

따라서 메뉴의 퀄리티는 검수부터 요리제공까지 모든 단계를 훌륭하게 관리하는 데에 달려 있다. 또한 체인점의 경우 각 체인점포마다 동일한 온도, 맛, 양, 모양 등으로 제공되어야 하며 점포별로 어떻게 하면 늘 동일한 품질의 메뉴를 고객에게 제공할 수 있을지가 메뉴퀄리티에 있어서 중요한 숙제이다.

1 메뉴퀄리티의 구성

1) 온도

에스프레소는 몇 도에서 가장 맛있는 맛을 낼까? 스프는 몇 도에서 먹어야 제맛이 날까? 설렁탕은 몇 도에서 가장 맛있을까? 등에 대한 메뉴의 온도 기준을 정해두어야 한다. 메뉴 온도의 기본은 뜨거운 것은 뜨겁게, 차가운 것은 차갑게 제공하는 것이다. 이 뜨겁다와 차갑다는 기준을 잘 정해 메뉴가 가장 맛있을 때의 온도가 몇 도인지 정확히 측정하여 그 온도대로 고객들에게 제공되도록 해야 한다. 이를 위해 점포에는 항상 디지털온도계를 비치하고 완성된 메뉴의 온도뿐만 아니라 준비되어 있는 소스의 온도, 튀김의 온도, 기름의 온도 등 조리과정 전반에 걸쳐 메뉴의 기준 온도를 지키면서 조리가 되고 있는지를 점검해야 한다.

또한 식자재를 보관하고 있는 냉장고, 냉동고의 온도 역시 기준에 맞는 온도로 세팅되어 식자재가 잘 보관되고 있는지도 아울러 점검해야 한다. 이를 위해 냉장고, 냉동고에도 일별로 3번 정도 냉장고, 냉동고의 온도를 체크할 수 있도록 체크표를 부착하는 것도 하나의 방법이다. 적정한 보관방법으로 신선하게 식자재를 보관하는 것 역시 메뉴의 품질을 결정짓는 중요한 요소이기 때문이다.

2) 시간

여기서의 시간이란 조리시간, 식자재의 보관시간 등을 의미한다. 또한 식자재의 유통기한 등도 포함된다. 식자재를 다듬고, 조리도구를 이용하여 조리를 할 때 중요한 것은 만들어내는 시간이다. 따라서 적정한 온도를 유지하기 위해 온도계를 사용하듯, 조리를 할 때 가능한 한 타이머를 이용해서 시간을 맞춰 조리하는 능력이 필요하다. 특히 프라이어기를 사용하는 경우 동일한 온도로 동일한 시간에 튀겨내는 것이 필요하다. 이때 사용하는 것이 타이머이다. 물론 타이머가 모든 것을 말해줄 수 없으나 그 기준이 되기는 하므로 타이머 사용을 적극 권장한다. 그리고 보관시간이다. 특히 스프나 소스같은 종류의 식자재는 시간이 지남에 따라서 식자재의 퀄리티가 현저히 떨어진다. 각 식자재나 메뉴마다 보관시간을 설정해두고 보관시간이 지나면 폐기, 재준비 등의 기준을 만들어서 운영해야 한다.

시간과 관련된 또 하나의 요소는 유통기한이다. 유통기한이란 식자재가 법적으로 유통될 수 있는 기간을 말하는 것으로 법적제재 대상이다. 유통기한이 지났다고 해서 반드시 유해한 물질은 아니지만 법적으로 규제하고 있는 부분이므로 철저하게 지켜야 한다. 유통기한이 지난 식자재를 사용할 경우 마찬가지로 품질에 안 좋은 영향을 미치므로 유통기한이 지난 식자재는 절대 사용하지 않도록 한다.

[그림 2-1] 조리타이머

3) 기기, 기물의 점검

주방에서 사용하고 있는 모든 설비와 기기, 기물 등은 정기적으로 점검하도록 한다. 각 설비, 기기, 기물마다 점검 시기는 다르나 일 1회, 주 1회, 월 1회 등 정기적인 날짜를 정하고 그에 맞춰 점검하여 이상이 없도록 해야 한다. 이런 설비 등으로 인하여 메뉴의 퀄리티가 현저히 떨어지는 경우도 종종 발생한다.

4) 메뉴퀄리티 체크리스트를 활용한 정기적 점검

점포에 따라 많게는 몇 백가지의 식자재, 몇 십까지의 메뉴를 요리하게 된다. 따라서 메뉴에 대한 정확한 기준(레시피)에 의해서 조리가 되고 운영되고 있는지를 정기적으로 점검해야 한다. 메뉴의 기준을 일일이 설명하기는 너무 많은 메뉴가 존재하므로 어려우나 기본적으로 체크해야 할 항목을 넣어서 체크리스트를 만들어 보면 〈표 2 - 2〉와 같다. 이를 활용할 때는 점포별, 브랜드별로 메뉴의 퀄리티에 대한 기준이 다르므로 반드시 점포에 맞는 기준을 설정하여 운영해야 한다.

[표 2-2] 메뉴퀄리티 체크리스트

점검항목		배점	점수	기록사항
레시피 기준	1. 직원들은 레시피를 정확하게 숙지하고 있는가?	10		
	2. 직원들은 레시피에 근거하여 조리하고 있는가?	10		
	3. 레시피북은 관리되고 있는가?	5		
	4. 관리자들은 레시피를 숙지하고 있는가?	10		
식자재 관리	1. 식자재는 정확하게 검수되고 있는가?	5		
	2. 식자재는 선입선출에 의거해서 사용하는가?	5		
	3. 과일·야채 등은 기준에 의거해서 세척·사용하는가?	5		
	4. 해동/냉각 기준을 준수하여 진행하고 있는가?	5		
	5. 프렙 식자재는 생산량 예측에 근거하여 준비되는가?	5		

스프	온도		2		
	맛		2		
	양		2		
	모양		2		
애피타이저	온도		2		
	맛		2		
	양		2		
	모양		2		
샐러드	온도		2		
	맛		2		
	양		2		
	모양		2		
메인메뉴	온도		2		
	맛		2		
	양		2		
	모양		2		
디저트	온도		2		
	맛		2		
	양		2		
	모양		2		
총점			100		

2 메뉴

1) 메뉴의 의의

(1) 메뉴의 정의

메뉴는 우리말로 '차림표', '식단'으로 표현되며 라틴어의 Minutus에서 유래되었고, menu라는 말은 프랑스어이다. 메뉴는 'small(작은)', 'detailed list(상세한 목록)'이란 의미를 갖는다. 웹스터 사전과 옥스포드 사전에서는 메뉴의 정의를 다음과 같이 명명한다.

Webster's Dictionary:"A detailed list of the foods served at a meal"
The Oxford Dictionary:"A detailed list of the dishes to be served at a banquet or meal"

즉 메뉴란 식음료 판매를 주된 사업으로 영위하는 업장에서 고객에게 제공하기 위한 각종 상품과 이름, 가격, 메뉴의 재료 등을 소개하여 고객이 식음료 제품을 구매하는 데 필요한 정보를 제공하는 목록표라고 할 수 있다.

(2) 메뉴의 역사

현재 우리가 사용하는 메뉴는 1541년 브런스윅 공작(Duke Henry of Brunswick) 이 연회행사에서 사용한 것이 시초가 되었다. 음식에 관한 내용과 순서 등을 기록하여 식탁 위에 놓은 메뉴의 사용은 음식의 순서가 뒤바뀌거나 하는 등의 불편함을 줄일 수 있었다. 그 이후, 귀족들 사이에서 연회행사 시 메뉴를 사용하는 것이 유행이 되었다. 이러한 유행은 유럽 각국에 전래되어 메뉴로 발전하게 되었다. 이때 사용되던 메모가 오늘날 정식요리 메뉴(table d'hôte menu)의 기본이다.

(3) 메뉴의 역할

메뉴는 외식점포를 선택하는 가장 중요한 요인으로서 점포 성공의 열쇠라 할 수 있다. 또한 외식점포 운영에 있어서 가장 먼저 선행되어야 하는 것이 메뉴의 선정이며 고객과 커뮤니케이션하는 가장 중요한 도구이다. 특히 메뉴는 점포, 마케팅의 운영, 고객관리 등 다방면으로 관계하기 때문에 외식점포 운영의 가장 기본이 된다고 할 수 있다.

> 외식점포 운영에 있어서 가장 먼저 선행되어야 하는 것이 메뉴의 선정이며 고객과 커뮤니케이션하는 가장 중요한 도구이다.

메뉴의 역할을 살펴보면 다음과 같다.

① 메뉴는 가장 중요한 마케팅적인 비즈니스의 도구로서 외식기업의 존재 근원이다.

② 메뉴는 음식점 경영의 상징적인 사명을 갖고 있다.

③ 메뉴는 경영자와 고객을 연결해주는 커뮤니케이션 수단이다.

④ 메뉴는 그 음식점의 개성과 분위기를 창출하는 도구이다.

⑤메뉴는 음식점의 실내장식과 큰 조화를 이룬다.

메뉴의 역할을 도표로 살펴보면 〈그림 2 - 2〉와 같다.

[그림 2-2] 메뉴의 역할

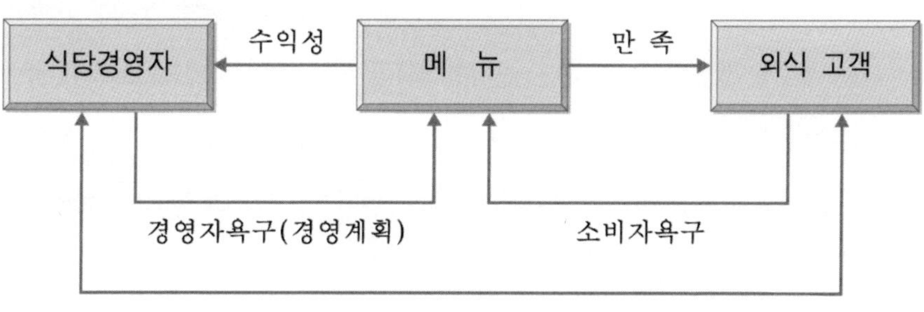

2) 메뉴의 종류

(1) 메뉴의 가격책정 스타일

메뉴는 레스토랑의 독특함을 나타내는 여러 종류의 형태와 크기로 만들어진다. 레스토랑에 따라 종이로 만들기도 하고 칠판에 적어 표시하기도 한다. 그러나 모든 메뉴는 어떻게 아이템이 메뉴에 리스트 되는지와 가격이 얼마로 책정되는지에 따라 종류가 나뉜다.

① 정식 메뉴:흔히 풀코스에 의해서 제공되는 메뉴로서 전채(appetizer), 스프(soup), 생선(fish), 셔벗(sherbet), 앙트레(entrée), 로스트(roast), 샐러드(salad), 후식(dessert), 음료(beverage) 등이 포함된 요리를 말한다. 정식 메뉴의 코스에 포함된 메뉴 품목의 수가 제한되어 있지만 고객은 편리하게 메뉴를 선택할 수 있다. 정식 메뉴의 높은 객단가는 레스토랑의 매출액에 직접적인 영향을 준다. 그리고 조리과정과 서빙이 일정하게 이루어지므로 인력을 능력적으로 사용할 수 있다(예) dinner 정식 메뉴).

② 일품요리 메뉴:메뉴에서 코스별로 한 가지씩 선택하여 주문하는 요리를 말한다. 일품요리 메뉴는 정식 메뉴보다 제공되는 품목이 많으므로 소비자에게는 선택의 다양성을 줄 수 있다. 보통 재료의 원가상승이 소비자들에게는 높은 단가를 초래하기도 한다(예) 점심 일품요리 메뉴). 많은 레스토랑이 정식 메뉴와 일품요리 메뉴가 복합되어 있는 메뉴를 가지고 있다. 정식 메뉴도 개별적으로 가격이 책정된 디저트를 메뉴에 포함시킬 수 있고, 일품요리 메뉴에도 앙트레로서 감자나 쌀밥 둘 중에 하나를 선택하는 메뉴를 제공할 수도 있다. 이러한 메뉴를 콤비네이션 메뉴(combination menu)라고 하는데, 이는 주로 중화요리(Chinese)나 에스닉(ethnic) 레스토랑이 메뉴로 제공하기에 알맞다(예) 굴소스 베이스의 해물요리+rice noodle 혹

은 fried rice 혹은 egg noodle).

③ 뷔페 메뉴:일정한 금액을 지불하고 세팅된 여러 가지 요리를 선택하여 먹을 수 있는 메뉴를 말한다. 뷔페 메뉴도 가격이나 행사의 종류에 따라 폭넓은 메뉴의 선택이 가능해진다. 간단한 행사에는 전채(hors d'oeuvres)에 속하는 다양한 종류의 finger food만을 제공하기도 한다. 하지만 격식을 갖춘 행사에서는 정식 메뉴(table d'hôte menu)를 제공하게 된다. 때때로 한정된 수의 à la carte 메뉴를 제공하는 경우도 있다. 뷔페는 운영방식에 따라 open 또는 closed 뷔페로 나뉜다. open 뷔페는 소비된 음식의 양에 기준을 두어 값을 지불하게 되고, closed 뷔페는 고객의 숫자에 기준한 일정한 양의 음식이 제공된다.

(2) 메뉴 사용 빈도수

메뉴는 사용되는 빈도수에 따라서 세분화되기도 한다. 어떤 레스토랑은 매일 사용되는 일정한 하나의 고정 메뉴(fixed menu)를 가지고 있고, 어떤 레스토랑은 매일 바뀌어 싸이클이 반복되는 주기적 메뉴(cycle menu)를 가지고 있다.

① 고정 메뉴:고정 메뉴는 프리 픽스(prix fixe)라고 불리기도 한다. 영어로 고정된 가격(fixed price)이란 의미의 프랑스어이다. 고정 메뉴는 레스토랑에서 연중 지속적으로 제공되는 정기 메뉴이며 매일 변화되지 않는 메뉴이다. 자주 오는 고객의 지루함을 덜기 위해 고정 메뉴와 더불어 데일리 스페셜(daily special)을 제공할 수도 있다. 고정 메뉴의 사용은 원가절감 및 재고감소의 효과가 있으나 원가관리가 힘들고 시장이 제한적인 단점이 있다. 그리고 소비자의 입장에서는 싫증을 느끼게 될 수도 있고 음식 패턴 변화에 대처하기 힘들다. 그러므로 고정 메뉴는 대개의 소비자들이 자주 찾지 않는 식음료업장

에 알맞은 메뉴 방식이다.

② 주기적 메뉴:특별 기간이나 특정 주기로 하여 몇 가지의 메뉴를 순환시키고 교체하여 제공하기 때문에 순환적 메뉴라고 한다. 싸이클 메뉴의 목적은 비영리단체(non-commercial operations)인 학교, 군대, 병원, 회사 등의 기관에서 매일 또는 자주 먹게 되는 소비자들에게 다양성을 제공하기 위함이다. 하지만 영리단체(commercial operations)도 환경에 따라서 싸이클 메뉴를 사용하기에 적합할 수도 있다. 고립된 지역의 리조트나 시내에 위치한 카페테리아 등이 그 예다.

③ 가변 메뉴:단기 메뉴라고도 하며, 영업 상황 또는 식자재 가격의 변동 등을 감안하여 불규칙적으로 품목이 바뀌는 메뉴 형태이다. 특히 오늘의 특선 메뉴(daily special menu), 주간 메뉴(weekly menu)처럼 매일 또는 주별로 메뉴를 교체하여 제공하는 것이다.

[표 2-3] 고정 메뉴의 장단점 비교

장점	단점
• 원가절감 및 생산성 제고가 가능하다. • 재고감소 효과가 있다. • 메뉴 통제나 조절이 용이하다. • 품목마다 품질을 높일 수 있다. • 교육훈련이 적다. • 신속한 생산과 서비스로 좌석회전율을 알 수 있다.	• 원가관리가 힘들다. • 계절별 메뉴 조정이 잘 안 된다. • 시장이 제한적이다. • 메뉴에 싫증을 느낀다. • 음식 패턴의 변화에 유연성 있게 대처할 수 없다.

[표 2-4] 주기적 메뉴의 장단점 비교

장점	단점
• 메뉴에 대한 싫증이 제거된다. • 새로운 메뉴의 아이디어를 상품화할 수 있다. • 계절별, 월별, 매일 메뉴의 변화가 가능하다.	• 식자재 재고가 증가한다. • 숙련된 인력이 필요하다. • 통제력이 저하된다. • 노동비가 증가한다.

[표 2-5] 가변 메뉴의 장단점 비교

장점	단점
• 고객에게 변화된 느낌을 줄 수 있다. • 계절적으로 메뉴 조정이 가능하다.	• 메뉴가 너무 자주 순환되면 메뉴에 대한 싫증을 느낀다. • 식자재 재고가 남을 수 있다. • 아주 숙련된 조리사가 필요하다.

(3) 식음료 소비시점에 의한 메뉴

breakfast, lunch 그리고 dinner는 전통적인 식사시간을 기준으로 짜여진 메뉴이다. 많은 레스토랑들이 정해진 시간에만 제공하는 조식 메뉴를 가지고 있다. 그리고 점심과 저녁식사 메뉴를 조화시키는 것이 일반적인 현상이다.

① 조식:보통 7시에서 10시 사이에 먹는 메뉴로서 신속, 간단, 저렴한 것이 특징이다. 조식 메뉴는 아래와 같이 4가지로 크게 분류한다.

㉠ American Breakfast:미국식 조식으로 메뉴 작성자에 의해서 한두 가지는 생략할 수 있다. 계란요리, 주스, 토스트, 커피, 포테이토, 우유, 시리얼 등을 선택해서 먹을 수 있는 요리이다.

[그림 2-3] American Breakfast Sample

THE AMERICAN

Freshly squeezed orange juice

Croissants, Danish pastries, assorted muffins, scones
Honey & butter

Scrambled free range eggs
Crispy bacon & sausage

Country-style potatoes

Freshly brewde coffee or tea

20.00

ⓛ Continental Breakfast:유럽에서 성행하고 있는 조식으로 계란요리와 곡류가 포함되지 않고 빵, 커피, 우유 정도로 간단히 하는 요리이다. 특히 호텔에서 많이 제공하는 아침식사이다.

THE CONTINENTAL

Freshly squeezed orange or grapefruit juice

Swlwctions of croissants, Danish pastries, assorted muffins, raisin scones

Honey & butter

Cut fruit of the season

Starbuck's coffee, regular or decaffeinated
Or
Tazo teas

15.00

ⓒ Vienna Breakfast:계란요리와 롤 정도에 커피가 제공되는 식사이다.

ⓡ English Breakfast:대륙식과 구별하여 잉글리시 브렉퍼스트라고 하는데, 아메리칸 브렉퍼스트에 생선요리를 한 코스 더 추가한 것이다.

ⓜ Breakfast Buffet:주스류, 우유, 시리얼류, 샐러드, 과일, 빵, 케이크류, 계란요리, 소시지, 베이컨, 햄, 포테이토 등으로 구성되어 있다. 일반 뷔페와는 달리 간단하고 건강식 위주로 가격이 저렴한 것이 특징이다.

West Coast Breakfast

Fresh pressed orange and grapefruit juice

Selections of Croissants, muffins, waffles, pancakes

Eggs Benedict

Back bacon

Marinated salmon with hash brown & zucchini

Fresh seasonal fruit

Coffee or tea

25.00

② 브런치:브런치(brunch)는 breakfast와 lunch가 합쳐진 단어로 아침과 점심 식사의 중간쯤에 먹는 식사이다. 보통 시간적으로 10시에서 12시 사이에 제공되며 바쁜 현대인들을 위한 식사이다.

③ 중식:조식과 마찬가지로, 중식을 먹는 고객들 또한 신속함을 요구한다. 샌드위치, 스프, 샐러드 등이 중요한 서양식 중식 메뉴이다. 많은 사람들이 직장이나 학교 근처에 위치한 같은 식음료업장을 거의 매일 찾기 때문에 중식 메뉴는 다양해야만 한다. 다양성을 제공하기 위하여 스페셜 메뉴나 사이클 메뉴를 사용한다.

④ Afternoon Tea:영국인의 전통적인 식사습관으로서 밀크티와 시나몬 토스트 또는 멜바 토스트를 점심과 저녁 사이에 간식으로 먹는 것을 말한다.

⑤ 석식:대부분의 사람들에게 석식은 가장 중요한 식사시간이다. 조식이나 중식과 비교하여, 석식 메뉴는 훨씬 다양하고 정교하다. 석식을 위해 외식을 하는 소비자들은 중식보다 더 많은 돈을 지불하며 다양한 메뉴, 서비스, 분위기, 인테리어 등을 기대한다. 스테이크(steak), 로스트(roast), 닭(chicken), 해산물(seafood), 파스타(pasta) 등이 석식의 주요리(entrée)이다. 석식은 요리와 함께 와인, 칵테일, 디저트 등이 많이 곁들여진다.

⑥ Supper:이는 원래 만찬을 의미하는 것이었으나 최근에는 저녁 늦게 먹는 식사를 의미한다.

(4) 스페셜티(specialty)

① 어린이 메뉴:어린이 메뉴는 레스토랑의 테마나 콘셉트와 무관하게 제공될 수 있는 메뉴이다. 어린이들을 위하여, 재미있는 요소를 갖추는 것이 중요하다. 이로 인해, 어린이를 동반한 고객들이 편안하게 식사할 수 있도록 돕는 게 목

적이다. 어린이 메뉴의 음식은 친근하고 단순하면서도 영양학적이어야 한다.

② 고령자 메뉴:요즘은 특별한 욕구와 필요성을 충족시켜줘야 하는 고령자를 위한 메뉴의 중요성이 증가하고 있다. 고령자들 중에서 한정된 수입으로 생계를 유지하는 사람들은 가격에 민감하기 때문에 적은 양의 음식을 저렴한 가격에 제공하는 것도 방법이다.

3) 메뉴 계획[1)]

(1) 메뉴 계획의 의의

메뉴 계획은 외식산업의 성공적인 메뉴 운영과 관리에 있어서 가장 중요한 과업이며, 외식업의 관리자가 관리하여야 할 중요한 요소 중의 하나라고 할 수 있다.

메뉴 계획은 때로는 메뉴 작성이라고 불리기도 하며, 제공될 여러 가지 음식에 대한 메뉴를 미리 결정하는 것을 말한다.

메뉴 계획이란 어디서, 누구에게, 무엇을 구매하여 얼마나 다양하게, 어떻게 조리하여, 언제 얼마의 가격에, 얼마나 어떻게 제공해야 하는가 등을 고려하여 고객이 원하는 아이템, 조직의 목표를 달성할 수 있는 가장 이상적인 아이템과 그 수 그리고 다양성을 결정하는 것이다.

① 미식적인 측면:메뉴는 단편적으로 구성하기보다는 맛을 고려하여 작성하여야 한다. 음식점의 선택에 있어서 가장 중요한 요소가 맛에 있다는 것은 간과할 수 없는 부분이며 음식을 구성할 때 역시 색상, 재료, 질감 등이 다양하게 배합되도록 계획해야 한다.

② 원가와 수익적인 측면:메뉴를 계획할 때는 고객의 수준과 더불어 식당의 적

---

1) 조용범·강병남·김형준, 「메뉴관리론」(대왕사, 2003)을 참고로 하여 작성

정한 원가와 수익성을 가져다 줄 수 있는 범위를 고려하여 계획해야 한다.

③ 운영적인 측면:메뉴 계획에 있어서 종사원들의 조리수준, 주방 설비, 서비스 방식, 식자재의 지속적 구매 여부 등 업장의 운영적인 측면을 고려하여 메뉴를 계획해야 한다.

④ 영양적인 측면:현대사회는 고객의 메뉴 선호에 있어서 메뉴가 주는 영양과 칼로리 등에 대한 고객의 관심도가 높아지고 있으므로 메뉴를 계획할 때는 영양적인 요소를 고려하여 작성하여야 한다.

(2) 메뉴 계획모형

① Mahmood의 메뉴 계획모형:메뉴 계획시 고려되는 요인들을 관리자(조직)의 관점과 고객(시장)의 관점에서 다룬 모형이며, 고객의 관점을 더욱 구체화한 모형이라고 평가할 수 있다.

[그림 2-4] Mahmood의 메뉴 계획모형

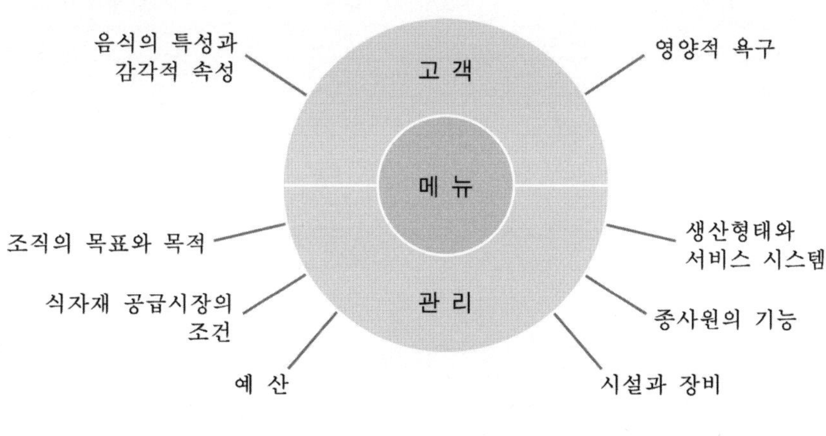

자료:Mahmood A. Khan, Concepts of Foodservice Operations Management 2nd ed. (John Wiley & Sons, 1991)

② Ninemeier의 메뉴 계획모형:이 모형은 고객과 내부적인 내용을 강조하여 성공적인 메뉴를 계획할 수 있도록 개발한 모형이다. 이 모형은 고객의 환경적인 측면을 고려하여 레스토랑의 마케팅 측면을 더욱 구체화한 모형으로 평가되고 있으며, 소비자가 중시하고 있는 시대적 환경들을 제시하고 있다.

[그림 2-5] Ninemeier의 메뉴 계획모형

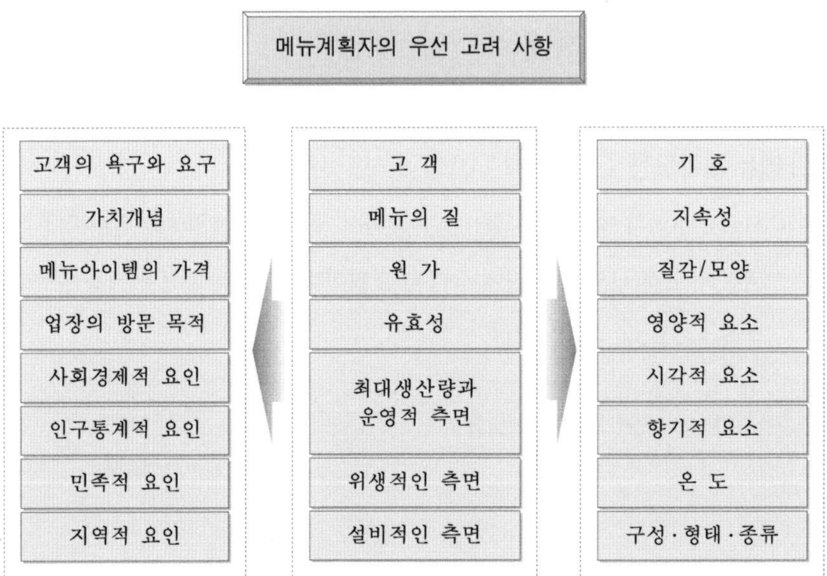

자료:Jack D. Ninemeier, Principle of Food and Beverage Operations (AH & MA, 1984),p. 115.

③ Kreck의 메뉴 계획모형:이 모형은 투입·과정·산출의 세 개의 부분으로 구성되어 있다. 이 모형의 투입요소는 식음부문의 운영에 요구되는 통합 시스템 모형으로 얻어지는 정보에 의해 결정된다. 이 모형은 투입·과정·산출의 세 부분으로 구성되어 있으며 가격, 종업원의 기술, 장식, 주방시설과 기기, 상황적 요소, 식자재 공급 등이 투입요소로 이루어지며 이러한 투입요소들에 의해서 성공적인 메뉴가 계획될 수 있다. 성공적인 메뉴란 고객의 만족과 조직의 목표를 동시에 달성할 수 있도록 계획된 메뉴를 말한다. 즉 메뉴 계획에 있어서 성공의 의미는 메뉴를 통한 고객만족과 조직의 목표인 수익성을 달성하는 것이다.

[그림 2-6] Kreck의 메뉴 계획모형

[그림 2-7] 완전한 메뉴 계획모형

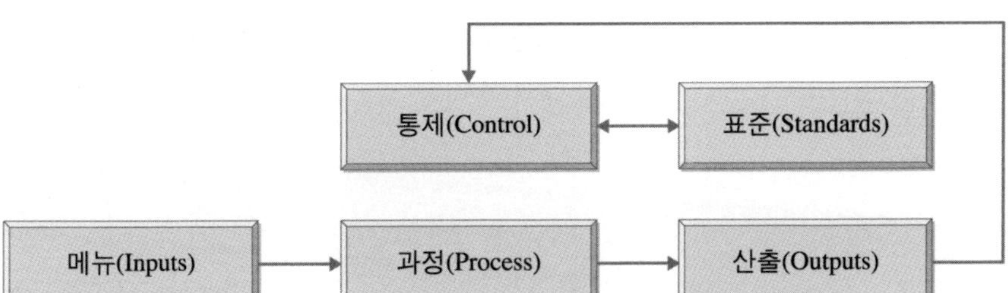

자료:Lothar A. Kreck, Menu-Analysis and Planning 2nd ed. (CBT Book, 1984), p. 147.

(3) 메뉴 작성의 순서

메뉴를 작성하려면, 가장 먼저 입지에 대한 분석과 입지와 유동인구 등에 대한 객층 분석 작업을 선행해야 한다. 들어갈 입지조건과 객층에 대한 면밀한 분석은 메뉴 구성에 있어서 가장 선행되어야 할 조건이라고 할 수 있다. 영업에 대한 정확한 컨셉 설정과 점포의 컨셉과 조화 등을 고려하고 이후 메뉴 구성을 최종적으로 결정하게 된다. 메뉴는 점포의 운영 컨셉과 영업상의 컨셉이 조화를 이루도록 해야 한다.

다음으로 주방 오퍼레이션(operations)에 체크가 병행되어야 한다. 구성할 메뉴가 주방에서 생산 가능하며 최대한의 생산량 등을 반영하여 운영상의 문제가 없는지에 대한 체크가 이루어져야 하며 이를 토대로 상품구성의 결정을 마무리한다.

대략적인 메뉴 구성 등이 결정되고 나면 레시피를 작성한 후 가격 결정을 병행한다. 레시피 작성 후에는 메뉴를 직접 만들어서 프레젠테이션 할 필요가 있으며 프레젠테이션 이후 수정 작업을 하고 평가를 통해서 판매 메뉴를 확정짓도록 한다. 메뉴 프레젠테이션을 할 때에는 사용할 식재와 기물 등도 같이 평가에 넣어서 고려해야 한다. 또 이때 같이 병행해야 할 것이 주방 구성에 있어서 식재의 위치, 식기의 위치도 고려해야 한다. 이런 과정을 통해서 결정된 메뉴 중 메뉴북을 만들기 위해 사진촬영할 메뉴를 선정하고 어떻게 구성할 건지에 대한 논의, 메뉴 디스크립션(description) 또한 결정해야 한다. 모든 과정이 마무리되면 메뉴의 생산부터 판매에 대한 과정을 검토할 필요성이 있다.

[그림 2-8] 완전한 메뉴 계획모형

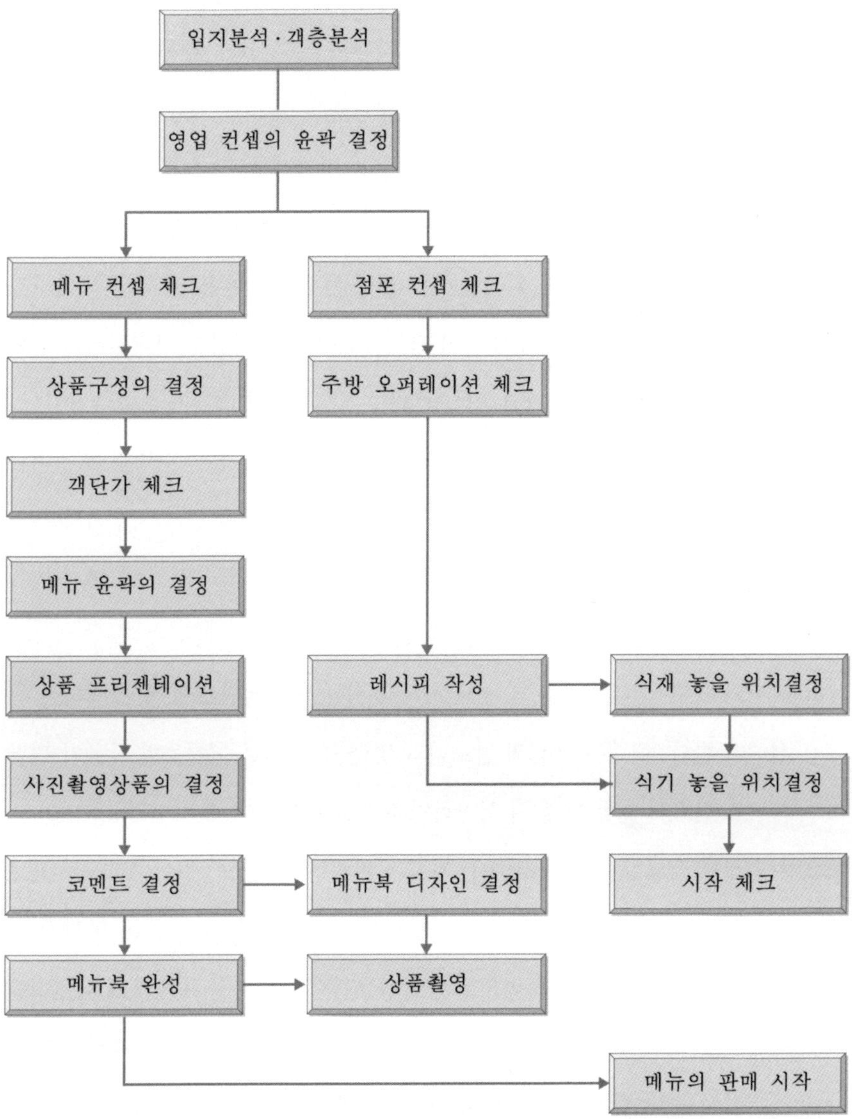

자료:조용범·강병남·김형준, 「메뉴관리론」 (대왕사, 2003)

(4) 메뉴 작성 시 고려사항

① 고객의 요구와 욕구에 따른 메뉴 품목의 선정:메뉴 작성 시 가장 먼저, 가장 많이 고려해야 될 부분이 바로 고객의 요구와 욕구이다. 현대에 와서는 메뉴의 선호도에 있어서 고객의 욕구가 다양화되고 있으며, 메뉴의 유행이나 트랜드도 급속하게 변화하고 있는 추세이다. 따라서 메뉴 작성시에는 반드시 고객의 요구와 욕구 그리고 시장 상황의 흐름도 반영하여야 한다.

② 메뉴 판매에 따른 원가와 수익성:메뉴 작성 시 고려해야 할 요소 중의 하나가 원가이다. 메뉴의 원가를 반영하여 가격을 결정하는 부분은 가격결정의 중요한 기법 중의 하나이다. 가격결정 방법은 추후 뒤에서 다루기로 한다. 메뉴의 원가와 수익성에 대한 부분은 판매의 예측, 매출의 예측 등 다방면에 걸쳐서 중요하다. 식자재 원가를 얼마로 가져갈 것이며, 이러한 원가는 우리의 수익성에 어떤 영향을 미치는지를 고려해야 한다. 따라서 원가의 측정 역시 메뉴를 작성할 때 중요한 요소라고 할 수 있다.

③ 식사의 영양적 요소:메뉴 자체가 가지고 있는 영양적인 요소를 반영하여 작성해야 한다. 현대는 메뉴의 칼로리와 영향 등에 대한 고객들의 반응이 민감하므로 반드시 메뉴 작성 시 영양적인 요소를 가미하여 작성하도록 한다.

④ 지속적인 식재료 구입 여부:메뉴 자체가 가지는 매력성이 뛰어나더라도 재료로 쓰이는 식자재가 지속적으로 공급되지 못한다면 의미가 없다. 따라서 메뉴 작성 시는 재료가 지속적으로 공급가능한지의 여부를 확인하고 작성하여야 한다.

⑤ 조리사의 능력 및 조리기구:메뉴 작성 시 반드시 조리사들의 능력이 메뉴를 생산할 수 있는가에 대한 판단과 조리 시 현재의 조리설비 및 기구들이 메뉴를 생산하는 데 문제점이 없는지의 여부를 고려하여 메뉴를 작성하여야 한다.

⑥ 서비스 인원의 고려:메뉴 자체가 가지고 있는 특성으로 인해 서비스 종사원이 서비스 제공시 발생할 수 있는 문제점 등의 여부를 판단하여 메뉴를 작성하여야 한다.

(5) 메뉴의 평가와 레시피의 작성

레시피(recipe)는 어떤 음식을 만들기 위한 지침서로 필요한 식자재와 각각의 양, 주방기기, 인력, 조리시간, 1인분 적정량, 만드는 과정, 고객에게 그 음식을 제공하는 데에 필요한 그릇이나 서비스 절차를 기술해 놓은 것이다.

[표 2-6] 메뉴 평가표의 예

성공요인	상대적 가중치 (A)	점수(B)	가중 평균 (A×B)
		10 20 30 40 50 60 70 80 90 100	
1.맛의 좋고 나쁨	0.5		
2.표적시장과의 적합성	0.1		
3.주방인력기술과의 적합성	0.1		
4.분위기와의 적합성	0.1		
5.조리시간의 길고 짧음	0.05		
6.식자재가격의 변동폭	0.05		
7.영업시간의 적합성	0.05		
8.건강과의 적합성	0.05		
총계			

① 고객의 외식업체 선택기준의 첫번째는 맛으로, 메뉴 성공의 핵심이다.

② 표적시장과의 적합성은 자기업소에 오기를 바라는 고객층이 과연 이 음식을 선호할 것인가를 묻는 것이다.

③ 자기업소의 현 주방조리사들이 그 음식을 제대로 만들 능력을 갖추었는가를 평가해야 한다.

④ 현재의 주방시설로 새로운 메뉴를 만들 수 있는지 주방기기나 공간의 가능 여부를 살펴보아야 한다.

⑤ 새로운 메뉴가 자기업소의 전반적인 분위기와 어울리는가 하는 문제이다.

⑥ 조리시간도 테이블 회전 및 고객 서비스에 있어 문제가 된다.

⑦ 식자재의 가격변동폭이 크면 가격설정과 적정이윤추구에 장애가 된다.

⑧ 영업시간대와의 적합성 여부는 음식에 대한 사람들의 인식차이에서 발생한다.

⑨ 메뉴에 영양성을 충분히 고려하여 고객들의 건강에 관심을 가져야 한다.

[표 2-7] RECIPE(표준조리법)

Menu No.	K-001			Store	K-Store
	RECIPE				
①조리기구	Tung, Fry Pan, Main Dish, Ladle				
Menu Item	② 미트 스파게티 Meat Spaghetti			작성연도	2005. 09. 01
				Sales Price	③ 7,900(won)
NO	④ Ingredient	⑤ Quantity	Cooking Method	Cost	⑥ Food Cost(won)
1	스파게티 면	180g	10분 삶음	1	300
2	Meat Sauce	250g		4	1,000
3	Parsley	10g	Chopped	1	10
4	Butter	10g		9	90
5	Garlic Bread	1	오븐 구이	100	100
6					
7					
8					
조리 방법	1.면을 삶는다. 2.따뜻한 소스를 면과 함께 볶아준다. 3.마늘빵을 오븐에 구워서 스파게티에 올려준다.			⑦ TFC	1,500
				⑧ CM	6,400
				⑨ Cost	18.99%
⑩ 담는 방법	면을 얹고 소스를 뿌려준다.			작성자	박진우
⑪ 위생체크 사항	위생장갑을 착용하고 조리한다.			수정 연월일	2005. 09. 10
⑫ 서빙 방법	접시채로 가져다 준다.			수정자	박진우

4) 메뉴의 가격결정 방법

(1) 가격책정의 기본요소

가격은 식자재비·인건비·일반관리비·목표이익의 합으로 최종판매가를 결정하기 이전 다음과 같은 사항을 고려하여 결정하여야 한다.

① 경쟁업소들의 동종 메뉴 가격:경쟁업소에서 제공되고 있는 메뉴의 가격과 비슷하거나 같게 책정되어야 한다. 가격탄력성에 고객이 민감하게 반응하지 않도록 해야 한다.

② 전체 메뉴에서 개발 메뉴가 차지할 판매 비중:대량판매가 목적인지, 리더 메뉴 품목인지, 고객 서비스 차원의 메뉴인지를 고려해야 한다.

③ 가격에 대한 고객들의 반응:고객들이 메뉴를 어떻게 평가하고 받아들일 것인지에 대한 가치인식도를 반영해야 한다.

④ 동종 메뉴들 간의 가격호환성:동종 메뉴들 간의 가격이 너무 격차가 나지 않도록 메뉴를 구성함으로써 고객들이 저렴한 메뉴만을 선호하지 않도록 한다.

(2) 가격결정 방법

일반적으로 메뉴에 대한 가격결정은 원가·수요·경쟁이 가장 중요한 요인으로 작용하며, 기업의 유지와 성장 등도 고려해야 한다. 따라서 메뉴 가격결정은 원가지향적 요소를 우선적으로 고려해야 하며, 수요나 경쟁지향적 요소는 부차원적인 고려대상이 된다.

① 원가지향적 가격결정법:메뉴 생산에 사용된 원가를 기준으로 해서 가격을 결정하는 방법으로 이는 객관적 데이터를 가지고 메뉴 가격을 결정하기 때문에 가장 객관적인 방법이라 할 수 있다.

㉠ 식자재 원가에 의한 가격책정법 : 메뉴 생산에 소요되는 식자재비가 판매

가의 일정비율을 차지한다는 가정에 기반을 둔 가격책정법으로 품목마다 다른 원가비율로 개별적인 가격책정을 할 수 있다. 이 방법을 이용하려면 식자재비, 판매가, 식자재비율 중 두 가지의 정보를 가지고 있어야 한다.

식자재비/판매가 = 식자재비율(%)
식자재비/식자재비율(%) = 판매가
판매가×식자재비율 = 식자재비

ⓛ 공헌이익에 의한 가격책정법:고객의 가격에 대한 반응과 목표판매량(목표이익)에 따라 가격을 결정하는 방법으로 우선 초안이 되는 가격을 식자재원가를 이용해 먼저 구해야 한다. 이렇게 구해진 초안 가격을 바탕으로 그 메뉴에 대한 고객의 가격인지도를 조사해 가장 무리없이 받아들여질 수 있는 가격과 업소의 목표 판매량을 고려하여 최종적인 가격을 조정, 결정하는 것이다.

[표 2-8] **공헌이익에 의한 가격책정법**

메뉴 품목	식자재 원가	원가율(%)	초안 가격	판매 가격	공헌이익
설렁탕	2,000원	35%	7,140원	7,000원	5,000원
특설렁탕	3,000원	30%	10,000원	10,000원	7,000원
도가니탕	6,000원	40%	15,000원	15,000원	9,000원

㉢ 목표수익률법:목표수익률법은 일정한 목표의 생산량하에서 총원가에 예정된 수익률을 가산함으로써 가격을 결정하는 것을 의미한다. 작년 매출액을 기준으로 총원가를 계산한 후 수요 및 선호도를 고려하여 영업이익을 결정하는 것이 목표수익률법이다.

㉣ 평균비용에 목표이익을 합한 가격책정법:품목에 들어가는 재료들이 거의 비슷하고 필요한 노동력의 양도 비슷한 경우에 가장 쉽게 쓸 수 있는 방법으로써 음식물이 그 업소의 부가적 상품이거나 서비스 내용의 일부인 경우에 사용하기 좋다.

② 수요지향적 가격결정법

㉠ 인지된 가치에 따른 가격결정법:수요기준 가격결정법이라고 불리워지며, 제품의 인지가치에 근거를 둔 것으로 판매자의 원가수준이 아니라 구매자의 지각가치를 가격결정의 주요 요인으로 하고 있다. 따라서 마케팅 조사나 FGI(핵심고객 인터뷰)를 통해서 정확한 인지가치를 측정하는 것이 메뉴의 유용성에 영향을 미친다고 할 수 있다.

㉡ 수요차별에 따른 가격결정법:이는 시장별 가격차별법으로 불리워지며, 이는 하나의 제품이 두 개 혹은 그 이상의 가격으로 판매되는 것을 말한다. 즉 고객, 장소, 시간에 따라 시장을 세분화하여 차별적 가격을 적용한다. 아웃백의 경우 지역별로 세분화해서 메뉴의 가격을 이원화하는 정책을 사용하여 고객으로부터 큰 호응을 얻었다.

㉢ 유인가격결정법:촉진 가격이라고 하는데, 여러 상품을 취급하는 연쇄점이나 백화점에서 특정 상품을 고객 유인용 상품으로 하여 가격을 싸게 함으로써 다른 상품의 구매를 유도하는 전략이다. 롯데리아의 경우 천 원 햄버거로 고객을 유인하여 부가적인 메뉴의 판매를 증진하려고 하였다.

(3) 경쟁지향적 가격결정법

외식사업에서 폭넓게 사용되는 가격책정법 중 하나로 경쟁업소들이 사용하는 가격을 따르는 방법이다. 이 방법은 경쟁업소들의 가격에 고객이 만족하고 있다는 가정하에 근간을 두고 있기 때문에 보다 중요한 업소별 특성, 내·외장식 및 서비스, 정량 등이 무시되기 쉬운 가격책정법이다.

① 가격선도제:동일 업계에서 가격변화에 가장 영향력이 있는 기업인 가격선도자에 의해 가격이 결정되는 형태를 말한다.

② 적정 가격:경쟁업체의 가격과 비교하여 적정수준이라고 판단되는 경영자의 주관적 가격결정 방법을 말한다.

③ 최고 가격:경영자가 임의로 고객이 지불할 수 있는 가장 높은 가격을 결정하는 방법이다.

④ 특매 가격:주력품목의 가격을 인하하여 고객을 끌어들인 다음 이윤을 남기기 위하여 다른 품목에서 높은 가격을 받는 방법이다.

⑤ 관습적 가격결정법:소비자들이 일반적으로 인식하고 있는 가격으로서 한 두 기업에 의하여 가격이 결정되는 것이 아니라, 기업들이 사회관습에 의해 판매되는 가격이다.

⑥ 가격입찰 가결결정법:단체급식을 목적으로 업체에서 경쟁입찰에 의해 제품의 가격을 결정하는 것이다.

5) 메뉴 분석

메뉴 분석의 단계는 개발된 메뉴들이 종류와 가격면에서 고객들의 요구와 욕구를 충족시키고, 점포 운영의 적절한 수익을 산출할 만큼 합리적인지의 여부를 분석하는 작업으로 메뉴 개발에 있어 매우 중요한 마감단계이다.

> 메뉴 분석의 단계는 개발된 메뉴들이 종류와 가격면에서 고객들의 요구와 욕구를 충족시키고, 점포 운영의 적절한 수익을 산출할 만큼 합리적인지의 여부를 분석하는 작업으로 메뉴 개발에 있어 매우 중요한 마감단계이다.

또 메뉴 분석은 경쟁업체 혹은 내부의 다른 메뉴들 사이에 비교, 분석을 위하여 이용되기도 하며, 이것을 바탕으로 해서 향후 메뉴를 계획할 때 반영할 수 있다.

메뉴 분석은 재고관리와 원가관리를 위한 다양한 경영자료를 제시해 주기도 한다. 따라서 메뉴 분석은 정기적(1개월, 분기, 반기)으로 실시해야 한다.

- Contribution Margin(CM):공헌이익으로서 메뉴의 판매가에서 메뉴 식자재 원가를 차감한 금액을 의미한다.
- Menu Mix(MM):메뉴의 판매량을 나타내는 것으로 총판매 메뉴 수량에서 단일품목 메뉴 판매비율을 말한다.
- Cost:식자재 원가를 말하는 것으로 일반적으로 %로 나타내게 되며, 식자재 원가로 판매가격을 나눠서 구한다.

(1) 인기지수 분석법

① 분석방법:인기지수 분석법(Popularity Index)은 고객호응도를 메뉴 판매량을 이용하여 분석한 후 메뉴별 상품력을 측정하는 것이다. 분석기간의 길고 짧음에 따라 분석의 객관성이 달라질 수 있으므로 분석기간은 가능한 1개월 이상으로 하는 것이 좋다.

㉠ 판매수량은 POS를 통해서 확인할 수 있다.

㉡ 판매가는 점포의 판매가를 기입하면 된다.

㉢ 식자재 원가는 레시피상에 있는 메뉴의 원가이다.

㉣ 총매출은 판매수량×판매가로 구한다.

㉤ 총원가는 총식자재 원가를 의미하는 것으로 판매수량×식자재 원가로 구한다.

㉥ 이익은 단위당 공헌이익을 의미하는 것으로 판매가에서 식자재 원가를 차감해서 구한다.

㉦총이익은 총공헌이익으로서 총매출에서 총원가를 차감해서 구한다.

위의 기법은 제한적인 메뉴를 운영하는 업소들이 이용할 수 있는 초보적인 인기분석 방법이다.

[표 2-9] 판매분석표

메뉴 품목	판매량	원가율(%)
설렁탕	44	22%
떡만두설렁탕	54	27%
특설렁탕	38	19%
곰탕	32	16%
양지탕	14	7%
도가니탕	18	9%
총계	200	100%

[표 2-10] 판매정보

품목	판매 수량	판매가	총매출	식자재 원가	총원가	공헌 이익	총공헌 이익
설렁탕	3,400	7,000	23,800,000	2,000	6,800,000	5,000	17,000,000
떡만두 설렁탕	824	8,000	6,592,000	2,500	2,060,000	5,500	4,532,000
특설렁탕	333	10,000	3,300,000	3,000	999,000	7,000	2,331,000
곰탕	1,021	7,500	11,250,000	3,000	4,500,000	4,500	6,750,000
양지탕	600	9,000	5,400,000	3,300	1,980,000	5,700	3,420,000
도가니탕	304	15,000	15,000,000	5,400	5,400,000	9,600	9,600,000
총계	7,657		65,372,000		21,739,000		43,633,000

[표 2-11] 비교인기도와 이익가치

품목	판매비	인기 계수	총매출		총식자재 원가		총공헌이익	
			지수	계수	지수	계수	지수	계수
설렁탕	0.444	2.66	0.36	2.18	0.31	1.88	0.39	2.34
떡만두 설렁탕	0.108	0.65	0.10	0.61	0.09	0.57	0.10	0.62
특설렁탕	0.043	0.26	0.05	0.31	0.05	0.28	0.05	0.32
곰탕	0.196	1.18	0.17	1.03	0.21	1.24	0.15	0.93
양지탕	0.078	0.47	0.08	0.50	0.09	0.55	0.08	0.47
도가니탕	0.131	0.78	0.23	1.38	0.25	1.49	0.22	1.32

메뉴 분석을 통하여 메뉴를 판단하기 위해서는 계수를 구해야 한다. 계수는 인기도를 판명하기 위한 인기계수, 매출에 대한 판단을 하기 위한 총매출계수, 공헌이익을 판단하기 위한 총공헌이익계수, 식자재 원가에 대한 판단을 하기 위해서 총식자재 원가계수를 구한다.

계수를 구하는 공식은 다음과 같다. 인기계수만을 예를 들어 설명한다.

- 해당 메뉴 판매량으로 분석하고자 하는 메뉴 총판매량을 나눠서 구한다.
- 판매비가 산출된다(설렁탕의 경우, 3,400÷7,657 = 0.444).
- 산출된 판매비에 분석하고자 하는 메뉴의 가짓수를 곱한다(여기서는 6가지 메뉴분석).
- 인기계수가 산출된다(설렁탕의 경우, 0.444×6 = 2.66).

총매출, 총식자재 원가, 총이익 역시 같은 방법으로 산출하면 된다.

② 결과의 해석

㉠ 인기계수가 1보다 크면 경쟁력이 높은 상품으로 고객의 인기를 많이 받고 있다는 것이고 1보다 작은 인기지수를 보이면 현상유지도 못하는 시장성이 낮은 품목이라는 것이다.

㉡ 원가의 경우 반대로 생각해야하기 때문에(낮으면 좋음) 원가계수로 볼 때 떡만두설렁탕, 특설렁탕, 양지탕 3개의 메뉴가 원가경쟁력이 있고 특히 특설렁탕의 경우 원가경쟁력이 높은 메뉴라 하겠다. 따라서 원가경쟁력이 높은 상품을 어떻게 하면 판매량을 높일 수 있을지도 점포의 입장에서 고민하고 해결책을 마련하는 것은 점포이익에 상당한 도움이 될 것이다.

㉢ 메뉴의 평가 후 설렁탕과 도가니탕의 경우 매출과 공헌이익에서 점포에 도움이 되고, 떡만두설렁탕, 특설렁탕, 양지탕의 경우 식자재 원가 측면에서 상당한 도움이 된다. 따라서 점포에서는 설렁탕과 도가니탕의 원가 개선 작업과 더불어, 식자재 원가 측면에서 도움이 되는 3가지 메뉴의 판매

량을 늘리기 위한 프로모션 등을 전개하는 등 판매량 증진을 위한 노력을 기울여야 한다.

㉣ 곰탕의 경우 매출과 이익 측면에서도 조금 더 큰 기여를 하기 위한 개선작업이 필요하고, 식자재 원가 측면의 일부 개선작업이 필요할 것으로 판단된다.

(2) 허스트 메뉴 평가법

허스트 메뉴 평가법(Hurst Method)은 메뉴에 준 변화(가격의 변화, 원가율의 변화, 메뉴 교체 등)의 결과를 분석하는 기법으로 변화들이 판매에 미치는 영향을 측정하는 평가기법이다.

① 분석방법

㉠ 평가기간을 정하고 총매출액에 공헌도가 높은 품목을 평가대상으로 선별한다.

㉡ 분석메뉴 품목의 총판매수량에 남아있는 품목들의 판매량을 모두 합하여 점포의 총판매량을 구한다.

㉢분석메뉴의 매출액과 식자재 원가를 계산한다.

㉣ 분석메뉴들의 평균판매가격를 계산한다[분석메뉴 총매출액/분석메뉴 총판매량].

㉤ 분석메뉴들의 총공헌이익을 계산하고[분석메뉴 총매출액 - 분석메뉴 총식자재 원가], 분석메뉴의 총매출액에 대비한 총공헌이익을 계산한다[분석메뉴 총공헌이익/분석메뉴 총매출액].

㉥ 분석메뉴들의 평균공헌이익을 계산한다[평균판매가격(4)×총공헌이익률(5)].

㉦ 점포의 전체 총메뉴판매량에 대비한 분석메뉴의 판매율을 계산한다[분석메뉴의 총판매량/점포 전체 품목 판매수].

◎ 메뉴 스코어(menu score)를 산출한다[품목평균수익(6)×선별 품목판매률(7)].

[표 2-12] 허스트 메뉴 평가방법(A)

품목	판매수량	판매가격	총매출	식자재 원가	총식자재 원가
설렁탕 양지탕 도가니탕	3,400 600 1,000	7,000 9,000 15,000	23,800,000 5,400,000 15,000,000	2,000 3,300 5,400	6,800,000 1,980,000 5,400,000
	5,000 (분석메뉴 총판매량)		44,200,000		14,180,000
	7,657 (점포 총판매수)				

- 평균판매가격(4):총매출액/분석메뉴 총판매수량(46,500,000/5,000 = 9,300)
- 총공헌이익(5):총매출액 – 총식자재 원가(46,500,000 – 15,050,000 = 31,450,000)
- 총공헌이익률(5):총공헌이익/총매출액(31,450,000/46,500,000 = 67.6%)
- 평균공헌이익(6):평균판매가격×총공헌이익률(9,300×67.6% = 6,289)
- 점포총판매수(2):7,657
- 분석메뉴 판매율(7):분석메뉴 총판매수/점포 총판매수(5,000/7,657 = 66.7%)
- 메뉴 스코어(8):평균공헌이익×분석메뉴 판매율(6,289×65.3% = 4,106)

[표 2-13] 허스트 메뉴 평가방법(B)

품목	판매수량	판매가격	총매출	식자재 원가	총식자재 원가
설렁탕 양지탕 도가니탕	3,300 500 1,100	7,500 10,000 15,000	24,750,000 5,000,000 16,500,000	2,250 4,000 5,000	7,425,000 2,000,000 5,500,000
	4,900 (분석메뉴 총판매량)		46,250,000		14,925,000
	7,700 (점포 총판매수)				

- 평균판매가격(4):총매출액/분석메뉴 총판매수량(46,250,000/4,900 = 9,438)
- 총공헌이익(5):총매출액 – 총식자재 원가(46,250,000 – 14,925,000 = 31,325,000)
- 총공헌이익률(5):총공헌이익/총매출액(31,325,000/46,250,000 = 67.7%)
- 평균공헌이익(6):평균판매가격×총공헌이익률(9,438×67.7% = 6,295)
- 점포총판매수(2):7,700
- 분석메뉴 판매율(7):분석메뉴 총판매수/점포 총판매수(4,900/7,700 = 63.6%)
- 메뉴 스코어(8):평균공헌이익×분석메뉴 판매율(6,295×63.6% = 4,004)

② 평가방법

㉠ 타점포의 메뉴 스코어와 비교하는 것은 점포의 특수성 때문에 분석결과가 유용하지 않다. 따라서 점포 내의 지표로 사용한다.

㉡메뉴의 타산성은 메뉴 스코어가 높을수록 좋다.

㉢ 메뉴 스코어가 높아지는 변화는 변화가 긍정적이었음을 의미하고, 메뉴 스코어가 하락하거나 동락현상이 심하면 부정적인 변화이므로 그 변화의 원인을 파악하고 대책을 마련하여야 한다.

㉣ 특별한 사유 없이 메뉴 스코어가 지속적으로 낮은 경우는 대부분 낮은 평균판매가격에 기인한 것이기 때문에 서비스 차원에서 판매하고 있는 것이 아니라면 메뉴를 교체하거나 이익이 높은 다른 품목에 주력함으로써 개선해 나가야 한다.

㉤ 평균판매가격이 높음에도 불구하고 낮은 메뉴 스코어를 보이는 품목들은 대부분 높은 원가율에 원인이 있으므로 원가율을 개선하거나 메뉴의 교체를 통해 이익을 올릴 수 있다.

③결과분석

㉠ 메뉴 스코어의 97.5%로 감소하였으며 설렁탕과 양지탕의 판매가격을 조정하였으나 이의 조정이 설렁탕과 양지탕의 원가인상률을 따라가지 못함으로 메뉴 스코어가 낮아진 것으로 판단된다.

㉡ 판매가격을 올린 것에 불구하고 식자재 원가의 상승이 식자재 원가를 커버하지 못하였다. 도가니탕의 경우 식자재 원가가 하락했으나 판매량이 많이 증대되지 못해서 기여하지 못하였다.

㉢ 따라서 설렁탕과 양지탕의 메뉴판매가격 조정이나 도가니탕의 판매량을 늘리는 노력을 기울여야 할 것으로 판단되나 설렁탕의 경우 가격민감도가 높은 품목이므로 주의를 요한다.

㉣ 메뉴 스코어의 비교만을 통해서 보면 설렁탕과 양지탕의 가격 인상은 결정이 일부 잘못되었다고 판단된다.

(3) ABC 평가법

상품의 20%가 매출의 80%를 차지한다는 2080법칙을 적용할 수 있는, 고객이 선호하는 메뉴의 대부분은 극히 일부분의 메뉴에 의해 구성된다는 것을 알 수 있게 해주는 분석법이다. 이러한 분석법은 요리부분만을 대상으로 고객이 좋아하는 일부 메뉴가 무엇인가를 알아내어 보다 많이, 그리고 오랫동안 고객에게 인기를 유지할 수 있도록 하는 방법이다.

ABC분석방법을 통해서 메뉴판매량의 순위와 더불어 표준원가를 산출할 수 있고, 산출된 표준원가를 바탕으로 하여 실제 점포에서 반영되는 할인율과 로스율, 쿠폰회수현황 등을 파악해서 보이지 않는 손실율도 구할 수가 있다. 대부분 간편한 메뉴를 취급하는 단품메뉴 점포, 국내 패스트푸드 점포에서 사용하고 있는 이 메뉴 분석방법은 단순해서 편리하게 사용하고 있으나 단순 판매수와 판매금액만이 기준이므로 점포 내부적으로 인력강도, 점포컨디션 등과 판매수량, 원가정보 등의 연동이 무시되고 있기 때문에 정확한 분석의 결과를 얻기 어렵다는 한계점을 지니고 있다. 그렇지만 단순한 분석을 넘어서 이를 활용하여 다양한 분석방법과 연동한다면 좋은 결과를 산출할 수 있는 분석방법이라 판단된다.

ABC 분석방법을 구체적으로 살펴보면 다음과 같다.

①1개월간의 판매된 메뉴 수와 금액을 합계한다.

② 매출액이 많은 순서로 나열한다. 이 때 하나도 판매되지 않은 메뉴도 기재한다.

③ 총합계를 낸다.

④ 각각의 메뉴 금액을 총합계로 나누어 전체에서 차지하는 %를 낸다.

⑤ %의 누계를 낸다.

⑥ 누계수치를 70%까지 A부문, 90%까지 B부문, 나머지 100%까지 C부문으로 한다(A, B, C로 나누는 비율은 점포의 특수성을 반영해서 설정하면 된다.).

[표 2-14] ABC 메뉴 분석표

No	1	2	3	4	5	…	29	30	합 계
메뉴명	설렁탕	도가니탕	곰탕	떡만두 설렁탕				공기밥	
판매수량	3,400	1,000	1,500	824				500	
판매가	7,000	15,000	7,500	8,000				1,000	
매출액	23,800,000	15,000,000	11,250,000	6,592,000				500,000	125,000,000
판매비(%)	19.0%	12.0%	9.0%	45.3%					100.0
누계비%	19.0%	31.05	40.0%	45.3%				100.0	100.0
식자재 원가	2,000	5,400	4,000	2,500				500	
원가율(%)	28.6%	36.0%	40.0%	31.3%				50.0%	30.8%
총원가	6,800,000	5,400,000	4,500,000	2,060,000				250,000	38,500,000
공헌이익	5,000	9,600	5,500	5,500				500	
총공헌 이익	17,000,000	9,600,000	6,750,000	4,532,000				250,000	86,500,000
비고									

6) 메뉴 공학(menu engineering)

메뉴 엔지니어링이란 외식점포 경영자 또는 관리자가 현재 또는 미래의 메뉴를 평가하는 데 활용될 수 있게 단계적으로 체계화시킨 평가의 절차이다. 이는 협의로는 메뉴 가격결정을 위한 접근방법이라고 할 수 있으며, 공헌이익과 메뉴믹스(메뉴 판매량 비율)의 2가지를 활용하여 메뉴의 현재의 상황을 파악하여 향후 미래 운영방안을 마련하고자 하는 분석방법이다. 즉 마케팅적 접근에 의해 메뉴의 가격, 디자인, 내용을 평가하는 기법으로 메뉴의 시장성을 평가할 수 있는 우수한 방법이라고 할 수 있다.

대부분의 외식점포에서 사용하는 방법으로 간단하면서도 다양한 정보를 포함하고 있어서 자주 사용되고 있다.

[표 2-15] 메뉴공학표

(1) 품목	(2) 판매량	(3) 메뉴 믹스(%)	(4) 품목원가	(5) 판매가	(6) 공헌이익 [(5)−(4)]	(7) 품목총원가 [(4)X(2)]	(8) 품목총매출 [(5)X(2)]	(9) 총공헌이익 [(6)X(2)]	(10) 공헌이익의 분류	(11) 메뉴믹스 분류	(12) 메뉴판정
설렁탕	3,400	44.4%	2,000	7,000	7,000	6,800,000	23,800,000	17,000,000	저	고	밭갈이말
떡만두 설렁탕	854	10.8%	2,500	8,000	5,500	2,060,000	6,592,000	4,532,000	저	저	문제아
특설렁탕	333	4.3%	3,000	10,000	7,000	999,000	3,330,000	2,331,000	고	저	퍼즐
곰탕	1,500	19.6%	3,000	7,500	4,500	4,500,000	11,250,000	6,750,000	저	고	밭갈이말
양지탕	600	7.8%	3,300	9,000	4,500	1,980,000	5,400,000	3,420,000	고	저	퍼즐
도가니탕	1,000	13.1%	5,400	15,000	9,600	5,400,000	15,000,000	9,600,000	고	고	별
						21,739,000	65,372,000	9,600,000			
						(14) 총원가 21,739,000	(14) 총원가 21,739,000				
합계	(13) 7,657					(15) =[(14/16)] =0.333	(17) =[(18/13)] =5,698				

① 분석방법

- 분석하고자 하는 메뉴를 (1)에 기록한다.
- 일정기간 동안 판매된 메뉴 수량을 (2)에 기록한다.
- 점포 총판매 메뉴 수량에서 각각의 아이템이 차지하는 비율을 (3)에 기록한다.
- 각 메뉴의 식자재 원가를 (4)에 기록한다.
- 각 메뉴의 판매가를 (5)에 기록한다.
- 품목 공헌이익을 (6)에 기록한다[(5) - (4)].
- 품목 총식자재 원가를 (7)에 기록한다[(4)×(2)].
- 품목 총매출을 (8)에 기록한다[(5) × (2)].
- 총공헌이익을 (9)에 기록한다[(6)×(2)].
- 품목 식자재 원가를 합하여 품목 총원가를 (14)에 기록한다.
- 총식자재 원가 비율을 (15)에 기록한다.
- 품목 총매출을 합하여 총매출을 (16)에 기록한다.
- 분석하고자 하는 총판매량을 합하여 (13)에 기록한다.
- 평균공헌이익을 계산하여 (17)에 기록한다. 이는 공헌이익의 분류에서 기준점으로 사용된다[(18)/(13)].
- 메뉴 믹스 분류 기준점을 산출한다[(100/분석하고자 하는 메뉴 가짓수)× 70%].

이는 메뉴 믹스 기준점으로 사용된다. 70%의 기준은 메뉴 공학에서 연구자가 경험에 의하여 정한 기준치로 일반화된 수치이지 절대치는 아니다. 일반적으로 70% 이상이면 좋은 메뉴로 판정한다는 연구자의 수치로 이해하면 된다.

② 결과분석:메뉴 공학 계산표를 바탕으로 이를 분석하여 메뉴에 대한 정확한 의사결정을 해야 한다. 분석 계산된 공학표를 가지고 4box를 만들어서 정확한 메뉴의 위치를 분석해야 한다.

- 공헌마진 분류
  - 고(High):품목 공헌이익(10)〉평균 공헌이익
  - 저(Low):품목 공헌이익(10)〈평균 공헌이익
- 메뉴 믹스 분류
  - 고(High):메뉴 믹스 비율〉70% 규칙 메뉴 믹스 비율
  - 저(Low):메뉴 믹스 비율〈70% 규칙 메뉴 믹스 비율
- 메뉴 품목 판정(Menu item classification)
  - 별:공헌이익도 고, 메뉴 믹스 비율도 고
  - 퍼즐:공헌이익은 고, 메뉴 믹스 비율은 저
  - 밭갈이말:공헌이익은 저, 메뉴 믹스 비율은 고
  - 문제아:공헌이익도 저, 메뉴 믹스 비율도 저

[표 2-16] 메뉴 분석 4Box

밭갈이말 MM은 높고 CM은 낮은 메뉴 아이템 (선호도는 높으나 수익성이 낮은 아이템)	별 MM도 높고 CM도 높은 메뉴 아이템 (선호도도 높고 수익성도 높은 아이템)
문제아 MM도 낮고 CM도 낮은 메뉴 아이템 (선호도도 낮고 수익성도 낮은 메뉴 아이템)	퍼즐 MM은 낮으나 CM은 높은 메뉴 아이템 (선호도는 낮으나 수익성은 높은 아이템)

[그림 2-9] 메뉴 공학 4BOX

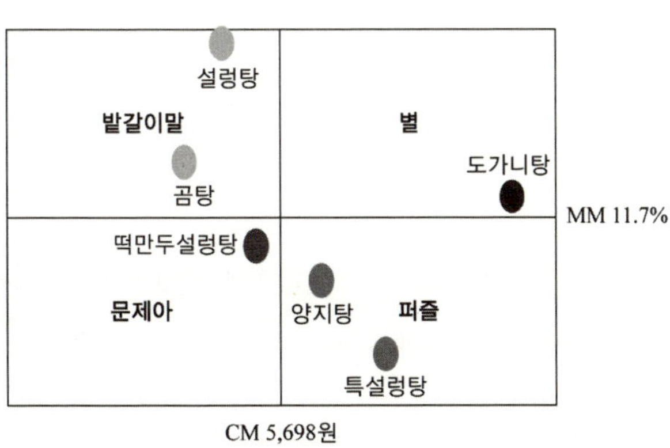

③ 의사결정

㉠ 별(도가니탕):별에 속하는 메뉴 품목들은 점포의 매출과 공헌이익에 절대적으로 기여하는 품목들이므로 품질과 1인 분량을 엄격히 표준화, 규격화하여 그 질을 유지하거나 지속적으로 원가에 대한 투자를 하거나, 또 메뉴 품질을 업그레이드하거나 품질 향상을 위한 노력을 기울여 고객만족도를 극대화시키는 메뉴로 발전해 나가야 한다. 특히 이 메뉴군에 속하는 것을 점포의 핵심메뉴로 만들도록 하고, 고객만족에 대해 점포를 지속적으로 트래킹해나가는 것이 중요하다. 또한 보다 높은 판매를 위해 메뉴판에서 가장 눈에 잘 띄는 곳에 배치하도록 한다. 본래 '별'에 해당하는 품목들은 가격탄력성이 적기 때문에 메뉴 가격을 약간 상향조정해도 매출에는 큰 변화가 없지만 현재도 수익율이 높은 편이므로 무리한 조정은 하지 않는 것이 좋다.

[그림 2-10] 메뉴 공학 4BOX

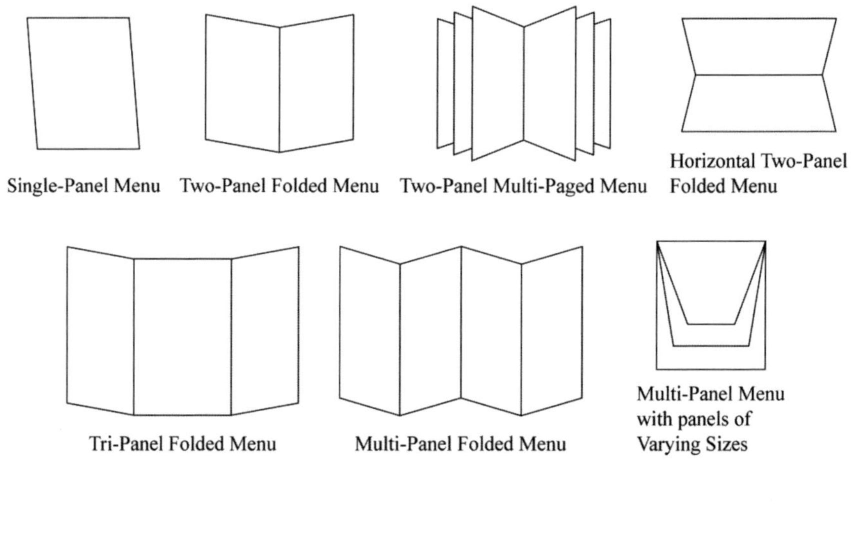

ⓐ 현재의 가격 수준을 엄격히 지킨다. 고객만족도가 손상되지 않는 범위 내에서 조금 상향 조정해도 무리는 없다. 가격의 조정은 마케팅관점에서 항상 가장 마지막에 손을 보아야 할 부분이다.

ⓑ 가격의 변화에 고객이 민감한 반응을 보이지 않기 때문에 가격인상을 시도해 볼 수 있다.

ⓒ 메뉴상 최상의 위치에 배열한다(메뉴판상 가장 눈에 잘 띄는 위치를 선정해서 세팅한다. 2폴더의 경우 오른쪽 상단, 3폴더의 경우 2면 상단과 3면 상단이 가장 눈에 잘 띄는 곳이다).

㉡ 퍼즐(특설렁탕/양지탕):특설렁탕과 양지탕 2가지의 메뉴가 퍼즐항목에 속하며 퍼즐로 판정되는 품목은 공헌이익은 높지만 인기가 낮은 판매량이 떨어지는 품목이므로 판매량을 늘리기 위한 노력을 기울여야 한다. 판촉촉진을 위한 프로모션을 진행하거나, 메뉴판상의 배치조정으로 고객들의 관심을 유도해 보거나 메뉴의 이름이나 가격을 보다 쉽게 받아들일 수 있는 방향으로 분위기를 바꾸는 방법도 생각해 볼 수 있다. 이는 노동력이나 숙련도가 요구되며, 생산성이 현저히 떨어지는 메뉴라면 과감하게 메뉴에서 제거하는 것도 하나의 방법이다. 그리고 퍼즐 메뉴들은 그 낮은 인기도로 인하여 품질이나 조리, 재고 누적 등의 문제를 일으킬 수 있으므로 가능한 이에 해당하는 메뉴 수를 줄여나가도록 한다. 사실은 6가지의 메뉴 중에서 2가지가 퍼즐메뉴에 속한다면 점포의 메뉴구성에 문제가 있다고 판단해야 한다.

ⓐ 메뉴에서 삭제한다. 특히 생산하는 데 특별한 기능이나 노동력이 요구되며 생산성이 떨어지는 메뉴라면 삭제하는 것도 하나의 방법이다.

ⓑ 메뉴상 좋은 위치에 배치하여 판매량을 늘리도록 해야 한다.

ⓒ 메뉴명을 바꾸어 고객이 선택율을 높이도록 한다.

ⓓ 판매촉진을 통하여 선호도를 높인다. 원가율이 좋기 때문에 다른 메뉴와 합쳐서 세트메뉴를 구성한다.

ⓔ 판매가의 인하를 통하여 선호도를 높인다.

ⓕ 이 그룹군에 속하는 아이템의 수를 최소화한다.

㉢ 밭갈이말(설렁탕/곰탕):판매량이 높아 고객들로부터 인기는 있지만 공헌이익이 낮은 메뉴로 이익 측면의 문제를 우선 해결해야 한다. 가격탄력성을 시험해 본 후 만약 가격탄력성이 크면 최소한의 비용만을 인상시킨 후 '별'에 속하는 도가니탕의 가격을 올려 부담해야 할 원가를 대신 부담시키도록 한다. 대체적으로 '별'에 속하는 메뉴는 가격의 인상에 민감하지 않기 때문에 설렁탕/곰탕의 가격을 올려 판매량이 주는 모험을 하기 보다는 도가니탕의 판매가격을 올려 설렁탕/곰탕의 가격고정이 줄 수 있는 비용을 만회할 수 있기 때문이다. 설렁탕/곰탕은 굳이 고객들에게 어필하지 않아도 잘 나가는 메뉴이고, 판매에 대해서 고객들이 인지하고 있기 때문에 메뉴판에서 설렁탕/곰탕을 눈에 잘 안띄는 곳으로 옮기고, 이익이 높은 다른 메뉴들을 눈에 잘 띄는 곳으로 배치해 고객들이 이익이 더 높은 것을 선택하도록 유도한다. 설렁탕/곰탕의 가격을 올리지 않고 단가가 싼 다른 몇 개의 품목들과 묶어서 패키지(세트) 메뉴로 판매하는 것도 매출과 이익을 증가시킬 수 있으며, 1인 분량을 줄이는 방법도 생각해 볼 수 있지만 정량을 줄이는 대안은 가급적 선택하지 않는 것이 좋다.

ⓐ 1인 분량을 약간 줄이는 방법도 있다. 다만 이 방법은 사용하지 않는 것이 좋다. 꼭 필요할 경우만 사용한다. 고객이 먹는 음식의 정량을 줄이는 방법은 가급적 선택하지 않도록 한다.

ⓑ 판매가를 약간 상향조정한다.

ⓒ 인기가 많아 판매량이 높기 때문에 메뉴상 아이템의 배열을 재고한다.

ⓓ 식자재의 원가가 높은 아이템과 조화를 통해 전체적인 원가를 줄여 판매가를 그대로 유지하면서 공헌이익을 높일 수 있는 방안을 강구한다.

㉣ 문제아(떡만두설렁탕):떡만두설렁탕은 인기도 없고, 이익도 별로 없는 메뉴이므로 우선 메뉴판에서 제거하는 방법을 생각해 볼 수 있다. 떡만두설렁탕을 빼버려도 다른 메뉴 품목에 거의 영향을 주지 않으므로 과감하게 제거하는 것도 무리가 없다. 만약 떡만두설렁탕이 조금이라도 고객들의 인기를 얻고 있다면 시장잠재력이 있다는 증거이므로 퍼즐 수준으로 그 기여도나 메뉴 믹스를 끌어올리기 위해 가격을 올려보는 것도 하나의 대안이 될 수 있다. 떡만두설렁탕의 경우 사용되는 식자재가 저장에 큰 문제가 없는 것들이므로 메뉴판에 올리지 않고 재고로 보유하고 있다가 특별주문 시에만 판매하는 방법도 생각해 볼 수 있다.

ⓐ 메뉴에서 삭제하는 것도 방법이다. 다만 삭제 후 메뉴구성을 위해서 신메뉴를 개발하는 방법이다. 주기적으로 메뉴 분석을 통해서 이 그룹에 해당하는 메뉴는 제거하여 신메뉴를 출시하여 메뉴를 계획성있게 움직이도록 한다.

ⓑ 판매가를 인상하여 '퍼즐'군의 아이템을 만든다.

ⓒ 삭제할 수 없는 점포의 중요 상징성이 있는 메뉴라면 그대로 두는 것도 방법이다. 다만 재고의 누적을 방지하기 위하여 식자재의 흐름에 관심을 기울여야 한다.

3.점포의 서비스 관리

1 서비스의 이해

일상적으로 서비스(service)라 함은 "무엇인가 무상으로 제공한다" 또는 종사원의 "친절한 행위"를 의미하기도 하고, 제품을 구매한 후에 무상 수리 등의 "사후 서비스"의 개념으로 설명되기도 한다. 따라서 서비스라 함은 좁은 의미의 개념보다 일상생활에서 굉장히 폭넓은 의미로 사용되어지고 있다.

(1) 서비스의 정의

서비스(service)의 어원은 'servus(노예)'라는 단어에서 생성되었으며 그 의미는 '노예가 주인에게 충성한다'라는 의미에서 출발했다. 이후 이것이 점차 상대를 위한 봉사를 의미하게 되었고, 현대에 이르러 복합적 개념의 의미로 사용되고 있다.

현대적 의미의 서비스는 '한편에서 상대방에게 소유권의 이전 없이 제공하는 무형적인 효용이나 활동을 통하여 상대방에게 만족과 기쁨을 주는 유형적, 무형적 행위라고 정의할 수 있다.

서비스의 정의는 학자들 견해와 보는 시각에 따라 다르게 정의하고 있다. 미국 마케팅 협회(AMA:American Marketing Association, 1960)에서는 "서비스란 판매를 위하여 제공되는 또는 상품의 판매와의 관계에서 준비되는 제 활동, 편익, 만족"이라고 정의하고 있다.

베솜(Bessom, 1973)은 "서비스는 판매를 목적으로 제공되는 가치있는 편익이나 만족을 주는 모든 행위", 즉 "소비자가 스스로 수행하지 않기로 선택한 행위"임을 강조했다. 주란(Juran, 1974)은 "서비스란 타인을 위하여 행하는 업무"라 정의했다.

블로이스(Blois, 1974)는 "서비스란 물체의 형태에 물리적인 변화를 일으키지 않고 편익과 만족을 가져다 주고 판매에 제공되는 활동"이라 하였다.

스탠톤(Stanton, 1984)은 "서비스란 욕구만족을 제공하는 독립적으로 확인 가능하고 본질적인 행위이며 그것은 제품이나 다른 서비스의 판매와 꼭 결부될 필요가 없고 서비스를 생산하기 위해 유형재의 사용을 반드시 요구하지 않는다. 유형재의 사용이 요구될 때라도 그 유형의 소유권 이전은 없다"라고 정의했다.

코틀러(Kotler, 1984)는 "서비스란 상대자에게 무형적이고 소유권 이전이 없는 행위나 편익의 제공, 유형재와 결부될 수도 안될 수도 있다"고 정의하였다.

〈표 2 - 17〉은 서비스의 정의를 정리한 것이다.

이를 토대로 하여 외식기업의 서비스라 함은 다음의 3가지로 정리할 수 있다.

첫째, 서비스의 기능적인 측면과 관련하여 '외식기업 매출 증대에 기여하기 위한 종사원의 행위나 태도로 고객 서비스에 최선을 다하는 태도, 즉 고객을 배려하는 마음이다.'

둘째, 비즈니스 측면과 관련하여 '외식기업의 메뉴 판매, 서비스 제공 등을 통하여 외식고객의 요구와 욕구를 만족함으로써 가치를 낳는 지식과 행위의 총체이다.'

셋째, 구조적인 측면과 관련하여 '외식기업이 기업활동을 함에 있어서 외식고객의 요구에 맞춰 소유권의 이전 없이 제공하는 상품적 의미, 즉 무형의 행위 또는 편익의 일체를 말한다.'

[표 2-17] 서비스의 정의

연구자	정의	비고
AMA(1960)	판매를 목적으로 제공하거나 혹은 제품판매에 수반하여 제공하는 행위, 편익, 만족	대고객 서비스라 함
지드 (Judd, R. C., 1964)	재화재의 소유권 이전 이외의 시장거래	서비스 자체 특성에 대한 언급 없음
베솜 (Bessom, 1973)	판매를 목적으로 제공되는 가치 있는 편익이나 만족을 주는 모든 행위, 즉 소비자가 스스로 수행하지 않기로 선택한 행위임	
블로이스 (Blois, K. J., 1974)	제품의 형태에 물리적 변화를 초래하지 않으며 판매를 목적으로 제공되는 편익과 만족을 산출하는 행위	
라스멜 (Rathmell, M., 1974)	시장에서 구매·판매되는 모든 무형적 제품	
얼 & 엎 (Uhl, K. P. & Upah, G. D., 1983)	교환거래에 수반하여 다른 경제주체에 의해 행위 혹은 다른 경제주체의 소유권 이전 없이 설비, 제품, 행위 등의 사용을 제공하는 행위이며 그것은 무형적이고 저장, 수송이 불가능 한 것	불법적,대고객 서비스의포함 여부 불명
코틀러 (Kotler, P., 1984)	상대자에게 무형적이고 소유권 이전이 없는 행위나 편익의 제공, 유형재와 결부될 수도, 안 될 수도 있음	공공적,대고객 서비스 포함
스탠톤 (Stanton, W. J., 1984)	욕구만족을 제공하는 독립적으로 확인가능하고 본질적인 행위이며 그것은 제품이나 다른 서비스의 판매와 꼭 결부될 필요가 없고 서비스를 생산하기 위해 유형재의 사용을 반드시 요구하지 않으며, 유형재의 사용이 요구될 때라도 그 유형의 소유권의 이전은 없음	

자료:김준호, 「한국 서비스 마케팅 시스템의 발전모형에 관한 연구」 인하대학교 대학원 박사학위 논문, 1987, pp. 18~23에서 인용하여 편집

(2) 서비스의 특성

서비스를 제품과 비교할 때 다음과 같은 4가지의 기본적 특성을 가지고 있다. 이에 따른 문제점과 대응방안을 살펴보면 다음과 같다.

> 외식점포에서는 서비스의 스피드를 강조하기 위해 '10분 안에 음식 제공', '20분 안에 배달되지 않으면 음식값 무료' 등 역시 서비스의 무형성을 극복하기 위한 방안으로 마련된 것이다.

2장

① 무형성:서비스의 기본 특성은 형태가 없다는 것으로 보거나 만질 수가 없다. 외식점포에 있어서 종사원들의 테이블 서비스가 전형적인 예라고 할 수 있다. 서비스 무형성의 의미는 두 가지의 의미로 살펴볼 수 있다. 첫째는 객관적인 의미로써 서비스 자체를 보거나 만질 수 없다는 것이고, 주관적인 의미로는 형체를 알 수 없기 때문에 서비스 자체가 어떤 것인지 상상할 수 없다는 것이다. 따라서 서비스의 무형성으로 인한 문제점을 극복하기 위해서는 실체적인 단서를 강조하고, 구전 커뮤니케이션을 자극해야 하며, 강력한 이미지 전달을 위한 노력을 해야 한다.

외식기업의 경우 각자의 컨셉에 맞는 색상을 선택해서 로고와 각장 인테리어 장식 등에 고유의 색상을 사용하는 것은 강력한 이미지 전달을 위한 것이라 할 수 있다.

또한 외식점포에서는 서비스의 스피드를 강조하기 위해 '10분 안에 음식 제공', '20분 안에 배달되지 않으면 음식값 무료' 등 역시 서비스의 무형성을 극복하기 위한 방안으로 마련된 것이다.

② 비분리성(inseparability):서비스의 특성 중 비분리성은 생산과 소비가 동시에 일어난다는 것이다. 즉 서비스는 제공되면서 동시에 소비자에 의해서 소비되는 성격을 가지고 있다. 제품의 경우는 생산과 소비가 분리되어 나중에

소비되지만 서비스는 생산과 더불어 동시에 소비되기 때문에 소비자가 반드시 생산과정에 참여하게 된다. 즉 소비자가 생산에 참여한다는 것은 대량 생산이 어렵고, 제품과는 다르게 사전통제의 어려움이 있다는 것을 의미한다.

외식점포 역시 이러한 서비스의 비분리성의 특성으로 인해 종사원의 서비스 제공과정에 고객이 직접 참여하여 서비스를 제공받고 이후 점포에 대한 평가를 하게 된다. 즉 외식점포에 있어서의 서비스의 비분리성을 극복하기 위해서는 종사원들의 선발부터 채용, 교육에 이르기까지 철저하게 관리해야 한다.

> 점포의 상황에 따라 고객이 느끼는 서비스는 굉장히 다를 수 있다. 이런 서비스의 이질성을 극복하기 위해서 외식기업에서 서비스매뉴얼을 만들어 종사원들을 교육하고 있다. 이 역시 서비스 종사원들을 어떻게 교육하고 훈련하느냐에 따라서 서비스의 이질성을 극복할 수 있다.

③ 이질성:서비스의 이질성이란 서비스를 전달하고 제공받는 소비자에 따라 시간 및 장소, 환경 등에 맞춰 다르게 제공된다는 것을 의미한다.

이를 극복하기 위해서 서비스를 자동화하고, 품질의 균일화를 이루며, 고객의 기대와 실제 경험치의 차이를 최소화해야 한다.

외식점포의 경우 성수기와 비수기가 뚜렷이 구별되고, 점심과 저녁시간의 고객수는 현저한 차이를 보인다. 따라서 점포의 상황에 따라 고객이 느끼는 서비스는 굉장히 다를 수 있다. 이런 서비스의 이질성을 극복하기 위해서 외식기업에서 서비스매뉴얼을 만들어 종사원들을 교육하고 있다. 이 역시 서비스 종사원들을 어떻게 교육하고 훈련하느냐에 따라서 서비스의 이질성을 극복할 수 있다.

④ 소멸성:소멸성이란 판매되지 않는 재화를달리 재고로 보관할 수 없다는 특성이다. 즉 서비스의 생산에는 재고와 저장이 불가능하므로 재고 조절이 곤란하다. 이러한 문제는 과소생산과 과대생산이라는 문제점을 야기시키기 때문에 외식기업에서는 식자재의 준비와 인력의 효율성이라는 측면에서 이러한 특성에 기인하여 수요와 공급의 적절한 조절을 위해서 다양한 활동을 하고 있다. 특히 점심과 저녁시간, swing time과 rush time의 공급의 조절을 위해 해피아워(happy hour)를 만들어 고객의 수요를 한가한 시간으로 분산하려고 노력하기도 한다. 또 외식점포는 수요와 공급의 조절을 위해서 메뉴의 생산과 인력 운영에 있어서 적절한 포케스팅(forecasting)을 할 필요성이 있다. 적절한 매출과 고객수, 메뉴 생산량에 대한 포케스팅은 이러한 소멸성을 극복할 수 있는 강력한 대안이 된다.

외식점포는 수요와 공급의 조절을 위해서 메뉴의 생산과 인력 운영에 있어서 적절한 포케스팅(forecasting)을 할 필요성이 있다. 적절한 매출과 고객수, 메뉴 생산량에 대한 포케스팅은 이러한 소멸성을 극복할 수 있는 강력한 대안이 된다.

[표 2-18] 서비스의 특성

특성	성질	대응 전략
무형성 (Intangibility)	• 형태가 없다는 것으로 객관적으로 누구에게나 보이는 형태로 제시할 수 없으며 물체처럼 파악하거나 평가하는 것이 어렵다.	• 실체적인 단서 강조 • 구전 커뮤니케이션 자극 • 강력한 이미지 창출 • 구매 후 커뮤니케이션 강화 • 기업 이미지의 세심한 관리
비분리성 (Inseparability)	• 서비스는 생산과 동시에 이루어지며, 생산되는 과정 동안 소비가이루어지므로, 소비자가 서비스 생산에 참여하게 된다.	• 서비스 요원의 적절한 선발과 교육 • 고객관리의 철저함 • 서비스 시설의 다양한 입지 제공
다양성 및 이질성 (Variety & Heterogeneity)	• 서비스의 질은 일정하지 않다는 것으로 언제, 어디서, 누가 제공하는가에 따라 질적 수준이 다르게 나타난다. • 서비스의 이질성이란 개별고객의 욕구가 다양하기 때문에 서비스를 표준화하는 것은 어려우며, 서비스 품질은 생산자나 고객, 시간에 따라 다양하게 서비스되는 것이다.	• 서비스의 자동화 • 서비스 품질의 균일화 • 기대된서비스와인지된서비스의 차이를 최소화
소멸성 (Perishability)	• 서비스는 저장할 수 없으며, 판매되지 않으면 사라진다. 즉, 재고로써 보관하지 못한다. • 객실/비행기 좌석/극장표	• 수요와공급 간의조화를이루도록 한다.

[표 2-19] 서비스의 특성에 따른 문제점과 대응전략

제품	서비스
유형성	무형성(Intangibility)
동질성	이질성(Heterogeneity)
분리성	비분리성(Inseparability)
재고, 보관 가능	소멸성(Perishability)
물건	일련의 행위 또는 과정(Process)
소유권 이전 가능	소유권의 이전 불가능
주 가치는 공장에서 생산	주 가치는 구매자, 판매자의 상호작용에서 생산

자료:이유재, 「서비스마케팅」 (학현사, 1999), p. 28에서 인용

2 서비스 품질관리의 이해

1)서비스 품질의 개념 및 특성

(1)서비스 품질의 개념

유형재와 달리 서비스는 그 품질을 측정할 수 있는 유형적인 단서가 거의 존재하지 않으며, 대부분의 경우에 있어서 서비스 품질의 유형적인 단서는 서비스 제공자의 물리적인 능력이나 인적 요소에 한정된다.

특히 서비스 품질은 무형성, 이질성, 비분리성, 소멸성 등의 특수성으로 인하여 측정하기 어려운 것으로 객관적인 품질보다는 주관적인 품질의 개념, 즉 소비자에 의해 지각된 서비스 품질의 의미로 정의된다(Zeithaml, 1988). 객관적 품질은 제품의 우수성이나 기술적인 우월성을 나타내는 개념이며, 이상적인 품질 기준이나 표준에 의해 측정가능하며 등급을 매길 수 있다. 주관적인 품질의 개념은 소비자의 판단으로 정의하기 때문에 서비스 품질은 객관적 품질이라기보다는 지각된 서비스 품질이라 할 수 있다. 지각된 서비스 품질이란 특정 서비스에 대한 장기적이며 전체적인 평가를 의미하는 태도로서 개념화되고 측정되어야 하며, 서비스 품질을 소비자 만족의 선행요인이라고 할 수 있다(Cronin & Taylor, 1992).

자이스몰(Zeithaml, 1988)은 지각된 서비스 품질의 개념을 "서비스의 전체적인 우월성에 대한 소비자의 평가"라고 정의하였다.

PZB(Parasuraman, Zeithaml & Berry, 1988)는 지각된 서비스 품질이란 소비자의 기대와 지각 간의 불일치의 방향의 정도라고 하였는데 서비스에 대한 소비자의 경험은 그 서비스의 품질에 대한 소비 후 평가, 즉 지각된 서비스 품질에 영향을 미친다고 보았다. 즉 고객이 지각하는 특정 서비스의 품질은 평가과정의 결과로서 고객은 서비스에 대한 자신의 기대된 서비스(expected service)와 제공받은 서비스에 대한 지각된 서비스(perceived service)를 비교하여 이러한 과정의 결과로 지각된 서비스 품질을 가지게 된다고 하였다.

위와 같은 견해를 보면 서비스 품질은 "특정 기업에 의해 제공된 서비스에 대한 고객의 지각과 그러한 서비스를 제공하는 기업에 대한 고객의 기대 간의 불일치(disconfirmation)"로 정의할 수 있다.

서비스 품질을 지각된 품질로 이해하였을 때 서비스 품질에 관한 정의는 다음과 같이 정의될 수 있다.

① 서비스 품질은 소비자의 지각을 측정하는 고객지향적 개념이다.
② 서비스 품질은 제품 구매와 관련하여 구매 전에 미리 평가할 수 있는 객관적 품질보다는 제품 구매나 소비과정에서 평가하는 경험적 품질, 신념적 품질의 성격이 더욱 강하다.
③ 서비스 품질은 태도와 유사한 개념이다.

[표 2-20] 서비스 품질의 정의

연구자	정의
루이스와 붐스 (Lewis & Booms, 1982)	인도된 서비스 수준이 고객의 기대(expectation)와 얼마나 일치되는가의 척도(measure)
그룬루스 (Gronroos, 1984)	소비자의 지각된 서비스와 기대 서비스의 비교 평가의 결과이며 기술적 품질, 기능적 품질, 이미지와 같은 제변수와의 함수관계
분리성파라슈라만, 자이스몰, 베리 (PZB, 1988)	고객의 기대된 서비스(expected service)와 지각된 서비스(perceived service)의 차이에 의해 평가될 수 있는 것
크로닌과 테일러 (Cronin & Taylor, 1992)	특정 서비스에 대한 장기적이며 전체적인 평가를 의미하는 태도로 개념화하고 측정됨

레디넨 (Lethinen, 1994)	• 과정적 품질(process quality)과 결과적 품질(output quality)의 결합 • 과정적 품질은 서비스가 전달되는(혹은 생산되는) 동안 고객에 의해 판단되는 서비스 품질을 의미하며, 결과적 품질은 서비스가 수행된 이후 고객에 의해 평가된 서비스

(2) 서비스 품질의 특성

서비스 품질은 유형적, 무형적, 시스템적 서비스로 나누어질 수 있는데 이들이 갖는 일반적인 특징을 살펴보면 다음과 같다(최해수·안홍복, 1995).

첫째, 서비스의 구성은 총제적인 관점에서 제공되는 서비스라는 점이다. 즉, 고객이 인지하는 서비스는 어느 한가지의 서비스로써 인식되는 것이 아니라 머무르는 동안 받아들여진 모든 서비스의 품질을 인식한다는 점이다.

둘째, 제공된 서비스의 순간적인 인지의 결과가 고객 전체 이미지를 구성하는 중요한 요소가 된다. 따라서 고객이 인지하는 서비스의 시간이 짧으므로 서비스 제공의 어려움이 있다.

셋째, 불특정 다수인을 대상으로 제공되는 서비스는 이용 고객의 욕구가 제각기 달라서 이들 욕구에 대한 평가의 기준을 개발하는 데 어려움이 있다. 즉 일반 제조기업의 상품처럼 시장세분화를 통한 무료 서비스 품질을 개발하는 것이 어렵다고 할 수 있다.

넷째, 다양한 욕구를 수용할 수 있다고 하더라도 그 욕구에 부응한 서비스를 개발하는 데 한계가 있고, 많은 비용이 수반되는 부담이 있으며, 그 결과에 대한 평가도 불명확하다.

(3) 서비스 품질의 구성요소

서비스 품질은 지각(perception), 기대(expectation), 만족(satisfaction)과 관련되어 설명하는 것이 일반적이다.

서비스 품질은 기대(expectation)와 성과(performance)의 비교에 의해 결정된다고 할 수 있는데 소비자들이 인식한 서비스 품질은 '서비스 기업이 제공하여야 한다고 느끼는 소비자들의 기대와 서비스를 제공한 기업의 성과에 대한 소비자들의 인식을 비교하는 데서 나오는 것'이라 할 수 있다.

따라서 서비스 기대와 인식을 비교한 결과 서비스 품질이 인식되는데, 이것은 소비자의 기대와 인식 사이의 불일치의 정도와 방향이라고 해석할 수 있다. 즉 소비자들은 여러 가지 영향 요소에 의하여 서비스의 구매 이전에 대한 기대를 가지며, 이러한 기대는 소비자들이 실제로 제공받는 서비스의 성과와 비교하여 서비스의 품질을 인식한다. 이는 서비스 품질에서 상당히 중요한 개념으로 서비스 품질에 대한 모형설계에 기초 개념으로 이용된다(이유재, 1999).

그룬루스(Gronroos, 1982)는 서비스 품질에 대해 고객들이 서비스 기업으로부터 제공받는 것으로 기대된 서비스와 실제로 제공받아 지각된 서비스라는 2가지 구성 요소에 의해 서비스 품질이 결정된다고 주장하였다.

PZB(1988)는 12개의 표적 집단을 대상으로 22개의 평가 기준들로 구성된 서비스 품질을 평가하기 위해 표적집단 구성원들에 의해 가장 보편적으로 사용되는 하나의 설문지를 개발하였다. 계속된 연구를 통해 이들 22개의 평가 기준을 서비스 사업에 대한 고객의 인지도를 결정할 수 있게 신뢰성, 응답성, 능력, 접근용이성, 예절, 의사소통, 신용성, 안정성, 고객에 대한 이해, 유형성 등 고객이 서비스 품질을 평가하는 10가지 차원으로 제시하였다.

후에 PZB(1990)는 이상 10개의 차원이 모두 독립적인 것이 아니라 다소 중복되는 것이 있으므로 정량적, 실증적인 방법을 통해 다시 간추려 10개의 차원을 5개의 차원으로 수정하여 서비스 품질에 대한 고객의 인지를 측정하기 위한 모형인 SERVQUAL을 고안하였다. PZB는 기존의 10가지 평가기준을 통해 5개의 서비스품질결정변수를 추출한 것으로 기존의 항목 중 능력, 예절, 신용도,

안전성을 확신성으로 구성하였고, 접근용이성, 의사소통, 고객에 대한 이해도를 공감성으로 구성한 것이다.

그룬루스(Gronroos, 1988)는 이상의 5가지 차원에 1가지 중요한 요소로 '회복성'을 첨가하였다.

한편, 지머맨(Zimmerman, 1985)은 서비스 품질의 구성 요소를 사용목적의 적절성, 일정한 수준의 서비스를 지속적으로 제공할 수 있는 능력, 시간상의 정확성, 최근 소비자가 지불한 만큼 만족할 수 있게 하는 정도, 사전에 설정된 명세서 등의 5가지로 구분하고 있다.

최근에는 다른 연구자들이 부가적인 평가 기준을 제안해서 15개의 차원까지 개발하였으나 대부분의 실용자들은 5개의 SERVQUAL 차원과 더불어 중요한 '회복성' 차원의 사용 정도에 만족하고 있다.

위에서 살펴본 바와 같이 서비스 품질의 구성 요소(또는 차원)들은 상호 간에 다소 중복된 내용을 지니고 있어서 명확하게 구분하기가 어렵고 또한 개별 고객의 욕구나 서비스 업종에 따라서 구성 요소들 간의 상대적인 중요도가 다를 수 있다. 따라서 서비스 품질은 이들 구성 요소가 복합적으로 결정된다고 보아야 한다.

PZB의 SERVQUAL은 거의 모든 서비스 업종에 걸쳐서 광범위하게 이루어졌는데 실증연구가 진행되면서 문항, 측정방법, 차원의 분류 등에 대한 구체적인 비판이 이어졌고 PZB도 지속적인 수정을 거듭하였다.

주요한 비판은 부정문으로 질문하였을 때 응답상의 문제점, 기대의 측정에 관한 문제점, PZB의 연구 결과와 일치하지 않고 차원 간에 중복되는 현상, 기대와 성과를 따로 물었을 때의 정신 측정학상 문제점 등이었다(홍주빈, 1997).

[표 2-21] 서비스 품질 결정요인(PZB, 1985)

요인(Factor)	정의(Definition)
신뢰성 (Reliability)	수행의 일관성과 종속성(정확한 수행, 약속을 중시) 계산의 정확성, 정확한 기록 유지, 약속된 시간에 서비스 수행
응답성 (Responsiveness)	서비스를 제공하려는 종업원의 의지와 관련되며 서비스의 적시성 포함, 즉시 배달, 신속처리
능력 (Competence)	필요한 지식과 기능보유, 인간적 접촉에 관한 기술과 지식, 조직 조사 능력
접근용이성 (Access)	접근가능성, 접촉용이성 대기시간, 영업시간, 서비스 시설의 편리한 위치
예절성 (Courtesy)	접촉에 있어서의 예절, 존경, 친절, 호의, 서비스 요원의 말투, 행동, 용모
의사소통 (Communication)	고객들이 이해할 수 있고 청취할 수 있도록 함, 서비스 자체의 설명, 비용에 관한 설명
신용성 (Credibility)	신뢰함, 믿음성, 정직, 기업평판, 서비스 접촉의 인격
안정성 (Security)	리스크, 의심으로부터 벗어남, 물리적, 내부적 안정, 기밀유지성
고객에 대한 이해 (Understanding)	고객욕구를 이해하려는 노력, 고객의 특정 요구조건의 학습, 개인적 관심, 단골고객 인지
유형성 (Tangible)	서비스의 물적 증거, 물적 시설, 서비스 요원의 복장, 서비스 제공을 위한 장비와 도구

[표 2-22] 서비스 품질 결정요인(PZB, 1988)

요인(Factor)	정의(Definition)
유형성(Tangible)	물리적 시설, 장비, 인적 존재 여부
신뢰성(Reliability)	약속된 서비스를 정확하게 수행하려는 노력
응답성(Responsiveness)	고객을 도우려는 의지와 신속한 서비스를 제공할 의지
확신성 (Assurance)	종업원의 지식과 예절 그리고 신뢰성과 믿음을 부여하려는 능력
공감성(Empathy)	고객들에게 주는 개인적 관심과 애정

PZB의 SERVQUAL의 두 번째 문제점은 서비스 품질을 지각된 서비스와 기대한 서비스의 차이, 즉 P - E로 정의하였을 때 E가 무엇을 뜻하느냐이다.

티스(Teas, 1993)는 특정 서비스에 대한 고객의 이상점이 유한수준이 될 경우(판매사원의 과다친절 같은 경우) 문제가 될 수 있음을 지적하며, 서비스 품질을 P - E의 공식으로 특정지을 수 없다고 하였다. PZB는 이에 대하여 소비자의 기대를 최소한의 서비스 수준과 바라는 서비스 수준으로 나누어 측정함으로써 최소점으로부터 무한대까지 측정하도록 하였다.

(4) 서비스 품질의 평가모형

서비스 품질의 평가방법은 여러 가지가 있다. 일정 기간의 전체적인 서비스 품질을 평가하는 전략적 고객만족 측정법과 당일의 서비스 품질을 측정하는 전술적 고객만족 측정법이 있다(Becker, 1996). 서비스 품질의 평가를 위해서는 서비스 품질과 관련된 개념들에 대한 체계적인 이해가 필요하며, 서비스 품질의 모형은 이에 대한 소비자들의 지각과정을 제시하여 서비스 품질의 관리에 도움을 줄 수 있다.

서비스 품질은 추상적이고, 소비자의 욕구와 인식에 따라 제공된 서비스에 대한 만족도가 다르게 나타나기 때문에 서비스 품질에 대한 평가 척도를 개발하는 일은 매우 어려운 작업이다. 이러한 서비스 품질의 성장과정이나 전달과정을 여러 측면에서 분석하려는 모형들이 몇몇 학자들에 의해서 도식화되었다.

① 그룬루스(Gronroos, 1982)의 서비스 품질 평가모형:그룬루스는 소비자의 관점에서 서비스 품질의 인식과 기대에 영향을 주는 것은 전통적인 마케팅의 활용보다는 판매자와 구매자 사이의 상호작용 중에 소비자, 서비스 종업원, 물적·기술적 자원, 고객 등에 의해 영향을 받는다고 했다.

서비스 품질에 있어서 전체 품질(total quality)은 기업 이미지(corporate image), 기술적 품질(technical quality), 기능적 품질(functional quality)의 함수이며, 기대된 서비스와 지각된 서비스 간의 비교를 통해 소비자에게 지각되는 것을 전체적인 서비스 품질이라고 규정하고 〈그림 2 - 11〉과 같은 서비스 품질 평가모형을 제시하였다.

티스(Teas, 1993)는 서비스 품질 평가모형을 통하여 지각된 서비스 품질은 기대 서비스와 지각 서비스의 상호 비교평가의 결과이며, 기업의 이미지는 지각 서비스 품질에 영향을 미친다고 나타내었다. 기대된 서비스란 고객의 욕구나 욕망으로서, 서비스 기업이 제공하여야 한다고 고객이 기대하는 서비스를 말한다.

지각된 서비스란 기업이 제공한 서비스에 대한 고객 인식의 결과로서, 이러한 지각된 서비스에 영향을 미치는 요소에 기업의 물리적, 기술적 자원(physical, technical resoures), 서비스 직원(contact personnel), 참여 고객이 있다고 했다. 그룬루스는 그의 선험적 연구를 통하여 지각 서비스 품질의 구성요소인 기능적 품질이 기술적 품질보다 소비자의 만족에 더 큰 영향을 미친다고 하였다. 즉 고객이 기업과의 상호작용의 결과로 무엇을 제공받는가보다는 어떻게 받는가 하는 것이 소비자의 만족에 더 큰 영향을 미친다는 것이다. 서비스 기업에 있어서 기술적 품질과 기능적 품질의 두 요소는 상호 작용하며, 기업의 이미지가 제3의 변수로 작용한다.

따라서 서비스 품질을 평가할 때 기업의 서비스 종류, 서비스 제공방법과 그 기업이 어떤 이미지를 지니고 있는가를 평가요인으로 생각한다고 하였다.

기업의 이미지가 지각된 서비스 품질에 직접적인 영향을 미친다고 보았으며 현대의 기업들이 기업 이미지 제고에 많은 자본과 시간을 투자하는 것 또한 소비자들의 브랜드 이미지에 대한 중요성을 인식하고 있기 때문이다. 브랜드 이미지는 상품의 질이나 가격보다도 더 큰 경쟁력을 지니며 소비자들이 신뢰한 기업의 제품은 가격과 광고에 큰 영향을 받지 않으면서 소비자들의 구매욕구를 이끌어 낼 수 있다.

그룬루스의 모형은 지각된 서비스 품질의 본질을 보다 구체적으로 이해할 수 있다는 개념적 틀을 제공하고 서비스 품질이 어떻게 평가되는지에 관한 기초지식을 제공했다는 점에서 그 유용성이 인정되지만 서비스 품질을 평가하는데 필요한 구체적인 내용이나 절차를 제시하지 못하고 있다는 점에서 그 한계성을 지니고 있다.

[그림 2-11] Gronroos의 서비스 품질 평가모형

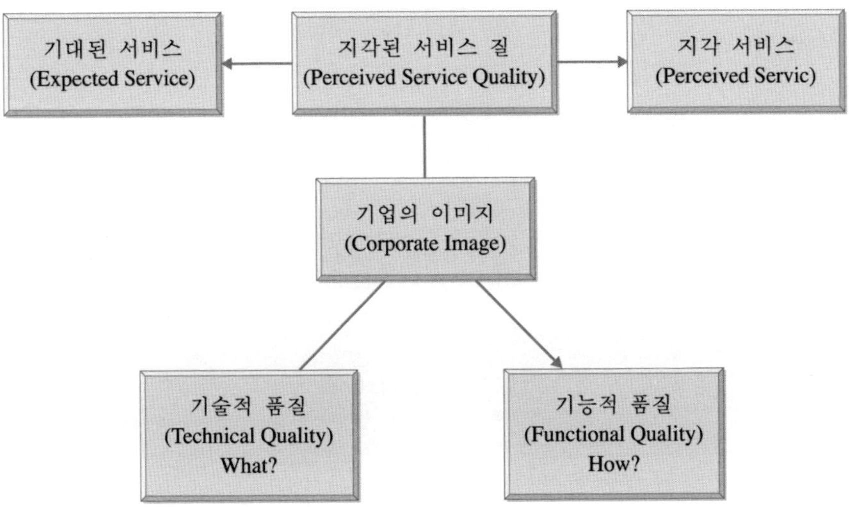

② PZB(1988, 1993)의 서비스 품질 평가 모델:PZB 모델은 근본적으로 소비자에 의해 인식된 서비스 품질을 기대된 서비스와 지각된 서비스의 차이로 본다는 점에서 그룬루스의 모형과 같다고 할 수 있다. 그러나, 이 모델의 특징은 일반적으로 서비스 품질에 대한 개념과 모형이 소비자 부문에 치우쳐 있는데 반하여, 기업관리자의 측면을 새로 제시했다는 점이 다르다고 할 수 있다.

[그림 2-12] PZB의 서비스 품질 모델

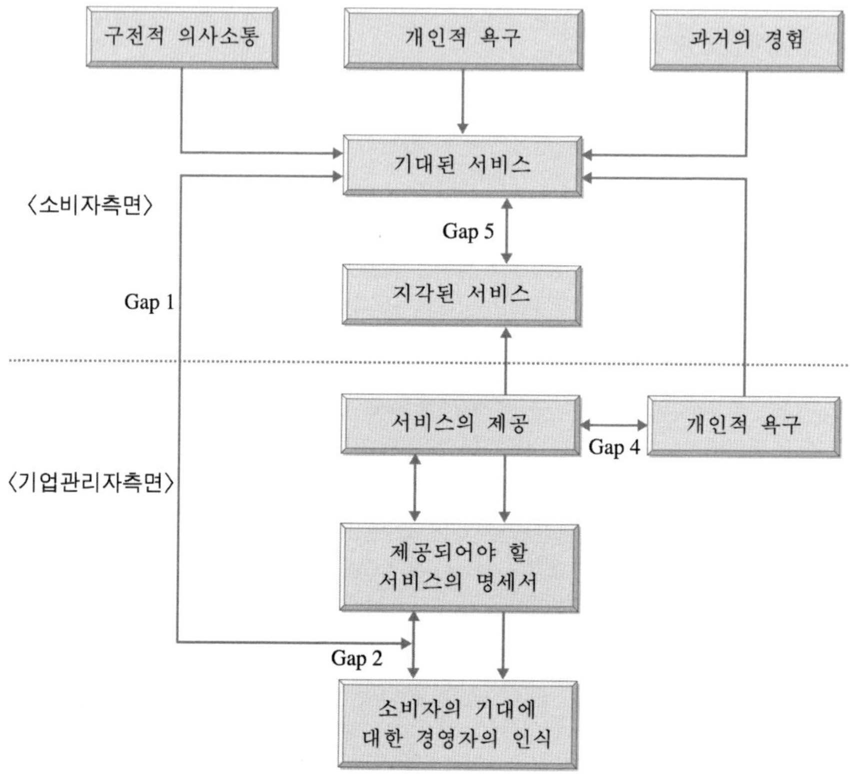

이 모델은 서비스 품질에 관한 관리자의 지각과 서비스를 제공하는 것과 관련된 4개의 Gap과 소비자의 기대 서비스와 지각서비스 간의 Gap을 합친 5단계의 Gap을 제시하고 있다. 이는 4단계의 Gap(Gap 1 ~ Gap 4)의 크기(고/저), 방향(긍정적/부정적)에 따라 'Gap 5', 즉 기대 서비스(ES)와 지각된 서비스(PS)의 차이가 결정되며, 결과적으로 서비스 품질이 지각된다는 것이다. 이것은 Gap 5 = f(Gap 1, Gap 2, Gap 3, Gap 4)의 함수관계로 나타낼 수 있다.

이런 개발된 Gap 모형에서 서비스 품질과 그 영향요인을 측정해 현장에서 적용할 수 있는 도구로써 개발한 것이 SERVQUAL 모형이며, PZB는 포커스 그룹의 인터뷰를 통해 고객이 서비스 품질을 평가하는 10가지 기준을 만들었다. 이 10가지 요소 중에는 능력과 신용성을 제외하고는 모두 다 서비스 품질의 과정차원과 관련된 것으로 볼 수 있다.

PZB(1993)는 기존 연구에서 밝혀진 서비스 품질의 10가지 결정요인을 각 차원에 대하여 요인분석 과정을 거쳐서 5가지 차원, 즉 유형성, 신뢰성, 응답성, 확신성, 공감성으로 재구성하고 이를 측정하기 위하여 22개의 항목과 '성과'를 측정하는 22개의 항목으로 구성된 두 가지 유형의 척도를 만든 후 성과와 기대와의 차이에 의해서 서비스를 측정하는 도구를 개발하고 이를 SERVQUAL이라 하였다.

③ 크로닌과 테일러(Cronin & Taylor, 1992)의 SERVPERF:크로닌과 테일러는 SERVQUAL식의 서비스 품질의 개념화와 조작화가 부적절하다는 주장을 하였다. 크로닌과 테일러는 소비자의 기대와 지각의 차이에서 서비스 품질을 측정한 SERVQUAL은 많은 실험을 통하여 진정한 서비스 품질의 측정에는 부적합하다 하였으며, 마케팅 학자들은 지각된 성과 서비스(performance service)만을 가지고 서비스 품질을 측정하는 것이 더욱 효과적이라고 하

였다. 이들은 소비자의 지각된 성과만으로 서비스 품질을 측정하는 방법(SERVPERF)이 SERVQUAL이나 중요도를 고려한 가중 서비스 퀄, 가중 서비스 퍼프에 비해 훨씬 더 적절한 방법이라고 주장하였다.

이들의 관계를 나타내면 다음과 같다.

- 서비스 품질 = 성과(SERVPERF)
- 서비스 품질 = 성과 - 기대(SERVQUAL)
- 서비스 품질 = 중요도 × (성과 - 기대)(가중 SERVQUAL)
- 서비스 품질 = 중요도 × (성과)(가중 SERVQUAL)

크로닌과 테일러는 연구를 통하여 중요도가 가중된 두 번째와 네 번째의 공식은 서비스 품질 측정에 적합하지 않다는 것을 발견하였다. 이들은 SERVQUAL과 SERVPERF와 중요도가 SERVPERF 모형에서 높은 상관관계를 얻었으나 SERVQUAL 모형에서는 타당성이 어느 한 곳으로 집중되는 것으로 조사되었다. 크로닌과 테일러는 지각된 서비스 품질 모델이 항목 타당성에 의해 서비스 품질을 구조적으로 타당한 설명을 하고 있는 것으로 설명하고 있다.

[표 2-23] SERVQUAL 모델과 SERVPERF 모델 비교

구분	SERVQUAL Model	SERVPERF Model
제안자	PZB	Cronin & Taylor
모델의 구성	성과기대	성과
기대의 정의	규범적 기대(제공해야 할 수준)	기대측정 안함
측정차원	5개 차원 22개 항목	5개 차원 22개 항목

[표 2-24] SERVQUAL 평가 설문지

기대평가 항목
1. 우수한 기업은 최신장비를 갖추고 있을 것이다. 동의하지 않는다. 보통이다. 강력히 동의한다. (①---------②--------③--------④--------⑤--------⑥--------⑦) 2. 우수한 기업의 시설은 시각적으로 보기에 좋을 것이다. 3. 우수한 기업의 직원은 옷차림과 용모가 단정할 것이다. 4. 우수한 기업은 업무에 적합한 시설과 분위기를 갖출 것이다. 5. 우수한 기업은 정해진 시간 안에 업무처리를 약속하였다면 반드시 지킬 것이다. 6. 고객에게 문제가 생겼을 때 우수한 기업은 관심을 보이고 해결해 줄 것이다. 7. 우수한 기업은 믿고 의지할 수 있을 것이다. 8. 우수한 기업은 약속한 시간에 서비스를 제공할 것이다. 9. 우수한 기업은 업무기록을 정확하게 유지할 것이다. 10. 우수한 기업은 고객들에게 언제 업무를 처리해 줄 것인지를 말해 줄 것이다. 11. 우수한 기업의 직원들은 고객에게 즉각적인 서비스를 제공할 것이다. 12. 우수한 기업의 직원들은 항상 자발적으로 고객을 도울 것이다. 13. 우수한 기업의 직원들은 아주 바쁠 때에도, 고객의 요구에 신속하게 대응할 것이다. 14. 고객은 우수한 기업의 직원을 신뢰할 수 있을 것이다. 15. 우수한 기업은 고객이 안심하고 거래하기 위한 안전을 확보할 것이다. 16. 우수한 기업의 직원들은 예의가 바르고 공손할 것이다. 17. 우수한 기업의 직원들은 고객의 질문에 답변할 충분한 지식을 가지고 있을 것이다. 18. 우수한 기업은 고객에게 개별적인 관심을 기울일 것이다. 19. 우수한 기업은 고객이 편리하게 이용할 수 있게 영업시간을 맞출 것이다. 20. 우수한 기업의 직원들은 고객에게 개인적 관심을 가질 것이다. 21. 우수한 기업은 고객의 이익을 진심으로 생각해줄 것이다. 22. 우수한 기업의 직원은 고객의 필요를 이해할 것이다.

2) 고객만족

(1) 고객만족의 정의와 개념

고객만족(CS:Customer Satisfaction)은 고객의 성취반응이므로 정해진 수준 이상으로 고객의 기대를 충족하는 것을 의미한다. 품질은 인지되지만 만족은 보통 경험되는 것이므로 고객의 감정적 과정에 의해 강하게 영향을 받는다. 만족은 이렇게 정해진 주관적인 기대 수준에 의해 좌우되므로 객관적으로 낮은 혹은 높은 품질로도 개인의 기대에 따라 만족을 얻거나 얻지 못하는 수가 생긴다.

> 고객만족이란 고객의 기대와 욕구에 최대한 부응한 결과 제품과 서비스의 재구입이 이루어지고 아울러 고객의 신뢰감이 연속되는 상태를 가리킨다.

따라서 고객만족이란 고객의 기대와 욕구에 최대한 부응한 결과 제품과 서비스의 재구입이 이루어지고 아울러 고객의 신뢰감이 연속되는 상태를 가리킨다.

고객만족에 대한 정의는 고객만족을 바라보는 관점에 따라 고객만족을 결과로 보는 입장과 고객만족을 과정으로 보는 입장으로 나눌 수 있다. 결과로 보는 입장은 소비자가 소비를 통해 경험한 결과적인 입장에서 만족 여부를 평가하는 것을 말한다. 이런 관점에서 고객만족을 다음과 같이 정의하고 있다.

하워드와 쉐드(Howard & Sheth, 1979)는 “고객만족이 치룬 대가에 대해 적절하게 혹은 부적절하게 보상을 받았다고 느끼는 인지적 상태”라 하였으며 올리버(Oliver)는 “불일치된 기대로 인한 감정이 고객의 구매경험 전 감정과 결합될 때 발생하는 종합적인 심리적 상태”라 하였다.

과정의 입장에서 헌트(Hunt, 1977)는 고객만족을 “소비 경험이 최소한 기대하였던 것만큼 좋은 것이 되도록 조정된 평가”라고 정의하였으며 엥겔과 블랙웰(Engel & Blackwell, 1978)은 “선택된 대안에 대한 과거의 신념이 그 대안과 일치하게 되는 평가”라고 하였다. 결국 결과의 면에서 고객만족은 소비자가 소비를 한 결과를 갖게 되는 감정적인 만족과 불만족의 판단으로 볼 수 있고 과정면에서는 소비과정 중 나타나는 소비자의 인지적 평가에 의한 만족, 불만족의 결정으로 볼 수 있다.

고객만족을 바라보는 두 가지의 입장 중 과정의 입장을 선호하는 것으로 나타나고 있다. 이는 과정으로 보는 입장이 소비자가 느끼는 전체적 소비 경험을 다룸으로써 소비의 각 단계에서 중요한 역할을 하는 요소들을 개별적으로 측정하여 과정을 확인시켜 줄 수 있고 고객만족을 형성하는 지각적, 평가적, 심리적 과정에 대한 모든 검토를 가능하게 하기 때문이라고 하였다.

(2) 고객만족 측정방법

① 기대 - 불일치 패러다임:전통적 기대 - 불일치 패러다임에 의하면 소비자들은 제품 성과에 대한 기대에 의하여 만족 여부의 결정을 내리며, 기대는 예측되는 제품성과에 대한 소비자들의 전망을 예측하기 때문에 예측적 기대의 성격을 갖고 평가기준의 역할을 한다. 이러한 기대와 제품성과를 비교하였을 때 제품성과가 기대를 상회하면 긍정적 불일치가 발생하므로 만족의 증가가 예상되고, 반대로 제품성과가 기대에 못 미치게 되어 부정적 불일치가 야기되며 불만족의 증가가 예측되기 때문에 고객만족에 직접적인 영향을 미치는 요인은 불일치라고 하는 주장이다.

② 공정성이론:공정성이론은 개인들이 자신들의 산출·투입 비율을 자신과 관련된 사람들의 비율과 비교한다고 가설화하는 사회적 교환이론의 중심개념이다. 즉 사회적 교환의 상황 하에서의 두 사람은 서로 상대의 이익과 자산의 그것을 비교하게 되며 이러한 비교를 통하여 서로 이익이 일치될 때 공평성이 존재하며 일치하지 않을 경우 불공평성을 만들어 내게 된다는 것이다. 고객만족의 연구에서는 거래에서 개별적으로 드는 비용과 기대되는 대가의 관

계에 기초하여 설명되고 있다. 이 이론에 의하면 개인은 항상 자신의 투입산출비율을 관련자들과 비교하게 되는데 이러한 관점에서 고객만족에 적용하여 고객은 자신의 투입에 비해 산출의 비율이 비교적 공정하다고 느낄 때 만족을 얻게 된다고 설명하고 있다.

③ 비교기준이론:소비자들의 기대는 여러 원천에 의해 만들어지지만 무엇보다도 소비자들은 자신의 경험이 기대를 형성하는 데 가장 중요하다고 생각한다. 비교 기준으로 사전적 경험, 제조업자나 광고나 소매상들의 촉진 노력 등에 의하여 형성된 상황적 기대, 준거의 대상이 되는 다른 소비자들의 경험 등이 있으며 이는 고객으로 하여금 기대를 형성한다고 주장하는 이론이다.

[표 2-25] 고객만족의 정의

학자	정의
올리버 (Oliver, 1980)	고객만족은 기대했던 제품의 편익과 실현된 편익과의 차이이다.
셔칠과 슈프리넌트 (Shurchill & Suprenant, 1982)	고객만족은 고객이 기대했던 제품의 성과 측면에서 구매비용과 편익을 비교한 결과이다.
웨스트브룩과 릴리 (Westbrook & Reilly, 1983)	고객만족은 구매한 특정 제품이나 서비스, 소매상 혹은 쇼핑이나 구매 형태와 관련된 경험에 대한 심리적 반응이다.
데이 (Day, 1984)	고객만족은 사전 기대와 소비 후 지각된 제품의 실제 성능 간의 지각된 불일치의 평가에 대한 고객의 반응이다.
엥겔과 블랙웰 (Engel & Black, 1994)	고객만족은 선택된 대안이 그 대안의 구매 전 신념과 일치한다는 평가이다.

④ 가치 - 지각 불균형이론:기대 - 불일치 패러다임에 대한 또 다른 대안적 이론으로는 가치 - 지각 불균형이론이 있다. 이 이론은 기대 - 불일치 모델이 인지적 개념과 평가적 개념을 구분하지 못한다고 지적한다. 제품에 대한 기대는 제품에 대하여 요구되는 가치와 차이가 있다고 보는 것이다. 그 예로 제품의 고장이나 제품의 기능이 적절하지 못할 때 제품에 대한 기대와는 관련 없이 불만족이 야기될 수 있다. 이처럼 가치와 기대가 분리되어 있을 때 기대보다는 가치가 만족을 더 잘 설명한다고 보는 것이다. 즉 이 이론은 제품에 대한 지각상태와 고객의 당위 기준 사이에 불일치가 크면 클수록 불만족은 커지고 이 불균형이 작을수록 만족은 커지는 것이라고 설명하고 있다.

[그림 2-13] 고객만족/불만족의 차이

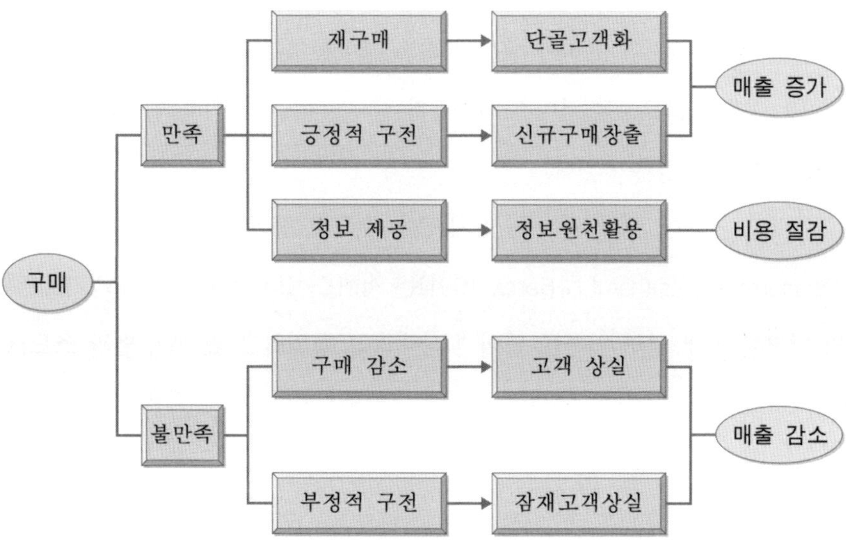

자료:이정실, 「외식기업경영론」 (기문사, 2002), p. 322에서 인용

3) 서비스 회복 시스템

(1) 서비스 실패

일반적으로 유형의 제품보다 서비스 상품의 경우 실패가 더 자주 일어나는 것처럼 인지되는 것은 서비스 상품이 갖고 있는 특수성 때문이다(Berry & Parasuraman, 1991). 파머(Palmer, 2000)는 서비스가 가지고 있는 비분리성(inseparability)과 무형성(intangibility)이라는 특성 때문에 피할 수 없는 서비스 실패가 일어나게 된다고 하였다. 서비스 특성 중 이질성은 제공자인 기업이 일관성 있는 품질과 성과를 유지할 수 없게 하기 때문에 서비스 실패의 가장 주된 원인이 되고 있다. 또, 서비스 상품은 대개의 경우 생산과 소비가 동시에 일어나는 동시성을 가지고 있다. 서비스 실패가 일어난 경우 유형의 제품과 달리 생산에 대한 오류를 수정하거나 교환할 수 있는 시간적 여유가 없다. 또한 서비스 상품에서는 소비자인 고객이 생산에 직접 관여를 하여 서비스 결과에 영향을 미치는 경우가 많으므로 서비스 제공자가 원하는 수준의 서비스를 일관성 있게 전달할 수 없는 경우가 있다.

서비스 실패에 대한 정의는 학자마다 다르게 정의를 내리고 있다. PZB(Parasuraman, Zeithaml & Berry, 1991)는 서비스 실패를 서비스 성과가 고객의 인지된 인내 영역 이하로 떨어진 상태라고 정의하고 있으며, 벨과 즈므크

[그림 2-14] 서비스 회복 Paradigm

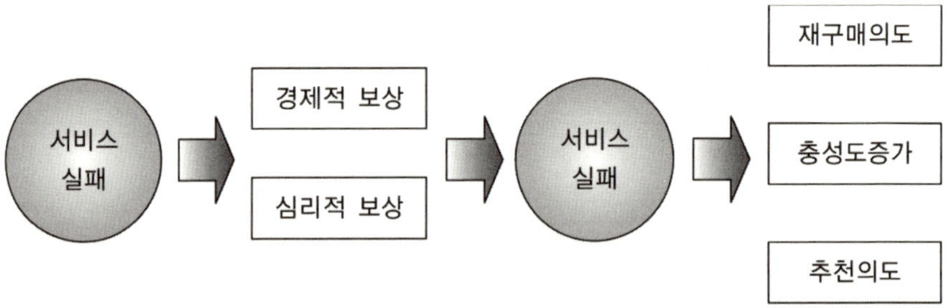

(Bell & Zemke, 1987)는 고객의 기대수준 이하의 서비스 경험으로 서비스 실패를 정의하였다. 그른루스(Gronroos, 1988)는 소비자가 제품이나 서비스를 구매하거나 소비할 때 그 제품이나 서비스가 기대된 성과(기능)나 유용성을 제시하여 주지 못하는 경우가 발생하는데, 이를 서비스 실패라고 정의하고 있다. 캘리와 데이비스(Kelly & Davis, 1994)는 서비스 실패는 그 심각성에 따라서 다를 수 있다고 말하며, 그것을 인지하는 수준은 개인에 따라서, 그리고 상황에 따라서 많은 차이를 보인다고 정의하고 있다. 존스톤(Johnston, 1995)은 서비스 실패란 책임의 유무와 관계없이 무엇인가가 잘못되어 가고 있는 경우이며, 서비스 기업은 문제 원인과 관계없이 서비스 실패 시 서비스 회복노력을 갖는 것이 필요하다고 정의하였다. 정현영(2000)의 연구에서 서비스 실패를 고객에게 불편과 불만족을 초래하는 고객 또는 서비스 기업이 인지하는 서비스 문제라고 정의했다. 고객들에게 인식되는 서비스 실패(service failure)란 서비스가 제대로 수행되지 않거나 빈약하게 수행된 결과로 서비스가 처음의 계획이나 기대한 대로 전달되지 않아 서비스 전달 과정의 인식이 적정한 서비스 기대와 만나지 못할 경우 발생하게 된다(임인숙, 2003).

> 고객 불평이 야기되었을 때 이를 적극적으로 수용하고 처리함으로써 점포에 대한 신뢰도를 높이고 이로 인하여 단골고객화하도록 노력하는 자세가 필요하다.

앞서 설명한 바와 같이 서비스의 특성으로 인해 서비스에 대한 불평은 존재하기 마련이다. 다만 고객불평이 발생했을 때는 긍정적인 자세로 고객을 응대해야 하며 사과와 경청의 자세를 가져야 한다.

(2) 불평처리 방법

> 서비스 기업은 서비스 실패로 인한 피해가 심각하다는 것을 충분히 인식하고 서비스 실패에 대하여 즉각적인 대처를 하여 서비스 실패로 인한 피해를 최소화하여야 한다.

고객으로부터 불평이 나오지 않도록 외식기업에서 종사원들을 교육훈련하고 있으나 불평은 항상 존재하기 마련이다. 그러나 고객 불평이 야기되었을 때 이를 적극적으로 수용하고 처리함으로써 점포에 대한 신뢰도를 높이고 이로 인하여

서비스 기업은 서비스 실패로 인한 피해가 심각하다는 것을 충분히 인식하고 서비스 실패에 대하여 즉각적인 대처를 하여 서비스 실패로 인한 피해를 최소화하여야 한다.

단골고객화하도록 노력하는 자세가 필요하다.

외식점포에서 빈번히 발생하는 고객의 불평사례는 다음과 같다.

① 주문의 잘못된 기재와 늦은 서비스

② 음식에 이물질이 들어갔을 때

③ 정확한 계산이 이루어지지 않았을 경우

④ 고객이 사용하는 기물이 지저분한 경우

⑤ 주문한 내용과 음식이 다를 경우

⑥ 고객의 소지품이나 옷에 이물질이 묻을 경우

⑦ 기타 종사원의 서비스나 가격 등에 대해 불만인 경우

위와 같이 고객이 레스토랑을 이용하면서 불평을 제기할 경우, 해결하려는 적극적인 자세를 가져야 한다.

① 사과와 경청:고객이 불평을 제기하였을 경우, 이유를 떠나 일단 고객에게 먼

저 사과하는 자세가 필요하다. 그리고 고객의 불평사항을 끝까지 경청하는 자세도 필요하다.

② 사실에 대한 인정:고객이 불평을 제기하였을 경우, 설령 고객이 잘못된 의견을 제시하더라도 그 사실에 대해서 인정할 필요가 있다.

③ 상황조사:불평에 대한 원인을 조사하고 상황에 대한 판단을 해야 한다.

④ 신속한 문제 해결 및 대안 제시:불평한 부분에 대해서 상황조사 후 신속히 문제를 해결하고 이에 대해서 고객에게 결과를 빨리 제시할 필요가 있다.

⑤ 해결에 대한 긍정적 마무리:결과를 제시한 후 고객에게 만족여부를 묻고, 고객을 만족상태로 돌려놓아야 한다.

(3) 서비스 회복

서비스 기업의 최종목표는 고품질 서비스를 제공함으로써 고객만족을 달성하고 만족한 고객을 충성고객화 하여 수익성을 증가시키는 데 있다. 서비스 기업의 노력에도 불구하고 완벽한 서비스를 제공한다는 것을 서비스 상품이 갖고 있는 본연의 특수성 때문에 불가능하다. 따라서 서비스 기업은 서비스 실패로 인한 피해가 심각하다는 것을 충분히 인식하고 서비스 실패에 대하여 즉각적인 대처를 하여 서비스 실패로 인한 피해를 최소화하여야 한다.

> 서비스 기업에서 높은 품질의 서비스를 제공하는 것이 가장 중요하며, 제공하고자 했던 서비스 품질이 고객의 기대 이하로 제공되어 고객이 불평을 제기했을 때 이를 적절히 처리하여야 고객의 만족과 재방문율, 충성도가 높아진다는 것을 의미한다.

즈므크와 벨(Zemke & Bell, 1990)은 서비스 회복이란 제공된 서비스 혹은 상품이 소비자 기대에 부응하지 못하여 기업에 대하여 불만족인 고객들을 만족한 상태로 되돌리는 일련의 과정이라고 정의하였으며, 이는 서비스 기업에서 높은 품질의 서비스를 제공하는 것이 가장 중요하며, 제공하고자 했던 서비스 품질이 고객의 기대 이하로 제공되어 고객이 불평을 제기했을 때 이를 적절히 처리하여야 고객의 만족과 재방문율, 충성도가 높아진다는 것을 의미한다.

[표 2-26] 서비스 실패에 대한 학자들의 연구

학자	정의
즈므크와 벨 (Zemke, 1990)	제공된 서비스 혹은 상품이 소비자 기대에 부응하지 못하여 기업에 대하여 불만족 하는 고객들을 만족한 상태로 되돌리는 일련의 과정
비트너, 붐스와 테트리웃 (Bitner, Booms & Tetreault, 1990)	항공사, 호텔, 레스토랑을 이용하여 서비스 접점에 대한 만족과 불만족에 영향을 주는 사건들을 연구한 결과 기억에 남을 만한 만족스러운 서비스 중 23%가 핵심 서비스 실패에 대하여 서비스 종업원이 어떻게 대응하는가와 관련이 있다는 것을 밝히고 있다.
켈리 (Kelly, 1993)	효과적인 서비스 상황대처를 받은 고객들이 해당 서비스 기업과의 관계를 지속하는 비율이 70% 이상이기 때문에 서비스 기업은 어떤 실패든 간에 충성적인 고객을 지속적으로 유지시키기 위하여 효과적인 서비스 회복노력을 해야 한다.
호프만, 켈리, 로탈 (Hoffman, Kelly & Rotal, 1995)	레스토랑을 이용하는 서비스 상황대처의 여러 가지 전략에 대한 상대적인 효과에 대하여 연구를 하였으며, 이들의 연구 결과에 따르면 무료음식제공, 음식가격의 할인 그리고 쿠폰과 같은 유형적인 보상이 가장 효과적인 상황 대처 전략임을 밝히고 있다.
스완슨 (Swanson, 1996)	서비스 회복의 기술이라는 주제 하에 책임 소재 그리고 안정성, 각각의 수준이 종속변수인 지각된 서비스 회복과정의 질, 서비스 회복 만족, 구전 그리고 재구매의도에 미치는 영향과 그 종속변수들 간의 상호 영향을 검토하였다.
웬 (Weun, 1997)	시나리오를 통한 유사성 실험설계 연구에서 고객이 지각한 서비스 회복의 과정과 성과는 고객만족과 유의적으로 관계한다는 것이 증명되었다.

4) 점포의 불만고객 응대방법

(1) 클레임(Claim)과 컴플레인트(complaint)

> 클레임과 컴플레인트는 주관적이냐, 객관적이냐에 따라서 달라진다. 클레임은 누구나 객관적으로 문제가 있다고 지적할 수 있는 것을 의미하며, 컴플레인트는 주관적으로 판단하는 불만족으로 설명할 수 있다.

고객불만의 유형은 객관적이냐 주관적이냐에 따라서 클레임과 컴플레인트로 구분한다. 클레임의 경우 고객이면 누구나 객관적으로 문제가 있다고 지적할 수 있는 부분을 얘기하는 것을 말한다. 예를 들어서 음식을 먹다가 벌레가 나왔다든가 아니면 예약을 했는데 테이블을 잡아 두지 않았다든가 하는 등의 객관적으로 판단했을 때 불만사항에 대한 시정과 배상요구의 의미도 포함하여 지적할 수 있는 부분으로 설명할 수 있다.

컴플레인트는 클레임과 달리 고객이 주관적으로 판단할 수 있는 부분으로서 직원들의 서비스 태도가 마음에 안 든다든지, 음식이 맛이 없다든지 등의 고객의 주관에 의해서 판단하는 불만족으로 설명할 수 있다.

클레임이든 컴플레인트이든 두 가지 모두 고객이 불만족하는 부분이므로 상황에 따른 빠른 조치로 고객의 불만족이 만족으로 이어질 수 있도록 점포에서는 최선을 다해야 한다. 점포에서 이를 긍정적으로 받아들여 불만고객을 만족고객, 충성고객으로 전환하느냐 아니면 불만고객으로 두느냐에 따라서 장기적인 관점에서의 매출과 이익에 상당한 영향을 미치게 된다. 불만족한 고객을 만족한 상태로 돌리기 위한 점포의 문화와 분위기를 만들기 위해서는 최선의 노력을 다하는 문화를 만들어주어야 하고, 직원 한 사람, 한 사람의 응대능력을 기르기 위해서 지속적인 불만고객 응대교육을 진행해야 한다. 또한 불만고객 응대 에 대한 점장의 의지와 생각이 무척이나 중요하다. 훌륭한 점장은 점포의 이와 같은 일류문화를 구축할 수 있는 점장이다.

(2) 레스토랑에서의 불만유형

레스토랑에서의 불만은 대략적으로 음식, 서비스, 위생, 기타 사항의 4가지 정도로 분류할 수 있다. 물론 레스토랑에서의 다양한 모든 상황을 포괄할 수는 없으나 일반적인 불만유형으로는 다음과 같은 것들이 있다.

① 음식 관련 불만

㉠ 음식의 양이 많거나 적다.

㉡ 음식의 온도가 맞지 않다(너무 식었거나 너무 뜨겁다).

㉢ 음식이 짜거나 달다.

㉣ 음식에서 이물질이 나왔다.

㉤ 음식이 너무 늦게 나온다.

㉥ 주문했으나 메뉴가 품절되었다고 한다.

② 서비스 관련 불만

㉠ 직원들의 응대속도가 너무 느리다.

㉡ 음식을 다 먹지 않았는데 치워버렸다.

㉢ 직원들이 메뉴에 대한 지식이 없다.

㉣ 직원들의 응대가 무표정하고 성의가 없다.

㉤ 직원이나 점포에서 잘못을 하고도 사과가 없다.

㉥ 직원이 고객의 옷에 음식을 엎질렀다.

③ 위생 관련 불만

㉠ 기물, 식기 등에서 이물질이 묻어 나왔다.

㉡ 화장실이 더럽다.

㉢ 점포의 구석구석에 먼지가 많다.

㉣ 직원들의 유니폼이 청결하지 않다.

ⓜ 직원들이 화장실을 다녀온 후 손을 씻지 않거나 외부에서 담배를 피운다.

④ 기타

ⓖ 쿠폰 사용에 대한 규정이 점포마다 다르다.

ⓝ 할인 카드, 쿠폰, 프로모션에 대한 정보 제공이 틀렸다.

ⓓ 점포가 소란하거나 시끄럽다.

ⓡ 웨이팅 시간이 너무 길다.

ⓜ 점포의 시설물이나 집기류로 인해서 다쳤다.

(3) 고객불만의 이해

레스토랑의 서비스는 상품으로 대변되는 시설(hardware)적인 부분, 직원의 서비스 능력(humanware), 시스템(software)의 3가지로 구성되어 있다. 즉, 좋은 품질의 메뉴 제공, 직원들의 훌륭한 서비스, 기타 부수적인 시스템상의 편의 등이 맞물려 고객만족을 이끌어낼 수 있다. 일반적으로 대부분의 고객들은 불만을 말하려고 하지 않는다. 불만을 말하지 않고 점포를 떠나는 고객들이 많기 때문에 불만을 얘기하는 고객들을 소중하게 여겨야 한다. 불만을 얘기한다는 것은 '이 부분만 해결해준다면 내가 너의 충성고객이 되어줄게'라는 말과 동일하다고 보면 되기 때문이다. 따라서 점포에서는 고객들이 불만족을 얘기할 수 있는 다양한 채널들을 준비해서 스스럼없이 가지고 있는 불만을 얘기할 수 있도록 해주어야 한다.

고객이 불만을 회사에 직접 항의하는 비율은 6%, 주변 사람에게 전파하는 경우는 32%, 말하지 않는 고객은 무려 62%나 된다고 한다. 또 고객불만에 관한 통계(TARP : Technical Assistance Research Program)에 따르면 회사에 불만을 말하는 고객은 4%, 불만을 말하지 않고 다시는 사지 않는 고객은 96%나 된다고 한다. 이런 통계가 말해주듯 불만, 불평고객은 우리에게 너무나 소중한 고객임을 잊지 말아야 한다.

① 고객이 불만을 말하지 않는 이유

㉠ 앞으로 이용하지 않으면 된다(다시 오지 않겠다).

㉡ 의견을 전달해도 개선될 것 같지도 않고, 의미가 없을 것 같다.

㉢ 자신이 소심하게 보일까봐 얘기하기 두려워진다.

㉣ 어디에 얘기를 해야 할지 모른다.

㉤ 얘기하는 것 자체가 귀찮다.

② 고객불평이 가치가 있는 이유

㉠ 점포에서 무엇을 잘못하고 있는지 알게 하고 개선할 기회를 준다.

㉡ 실수를 미연에 방지하게 해준다.

㉢ 점포의 실수만 개선한다면 다시 오겠다는 신호이다.

㉣ 고객의 기대와 욕구를 알게 해준다.

③ 고객의 불만을 분노로 만들게 하는 것들:고객의 불만을 만족으로 전환시키는 것이 외식점포에서 해줘야 할 가장 좋은 해결책이다. 다만 불만은 불만에서 그치게 해야지 이를 분노의 감정으로 이어지게 하면 안 된다. 분노로 연결되었을 경우 상황은 걷잡을 수가 없게 되며, 고객의 감정 또한 폭발하게 된다. 직원으로서 고객의 기분이나 상황을 헤아리고, 서비스를 제공하는 입장에서 반드시 지켜야 할 기본적인 태도와 행동에 문제가 없도록 해야 한다. 즉 잘못을 부정 또는 무시하는 말을 하거나 핑계를 대는 말은 삼가야 한다. 불만고객이 발생했을 경우에는 고객의 입장에서 생각하고 말하는 행동이 필요하다.

다음은 불만고객 발생 시 삼가야 할 말과 행동들이다.

- 우리 레시피가 원래 그래요. 맛이 그렇다고요.
- 저희 점포는 규정이 그렇습니다. 잘 모르셨나 보네요.
- 고객의 말 외면하고 중얼거리기
- 고객의 말 못 들은 척하기
- 무시하는 듯한 표정 짓기

(4) 고객응대 단계별 포인트

불만고객 발생 시 다음의 단계별 포인트에 따라서 고객을 응대하도록 한다. 가장 먼저 나의 감정을 다스린 후 고객과 대면해야 한다. 직원이 먼저 흥분하거나 감정을 조절하지 못한다면 더 큰 문제를 야기할 수 있으므로 고객의 입장이 되어서 생각하겠다는 마음가짐으로 고객에게 다가가야 한다. 두 번째로 고객의 말에 공감하면서 경청하고, 누구의 잘못인지를 가리는 것이 아니라 무조건적으로 사과하고 사실에 대해서 인정해야 한다. 그리고 어떤 상황인지를 조사한 후 고객이 불만족한 문제를 해결하고 다시 한 번 고객에게 사실에 대해 사과하고 공감하면서 마무리해야 한다. 내부적으로는 재발 방지책을 수립하고 향후 같은 문제가 생기지 않도록 교육 등을 시행해야 한다.

① 나의 감정 다스리기
② 공감정 경청/사과
③ 사실 인정
④ 진상 조사
⑤ 신속한 문제 해결/대안 제시
⑥ 긍정적 마무리
⑦ 재발 방지책 수립
⑧ 악용고객에 대한 응대안 마련

(5) 레스토랑 고객불만사례와 처리방법

〈표 2 - 27〉은 점포에서 일어나는 빈번한 사례와 해당 사례에 대한 기본 응대절차를 설명한 것이다. 하지만 이는 기본적인 대안에 대한 제시일 뿐 점포의 상황이나 브랜드의 상황에 맞게 운영하는 것이 좋다.

하지만 점포별로, 브랜드별로 '불만응대매뉴얼'을 작성하고 직원들이 응대할 수 있는 가이드라인을 제시하는 것이 직원들의 입장에서나 고객들의 입장에서도 좋을 것으로 판단된다.

[표 2-27] 점포에서 발생하는 주요 불만사례와 응대방법

구분	주요 불만사례	응대과정	보상기준
음식	음식의 양이 많거나 적다.	• 주문 받을 때 음식의 양에 대해 충분히 설명한다(요리 양 자체가 많을 경우 많다고 꼭 언급한다). • 음식이 적다고 할 경우 직원의 권한으로 조금 더 요리를 만들어 제공한다.	
	음식의 온도가 맞지 않다.	사과한 후 재조리해 제공한다.	
	음식이 짜거나 달다.	사과한 후 재조리해 제공한다.	
	음식에서 이물질이 나왔다.	• 사과한 후 이물질의 경중에 따라 상사에게 보고한다. • 음식을 재조리해 제공한다. • 보상비의 처리나 혜택을 제공한다.	경중에 따라 보상비 처리나 물질적 혜택 제공
	음식이 너무 늦게 나온다.	• 주문 받을 시 미리 주문한 음식의 조리 시간에 대해 언급한다(주문한 음식은 약 ○○분 걸립니다). • 약 몇 분 정도만 시간을 더 달라고 요청한다.	서비스 음료, 디저트의 제공, 쿠폰 제공
	주문했으나 메뉴가 품절 되었다고 한다.	고객에게 사과의 뜻을 전하고다른 메뉴로 추천해 판매한다(비슷한 메뉴를 추천하는 것이 좋다).	서비스 음료, 디저트 등 사이드 메뉴의 제공

서비스	음식을 다 먹지 않았는데 치워버렸다.	• 사과의 뜻을 전하고 고객이 원할 경우 요리를 다시 제공한다. • 고객이 원하지 않을 경우 다른 음료나 디저트 등 사이드 메뉴를 제공한다.	서비스 음료, 디저트 등 사이드 메뉴의 제공
	직원들의 응대가 마음에 들지 않는다.	매니저가 직접 응대하여 고객에게 사과하고 혜택을 제공한다.	가격의 할인, 추가적인 메뉴 제공 등
	직원이 옷에 음식을 엎질렀다.	• 사과하고 응급조치를 취한다. • 상사에게 보고해서 처리과정을 논의한다.	• 세탁비 지불 • 음식 가격의 할인이나 무료 제공 • 더럽혀진 옷에 대한 보상 등
위생	기물, 식기 등에서 이물질이 묻어 나왔다.	사과한 후 재조리하여 제공한다.	메뉴의 교환, 서비스 음식 제공
기타	쿠폰 사용에 대한 규정이 점포마다 다르다.	• 쿠폰에 대한 사용 기준을 설명하고, 무리하지 않는 범위 내에서 가급적이면 사용할 수 있게 한다. • 프로모션이나 기타 행사와 관련해서는 무리하지 않는 선에서 고객에게 혜택을 주기 위해서 노력한다.	
	웨이팅 시간이 길다.	• 고객에게 웨이팅 시간에 대한 정확한 정보를 제공한다. • 웨이팅 시간이 지루하지 않도록 웨이팅 푸드를 제공한다.	대기시간을 어길 경우 보상 쿠폰을 제공한다.
	고객이 점포의 시설물로 인해서 다쳤다.	• 점포 내에서 응급조치 • 사안에 따라서 인근 병원으로 이송한다. • 상사에게 보고한 후 처리한다.	• 병원비 제공 • 음식 무료 제공 • 보상비 추가 협의

[표 2-28] 고객유형별 대응법

고객유형	대응법
빨리 빨리형 고객	일 처리가 조금만 늦어도 '빨리빨리' 해달라고 재촉이 심한 고객이다. 기다리지 못하고 직원에게 "언제 되느냐? ", "이렇게 하라.", "저렇게 하라."고 독촉한다. 이럴 때는 가능한지 불가능한지 여부를 분명히 해야 한다. "글쎄요? ", "아마……", "저……"와 같은 애매한 말을 쓰면 고객은 신경을 더욱 날카롭게 곤두세운다. 하지만 말은 시원시원하게, 행동은 빨리빨리 응하면 이렇게 다루기 쉬운 고객도 없다. 늦어질 것 같을 때는 사유에 대해서 분명히 말해주고 양해를 구한다.
이것저것 트집을 잡는 까다로운 고객	"5분만 기다리라고 하더니 벌써 5분 30초가 지났잖소? "와 같이 사사건건 트집을 잡아 불평하는 고객이다. 이러쿵저러쿵 말이 많고 꼬투리 잡는 고객에게는 '이야기를 경청하고, 맞장구 치고, 추켜세우고, 설득해가는' 방법이 효과적이다. "옳습니다. 선생님은 확실히 예리하시군요."라고 한 다음 "저도 그렇게 생각은 하고 있습니다만……" 하고 설득한다. 이런 종류의 고객에게는 먼저 의견을 경청한 다음 미안하다는 뜻을 나타내는 대응법이 효과적이다.
뽐내는 거만형 고객	자기 자랑이 심하고 거만하며 직원 따위는 거들떠보지도 않는 뽐내는 고객이나 안하무인격으로 큰소리치는 거만형의 고객은 되도록 정중하게 대하는 것이 좋다. 제멋에 사는 것을 좋아하는 사람이므로 자기 과시욕이 채워지도록 뽐내든 말든 내버려 두는 것이다. 의외로 단순한 면이 있으므로 일단 그의 호감을 얻게 되면 여러 면으로 득이 되는 경우가 많다.
싹싹하고 쾌활한 명랑형 고객	싹싹하고 쾌활해서 상대하기 쉬운 사람이지만 그렇다고 마음을 놓아서는 안된다. 만만하게 여기면 자신을 우습게 본다고 생각하며 꽁한 마음을 먹을지도 모른다. 이런 고객은 후에 인간적인 교류까지도 가능하게 되는 무난한 고객이다. 이런 고객에게는 일을 처리할 때 'Yes', 'No'를 분명히 하는 것이 좋다. 단, 상대방의 쾌활함에 말려들어 예의에 어긋나는 일이 없도록 유의한다.
온순하고 과묵한 얌전형 고객	"미안합니다." 하고 저자세로 나오는 온순한 고객이다. 이런 얌전형의 과묵한 고객들은 속마음을 헤아리기가 어렵다. 조금 불만스러운 것이 있어도 많이 내색하지 않는다. 그러나 말이 없다고 해서 흡족해하는 것으로 착각해서는 안 된다. 저자세이지만 속으로는 날카롭게 관찰하고 있는 무 서운 고객일 경우도 있으므로 예의 바르게 응대한다. 이런 고객은 한 번 마음에 들면 거래가 오래 지속되나 반면에 마음이 돌아서면 끝장이다. 말이 없는 대신 오해도 잘한다. 정중하고 온화하게 대해주고 일은 차근차근 빈틈없이 처리해주도록 한다.
의심이 많은 고객	이것저것 캐묻고 이리 갸우뚱 저리 갸우뚱 의심이 많은 고객에게는 자신감 있는 태도로 간결, 명확하게 응대한다. 이런 고객에게는 너무 자세한 설명이나 친절도 때로는 의심의 대상이 되기 때문이다. 분명한 증거나 근거를 제시하여 스스로 확신을 갖도록 유도하며 때로는 책임자로 하여금 응대하도록 하는 것도 좋다.

어린이 동반 고객	고객은 어린이에 대한 관심을 자신에 대한 관심으로 여긴다. 어린아이의 특징을 재빨리 파악해 적절한 찬사를 보내면 효과 만점이다. 울거나 칭얼거린다 하여 "얘, 여기서 울면 못써요." 하고 못마땅하게 여길 것이 아니라 살짝 안아주거나 다독거려준다. 어린이를 위하여 약간의 장난감이나 그림책 등을 준비하는 재치도 필요하다.

자료:장수용·김진태, 「365일 친절서비스 이것이 기본이다」 (현대미디어, 2005)

2장

5) 서비스 체크리스트의 운영

서비스 체크리스트는 점포의 위생과 메뉴 품질 체크리스트와 더불어 QSC를 체크하기 위해 반드시 필요한 체크리스트이다. 이를 활용하여 점장이 점포를 직접 체크함으로써 점포를 진단하거나 외부 미스터리 쇼퍼를 활용하여 체크하고 점포를 진단하는 수단으로 활용하여도 좋다.

서비스 체크리스트에는 점포의 외부 입간판, 청결상태, 주차장부터의 체크부터 전화응대, 예약, 안내, 직원들의 복장, 유니폼 상태, 직원의 주문과 메뉴 제공, 테이블에서의 응대, 계산 등에 관한 전반적인 항목들이 포함되어 있다.

그리고 이 체크리스트의 결과를 점수화시키고 객관화시켜서 점포의 서비스 수준을 진단하고 진단 결과에 따라서 부족한 부분에 대해 지속적으로 교육하여 서비스 역량을 올려나가야 한다.

[표 2-29] 서비스 체크리스트의 예시

No.	항목	세부 체크 내용	배점	점수
1	외부 및 주차장	점포 간판이 청결하고 가시성이 확보되어 있는가?	2	
2		점포의 주차장은 청결하고 주차가 편리하며, 직원들은 친절한가?	2	
3		고객 출입구의 청결상태는 양호한가?	2	

4	전화 응대	전화벨이 4번 이상 울리기 전에 받는가? 그 이후에 전화를 받았다면 사과의 응대를 하였는가?	2	
5		전화응대 시 매뉴얼대로 응대하였는가? 예) 안녕하세요? ○○점 ○○○입니다. 무엇을 도와드릴까요? 등	2	
6		통화 종료 시 마무리 인사를 하였는가? 예) 전화주셔서 감사합니다.	2	
7		고객이 전화를 끊고 난 후 수화기를 내려놓았는가?	2	
8		전반적으로 응대직원은 친절하였는가?	2	
9	예약	예약 문의를 했을 때 직원은 친절하게, 성심성의껏 답변하였는가?	2	
10		고객의 요구 조건을 상세하게 질문하였는가?	2	
11		예약이 안 되었을 경우 차선책을 마련해주기 위해 노력하였는가?	2	
12		전반적으로 예약 담당직원은 친절하였는가?	2	
13	안내	고객 입장 후 눈을 맞추면서 반갑게 인사를 하였는가?	2	
14		고객의 인원수를 확인하고, 인원수에 맞게 좌석으로 안내하였는가?	2	
15		고객과 대화를 나누면서 좌석으로 안내하였는가?	2	
16		점포 이용 정보에 대해서 안내해주었는가?	2	
17		웨이팅이 있을 시 웨이팅 시간에 대해서 정확히 말하였는가?	2	
18		웨이팅이 있을 시 웨이팅 푸드는 준비되어 있는가?	2	
19		안내대는 청결하게 잘 정리되어 있었는가?	2	
20		안내직원은 전반적으로 친절하였는가?	2	
21	주문	주문 요청 시 즉각적으로 응대하였는가?	2	
22		주문 시 추천판매를 하였고, 행사/메뉴에 대한 정보를 제공하였는가?	2	
23		직원은 메뉴에 대한 정확한 지식을 가지고 있었는가?	2	

24		주문 후 주문한 메뉴명, 수량 등에 대해서 정확하게 확인하였는가?	2	
25		주문 후 메뉴 제공시간, 기타 필요사항 등을 체크하고 알려준 후 마무리 인사를 하였는가?	2	
26		서버는 전반적으로 친절하였는가?	2	
27	테이블 세팅	테이블은 깨끗하고 잘 정리되어 있었는가?	2	
28		각종 POP/행사정보 등은 잘 정리되어 있었는가?	2	
29		테이블 기물이 세팅되어 있고, 깨끗했는가?	2	
30	메뉴 제공 및 서비스	메뉴는 주문한 대로 정확하게 제공되었는가?	2	
31		서버는 메뉴 제공 시 메뉴명, 필요사항에 대해서 언급하였는가?	2	
32		메뉴는 전반적으로 깔끔하게 제공되었는가?	2	
33		메뉴 제공 후 맛있게 드시라는 인사를 하였는가?	2	
34		식사 중 중간 만족도 체크를 하고, 필요 시 도움을 주었는가?	2	
35	유니폼 및 청결	직원들의 유니폼은 청결하고, 깔끔하며 잘 다려져 있었는가?	2	
36		명찰을 착용하고, 규정된 복장으로 입고 있었는가?	2	
37		손톱, 머리, 립스틱, 귀걸이 등은 단정하게 되어 있었는가?	2	
38		신발은 잘 닦여 있고, 깔끔하였는가?	2	
39	계산	계산직원은 계산 시에 눈을 맞췄는가?	2	
40		식사 만족도에 대한 질문을 하였는가? 예) 식사 맛있게 하셨어요?	2	
41		주문한 메뉴 수량, 금액 등에 대해서 확인하였는가?	2	
42		할인카드, 행사사항 등에 대해서 체크하고 도움을 주었는가?	2	
43		고객의 카드나 현금을 두 손으로 받았으며, 두 손으로 건넸는가?	2	
44		환송인사를 하였는가?	2	
45		계산원은 전반적으로 친절하였는가?	2	

46	매니저	매니저는 점포에 상주하면서 근무하고 있는가?	3	
47		매니저는 점포에서 고객들을 응대하고 있는가?	3	
48		고객불평 시 매니저가 직접 응대하고 있는가?	3	

*웨이팅푸드(waiting food)란 고객이 기다리는 시간동안 지루함을 달래주기 위해서 기다리는 고객들에게 무상으로 제공하는 음식을 말한다.

서비스의 수준은 교육에 투자하는 시간만큼 정비례해서 올라가게 된다. 따라서 아침조회, 마감조회, 중간중간의 교육시간과 조회시간에 항상 서비스 교육과 인사교육 등을 진행하도록 한다.

4. 점포의 위생관리

1 위생의 개요

1) 위생의 의의

위생이란 건강한 상태를 조성하고 유지하는 것을 말하며, 위생을 뜻하는 'sanitation'의 어원은 라틴어의 'sanitas', 즉 건강이란 말에서 기원되었다. 세계보건기구(WHO)는 식품위생에 대하여 "식품위생이란 식품의 위생, 생산 또는 제조로부터 최종적으로 사람이 섭취할 때까지에 이르는 모든 단계에서 식품의 안전성, 건전성 및 오염방지를 확보하기 위한 모든 수단을 말한다"고 정의하였다.

> 서비스의 수준은 교육에 투자하는 시간만큼 정비례해서 올라가게 된다. 따라서 아침조회, 마감조회, 중간중간의 교육시간과 조회시간에 항상 서비스 교육과 인사교육 등을 진행하도록 한다.

우리나라 식품위생법에서는 식품위생을 "식품, 첨가물, 기구 및 용기와 포장을 대상으로 하는 음식물에 관한 위생"이라고 정의하고 있으며, 그 목적은 식품으로 인한 각종 위해를 방지하고 식품영양의 질적 향상을 꾀하기 위해 식품 그 자체의 변질, 오염, 유해, 유독, 물질의 혼입 등을 방지하고 식품의 제조, 가공, 저장, 유통과 소비에 이르기까지의 전 과정을 위생적으로 확보하기 위하여 음식물과 관련이 있는 첨가물, 기구, 용기와 포장에 대해서도 비위생적인 요소를 제거하는 데 있다고 규정하고 있다.

즉, 식품위생이란 식품의 생산, 제조, 유통 및 소비에 이르는 전 과정에서 위생성을 확보하여 음식물에 의하여 발생하는 병해, 즉 식품오염으로 인한 각종 질병을 방지하기 위한 지식과 기술이라 할 수 있다.

2) 음식물의 안전성과 위험성[2)]

음식물의 안전성과 위험성(the safety and hazard of food) 요소는 다음과 같이 세 가지로 나눌 수 있다.

(1) 음식물

외식점포에서는 음식재료의 구입경로와 음식물 공급까지의 준비과정들을 분석하여 어디서 재료가 오염되며 세균이 퍼질 수 있는가를 찾고 조절할 수 있도록 관리되어야 한다. 음식물의 품질과 안전성은 매우 중요하고도 기본적인 요소이며 맛이 변질된 음식이나 건조된 음식물, 오래되어 신선해 보이지 않는 음식물은 고객에게 만족을 줄 수 없다.

위생적으로 다루어지는 음식물은 안전하고 품질이 좋은 음식을 의미하기도 한다. 올바른 음식물의 저장과 조리 및 공급은 좋은 품질의 음식물을 보장할 수 있다. 좋은 품질은 안전도, 모양, 화학성분, 조리의 적합도, 일정한 농도, 영양가, 맛에 기본이 될 때 나올 수 있다. 이 중 하나라도 잘못되면 음식물의 품질은 비위생적으로 손상되는 것이다.

---

1) 조용범·강병남·김형준, 「메뉴관리론」 (대왕사, 2003)을 참고로 하여 작성

안전한 음식물의 가장 위험한 장애물은 사람이다.

음식의 재료와 양을 조절함으로써 버리는 양을 줄이고, 재료값을 절약하며, 위생규칙이 표준화되고, 올바르게 행하여질 때 음식의 질이 향상된다. 또한 직원을 철저하게 훈련시키고 그들이 임무를 책임질 수 있을 때 음식의 안전도와 작업능률이 높아지게 된다.

① 부패 또는 변질되지 않은 것

② 유독 또는 유해물질이 함유되어 있지 않은 것

③ 병원미생물에 오염되어 있지 않은 것

④ 불결한 것이나 이물질 등이 존재하지 않은 것

(2) 사람

안전한 음식물의 가장 위험한 장애물은 사람이다. 관리자는 종사원에게 위생교육을 철저하게 시키고 항상 감시하며 위생에 대하여 모범적인 행동을 보여야 한다. 이렇게 함으로써 식중독의 발생을 최소한으로 줄일 수 있다.

(3) 시설과 장소

청소하기 어려운 곳, 고장난 장비나 식품이 과량 저장된 냉장고, 비위생적인 환경, 해충들이 생길 수 있는 상황은 비위생적이므로 고쳐야 한다.

외식점포에서는 장비, 식탁용기 그리고 시설청소에 필요한 도구와 적절한 브러시류, 청소세제 및 화학소독제를 선택하고, 청소의 방법과 소독상황을 매일 점검하여 실행할 수 있도록 해야 한다.

3) 식품위생의 중요성

외식점포의 가장 중요한 임무는 단연 고객들에게 안전하고 위생적인 음식을 공급하여 고객의 건강을 보호하고 충분한 영양을 공급하는 것이다. 외식점포에 있어서 식품위생이란 좋은 음식, 즉 병균이 없고 위생적으로 준비된 안전한 음식을 말하는 것으로 식품위생은 안전한 음식의 근본이라 할 수 있다.

우리나라 식품위생법의 목적은 공중의 위생과 안전에 목적을 두고 있고, 안전하고 위생적인 음식 공급을 권장하여 고객을 음식으로부터 보호하고자 하는 데 있다. 따라서 외식점포의 비위생적인 음식 공급에 대해서 벌금과 벌칙이 마련되어 있다. 외식점포는 여러 위생 관련 실수로 인하여 금전적 손해나 점포운영상의 법적 처벌을 받지 않도록 노력해야 한다.

따라서 외식점포에서는 고객들에게 안전하고 만족스러운 음식을 제공해야 함을 항상 염두에 두고 음식을 생산해야 하며, 이를 위해서 종사원 개개인에 대한 위생관리, 시설과 장비에 대한 위생관리, 식재료의 공급에서 사용에 이르기까지의 전 과정에서의 위생관리 등에 대해 항상 고민하고, 종사원들을 교육·훈련시켜야 한다. 외식점포의 사명감 중 하나는 음식의 안전한 공급에 있음을 항상 염두에 두어야 한다.

2 직원의 위생관리

1) 종사원 위생관리의 개요

외식점포에서 종사원은 음식과 가장 많이 접촉한다. 따라서 종사원의 위생을 관리하는 교육과 훈련, 습관 등은 매우 중요한 부분이다. 종사원들의 손, 입, 외상 등으로 인해서 음식이 감염될 위험이 있으므로 몸이 아픈 종사원, 외상이 있는 종사원이 있는지 주의해서 살피고 흡연 이후 손 씻기, 재채기와 기침, 유니폼 상태, 손톱 등은 항상 관리해야 한다. 음식의 감염은 종사원으로부터 시작되는 경우가 많으므로 철저하게 관리되도록 한다.

2) 종사원의 몸가짐

(1) 두발

외식점포 종사원들의 머리는 항상 단정해야 하며, 여자의 경우 머리에 망을 착용하고 남자의 경우 머리가 귀와 목덜미를 덮지 않도록 단정하게 유지해야 한다.

① 두발은 짧고 단정하게 하고, 앞머리는 이마를 덮지 않도록 해야 하며, 뒷머리는 목덜미를 덮지 말아야 하고, 옆머리는 귀를 덮지 말아야 한다. 또 구레나룻과 수염을 길러서는 안 된다.

②비듬을 방지하고 냄새가 나지 않도록 매일 머리를 감아야 한다.

③ 종사원의 경우 머리는 무스나 젤을 이용하여 단정하게 정리하고, 파마나 색깔이 있는 염색을 하지 말아야 한다.

④ 조리종사원의 경우 위생모를 착용한 상태에서 위생모 바깥으로 머리가 나오지 않도록 한다.

⑤여자종사원의 경우 머리망을 착용하도록 한다.

(2) 얼굴

얼굴은 고객을 대할 때 가장 중요한 신체부위이다. 고객을 대할 때 신뢰감을 줄 수 있도록 항상 밝은 표정을 가지도록 하며, 얼굴에 상처가 나지 않도록 주의해야 한다.

① 남성의 경우 면도는 매일하여 깔끔한 상태를 유지하도록 하며, 콧속 수염이 밖으로 나오지 않도록 한다.
② 얼굴에 상처가 나지 않도록 해야 하며, 상처가 났을 경우 반창고 등을 얼굴에 붙이고 나가지 않도록 한다.
③ 눈병과 같은 전염병의 경우 점포 근무를 중지하여야 한다.
④ 식사, 흡연 후에는 반드시 양치질을 해야 하며, 입 냄새가 나지 않도록 관리해야 한다.
⑤ 고객 앞에서나 음식 앞에서 재채기, 기침, 딸꾹질을 하지 않아야 한다.
⑥ 근무 중에는 반지, 귀걸이, 목걸이 등을 착용하고 근무하지 않도록 한다.

(3) 손과 손톱

종사원의 손으로 모든 음식이 만들어지므로 손톱은 잘 정리되고 깨끗하게 관리되어야 한다. 종사원의 손톱은 2mm 이상 길어서는 안 되고 청결해야 한다.

① 손은 항상 깨끗이 씻어 청결을 유지하고, 상처 난 손으로 음식을 만지거나 서비스해서는 안 된다.
② 손톱은 2mm 이하로 짧게 손질하고 불순물이 끼지 않도록 해야 하며, 손으로 코를 후비거나 머리, 얼굴, 입 등을 만져서는 안 된다.

(4) 흡연과 껌

외식점포에 있어서 흡연은 허용되지 않으며, 식품의 준비, 조리, 저장, 서빙 과정에서뿐만 아니라 식품 취급 기구의 준비실, 세정시설에서도 담배를 피워서는 안 된다. 휴식시간에 담배를 피웠다면 반드시 손을 깨끗하게 씻고 작업장으로 들어가야 한다.

껌을 씹는 것도 다른 오염원이 될 수 있다. 껌을 씹는 사람의 습관에 따라 입을 벌리고 소리를 낸다거나 손으로 만질 수 있는데 이는 직접 또는 간접적으로 식품을 오염시키게 된다.

(5) 외상

손에 생긴 자상이나 찰과상과 같은 개방된 상처는 여러 사람에게 위생상 나쁜 인상을 주고 실제로도 세균이 오염될 수 있다. 상처가 있는 사람이 작업을 계속하고자 하는 경우 상처 부위에 항균 반창고를 붙이고 물이 들어가지 않도록 고무밴드나 골무 등을 이용하여 감싸고 작업하도록 한다.

[그림 2-15] 개인의 복장과 용모, 위생관리

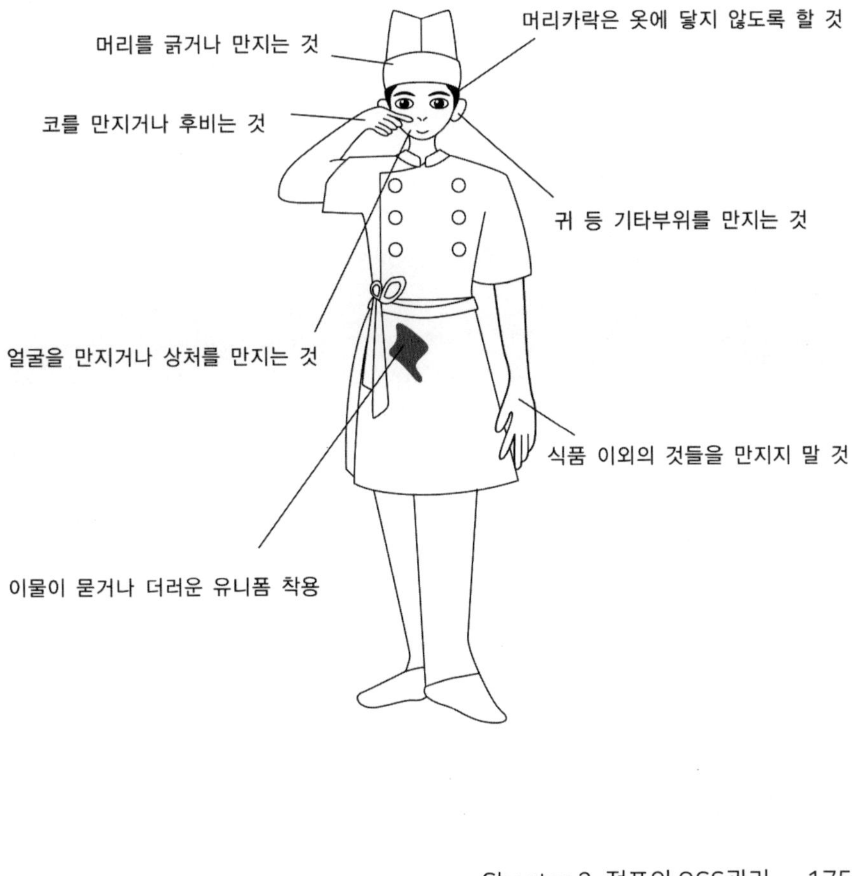

3) 손 씻기

손은 적당한 수분과 중성의 pH, 따뜻한 온도, 미생물이 사용할 수 있는 영양분 등 최상의 미생물 생육조건을 갖추고 있다. 따라서 손 세척은 식중독 사고를 예방할 수 있는 가장 효과적이고 중요한 행동방법이다.

[그림 2-16] 올바른 손 씻기 방법

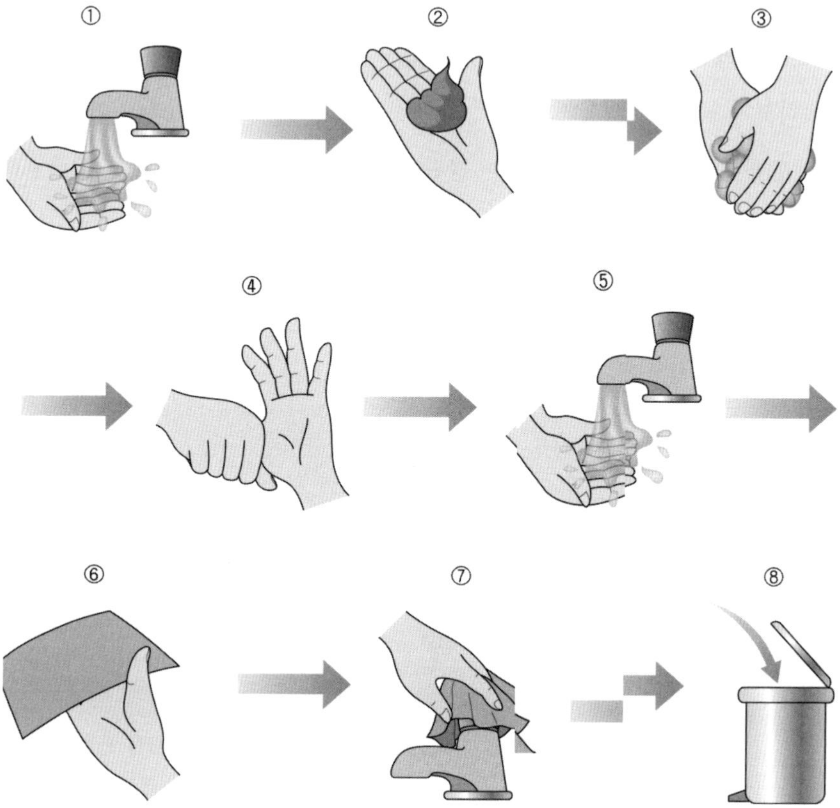

(1) 손 씻기를 해야 하는 시기

① 출근한 후 ② 화장실 이용 후

③ 휴식시간 후 ④ 흡연 후

⑤ 전처리작업, 세정작업, 청소작업 후

⑥ 머리, 얼굴, 앞치마, 다른 물건 등을 만지고 난 후

⑦ 날음식(고기류, 가름류 등)을 다루기 전후

⑧ 식품안전에 위해를 가할 수 있는 화학제품을 사용했을 경우

⑨ 비 위생적인 장비나 기물 등을 사용하고 난 후

[그림 2-17] 직원들의 손 씻는 시설

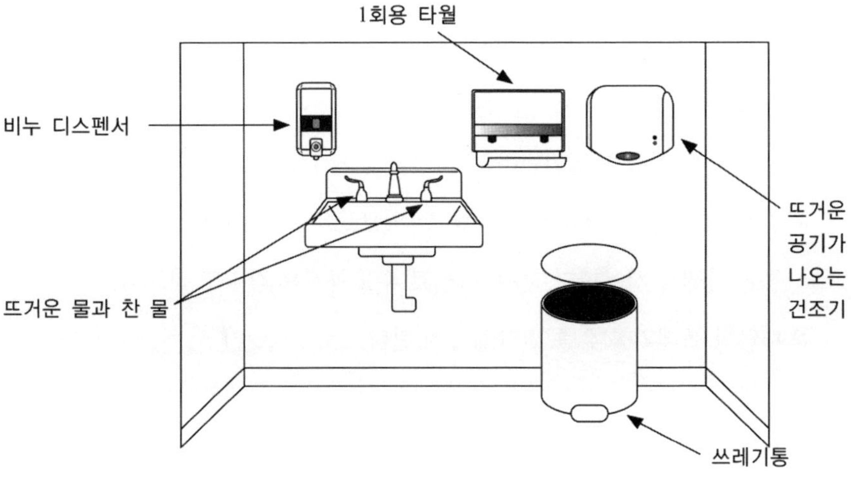

(2) 손 전용세제와 손톱 솔

외식점포 종사원의 손은 일반 비누 등이 아닌 손의 세균을 없애주는 손 세척 전용세제를 사용하도록 하며, 손톱 사이사이와 접촉이 잘 되지 않는 부분을 세척하기 위해서 손톱 솔을 사용해야 한다. 손톱 솔의 경우 항상 청결해야 하며, 열탕소독·염소소독 등을 하도록 한다.

(3) 올바른 손 세척방법

손 세척을 할 때 아래와 같은 방법으로 하도록 한다.

① 미온수를 사용하여 팔꿈치까지 물을 적신다.
② 세척 소독제를 손에 덜어서 사용한다.
③ 손가락 사이를 꼼꼼하게 문지른다.
④ 손톱 솔을 사용해 손톱 밑, 손 주름을 문지른다.
⑤ 손에 남은 거품을 헹궈낸다.
⑥ 일반 수건 등은 세균이 오염될 수 있으므로 사용해서는 안 되며 반드시 종이 타월을 사용한다. 종이 타월로 수도꼭지를 감싸고 잠근다.
⑦ 페달형 쓰레기통에 종이 타월을 버린다.

[그림 2-18] 직원들의 손 씻는 시설

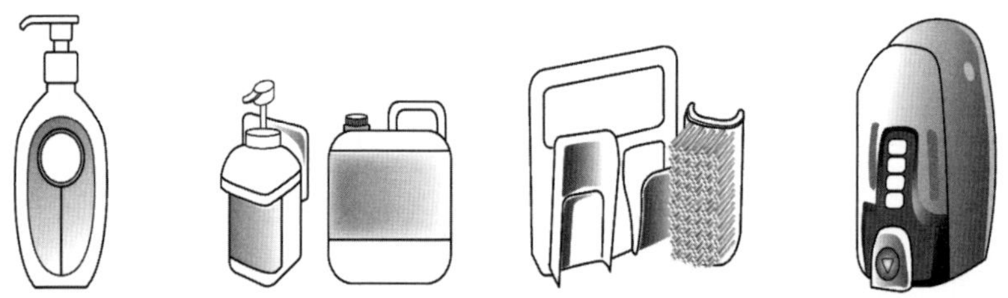

손 세척 전용세제　손 세척 전용세제 리필액　손톱 솔　거품비누 디스펜서

4) 건강진단증(보건증)의 관리

식품접객업소의 종사원은 1년에 한 번 보건소나 지정된 의료기관에서 건강진단을 받고, 이를 확인한 건강진단수첩을 점포에 제출해야 하며, 건강관리를 위하여 관리자는 수시로 결석상태의 점검과 원인을 분석하여 건강상태를 점검해야 한다. 또한 종사원이 병에 걸렸을 때에는 완전히 치유될 때까지 업무를 중지시켜야 한다.

[표 2-30] 식품위생법상 영업에 종사하지 못하는 질병의 종류

구분	종류	비고
소화기계 전염병	콜레라, 장티푸스, 파라티푸스, 세균성 이질	전염병예방법 제2조 1항 (제1종 전염병 중)
결핵 및 성병	폐결핵, 성병(매독, 임질, 연성 하감, 비임균성 요도염, 성병성 육아종, 서혜 육아종)	전염병예방법 제2조 1항 (제3종 전염병 중)
피부병, 기타 화농성 질환	세균성 피부질환	
B형 간염		전염의 염려가 없는 비활동성 간염 제외
후천성 면역결핍증		전염병예방법 제8조 2항의 규정에 의하여 성병에 관한 건강진단을 받아야 하는 영업에 종사하는 자에 한함

[표 2-31] 건강진단서 및 건강진단결과서 발급

종류	수수료	처리기간	구비서류
건강 진단서	1,500원	접수일로부터 4일 (토 공휴일 제외)	• 신분증(주민등록증, 운전면허증, 여권) • 검사항목: 결핵, 장티푸스, 성병(임질, 매독) 및 기타 전염성 피부질환 • 관련 법규: 감염병의 예방 및 관리에 관한 법률 제192조
건강진단 결과서 (구 보건증)	1,500원	접수일로부터 4일 (토 공휴일 제외)	• 신분증(주민등록증, 운전면허증, 여권) • 검사항목: 결핵, 장티푸스, 전염성 피부질환(단 유흥, 다방, 안마, 특수업태부 종사자는 STD, 매독, 에이즈 검사 추가) • 감염병의 예방 및 관리에 관한 법률 제19조 • 관련 법규: 식품위생법 제40조 동시행규칙 제49조, 위생분야 종사자 등의 건강진단규칙 제4조

[표 2-32] 점포의 직원 건강진단결과서 관리 시트

2014년 월 일

구분	성명	검진일	재검일	검사결과	비고	특이사항
1	박 점장	2013.11.02	2014.11.01	이상 무	-	-
2	김 매니저	2013.12.03	2014.12.02	이상 무	-	-
3	이 사원	2013.12.05	2014.12.04	이상 무	-	-
4						
5						
6						
7						
8						
9						
10						
11						
12						
13						
14						

3 식중독과 위생

1) 식중독의 개념

식중독이란 음식물에 병원성 균이 부착해서 증식하거나, 유해·유독한 화학물질을 함유한 경우 또는 용기·포장을 통해서 유해·유독물질이 혼합된 식품을 섭취하여 발생하는 건강장애를 말한다. 집단 식중독이란 역학적 조사결과 식품 또는 물이 질병의 원인으로 확인된 경우로서 동일한 식품이나 동일한 공급원의 물을 섭취한 후 2인 이상의 사람이 유사한 증상을 보이는 경우를 말한다.

식중독의 경우 크게 세균성 식중독과 화학적 식중독, 자연성 식중독으로 분류하고 있으며, 외식점포에서 주의해야 할 식중독은 세균성 식중독으로 병을 일으키는 세균은 식품의 부적절한 취급·보관·조리와 비위생적인 환경 등을 통하여 식품에 침입한다.

보고된 식중독의 원인 중 가장 흔한 것은 다음과 같다.

①식품을 적절히 냉각시키는 것의 실패

②식품을 적절한 온도에서 조리하고 보존하는 것의 실패

③바람직하지 못한 개인 위생

2) 식중독의 분류

식중독은 학자들마다 조금씩 다르게 분류하고 있으나 주요 원인물에 따라 분류하면 아래와 같다.

(1) 세균성 식중독

다량 오염된 음식물을 섭취하였을 때 체내에서 증식하여 일어나는 감염형 식중독, 보툴리누스균과 포도상구균 등 원인 세균이 증식할 때 생산된 독소를 함유한 음식물을 섭취하였을 때 일어나는 독소형 식중독, 부패로 인한 식품을 섭취하여 발생하는 알레르기형 식중독이 있다.

① 감염형 식중독:식품에서 증식된 세균(10만 개~100만 개)에 의한 식중독 증상으로 살모넬라균, 장염 비브리오균, 대장균, 리스테리아균 등이 원인균이 된다.

② 독소형 식중독 : 식품에서 세균이 증식되는 과정에서 발생된 독소에 의한 식중독 증상으로 보툴리눔균, 황색포도상구균, 바실루스균 등이 원인균이 된다.

③ 알레르기형 식중독:부패로 인해서 생긴 유독 아민, 특히 히스타민이 축적된 식품을 섭취함으로써 알레르기 증상을 나타내는 식중독이다.

[표 2-33] 살모넬라균

특징	• 우리나라에서 가장 빈번하게 발생되는 식중독 원인균 • 포유동물, 조류, 애완용 거북이의 소화기관에 존재
감염경로	• 감염된 육류를 통한 조리자의 손, 칼, 도마 등의 기물의 교차오염 • 동물·사람의 대변에 의해 오염된 음식물 • 깨진 날계란, 계란을 사용한 메뉴를 완전히 익히지 않은 상태로 제공
증상	• 원인식품을 섭취한 후 6시간~48시간 이후 발병 • 발열(38℃~40℃), 두통, 복통, 설사, 구역질 증상 • 물 같은 수양성 설사, 혈변, 점액질 설사 증상 • 2일 정도 증세가 지속되다가 회복됨 충분한 가열
예방대책	• 충분한 가열 • 가금류와 난류, 냉장 육류 및 육가공품, 유제품의 냉장 보관 • 손 씻기 생활화 필요 • 칼, 도마를 구분하여 사용하고 기물 사용 후 소독 필요(교차오염 예방)

[표 2-34] 장관출혈성 대장균(EHEC O157:H7)

특징	• 포유동물의 장관 내에 정상적인 대장균과 달리 인체에 장관조직이 침투하여 감염증상을 일으키는 병원성 대장균 • 섭취한 세균에 의한 소화기 감염 증상과 소화기관 안으로 들어온 세균이 장관 내에서 성장, 번식하면서 만들어내는 독소에 의한 중독현상이 동반됨 • 영·유아, 노인에게는 굉장히 위험하며, 일반 성인에게는 급성 장염 등의 증상으로 나타나다가 회복됨
감염경로	• 식육을 도살하는 과정에서 파열된 장관에 의한 식육 전체의 오염, 분쇄과정에서 일부분의 직접 오염, 작업환경 및 세척용수에 의한 간접 오염 • 화장실 이용 시 다른 보균자의 분변에 의한 오염 가능성 • 오염된 지하수의 섭취, 오염된 호수나 하천에서의 수영 • 다른 세균에 비해 아주 적은 양으로 발병 가능(10~100개/g)
증상	• 잠복기는 12시간~60시간 • 1주일 정도 증상이 계속됨 • 복통, 설사, 구토 증상, 독소에 의한 혈변, 장출혈, 용혈성 요독증후군으로 사망하기도 함
예방대책	• 육류는 75℃, 채소류는 60℃ 이상 충분히 가열하여 제공 • 보관식품은 상온에서 2시간 이내에 보관 • 채소와 과일의 철저한 소독 및 육류와 채소류의 구분 보관 • 칼, 도마, 기물에 의한 교차오염 예방을 위해 구분 사용 및 소독관리 • 올바른 손 씻기 필요

[표 2-35] 황색포도상구균

특징	• 잠복기가 비교적 짧으며 원인식품을 섭취한 후 1시간~6시간 만에 발병 • 매스꺼움, 심한 구토, 경련성 복통, 설사, 쇠약감 • 2일~3일 내에 회복되나 탈수 증상이 심한 경우 길게 갈 수 있음
예방대책	• 올바른 손 씻기, 유니폼 청결 등 개인 위생관리가 필요함 • 조리완료식품 취급 시 위생장갑 착용 • 보온, 보냉 온도관리를 통해 균의 증식과 독소 생성 예방 • 상온에서 보관하는 조리완료식품은 2시간 이내의 관리 필요 • 손과 피부에 화농성 상처가 있는 경우 완전히 차단하고 가급적 조리작업에서 배제 • 조리기물에 대한 소독관리 : 염소소독, 열탕소독, 알코올계 소독

특징	• 건강한 사람의 피부, 상처, 여드름, 코나 목의 점막에 분포 • 건조한 환경, 고온의 환경에서도 생존력이 강함. 황색포도상구균에 오염된 식품이 10℃ 이상의 온도에 장시간 방치되는 경우 내열성이 있는 독소를 생성하여 식중독 증상을 일으키게 함
감염경로	• 식품 취급자의 손의 상처, 피부를 통한 교차오염 : 재채기, 기침 등 • 조리된 식품을 상온에서 장시간 방치함으로써 독소가 생성됨

[표 2-36] 보톨리늄균

특징	• 가공식품(통조리, 병조림, 진공포장식품)이 주된 원인 • 보톨리늄균이 생성하는 독소는 자연계에서 가장 강력한 독성 • 혐기성 세균, 아포를 형성하는 독소형 식중독균
감염경로	• 보톨리늄균의 아포는 토양, 바다, 호수의 바닥에 널리 분포 • 식품에 혼입된 보톨리늄균의 아포가 식품 안에서 독소를 생성 • 식품 안에 생성된 독소를 가열하지 않고 섭취할 경우 식중독 발병
증 상	• 잠복기는 빠르면 2시간, 늦으면 8일 • 초기에는 구토, 설사를 보이다가 신경마비 증상도 오며 시력장애, 언어장애, 안면근육 마비, 동공 확대, 현기증, 무력감 등이 나타남 • 타액분비 이상으로 구강건조, 쉰 목소리 증상 • 신경마비독에 의한 호흡 곤란에 의한 사망(치사율 10%)
예방대책	• 가열하지 않은 채소, 과일에 대한 철저한 소독 • 통조림, 병조림이 부풀어 오른 제품은 반품하거나 폐기 • 충분한 가열과 조리완제품에 대한 시간관리와 온도관리 필요

(2) 화학적 식중독

식품의 경우 식품의 상품적·영양적 가치를 증강시키기 위하여 화학물질을 식품첨가물로 사용하고 있다. 화학적 식중독은 그러한 과정에 첨가 사용하는 보존료, 착색료, 감미료 등의 화학물질이 불량품이거나 또는 허가되지 않은 것을 사용함으로써 식중독을 일으키는 경우이다. 또 화학적 오염은 살충제, 세척 및 위생제제, 낡은 조리기구나 시설로부터 발생할 수 있다.

화학 중독을 일으키는 물질은 무기물과 유기물로 분류되며, 이들 물질이 인체에 침투되는 경로는 다음과 같다.

① 직접 섭취하는 경우

② 식기류나 포장재료에서부터 용출되는 경우

③ 환경오염에 의하여 식품에 오염되는 경우

④ 가공식품 등에 첨가되는 첨가물질에 의한 경우

(3) 자연성 식중독

자연성 식중독은 동식물이 그 생활과정에서 생성한 독물을 잘못해서 경구섭취하여 일어나는 식중독으로 동물성 식품에 의한 동물성 자연독과 식물성 식품에 의한 식물성 자연독 그리고 미생물 대사에 의한 자연독 등으로 크게 분류된다.

동물성 자연독의 경우 복어독과 조개류 중독이 대표적이며, 복어독의 경우 중독되었을 때 피부나 혀의 앞부분에 마비가 일어나고 운동장애, 호흡마비가 일어나면서 사망에까지 이르게 된다. 조개류 중독의 경우 조개류 자체에서 생성하는 생체독에 의한 것과 조개류가 먹는 먹이가 환경인자로부터 오염되어 조개의 체내에 이행·축적되는 경우가 있다.

식물성 식중독은 식물 중에 유독성 물질이 함유된 것이 많으며, 이런 식품을 섭취할 경우 식중독이 생길 수 있다. 어떤 식품 중의 독성 성분은 물에 잘 녹는 성질이 있어 손쉽게 제거하고 섭취할 수도 있다. 식물성 자연독의 종류로는 감자의 솔라닌, 목화씨 중의 고시폴, 피자마씨 중의 리신, 각종 식물의 시안배당체, 청매실의 아미그달린, 대두에 함유된 트립신 활성 억제물질, 독버섯에 의한 중독 등이 있다.

미생물의 대물질에 의한 자연독은 쌀에 기생하는 곰팡이가 생산하는 독소로 인한 황변미 중독, 근육연축작용이 있는 맥각이 혼합된 곡류를 식량으로 먹었을 경우 생기는 맥각 중독, 곰팡이류에 의하여 생성되는 미코톡신 중독 등이 있다.

3) 수인성 전염병

수인성 전염병은 주로 물이나 음식물에 있는 세균에 의해 전염되는 질환을 의미하는 것으로 환자나 보균자의 대소변으로 오염된 음식물이나 물을 통한 감염이 가장 일반적이다. 비가 많이 오는 장마철이나 더운 여름철에는 특히 주의해야 한다.

수인성 전염병을 예방하기 위해서는 화장실을 이용한 후에 손을 씻는 습관을 길러야 하며 끓인 물을 섭취하고 채소, 과일에 대한 철저한 소독이 필요하며 칼, 도마의 구분 사용과 소독관리로 교차오염을 방지해야 한다.

[표 2-37] 장티푸스

원인균	• 살모넬라균(salmonella typhi) • 생존 기간이 비교적 길고, 추위에도 강해서 위생상태가 불량한 지역에서 유행함
전파 양식	• 환자나 보균자의 대소변에 의해 오염된 음식, 물에 의한 감염 • 1백만 개~10억 개 정도의 균수를 먹을 경우 증상을 일으킴
증상	• 잠복기는 보통 1주~3주 정도 되나 균의 수에 따라 차이 있음 • 지속적인 발열, 권태감, 식욕 부진, 맥박 이상, 기침 • 설사보다는 변비 증상을 보이는 경우가 많음

[표 2-38] 세균성 이질

원인균	• 쉬겔라(Shigella) • 장관 내에서 독소를 생성하고 수개월간 생존이 가능하며 물에서는 2주~6주간 생존이 가능함. 균은 열에 약해 60℃ 이상 온도에서 10분 가열로 사멸이 가능함. 다만, 생성된 독소는 고온으로 가열해도 사멸되지 않음
전파 양식	• 화장실을 이용하고 손, 손톱 밑에 묻은 대변 등으로 인한 직접적, 간접적 식품접촉이 주된 원인 • 매우 적은 양의 숫자로 발병 가능(10개~100개) • 오염된 식수, 우유, 해충에 의한 감염, 보균자에 의한 식품 접촉, 위생상태가 불량한 집단거주시설
증상	• 잠복기는 보통 1일~3일이며 최고 7일까지도 감 • 고름, 혈액이 섞인 대변, 고열과 구토, 경련성 복통 • 세균 독소에 의해 장내 미세한 농양 증상을 보이게 됨

4 식품의 위생관리

1) 식품위생의 개요

식품위생이란 앞서 언급한 것처럼 "식품의 생산, 제조, 유통 및 소비에 이르기까지 일관해서 위생성을 확보하여 음식물에 의하여 발생하는 병해, 즉 식품오염으로 인한 각종 질병을 방지하기 위한 지식과 기술"이라 할 수 있다. 따라서 음식물 준비와 공급은 안전하게 이루어져야 한다.

식품의 위생관리에서는 식품의 유통기한, 식품표시사항, 시간과 온도의 조절, 교차오염의 예방, 식품의 해동방법, 식품의 냉각방법, 조리완제품의 관리 등에 대해 알아본다.

2) 안전하고 위생적인 식품관리

안전하고 위생적으로 식품을 관리하기 위해서는 다음과 같은 5가지의 사항을 잘 이해하고 준수해야 한다.

① 개인의 철저한 위생관리

② 온도계의 올바른 관리와 사용, 기록일지의 작성(검수일지 등)

③ 음식물의 안전한 구매, 검수와 보관방법 이행

④ 음식물의 안전한 준비와 제공

⑤ 음식물의 규정한 의한 세척과 소독

[그림 2-16]조심스럽게 다뤄야 할 식품들

3) 온도계의 바른 사용방법

(1) 온도계의 사용

온도계의 사용은 음식물의 온도를 측정하고, 음식물의 적절한 온도를 유지하고, 음식물의 온도를 기록하기 위해서 사용한다. 미생물은 음식물 위험온도 구간(5℃~60℃)에서 가장 잘 번식하고 자란다. 음식물은 위험온도 구간에서 총 4시간을 넘겨서는 안 된다.

[표 2-39] 온도계의 종류와 사용방법

종류	사용방법
서모커플 (thermocouple)	• 센서를 통해 온도 측정 • 온도가 디지털 화면에 나타남
바이탈 막대형 온도계 (bi-metallic stemmed thermometer)	• 가장 널리 보편적으로 사용되는 온도계 • 딤플(dimple)을 바로 지난 금속 막대를 통해 온도를 측정 • 온도가 본체와 분리된 아날로그 바늘을 통해서 나타남
디지털 온도계 (digital thermometer)	• 메틸 팁을 통해서 온도를 측정 • 온도가 디지털 화면에 나타남
식품 전용 온도계 (time thmperature indicator)	• 라벨 같은 모양으로 주로 팩의 형태로 포장 • 액상 크리스털이 장착되어 음식물의 온도가 위험 수준이면 색상이 변함
캔디, 육류, 튀김 전용 온도계	• 특정화된 한 가지 음식물 전용 사용 온도계

(2) 식품의 온도 측정

사용할 때마다 시마다 사용 전과 사용 후에는 온도계를 세척하여 주고, 반드시 소독/건조를 해야 한다. 식품의 온도를 측정할 때는 음식의 중앙이나 가장 두꺼운 부분에 온도계를 삽입해서 두 군데 정도를 측정해야 한다. 개별 포장된 포장물은 그중 한 개를 열고 내용물 안에 온도계 감지봉을 넣어서 측정한다. 냉동식품이나 포장박스 등은 포장 사이에 온도계를 넣어서 측정하도록 한다.

[그림 2-17] 식품 온도계의 종류

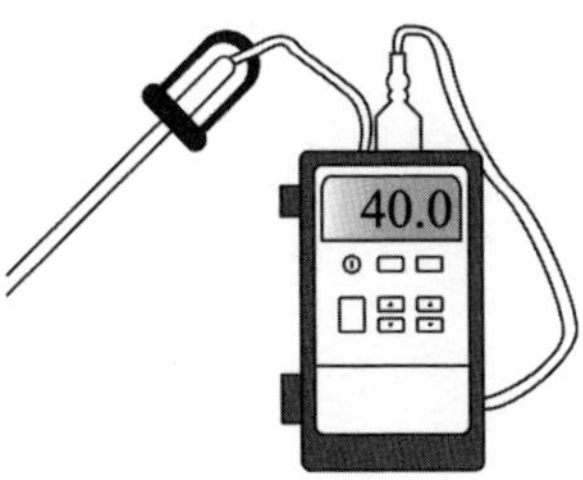

써모커플(Thermocouple)

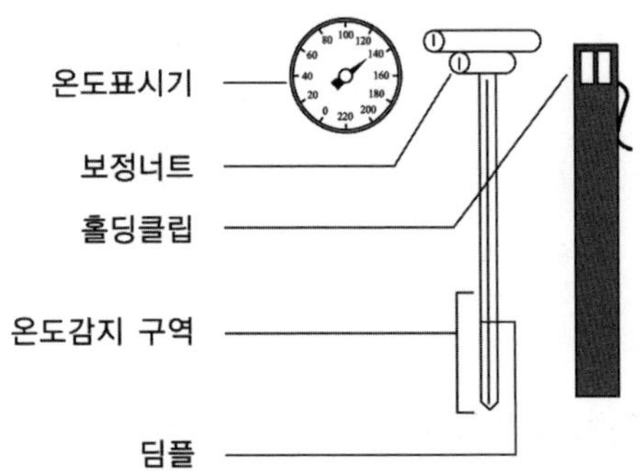

바이탈 막대형온도계(Bi-metallic Stemmed Thermometer)

디지털 써모미터(Digital Thermometer)

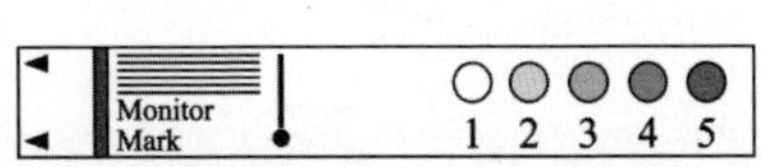

타임온도지시계(Time-Temperature Indicator)

4) 식품의 검수

(1) 식품 검수의 기본사항

① 식품의 온도를 측정할 때에는 깨끗하고 소독이 잘 된 온도계를 사용하여야 한다. 만약 식품의 온도가 기준에 부합하지 않을 경우 식품의 검수를 중단하여야 한다.

② 유통기한이 지난 것은 검수하지 않는다.

③ 외관상으로 보았을 때에 부패되거나 이상이 없는지를 살펴야 한다.

④ 식품의 위험온도 구간은 5℃~60℃이다. 반드시 기억하고 적용해야 한다.

⑤ 검수장소는 항상 청결하고 방충·방서가 잘된 곳이어야 한다.

⑥ 배송 트럭, 배송장비 등이 청결하고 위생적인지 점검해야 한다.

(2) 식품별 검수사항

식품별 검수사항은 다음 〈표 2 - 40〉과 〈표 2 - 41〉과 같다.

[표 2-40] 식품별 검수사항

식품	검수	반품
신선한 육류 (쇠고기, 돼지고기, 양고기 등)	• 적정온도:5℃ 또는 더 낮게 • 쇠고기:밝은 체리색 • 양고기:옅은 붉은색 • 돼지고기:흰 지방과 핑크빛의 얇은 조직 • 질감:건드렸을 때 단단하고 탄력이 있어야 함	• 색상:갈색 또는 초록빛, 자줏빛 반점, 검거나 흰 점 또는 초록색 점 • 질감:미끌미끌한 점액질, 끈적거림 또는 말라있을 때 • 포장:상자가 훼손되었거나 랩이 더러울 때, 포장이 낡았을 때

생선	• 적정온도:5℃ 이하 • 냄새:비린내가 나지 않아야 함 • 눈:밝고 깨끗하며 가득차 있어야 함 • 질감:육질과 배 부분이 단단하고 탄력 있어야 함 • 포장:자체 배수가 되게 잘게 부서진 얼음에 둘러싸여 있어야 함	• 색상:회색빛 또는 회초록빛이 감도는 아가미 • 냄새:생선 비린내나 암모니아 냄새가 날 때 • 눈:내려앉거나 흐리고 또는 탁하며 빨간 테가 낀 것 • 질감:마른 아가미, 손가락 접촉 시 자국이 남을 때
가금류	• 적정온도:5℃ 이하 • 색상:얼룩이나 퇴색된 곳이 없어야 함 • 질감:건드렸을 때 단단하고 탄력이 있어야 함 • 포장:자체 배수가 되는 잘게 부서진 얼음에 둘러싸여 있어야 함	• 색상:자주빛 또는 초록빛이 감도는 얼룩이나 목이나 날개의 끝 부분이 보일 때 • 냄새:이상한 냄새 • 질감:날개 아래쪽, 그 골절 부위가 굳어 있을 때 또는 축 늘어져 있을 때
조개류	• 적정온도:살아있는 것은 7.2℃ 또는 그보다 더 낮아야 하며, 냉동보관된 것은 －18℃가 되어야 함 • 운송상태:살아있어야 함 • 냄새:강한 냄새가 없어야 함 • 가재껍질:단단하고 무거워야 함	• 껍질:부드러울 때 • 냄새:강할 때
우유 및 유제품	• 적정온도:5℃ 또는 그보다 더 낮아야 함. 운송된 곳의 온도가 측정되지 않았을 때 받지 않아야 함 • 냉장 보관되어야 함 • 유통기간 전에 살균되고 운반되어야 함 • 우유:단맛 • 버터:단맛, 균일한 색깔, 단단한 조직 • 치즈:균일한 색깔, 전형적인 냄새	• 치즈상태:바깥 부분이 부서지지 않아야 함. 맛과 질감이 살아있어야 하나 그렇지 못할 경우 • 버터:역겨운 냄새가 나거나 젤리처럼 굳거나 조각나 있는 경우
계란 및 계란 제품	• 냄새:없음 • 껍질:깨끗하고 깨지지 않은 것 • 상태:잘 풀어지지 않는 단단한 노른자, 노른자에 달라붙어 있는 흰자 • 강한 향이 있는 음식물과 떨어져서 보관해 왔는지 검수	• 냄새:유황 또는 불쾌한 냄새 • 껍질:더럽거나 깨진 것

[표 2-41] 그 외 식품별 검수사항

식품	검수	반품
냉동 식품	• 적정온도 : -18℃ 또는 그보다 더 낮아야 함. 아이스크림의 경우 -14.1℃~-12.2℃ 사이가 되어야 함	• 녹인 후 재냉동한 흔적이 있으면 반품 • 액상 또는 얼은 액체가 제품 안에 보일 때 일그러지거나 왜곡된 포장이나 제품
과일과 야채	• 썩거나 오염되지 않고 해충이 없는 상태로 운반되어져야 함 • 구멍이나 손 접촉 같은 불필요한 손상 없이 보관되어야 함	
초벌된 음식물	• 적정온도:포장에 명시된 온도 • 깨끗하고 손상되지 않은 포장상태로 유통기간 전에 운반되어야 함 • 0℃~2℃ 사이인 냉장 공기 온도에서 보관되어야 함	
캔 제품	• 외부에 손상된 제품이 전혀 없는 것 • 보관방법대로 보관된 제품	• 겉모양이 손상된 제품은 받지 않음 • 뚜껑이나 밑부분이 팽창된 경우 • 구부러지거나 녹이 쓴 경우 • 제품 라벨이 없거나 읽을 수 없는 경우
건조 식품	• 깨끗하고 건조되었으며, 손상되지 않은 상태로 운반되어야 함	• 가루나 곡물의 소량 샘플을 채취하여 벌레가 있는지 확인하고 있으면 반품

5) 유통기한의 관리

(1) 유통기한

유통기한은 제품의 제조일로부터 소비자에게 판매가 허용되는 기한을 의미하는 것으로 이 기간 내에 보관기준(온도와 습도)을 준수하여 보관·유통한 식품은 안전성이 보장됨을 의미한다. 그러나 유통기한이 초과되었다고 해서 반드시 유해한 식품은 아니며 다만 법적으로 위반 식품에 해당된다. 그러므로 유통기한이 초과된 식품을 보관, 조리에 사용하는 것은 법적인 제재를 받게 된다. 아래의 〈표 2 - 42〉는 식품의 유통기한을 의미하는 것이다. 유통기한이 초과되었다고 하여 반드시 유해한 식품은 아니다.

[표 2-42] 유통기한의 해석

표시사항	의미
EXP 010414	• 2014년 4월 1일까지의 유통기한을 의미한다. • EXP, EXPR, Expire Date는 모두 같은 의미이다.
Best before 010414	2014년 4월 1일까지의 유통기한을 의미한다.
Use by 010414	2014년 4월 1일까지의 유통기한을 의미한다.
010414B	2014년 4월 1일까지의 유통기한을 의미한다.
14244	2014년의 244일째까지 먹을 수 있다는 뜻으로 9월 1일을 의미한다.
常味基限 (상미기한)	일본식 표현으로 유통기한을 의미한다.
MFG 010413	• 제조연월일을 뜻하는 것으로 2013년 4월 1일에 제조했음을 의미한다. • MFG는 제조일(Manufacturing)을 의미한다.
PROD Date 130401	• 생산일을 뜻하는 것으로 2013년 4월 1일 제조했음을 의미한다. • PROD는 생산일(Produce)을 의미한다.

(2) 식품별 표시사항 기준

식품별 표시사항이란 식품위생법에서 정하고 있는 법적 사항으로서 표시 대상은 식품제조·가공업자가 생산한 식품, 식품첨가물 제조업자가 생산한 식품첨가물, 식품소분업자가 소분하는 식품 또는 식품첨가물, 방사선 조사식품, 수입식품 또는 수입식품첨가물, 용기·포장에 넣어진 식품 또는 수입 농축산물 등이다. 표시 내용으로 제품명, 식품의 유형, 제조연월일, 유통기한, 내용량, 원재료명, 성분 및 함량, 영양성분, 기타 세부표시 기준(보관 및 취급 주의사항, 포장재질) 등이다.

식품위생법에서 정하고 있는 법적 준수사항을 위반하였을 경우 〈표 2 - 44〉와 같이 행정처분을 받게 된다.

[표 2-43] 식품별 표시사항 기준

구분	유통기한	제조일	설명
가공식품 수입가공식품	필수	-	식품제조·가공업 영업허가를 받고 생산하는 모든 식품(단, 일부 품목은 유통기한 의무표시에서 제외됨)
식품첨가물 수입식품첨가물	-	필수	• 제조일을 표기함 • 유통기한을 별도로 표시한 경우 제조일 생략 가능
자연상태 농·축·수산물	-	생산일 도정일	• 곡류 : 도정일, 포장일 등을 표기함 • 농산물 : 생산연월일을 표기함 • 축산물 : 포장일을 표기함

[표 2-44] 일반음식점 식재 표시사항 행정처분 기준

내용	행정처분(1차)
표시사항이 없는 식재를 사용하는 경우	영업 정지 1개월과 당해 식품 폐기
유통기한 혹은 제조연월일(대상 식품에 한함)이 없는 식품을 사용하는 경우	영업 정지 7일과 당해 식품 폐기
한글 표시사항이 없는 수입식품을 사용하는 경우	영업 정지 1개월

(3) 보관 및 취급 방법의 준수

식품 표시사항에 기재된 내용 중 '보관방법'은 '유통기한'과 마찬가지로 사용하는 자가 준수해야 하는 법적인 사항으로써 보관기준을 준수하지 않은 경우에도 행정처분 및 과태료가 부과된다.

> 식품 표시사항에 기재된 내용 중 '보관방법'은 '유통기한'과 마찬가지로 사용하는 자가 준수해야 하는 법적인 사항으로써 보관기준을 준수하지 않은 경우에도 행정처분 및 과태료가 부과된다.

저장과 관련된 기본사항은 다음과 같다.

① 재고의 올바른 재고순환방법인 선입선출(FIFO)의 방법을 익히고 활용한다. 입고되는 모든 식품에는 라벨과 날짜를 기입하여 둔다.

② 냉장고 안의 모든 날음식은 조리된 음식 아래에 보관하도록 한다.

③ 식품을 선반 위나 벽에 걸어 보관할 때는 너무 많은 부담이 되지 않게 한다. 바닥에는 절대 식품을 두지 않도록 한다.

④ 식품의 포장지나 보관용기를 깨끗하게 유지·관리한다.

⑤ 보관장소, 음식 운반 카트, 트레이 등은 항상 청결하고 건조한 상태로 유지한다.

⑥ 쓰레기는 바로바로 비울 수 있도록 해야 한다.

⑦ 방충·방서 점검을 하고, 항상 체크하여야 한다.

[표 2-45] 식재료의 보관방법

냉장보관	0℃~10℃의 냉장실에 보관
개봉 후 냉장보관	밀봉되거나 포장된 포장지를 개봉한 후 냉장보관해야 함
냉동보관	• -18℃ 미만의 냉동실에 보관 • 냉장해동, 상온해동 시 "해동 중"이라는 표기 필요함
실온보관	1℃~35℃의 온도 범위에서 보관해야 함
상온보관	15℃~25℃의 온도 범위에서 보관해야 함
건냉암소 서늘한 곳, 냉소	• 건조하고 냉랭하며 직사광선이 들지 않는 곳에서 보관해야 함 • 0℃~15℃의 장소를 의미

[그림 2-18] 냉장고의 온도체크표

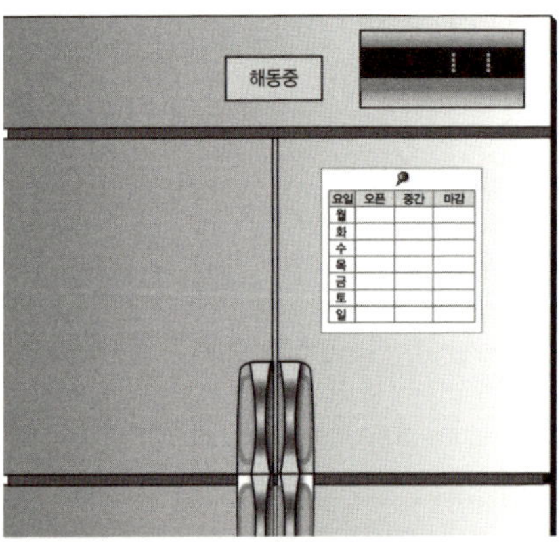

<온도체크표>

요일	오픈	중간	마감
월			
화			
수			
목			
금			
토			
일			

[그림 2-19] 식품 종류에 따른 냉장저장순서

조리된 식품 및 즉시 먹을 수 있는 식품	
생선	
갈지 않은 고기	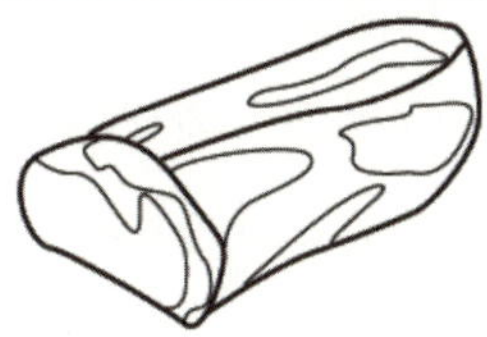
삶은 고기	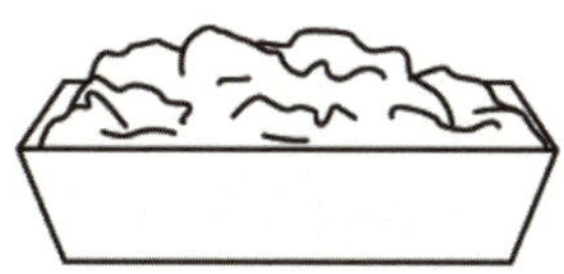
가금류	

6) 시간관리와 온도관리

식품에서 세균의 번식과 성장에 강한 영향력을 미치며, 식중독을 일으키는 주요 요인 중 하나는 시간과 온도이다. 식중독을 일으킬 수 있는 병원성 미생물은 대부분 5℃~60℃ 범위에서 성장과 번식이 가능하다. 냉동고 온도에서 세균은 성장과 번식을 정지할 뿐 사멸하지 않는다. 따라서 식중독을 일으키는 병원성 미생물의 성장을 제어하는 가장 효과적인 방법은 시간과 온도를 체크하는 것이며, 차가운 음식은 반드시 냉장온도(5℃ 미만)로 보관하고, 뜨거운 음식은 반드시 60℃ 이상의 보온온도를 유지해야 한다.

많은 식품이 대부분 조리와 제공 중에 세균 번식과 성장 위험에 노출되며, 해동·조리·유지·냉각되고 재가열될 때 온도위험구간을 지나게 된다. 따라서 다음과 같은 사항들을 준수하여 적절한 시간관리와 온도관리가 이루어져야 한다.

① 식품의 처리과정에서 각각의 시간과 온도조절기준을 수립해야 한다.

② 식품의 처리과정에서 종사원들이 적절하게 사용할 수 있도록 훈련시켜야 한다. 관리자는 종사원들로 하여금 장비 근처에 부착된 클립보드에 시간과 온도를 기록하도록 해야 한다.

③ 식품을 준비할 때는 한번에 필요한 양만큼만 저장된 곳에서 꺼내와야 한다.

④ 식품을 조리하고 보관하며, 냉각 및 재가열을 할 때에는 적절한 방법을 이용해야 한다.

⑤ 식품을 해동하고 가열 또는 냉각할 때는 온도위험구간의 중간인 20℃~45℃ 사이를 가능한 빨리 통과하도록 해야 한다.

⑥ 온도위험구간에 4시간 이상 방치한 식품은 버려야 한다. 여기서 말하는 4시간이란 식품의 검수·저장·준비·조리·보관·냉각 및 재가열 전부를 포함하는 시간이다. 따라서 위험성이 내재한 음식물은 데울 때나 식힐 때 위험한 온도범위에 가능한 한 노출시키지 말고 노출 횟수를 줄여야 한다.

⑦ 시간과 온도기준에 맞지 않을 때는 적절한 조치를 취해야 한다.

[그림 2-20] **온도와 박테리아의 성장**

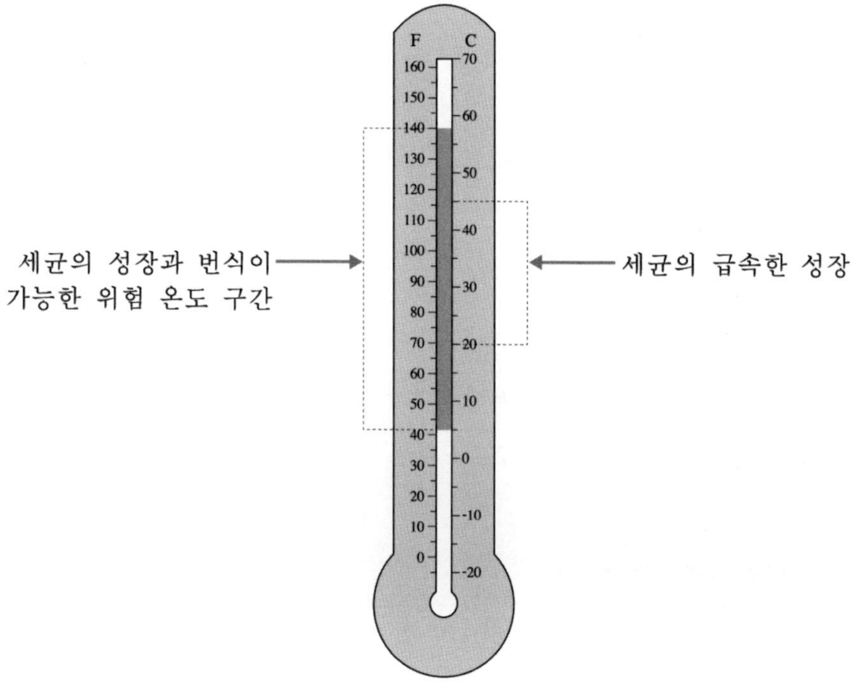

7) 교차오염 예방

식품이 취급될 때마다 다른 식품이나 사람의 손·도마·도구들과 같은 식품 접촉 표면들로부터 교차오염이 될 수 있는 위험성이 있다.

(1) 도마의 구분 사용

도마에 의한 교차오염은 빈번하게 발생할 수 있다. 도마의 경우 교차오염을 방지하기 위해서 식재의 종류와 조리상태에 따라 구분하여 사용되어야 한다. 즉 육류와 생선, 채소 등 식재 자체가 다른 성질의 것일 경우 같은 도마를 사용하여서는 안 되며, 조리완제품과 전처리용으로도 구분하여 사용하여야 한다. 예를 들어 초록색 도마는 야채와 과일, 붉은색 도마는 육류 전용으로 사용하는 것이다.

(2) 칼의 구분 사용

식재를 다듬기 위한 칼 역시 식재의 종류에 따라서 구분하여 사용하여야 한다. 육류, 생선, 과일, 야채 등으로 구분하여 사용하도록 한다.

(3) 도마와 칼의 세척 및 소독

도마는 표면에 미세한 스크래치로 인해 그물망 구조를 가지며 사용 후 반드시 세척해야 한다. 세척은 반드시 염소소독을 하도록 한다. 칼 역시 사용한 후에는 반드시 열탕소독이나 염소소독을 해서 안전하게 보관해야 한다.

교차오염을 예방하기 위한 기본적인 지침들은 다음과 같다.

① 날식품(고기류, 생선 및 가금류)은 농산물 또는 조리된 식품 및 즉시 먹을 수 있는 식품과 분리해서 준비해야 한다. 만일 공간이 충분하지 않다면 시간을 달

리해서 준비한다.

② 식품에 따라 각기 다른 도구들(도마, 조리기구, 용기 등)을 사용해야 한다.

③ 모든 작업대 및 장비들과 기구들은 작업이 끝난 후 깨끗하게 청소하고 위생처리를 해야 한다.

④ 흘린 음식을 닦기 위해 사용하는 행주나 수건 등은 다른 목적으로 사용해서는 안 된다. 각 작업별로 일회용 행주·수건 또는 색깔이 다른 행주 등을 사용해야 한다. 각 작업이 끝난 후 행주나 수건은 잘 헹구고 위생처리해서 보관해야 한다.

⑤ 종사원들은 작업 중간중간에 적절한 방법으로 손을 씻어야 한다.

[그림 2-21] 외식점포의 일반적 도마와 칼 소독방법

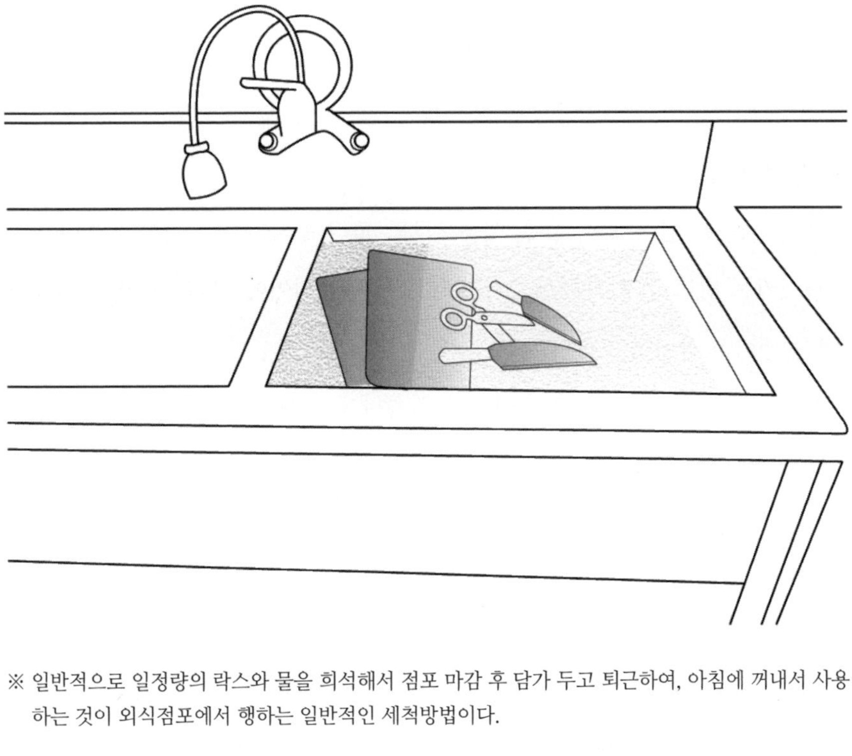

※ 일반적으로 일정량의 락스와 물을 희석해서 점포 마감 후 담가 두고 퇴근하여, 아침에 꺼내서 사용하는 것이 외식점포에서 행하는 일반적인 세척방법이다.

8) 식품의 해동방법

해동이란 0℃ 이하로 동결된 식재를 0~5℃ 사이로 녹이는 과정을 의미하는 것으로 냉동식품을 녹이는 방법에 따라 미생물의 성장을 방지할 수도 있고, 미생물의 번식을 더 높일 수도 있다.

해동방법에는 냉장 해동과 상온 해동이 있으며, 해동을 할 때는 위험온도구간을 빨리 벗어날 수 있도록 해야 한다.

(1) 냉장 해동

냉장 해동이란 5℃~8℃의 온도가 유지되는 냉장고에서 행해지는 해동방법으로 24시간 이내에 해동하도록 하며, 해동완료식품의 온도는 5℃ 미만이 되도록 해야 한다. 해동과정에서 발생되는 해동수에 의해서 냉장고 내부가 오염되지 않도록 받침을 설치해서 해동해야 한다.

(2) 상온 해동

상온 해동은 급속해동, 유수 해동으로도 불리며 차가운 수돗물을 이용해서 해동시키는 방법이다. 해동은 2시간 이내에 완료되어야 하며 해동완료식품의 온도는 5℃ 미만이어야 한다.

해동 시 온도가 급격히 상승하므로 신속하게 진행하여 즉시 조리에 사용하거나 냉장보관해야 하며, 핏물 제거가 필요한 경우에는 주변으로 해동수가 튀지 않도록 주의해야 한다. 핏물 제거가 불필요한 경우에는 밀봉이 된 상태로 해동한다.

(3) 전자레인지 해동

전자레인지를 이용하여 녹인 후 조리용기에 옮겨서 지속적으로 조리하거나 혹은 전자오븐을 이용하여 중단 없이 조리를 계속할 때만 사용한다.

[그림 2-22] 해동 중 POP

※ 해동공간에는 반드시 해동 중 POP가 부착되어야 한다.

[그림 2-23] 해동 방법

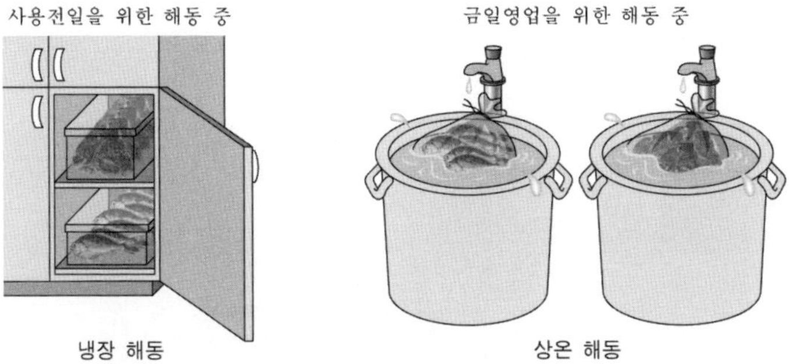

[그림 2-24] 해동방법의 종류

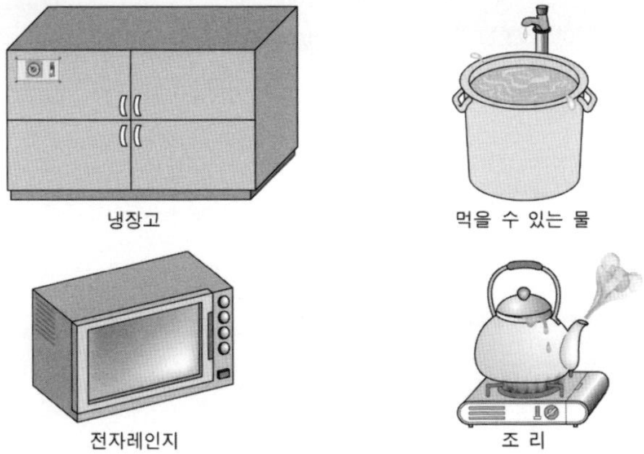

9) 식품의 냉각방법

식품의 냉각이란 60℃ 이상의 식품을 10℃ 이하로 식히는 과정으로 온도위험구간인 20℃~45℃ 구간을 빨리 벗어나기 위한 과정이다. 세균이 성장하기에 적합한 온도인 온도위험구간에 식품을 방치하는 것은 위험하기 때문에 조리된 식품을 냉각하는 과정에서 미생물의 성장을 최소화하기 위해서는 가능한 빨리 이 온도구간을 벗어나야 한다.

냉각 시에는 될 수 있으면 소분해서 냉각해야 하며, 얇고 넓은 금속용기를 사용하는 것이 효과적이다. 적절한 식품의 냉각방법은 급속냉각기를 사용하는 방법, 얼음통을 이용해서 식히는 방법 등이 있다.

[그림 2-25] 적절한 식품 냉각방법

10) 조리완제품의 관리

조리된 식품의 경우 냉장고 선반 맨 위에 저장되어야 하며, 공기가 잘 순환되도록 저장되어야 한다. 저장된 식품은 반드시 선입선출방법에 따라 사용되어야 한다. 또 각각의 저장용기에 소비되어야 할 날짜 또는 버려야 할 날짜를 기입한 라벨을 부착해야 하며, 매일매일 체크해서 저장기한이 지난 식품이 없도록 주의해야 한다.

조리된 잠재위험식품을 재가열할 경우 온도위험구간을 가능한 빨리 통과시켜야 하며, 재가열은 2시간 이내에 행해져야 하고, 2시간 이내에 적절한 내부 온도에 다다르지 못할 경우 식품을 폐기처분해야 한다.

(1) 고온 보존 음식과 찬 음식물의 일반적인 관리절차

① 오래된 음식과 새 음식을 합치거나 더해서는 안 된다.

② 음식물 집게를 사용하고 손이 음식물에 닿게 해서는 안 된다.

③ 주기적으로 저어주도록 한다.

④ 음식물의 경우 항상 덮개로 덮어 안전하게 보관해야 한다.

⑤ 운반 카트 등 기기, 기물들은 적절한 온도를 유지해야 하며, 깨끗이 닦고 소독되어야 한다.

(2) 음식물의 고온 유지

고온 유지기기는 스팀 테이블(stemed table), 핫 캐비닛(hot cabinet), 베인머리(Bain-Marries)로 이루어져 있다. 다음은 고온 유지 음식물을 위한 안전수칙이다.

① 고온 유지 음식은 60℃ 또는 그 이상을 유지하여야 한다.

② 한 곳 이상의 장소에서 적어도 2시간에 한 번씩 음식물의 온도를 측정해야 한다. 주의할 점은 기기뿐 아니라 음식물 내부의 온도를 재는 것이다.

③ 조리된 음식물에 날음식물을 첨가해서는 안 된다.

④ 잘 저어준다.

[표 2-46] **최소한의 음식 (내부)안전온도**

식품	안전온도
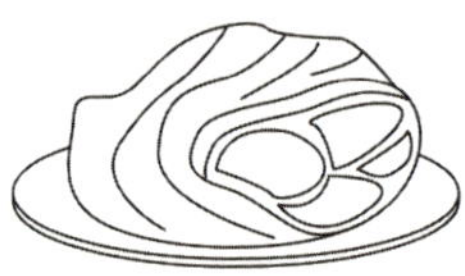	돼지고기, 햄, 소시지, 베이컨은 68℃에서 15초 동안 온도 유지
	가금류, 스터프드 미트(stuffed meats), 스터프드 파스타(stuffed pastas)는 74℃에서 15초 동안 온도 유지
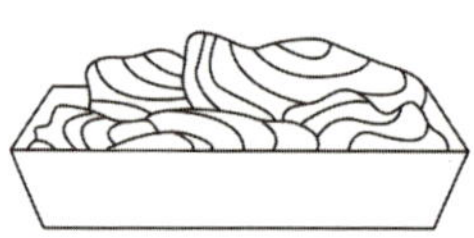	간 쇠고기와 돼지고기는 68℃에서 15초 동안 온도 유지
	생선과 다른 잠재위험이 있는 모든 음식은 63℃에서 15초 동안 온도 유지
	로스트비프는 63℃에서는 3분 동안, 60℃에서는 12분 동안, 54℃에서는 121분 동안 온도 유지

(3) 음식물의 저온 유지

① 저온 유지 음식은 5℃ 또는 그 이하로 유지해야 한다.

② 적어도 4시간에 한 번씩 음식물의 온도를 측정해야 한다. 이때 음식물의 내부 온도를 재는 것도 잊지 말아야 한다.

③ 저장되어진 음식물에 새 음식물을 첨가해서는 안 된다.

④ 기기의 조명이 음식물과 가깝지 않도록 조절한다.

⑤ 야채 장식물에 음식물이 묻었을 경우엔 장식물을 바꾼다.

⑥ 얼음은 먹을 수 있는 깨끗한 물로 만든다.

⑦ 크리머와 같이 패키지에 담겨있는 음식물을 직접 얼음에 놓지 않는다. 예비로 차게 한 후 메탈 펜에 담는다. 그 다음 얼음이 채워진 팬 안에 놓는다.

5 조리도구와 시설, 설비의 위생관리

외식점포에서 조리시설과 설비를 구축하고자 할 때 청소의 용이성과 기구, 기물의 배치를 반드시 고려해야 한다. 청소의 용이성과 조리시설의 배치는 청결함을 유지와 위생적 관리의 필수 요소이기 때문이다.

따라서 외식점포를 설계할 때는 반드시 이런 요소들을 고려하여 설계해야 하고 이후 위생적인 관점에서 철저히 관리해야 한다.

1) 시설 및 설비의 위생관리

(1) 용수 및 급수시설

용수는 어떠한 원천으로부터 공급받든 간에 사람이 마시기에 적정한 물로 판단된 물을 사용해야 한다. 수돗물이 아닌 원천으로부터의 공급은 공인기관에 의뢰해서 수질검사를 받아야 한다. 생수를 공급받는 점포라 하더라도 반드시 보건당국이 인가한 물이어야 하며, 정수기의 물을 사용한다 하더라도 수시로 점검하여 적합 여부를 판단하여야 한다. 또한 외식점포에서는 적정수온의 수량을 충분히 확보하여 세척의 효율성과 살균력을 높여야 한다.

(2) 배관과 하수시설

배관과 하수시설의 부적절한 관리로 인해 수인성 전염병의 위험에 노출될 수 있으므로 외식점포는 영업상 발생하는 모든 하수를 충분히 배출시킬 수 있을 만큼의 하수시설을 갖추고 있어야 한다. 하수도 물에는 세균과 먼지, 유해한 화학물 등의 불순물이 많기 때문에 음식물이나 집기류와 철저히 분류해서 소독해야 하며 하수도관과 하수도 주변은 적어도 1주일에 한 번은 솔로 잘 닦고 암모니아나 염소계 소독제로 소독해야 한다.

(3) 화장실과 수세시설

화장실과 변기 등의 시설과 숫자는 건축법규나 보건법 등의 관련 법규상에 의거하나 대개 업소의 규모나 수준에 따른다.

비위생적인 화장실은 미생물 발생의 원인이 되며 불쾌한 냄새는 고객으로 하여금 식사의욕을 상실하게 한다. 종사원들은 시간을 정해두고 화장실을 점검하고 최소 하루에 한 차례씩 철저한 살균소독을 해야 한다.

화장실의 시설은 편리하고 위생적이어야 하며 충분한 화장지와 1회용 손수건 및 휴지통이 구비되어 있어야 한다. 일반 수건은 세균의 온상이 되기 때문에 비치하는 것은 안 되며 반드시 종이 타월, 건조기, 1회용 타월 장치를 사용하도록 한다.

(4) 흡입 및 배기장치

점포 내부의 청정한 공기를 위하여 조리 시 배출되는 수증기, 연기, 냄새 등을 흡입할 수 있는 충분한 흡입 및 배기시설을 설치하여야 하며, 이 역시 정기적인 점검으로 정상적인 기능을 할 수 있도록 관련되어야 한다.

후드의 흡입속도는 0.25~0.5sec, 전체 환기량은 20~40m3/hr로 하는 것이 일반적이다. 시설 내 온도는 25℃ 이하, 습도 60% 전후로 조정하는 것이 이상적이지만 여름철에는 온도 25℃~30℃, 습도 50~70%로 조절하는 것이 좋다.

(5) 냉장고

냉장고의 청소가 적절하게 이루어지지 않았을 경우 여러 종류의 박테리아와 진균류의 세균에 노출될 수 있다. 따라서 냉장고의 경우에도 하루에 한 번씩 혹은 1주일에 한 번씩은 청소해야 한다.

냉장고의 청소는 틈막이, 바닥, 천장 등을 수시로 체크해서 청소해줘야 한다. 또 얼음덩어리가 쌓이거나 곰팡이 또는 불쾌한 냄새가 날 경우에는 즉시 청소해야 한다.

2) 청소와 소독

외식점포 종사원들은 개인위생뿐만 아니라 점포의 내·외부 청결을 유지하기 위해 노력해야 한다. 청결과 위생에 대한 불감증은 결국 위생사고 등 예측할 수 없는 사고를 발생시켜 외식점포의 매출과 존속에 상당한 영향을 미치게 된다. 특히 최근에 와서는 위생적인 부분이 외식점포 선택의 주요한 요인이 되고 있다. 따라서 외식점포의 위생에 있어 개인위생과 더불어 음식, 음식을 담는 식기류와 조리기구의 위생적 처리 또한 굉장히 중요한 대상이라 할 수 있다.

세척(cleaning)은 물리적으로 표면의 오염을 제거하는 것이고 소독

(santizing)은 박테리아 등의 유해 세균을 살균하는 과정을 말한다. 다음은 식기류를 세척할 때 사용되는 세제의 종류와 소독방법에 대한 설명이다.

(1) 세제의 종류[3)]

세제는 식품 오염물과 무기물을 제거할 목적의 화학 합성물을 말한다. 세제는 청소할 대상에 따라 선택해야 하고 청소의 효과가 있어야 하며, 변화하지 않고 녹이 슬지 않아야 한다. 또한 종사원이 사용하기에 안전해야 하는데, 세제는 대체로 다음의 4가지 종류로 분류된다.

① 세제:모든 세제는 계면활성제(surfactants)를 함유하고 있으며, 이 물질은 세제와 오염된 표면 사이에 존재하는 표면장력을 감소시켜 세제를 침투시킴으로써 오염 이탈을 가능하게 한다.

외식점포에서 사용하는 모든 합성 세제는 알칼리 성분으로 알칼리성은 음식 때를 더 쉽게 분해하게 한다. 세척력이 약한 약알카리성 세제는 조리기구나 바닥, 천장, 벽 등의 오염물을 제거하는 데 효과적이며, 강알카리성 세제는 왁스, 오래된 기름때, 눌거나 탄 음식물 찌꺼기 등을 효율적으로 제거한다.

② 용해 세척제:솔벤트 용제로 불리는 용해 세척제는 진한 기름때, 오븐이나 그릴 등 오염 정도가 심한 조리기구 등을 닦을 때 사용하면 기름때를 빨리 제거할 수 있다. 그러나 용해 세척제는 희석되면 힘을 잃게 되고, 정기적으로 넓은 지역에 사용하기에는 너무 가격이 높다.

③ 산성 세척제:오염물 중에는 알칼리성 세제에 용해되지 않는 것도 있다. 예를 들어 기계의 스케일링(물때), 화장실의 얼룩진 녹, 철로 된 집기에 슨 녹, 구리

3) 신재영·육광심·김은희, 「최신 외식경영 위생관리론」 (대왕사, 2003)을 참조하여 작성

나 청동의 때 등은 산성 세척제를 사용하여 세척하도록 한다. 세제의 종류와 강도는 세제의 사용목적에 따라 다르다. 강도가 세든 약하든 간에 산성 세제를 선택할 때에는 주의를 기울여야 사용자의 건강을 해치거나 기물이 훼손되는 사고가 없다.

④ 연마 세척제:연마 세척제는 알칼리성 세제나 산성 세제로는 효과가 없는 표면에 단단히 끼어있는 때에 사용한다. 특히 오염이 심한 부엌 바닥이나 객장의 바닥에 사용하면 효과적이다. 세척제는 부식성이 없어야 하며, 종사원들이 사용하기에 안전해야 한다. 연마 세척제를 사용할 경우 식기나 기구의 표면을 얽게 하여 훼손시킬 수 있다는 점에 유의해야 한다. 특히 연마 세척제는 플라스틱류나 플렉시 유리 등의 기구와 용기의 세척에는 적합하지 않다.

[표 2-47] 세척에 영향을 미치는 요인들

요인	세척과정에 미치는 영향
오물의 형태	오물의 형태에 따라 특별한 세척방법을 필요로 한다.
오물의 상태	오물의 상태는 얼마나 쉽게 제거될 수 있는지에 영향을 미친다. 건조하거나 굳은 오물은 부드럽고 새로 생긴 오물보다 제거하기 어렵다.
물의 경도 (hardness)	경수(hard water)는 미네랄이 세제와 작용하여 그 효과성을 감소시키기 때문에 세척하기에 더 어렵다.
물의 온도	일반적으로 물의 온도가 높을수록 세제는 잘 녹으며, 오염을 제거하는 데 더 효과적이다.
세척제 및 세척되는 표면	세척되는 표면의 종류에 따라 다른 종류의 세척제가 필요하다. 어떤 경우에는 효과적이나 다른 용도로 쓰이면 효과가 전혀 없거나 오히려 장비에 해가 될 수 있다.
교반 또는 압력	표면을 문지르거나 비비는 것은 오물을 이탈시켜 세제가 더 깊이 침투하도록 해준다.
처리시간의 길이	세척제와 표면의 접촉시간이 길수록 오물이 더 잘 제거된다.

자료:신재영·육광심·김은희, 「최신 외식경영 위생관리론」 (대왕사, 2003), p. 227.

(2) 소독방법

소독은 세척의 대체작업으로 진행되는 것이 아니며, 깨끗이 세척이 된 후 소독의 효과가 극대화된다. 소독은 식기류 등의 안팎의 표면을 깨끗이 닦고 헹군 다음 행하도록 한다. 소독은 일반적으로 최소 77℃ 이상의 물에 식기나 용기를 완전히 잠기게 하는 자불 소독법과 화학적 소독법의 두 가지 방법으로 진행된다.

이 두 가지 방법에 대해 설명하면 다음과 같다.

① 자불 소독:자불 소독은 식기나 용기를 77℃ 이상의 물에 넣어 소독하는 것으로 기계를 사용하지 않고 하는 경우 용기를 30초 이상 담궈두는 것이 가장 좋다. 외식점포에서 사용할 수 있는 가장 효과적인 방법은 고온의 식기세척기를 사용하는 것이며, 식기세척기에 들어가지 않는 커다란 용기나 기구는 뜨거운 증기에 쐬게 하여 소독하는 것이 좋다.

② 화학 소독:화학 소독은 대체로 화학물 희석액 속에 1분간 넣었다 빼는 방법과 화학물을 묻힌 행주로 훔쳐내거나 스프레이로 뿌리는 방법이 사용된다. 이는 화학물로 소독하는 방법으로 자불 소독과 같은 효과를 볼 수 있다.

화학 소독제는 24℃ 내지 49℃ 사이에서 가장 소독력이 좋으며 이 범위 내에서 온도가 낮을수록 용액의 생명이 길다. 가장 널리 쓰이는 화학 소독제는 크게 차아염소산염(hypo-chlorite)의 염소(chlorine), 요오드(iodine), 4기 암모니아로 나눌 수 있다.

다음은 화학 소독제의 특징들이다.

- 이들 용제들을 적절한 방법으로 사용할 경우 대부분의 박테리아를 죽일 수 있다.
- 세제의 알칼리 성분이 남아있는 상태에서는 효과를 덜 발휘한다.
- 지시된 용량을 준수할 경우 비교적 피부에 손상을 주지 않는다.
- 염소계 소독제는 알루미늄, 주석, 은, 스테인리스 스틸 등의 용기를 녹슬게 하여 손상을 입힐 수 있다.
- 염소계 소독제는 희석 농도가 너무 높으면 냄새가 남는다.

3) 장비의 세척

(1) 식기세척기 사용

① 식기들에 물을 뿌리고 문지르거나 담근다.

② 기계가 올바르게 작동할 수 있도록 한다.

③ 식기세척기의 경우 주기적으로 스케일링 해준다(기기와 점포의 상황에 따라 다르지만 2주에 한 번씩은 해주도록 한다).

④ 식기세척기는 제조업자가 만든 매뉴얼에 따라 운영하도록 한다.

⑤ 모든 식기들은 건조시킨다.

⑥ 기기에 맞는 화학 제품을 사용한다.

(2) 주방장비의 세척과 소독

① 전기 장비의 전원을 끄고 플러그를 뺀다.

② 분리가 가능한 부분은 분리하도록 한다.

③ 모든 표면들은 닦고 헹구고 소독하며, 칼날과 같은 날카로운 면을 주의하면서 닦도록 한다.

④ 장비에 끼우기 전에 모든 부속을 건조시키도록 한다.

⑤ 칼날과 분리 가능한 부속은 꽉 조인다.

⑥ 세척 및 소독 중에 음식이 접촉하는 부분을 만졌을 때는 재소독한다.

점포의 상황에 맞는 위생 체크리스트를 작성하여 점포의 위생 점검을 주기적으로 진행하도록 한다. 점포별로 상황이 상이하므로 점포상황과 브랜드의 상황에 맞는 체크리스트를 작성하여 운영하도록 한다.

[표 2-48] 위생 체크리스트의 예시

체크 항목	세부 체크 항목	배점 100점	점수	비고
개인 위생 관리	1. 손 전용세제를 사용하고 있으며 손 씻기를 잘 시행하고 있는가?	3		
	2. 보건증은 유효기간에 맞게 보관하고 있는가?	3		
	3. 직원들의 유니폼은 청결하며 손, 두발 등의 상태는 어떠한가?	3		
	4. 건강 이상자는 작업에서 배제하고 있는가?	3		
검수 관리	1. 검수일지는 작성하고 있으며 잘 보관되어 있는가?	3		
	2. 검수자는 위생장갑을 착용하고 작업에 임하는가?	3		
	3. 검수 시 이상품목은 반품하고 있는가?	3		
	4. 검수 장소는 청결하고 깔끔하게 운영되는가?	3		
	5. 식재를 안정하게 정리하는가(바닥 방치 금지, 구분 보관 등)?	3		
시설·기물 냉장·냉동고 관리	1. 냉장, 냉동고의 온도는 이상이 없는가?	3		
	2. 보관된 모든 식재는 덮개로 덮어 보관하고 있는가?	3		
	3. 모든 설비는 관리 담당자가 지정되어 있는가?	3		
	4. 설비들의 청소상태는 양호한가?	3		
	5. 칼, 도마는 세척하고 구분하여 사용하는가?	3		
	6. 음용수와 식용 얼음은 위생적으로 취급되고 있는가?	3		
	7. 조리용 기물은 재질이 적절하고 청결하게 관리되는가?	3		
	8. 쓰레기통은 밀폐형이고 덮개가 있는가?	3		
	9. 식기세척대는 청결하고 스케일링이 되고 있는가?	3		
	10. 살균소독제를 사용하여 조리기물을 소독하고 있는가?	3		
	11. 정기적인 방역을 실시하고 있는가?	3		

식자재 위생 관리	1. 무표시 식재, 변질 식재, 유통기한 경과 식재는 없는가?	10		
	2. 냉동식품을 위생적으로 해동하고 있는가?	3		
	3. 반조리식품을 위생적으로 냉각하는가?	3		
	4. 조리된 식품을 위생적으로 취급하는가?	3		
	5. prep된 식재는 냉장으로 잘 보관되어 있는가?	3		
	6. prep label이 부착되어 있고, 기간이 경과하지 않았는가?	3		
	7. 원산지 표기가 잘되어 있는가?	3		
기타 위생 관리	1. 창고는 잘 정리되어 있는가?	3		
	2. 상온 식재의 보관이 잘되어 있으며, 유통기한 경과제품은 없는가?	3		
	3. 식재가 개봉된 채로 방치되어 있지는 않은가?	3		
	4. 주방 바닥은 청결하며 배수상태는 양호한가?	3		

[표 2-49] 화장실 체크리스트

체크 항목		시간대								
1	화장실에서 불쾌한 냄새가 나지는 않는가?	11시	12시	13시	14시	16시	18시	19시	20시	21시
2	화장실에 비품(비누, 티슈)이 잘 갖춰져 있는가?									
3	화장실에 구강청정제가 구비되어 있는가?									
4	화장실 변기는 청결한가?									
5	화장실 비데는 잘 작동하며 청결한가?									
6	변기의 물은 잘 내려가는가?									
7	화장실의 천장, 벽면은 깨끗한가?									
8	화장실의 바닥은 미끄럽지 않고 청결한가?									
9	화장실의 문은 잘 잠기고 깨끗한가?									
10	화장실 내의 휴지는 깔끔하게 정리되어 있는가?									
11	화장실 조명은 잘 작동하는가?									
12	환기팬은 정상적으로 작동하는가?									
13	휴지통은 청결하고 비치되어 있는가?									
14	방향제는 이상이 없는가?									
15	화장실의 청소도구는 깨끗한가?									
16	핸드 드라이기는 잘 작동하는가?									
17	핸드 드라이기는 청결한가?									
18	화장실의 거울은 잘 닦여져 있는가?									
	청소 담당자 사인									
	매니저(점장) 확인 사인									

6 외식점포의 원산지관리[4)]

1) 원산지의 정의

원산지란 농수산물이 생산, 채취, 포획된 국가, 지역이나 해역을 의미하는 것으로 표시대상으로는 국산농산물(202품목), 농산물가공품(258, 주정제외 12.4.11 시행), 수입농산물과 그 가공품(161), 국산수산물 및 원양산 수산물(191), 수산물가공품(37), 음식점의 원료 농수산물의 표시(농식품 6품목, 수산물6품목)를 말한다.

음식점의 경우 쇠고기, 돼지고기, 닭고기, 오리고기, 양(염소)고기, 쌀(밥류), 배추김치(원료 중 고춧가루를 포함), 넙치, 조피볼락, 참돔, 미꾸라지, 뱀장어, 낙지, 명태(황태, 북어 등 건조한 것은 제외), 고등어, 갈치 등이 대상품목이다.

2) 원산지 표시제 목적

① 소비자에게 알 권리를 보장, 합리적 선택 기회 제공

② 농식품의 둔갑판매 근절 및 유통질서를 확립

3) 대상 음식점

① 일반음식점 : 음식류를 조리하여 판매, 식사류와 함께 음주행위가 허용됨(일반음식점, 뷔페, 예식장, 장례식장 등)

② 휴게음식점 : 패스트푸드점, 분식점 형태의 음식물을 조리 판매하고 음주행위가 허용 안 됨(패스트푸드점, 분식점 등)

---

4) www.origin.go.kr

③ 위탁급식영업 : 계약에 의하여 집단급식소 내에서 음식물을 조리, 제공

④ 집단급식소 : 영리를 목적으로 하지 않고 계속적으로 특정 다수인(상시 1회 50명 이상)에게 음식물을 제공하는 급식소(학교, 기업체, 기숙사, 공공기관, 병원 등)

4) 원산지 표시 대상 음식물 및 품목별 표시 대상, 방법

(1) 쇠고기

① 대상 : 식육, 포장육, 식육가공품(모든 쇠고기 대상)

② 표시방법

㉠ 국내산 : 갈비(국내산 한우), 등심(국내산 육우), 갈비탕(국내산 젖소)

㉡ 수입산 : 갈비(미국산), 등심(호주산), 갈비탕(뉴질랜드산)

㉢ 국내산과 수입산을 섞은 경우 : 설렁탕(육수 : 국내산 한우, 고기 : 호주산)

- 국내산 한우 갈비뼈에 호주산 쇠고기를 접착한 양념갈비의 경우 "소갈비(호주산)" 또는 "국내산 한우 갈비뼈와 호주산 쇠고기 섞음"
- 수입산 쇠고기의 경우 (수입국가명)을 표시

(2) 돼지고기

① 대상 : 식육, 포장육, 식육가공품(양념육류, 분쇄가공육, 갈비가공품, 식육추출가공품, 보쌈, 족발) - 구이용, 탕용, 찜용, 튀김용으로 조리 판매

- 식육가공품(축산물위생관리법) : 햄류, 소시지류, 베이컨류, 건조저장육류, 양념육류, 분쇄가공육제품(햄버거 패티, 미트볼 등), 갈비가공품, 식육추출가공품, 식용우지, 식용돈지)

② 표시방법

㉠ 국내산 : 갈비(국내산), 등심(국내산), 갈비탕(국내산)

㉡ 수입산 : 갈비(미국산), 삼겹살(호주산), 보쌈(돼지고기 : 미국산)

㉢ 국내산과 수입산을 섞은 경우 : 김치찌개(돼지고기 : 국내산과 벨기에산 섞음, 배추김치 중국산)

- 국내산 갈비뼈에 미국산 고기를 접착한 양념갈비의 경우 "갈비(미국산)" 또는 "국내산 갈비뼈와 미국산 돼지고기 섞음"

(3) 닭고기

① 대상 : 식육, 포장육, 식육가공품(양념육류, 분쇄가공육, 갈비가공품, 식육추출가공품) - 구이용, 탕용, 찜용, 튀김용으로 조리 판매(배달을 통해 판매 제공하는 것 포함)

② 표시방법

㉠ 국내산 : 삼계탕(닭고기 : 국내산), 후라이드 치킨(닭고기 : 국내산)

㉡ 수입산 : 닭볶음탕(닭고기 : 미국산)

㉢ 국내산과 수입산을 섞은 경우 : 닭갈비(닭고기 : 국내산과 미국산 섞음)

- 배달용으로 판매하는 닭고기 음식(치킨, 찜닭 등)은 포장재에 표시하되 포장재에 표시하기 어려운 경우 영수증, 전단지 등에 표시 가능

(4) 오리고기

① 대상 : 식육, 포장육, 식육가공품(양념육류, 분쇄가공육, 갈비가공품, 식육추출 가공품, 보쌈, 족발) - 구이용, 탕용, 튀김용 또는 훈제용으로 조리, 판매(햄류는 훈제용만 해당)

② 표시방법

㉠ 국내산 : 오리백숙(오리고기 : 국내산)

㉡ 수입산 : 오리훈제(오리고기 : 중국산)

㉢ 국내산과 수입산을 섞은 경우 : 오리로스(오리고기 : 국내산과 중국산 섞음)

(5) 쌀

① 대상 : 원형(찐쌀 포함)을 유지하여 조리, 판매하는 것(죽, 식혜, 떡, 면은 제외)

② 표시방법

㉠ 국내산 : 쌀(국내산)

㉡ 수입산 : 쌀(중국산), 잡곡밥(쌀 : 중국산)

㉢ 국내산과 수입산을 섞은 경우 : 쌀(국내산과 중국산 섞음)

- 쌀은 찐쌀과 현미를 포함하며 원형이 유지된 밥류가 표시대상이며 죽, 식혜, 떡 및 면은 제외

(6) 배추김치

① 대상 : 절임, 양념혼합, 발효 또는 가공 등의 과정을 거쳐 반찬, 찌개용 또는 탕용으로 제공하는 것으로, 절임과 양념혼합 등의 과정을 거친 겉절이, 씻은 김치, 보쌈김치도 대상이 되지만 얼갈이, 봄동, 양배추는 대상이 아니다.

② 표시방법

㉠ 국내산 배추 사용 : 배추김치(배추 : 국내산)

㉡ 수입산 배추 사용 : 배추김치(배추 : 중국산)

㉢ 배추김치를 수입 : 배추김치(배추 : 중국산), 김치찌개 - 배추김치(중국산), 고춧가루, 젓갈 등 모든 원료를 국내산으로 제조한 경우 - 배추김치(국내산)

(7) 광어, 우럭, 참돔, 미꾸라지, 뱀장어(민물장어), 낙지

① 대상 : 생식용(조리과정 없이 날 것 포함), 구이용, 탕용, 찌개용, 찜용, 튀김용,

데침용, 볶음용으로 판매, 제공하는 것이며, 원산지표시가 된 가공식품인 추어탕을 구입하여 위 용도로 조리 판매하는 경우에도 표시 대상이다.

② 표시방법 : 국내산의 경우 국내산, 연근해산으로 표시하며, 원양산의 경우 원양산 또는 원양산과 함께 해역명(태평양) 표시한다. 수입사의 경우 수입국가명을 표시해야 한다. 가공식품을 사용한 경우 그 가공품에 기재된 원산지를 표시한다.

5) 원산지 표시 방법

(1) 공통적 표시 방법

① 원산지는 음식명 또는 원산지 표시대상 바로 옆이나 밑에 표시한다. 다만, 원산지가 같은 경우에는 다음 예시와 같이 일괄하여 표시할 수 있다.

[예시]

- 우리 업소에서는 국내산 쌀만 사용합니다.
- 우리 업소에서는 국내산 배추와 고춧가루로 만든 배추김치만 사용합니다.
- 우리 업소에서는 국내산 넙치만을 사용합니다.

② 원산지의 글자 크기는 메뉴판이나 게시판 등에 적힌 음식명 글자 크기와 같거나 그 보다 커야 한다.

③ 원산지가 다른 2개 이상의 동일 품목을 섞은 경우에는 섞음 비율이 높은 순서대로 표시한다.

[예시 1] 국내산 섞음 비율이 수입산 보다 높은 경우

- 쇠고기
- 불고기(국내산 한우와 호주산을 섞음), 설렁탕(육수 국내산 한우, 쇠고기 호주산), 국내산 한우 갈비뼈에 호주산 쇠고기를 접착한 경우 : 소갈비(갈비뼈

국내산 한우와 쇠고기 호주산을 섞음) 또는 소갈비(호주산)

- 돼지고기, 닭고기 등 : 고추장 불고기(국내산과 미국산 돼지고기를 섞음), 닭갈비(국내산과 중국산을 섞음)

쌀, 배추김치 : 쌀(국내산과 미국산을 섞음), 배추김치(배추 국내산과 중국산을 섞음, 고춧가루 국내산과 중국산을 섞음)

- 넙치, 조피볼락 등 : 조피볼락회(국내산과 일본산을 섞음)

[예시 2] 국내산의 섞음 비율이 수입산 보다 낮은 경우

- 불고기(호주산과 국내산 한우를 섞음), 쌀(미국산과 국내산을 섞음), 낙지볶음(일본산과 국내산을 섞음)

④ 쇠고기, 돼지고기, 닭고기 및 오리고기 등을 섞거나 넙치, 조피볼락 및 참돔 등을 섞은 경우 각각의 원산지를 표시한다.

[예시]

- 햄버그스테이크(쇠고기 : 국내산 한우, 돼지고기 : 덴마크산), 모듬회(넙치 : 국내산, 조피볼락 : 중국산, 참돔 : 일본산)

⑤ 원산지가 국내산인 경우에는 "국내산" 또는 "국산"으로 표시하거나 해당 농수산물이 생산된 특별시 · 광역시 · 특별자치도명이나 시 · 군 · 자치구명으로 표시할 수 있다.

⑥ 농수산물 가공품을 사용한 경우에는 그 가공품에 사용된 원료의 원산지를 표시한다. 다만, 농수산물 가공품 완제품을 구입하여 사용한 경우 그 포장재에 적힌 원산지를 표시할 수 있다.

[예시]

- 햄버거(쇠고기 : 국내산), 양념불고기(쇠고기 : 호주산)

⑦ 농수산물과 그 가공품을 조리하여 판매 또는 제공할 목적으로 냉장고 등에 보관 · 진열하는 경우에는 제품 포장재에 표시하거나 냉장고 앞면 등에 일괄하여 표시한다.

(2) 영업형태별 표시 방법

① 휴게음식점영업 및 일반음식점영업을 하는 영업소 : 원산지는 소비자가 쉽게 알아볼 수 있도록 모든 메뉴판 및 게시판(메뉴판과 게시판 중 어느 한 종류만 사용하는 경우에는 그 메뉴판 또는 게시판을 말한다)에 표시하여야 한다. 다만, 아래의 기준에 따라 제작한 원산지 표시판을 소비자가 잘 보이는 곳에 부착하는 경우에는 메뉴판 및 게시판에는 원산지 표시를 생략할 수 있다.

㉠ 표제로 원산지 표시판을 사용할 것

㉡ 표시판 크기는 가로×세로(또는 세로×가로) 21cm×29cm 이상일 것

㉢ 글자 크기는 30포인트 이상일 것

㉣ "원산지 표시대상별 표시방법"에 따라 원산지를 표시할 것

② 위탁급식영업을 하는 영업소 및 집단급식소

㉠ 식당이나 취식 장소에 월간 메뉴표, 메뉴판, 게시판 또는 푯말 등을 사용하여 소비자(이용자를 포함한다)가 원산지를 쉽게 확인할 수 있도록 표시하여야 한다.

㉡ 교육 · 보육시설 등 미성년자를 대상으로 하는 영업소 및 집단급식소의 경우에는 가목에 따른 표시 외에 원산지가 적힌 주간 또는 월간 메뉴표를 작성하여 가정통신문으로 알려주거나 교육 · 보육시설 등의 인터넷 홈페이지에 추가로 공개하여야 한다.

㉢ 장례식장, 예식장 또는 병원 등에 설치 · 운영되는 영업소나 집단급식소의 경우에는 제1호 및 제2호에도 불구하고 소비자(취식자를 포함한다)가 쉽

게 볼 수 있는 장소에 푯말 또는 게시판 등을 사용하여 표시할 수 있다.

6) 영업자 준비 사항

① 음식점 영업자는 축산물 구입 영수증을 매입일로부터 6개월간 업소에 비치 · 보관하여야 한다(위반 시 과태료 20만 원 이상 80만 원 이하).

② 음식점 영업자가 원료공급자에게 속아서 원산지 위반이 발생한 경우, 원산지가 기재된 구입 영수증, 거래명세표 등으로 소명하여 위반에 대한 책임을 면제 받을 수 있다.

7) 위반 시 처벌 사항

① 쇠고기, 돼지고기, 닭고기, 오리고기, 양(염소)고기, 쌀(밥류), 배추김치(원료 중 고춧가루를 포함)의 원산지를 거짓 표시하거나 국내산 쇠고기는 식육의 종류를 표시한 경우, 7년 이하의 징역 또는 1억 원 이하의 벌금이 부과된다.

[표 2-50] 원산지표시제 위반 시 행정처분

위반사항	과태료		
	1회	2회	3회
① 쇠고기의 원산지·식육의 종류 모두 미표시			
② 쇠고기의 원산지만 미표시			
③ 쇠고기 식육의 종류만 미표시			
④ 돼지고기, 닭고기, 오리고기, 양(염소)고기, 쌀(밥류), 배추김치(원료 중 고춧가루를 포함)의 원산지 미표시 ⑤ 넙치, 조피볼락, 참돔, 미꾸라지, 뱀장어, 낙지, 명태(황태, 북어 등 건조 한 것은 제외), 고등어, 갈치의 원산지 미표시			
⑥ 영수증 미비치			

② 원산지 및 쇠고기의 종류를 표시하지 아니한 경우에는 1천만 원 이하의 과태료가 부과된다.

[그림 2-26] 원산지 표기 메뉴판 예시

메 뉴

- **쇠고기 갈비(국내산 한우)** ---------- 38,000원(200g)
- **쇠고기 등심스테이크(호주산)** ---------- 27,000원(200g)
- **쇠고기 갈비찜(미국산)** ---------- 25,000원(200g)
- **쇠고기 갈비탕(국내산 한우)** ---------- 10,000원
- **공기밥(쌀 : 국내산)** ---------- 1,000원
- **배추김치(배추 : 중국산)**

7 식품위생법 주요 위반 행정처분

외식점포의 위생과 관련된 행정처분은 시정명령부터 영업허가취소와 영업정지 등 강력한 법적조치까지 다양하다. 음식이라는 것은 사람이 섭취하는 것이므로 법적인 조치를 떠나 신중히 다뤄져야 한다. 〈표 2 - 51〉을 보면 청소년의 고용과 출입에 관련된 법적 조치, 영업장의 허가사항 외의 활동, 음식의 상태와 운영, 식재의 표시, 세균, 보관방법, 조리도구의 상태와 운영, 개인위생 관련으로 법적조치 사항들이 나와 있다. 식품위생법상 주요 행정처분 관련하여 잘 이해하고, 이를 기준으로 점포에 적용하여 법적 사항을 위반하는 경우가 없도록 관리자들은 관리를 하여야 한다.

식품위생법과 관련된 외식점포 운영에 관련된 식품위생법 주요 위반 행위별 행정처분 내역은 다음과 같다.

[표 2-51] 외식점포 관련 식품위생법 주요 위반 행정처분 내용

위반사항	행정처분기준			적용법 조항
	1차	2차	3차	
영업정지기간 중 영업	영업허가 취소			제75조 제2항
청소년 유흥접객원 고용	영업허가 취소			제44조 제2항
청소년 고용(고용금지업소)	영업정지 3월	영업허가 취소		
청소년 주류 제공	영업정지 2월	영업정지 3월	영업허가 취소	
청소년 출입(출입금지업소)	영업정지 1월	영업정지 2월	영업정지 3월	

2장

업소 내 도박 기타 사행행위나 풍기문란행위 미방지	영업정지 2월	영업정지 3월	영업허가 취소	제44조
호객 행위	영업정지 15일	영업정지 1월	영업정지 3월	제44조
유통기한 경과식품 보관				
영업장의 면적을 변경하고 변경신고를 하지 아니함	영업정지 7일	영업정리 15일	영업정지 1월	제37조
허가받은 업종 외 타 업종과 미분리(미구획)	시설 개수명령	영업정리 15일	영업정지 1월	제36조
시설기준 위반	시설 개수명령	영업정리 15일	영업정지 1월	제36조
일반, 휴게 객실 내 음향 및 반주시설, 특수조명 설치	시설 개수명령	영업정지 1월	영업정지 2월	제36조
일반, 휴게음식점 영업장에 무도장 설치	시설 개수명령	영업정지 15일	영업정지 1월	제36조
일반, 휴게, 단란에서 유흥접객원 고용	영업정지 1월	영업정지 2월	허가취소, 영업소 폐쇄	제44조
일반, 휴게에서 손님이 노래 부르도록 허용	영업정리 1월	영업정지 2월	영업정지 3월	제44조
영업장 외 테이블 영업	시정명령	영업정지 7일	영업정지 15일	제44조
신고한 상호와 상이함				
식품 내 이물 발견				
모범업소로 오인, 혼동할 우려가 있는 표시를 함	시정명령	영업정리 5일	영업정지 10일	제44조
주재료가 다른 경우	영업정지 7일	영업정지 15일	영업정지 1월	제44조
중량이 30% 이상 부족				
중량이 20%~30% 부족	시정명령	영업정지 7일	영업정지 15일	제44조
식중독균 기준 위반(식품)	영업정 1월	영업정지 3월	영업허가 취소	제7조 제4항
식중독균 기준 위반(조리도구)	시정명령	영업정지 7일	영업정리 15일	

세균 기준 위반(식품)	영업정지 15일	영업정지 1월	영업정지 2월	제7조 제4항
세균 기준 위반(조리기구)	시정명령	영업정지 7일	영업정지 15일	
무표시(한글 미표시) 제품 사용	영업정지 1월	영업정지 2월	영업정지 3월	제10조
식중독 발생	영업정지 1월	영업정지 2월	영업소 폐쇄	제4조
남은 음식 재사용	영업정지 15일	영업정지 2월	영업정지 3월	제44조
신고증, 허가증 미비치	과태료 30만 원(시행규칙 제98조 경미한 사항)			제44조
건강진단 미필	과태료(30만 원 이상)			제40조
종업원 위생모 미착용	과태료(20만 원 이상)			제3조
조리장, 식품보관실 등 위생불량	과태료 50만 원			제3조
조리기구(도마, 칼) 위생불량	과태료 20만 원			제3조

참고문헌

- 김근종. 「외식사업경영론」. 대왕사, 2000.
- 나정기. 「메뉴관리론」. 백산출판사, 2002.
- 박대환·공기열·주현식·정광현. 「최신서비스 이론과 실무」. 학문사, 2002.
- 박인규·안순례·하창용. 「외식경영실무」. 대왕사, 2003.
- 박진우. 「외식경영학」. 형설출판사, 2010.
- 신재영·선동규·김의권·최창권. 「외식사업경영론」. 대왕사, 2002.
- 신재영·육광심·김은희. 「최신외식위생관리론」. 대왕사, 2003.
- 원융희. 「외식산업론」. 대왕사, 1997.
- 이애주. 「식음료관리론」. 일신사, 1996.
- 이유재. 「서비스마케팅」. 학현사, 1999.
- 이정실. 「외식기업경영론」. 기문사, 2002.
- 이정자. 「메뉴관리론」. 기문사, 1995.
- 조용범·강병남·김형준. 「메뉴관리론」. 대왕사, 2003.
- 조춘봉·김헌철. 「호텔식음료 메뉴경영론」. 형설출판사, 2003.
- 진양호·강종헌. 「호텔 & 외식산업 메뉴관리론」. 지구문화사, 2003.
- 최학수·강인호·이병연·정승환·김상철·조문식. 「실전외식사업경영론」. 한올출판사, 2004.
- 홍기운. 「최신외식산업개론」. 대왕사, 2005.
- 박진우. "패밀리레스토랑의 서비스품질이 고객만족과 재방문의도, 구전의도에 미치는 영향". 세종대학교 대학원 석사학위논문, 2002.
- 박진우. "레스토랑의 서비스단계별 실패에 따른 고객불평행동의도 연구". 세종대학교 대학원 박사학위논문, 2012.
- 홍주빈. "서비스품질과 고객만족이 재구매의사와 구전의도에 미치는 영향에 관한 연구". 동국대학교 대학원 박사학위논문, 1997.

• Berry & Parasuraman. Marketing Service. Competing Through Quality. N. Y.: FreePress, 1991.

• Bell & Zemke. "Service Breakdown:The Road to Recovery". Management Review, 1987.

• Bitner. "Evaluating Service Encounter : The Effects of Physical Surroundings and Employee Responses". Journal of Marketing, 1990.

• Bitner, Booms & Tetreault. "The Service encounter, diagnosing favorable and unfavorable incidents". Journal of Marketing, 1990.

• Boshoff. "An Experimental Study of Service Recovery Options". International Journal of Service Industry Management, 8(2), 1997.

• Cronin & Taylor. "Measuring Service Quality:A Reexamination and Extension". Journal of Marketing, Vol. 56, 1992.

• Dube & Maute. "The antecedents of brand switching, brand royalty and verbal responses to service failure, in Swartz, T., Brown, D. E., & Brown, S. W.(Eds)". Advances in service marketing and management, JAI Press, 1996.

• Feinberg, Widdows, Hirsch-Wyncott & Trappey. "With and Reality in Customer Service; Good and Bad Service Sometimes Leads to Repurchase". Journal of Consumer Satisfaction/ Dissatisfaction and Complaining Behavior, Vol. 3, 1990.

• Goodwin & Ivan Ross. "Consumer responses to service failure : influence of pro- cedural and international fairness perceptions." Journal of Business Research, 1992.

• Gronroos. "Service Quality : The is Criteria of Good Perceived Service Quality". Review of Business, 9, 1988.

• Groonroos. "Service Quality:The Six Criteria of Good Service Quality". European Journal of Marekting, Vol. 33(3), 1988.

• Hart, James & Sasser. "The Profitable art of service recovery". Harvard Business Review, 68(4), 1990.

• Heskett, Sasser & Hart. "Service Breakthroughs: Changing the rules of the game". NY, The free press, 1990.

- Hoffman, Kelly & Rotalsky. "Tracking service failure and employee recovery efforts". Journal of Service Marketing, 9(2), 1995.
- Johnston. "Service failure and recovery: impact, attributes and process". Advances in Service Marketing and Management : Research and Practice, 4, 1995.
- Kelly & Davis. "Antecedents to customer expectations for service recovery". Journal of the Academy of Marketing Science, 22(1), 1994.
- Kelly & Hoffman. "A typology of retail failure and recoveries". Journal of Retailing, 69, 1993.
- McCollough. "The Recovery Paradox : A Conceptual Model and Empirical Investigation of Customer Satisfaction and Service Qulity Attitudes after Service Failure and Recovery". Unpublished Doctoral Dissertation Texas A&M university, 1995.
- Morgan & Hunt. "The communication-trust theory of marketing relationship". Journal of Marketing, 58, 1994.
- Ninemeier, Jack D. "Planning and Control for Food & Beverage Operatio". Educational Institute of AH & MA, 1983.
- ________________. "Food & Beverage Operations". Educational Institute of AH & MA, 1983.
- ________________. "Management by Menu". Ibid, 1987.
- Oliver. "A Conceptual Model of Service Quality and Service Satisfaction; Compatible Goals, Different Concepts". in advance in Service Marketing and Management; Research and Practice, Vol.2, 1993.
- Palmer. "Equity and repurchase intention following service failure". Journal of Service Marketing, 14(6), 2000.
- Parasuraman, Berry & Zeithaml. "Understanding customer expectations of service". Sloan management review, 32(3), 1991.
- Parasuraman, Zeithaml and Berry. "A Conceptual Model of Service Quality and Its Implications for Future Research". Journal of Marketing, Vol.52, 1988.
- ______________________________. "SERVQUAL : A-Multi-Item Scale Measuring Customer

Perceptions of Service Quality". Journal of Retailing, Vol.64, 1988.

• Servsafe. NRA, 2001.

• Smith & Bolton. "The Effect of Customers' Emotional Responses to Service Failure on Their Recovery Effort Evaluations and Satisfaction Judgements". Journal of the Academy of Marketing Science, 30(1), 2002.

• Smith, Bolton & Wagner. "A model of customer satisfaction with service encounters involving failure and recovery". Journal of Marketing Research, 36, 1999.

• Spreng & Kelly. "Service Recovery Attributions and Word-of-Mouth Intention". European Journal of Marketing, 35(1), 2001.

• Spreng, Harrell & Mackoy. "Service Recovery: Impact on Satisfaction and In- tentions". Journal of Service Marketing, 9(1), 1995.

• Sundaram, Jurowski & Webster. "Service failure recovery efforts in restaurant dining:the role of criticality of service consumption". Hospitality Research Journal, 20(3), 1997.

• Swanson. "The Art of Service Recovery:Attribution and Consequences". Unpublished Doctoral Dissertation, University of Kentucky, 1996.

• Webster & Sundaram. "Service consumption criticality in failure recovery". Journal of Business Research, 41, 1998.

• Weun. "Service failure and service recovery : Impact on new customer relations". unpublished doctoral dissertation, University of Alabama, 1997.

• Zemke, Ron & Bell. "Doing it Right the Second Time". Training, 1990.

〈참고 사이트〉

• 원산지종합관리시스템(www.origin.go.kr)

3

점포의 매출과 손익관리

1. 재무제표의 이해

재무제표는 기업의 재무상태와 경영성과에 관한 정보를 기업의 이해관계자에게 보고하기 위하여 일정한 형식에 준거하여 작성되는 서류이다.

관행적으로 결산결과 작성되는 보고서류만을 재무제표라고 일컫지만, 원래는 재무상태표, 포괄손익계산서, 이익잉여금처분계산서, 현금흐름표 등 정규보고서류는 물론이고 월별 생산계획 및 실적비교표, 외상매출금증감일람표 등과 같은 경영자를 위하여 작성되는 내부서류도 재무제표의 범주에 포함시킬 수 있다고 하겠다.

그러나 재무제표가 기업의 이해관계자에게 전달함을 목적으로 하고 있고, 결산결과로 작성되는 서류가 중요하기 때문에 보통 경영내부의 재무내용을 밝히는 서류이더라도 외부보고를 목적으로 하지 않는 서류는 재무제표라 하지 않는다.

[그림 3-1] 재무상태표의 이해

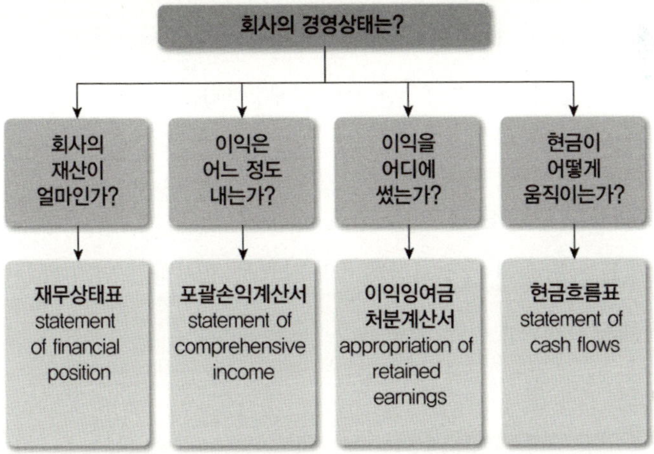

1 재무상태표

재무상태표(statement of financial position)는 일정시점에 기업의 재무상태, 즉 자산 및 자본의 내용을 수록한 표이다. 기업은 자본주가 투자한 돈(자기자본)과 금융기관 등으로부터 빌린 돈(부채 또는 타인자본)으로 공장 기계설비 등 고정자산을 구입하고 일부는 운전자금으로 사용하기 위하여 현금이나 예금 등 유동자산으로 보유한다. 이와 같이 기업의 자금조달과 운용상태를 한 표에 나타낸 것이 재무상태표인데, 자본과 부채를 합한 금액과 자산총액이 일치하도록 작성된다. 이때 자본과 부채는 재무상태표의 오른쪽인 대변에 기록되어 자금의 조달원천을 나타내고, 자산은 재무상태표의 왼쪽인 차변에 기록되어 조달된 자금의 운용상태를 나타낸다.

1) 재무상태표의 유용성

재무상태표는 다음과 같은 유용한 회계정보를 제공하여 준다.

① 기업의 유동성 상태나 지급 능력에 관한 정보 및 손익에 관한 보완적 정보를 제공한다.

②기업의 자본구조, 재무구조의 건전성에 관한 정보를 제공한다.

③미래의 기업활동 예측에 유용한 정보를 제공한다.

2) 재무상태표 정보의 한계

재무상태표는 단순히 일정시점에서의 잔액을 표시하고 있기 때문에 다음과 같은 한계점을 가진다.

① 재무상태표의 자산과 부채가 역사적 원가로 평가되기 때문에 현재가치에 대한 정보를 얻을 수 없고 화폐가치의 변동을 무시한다.

② 재무상태표에는 추정이 많이 사용되기 때문에 주관적 판단이 개입하게 된다.

③ 인적자원 정보, 경영자의 능력 등 가치가 있는 정보를 계량화할 수 없다거나, 객관적으로 측정하기 곤란하다고 하여 재무상태표에서 생략되고 있다.

3) 재무상태표 주요 항목의 성격

(1) 자산

기업의 자산에는 기업이 갖고 있는 현금, 재고자산, 토지 등과 같은 각종 유형의 자산과 외상매출금, 대여금, 미수금 등과 같은 채권 및 무형의 권리 등이 포함된다. 자산은 이용가능한 자원의 유동성 정도와 경영자가 해당 자원을 이용하고자 하는 목적에 따라 크게 유동자산과 고정자산으로 구분된다.

① 유동자산(currents assets):유동자산이란 1년 이내에 현금으로 전환되거나 판매 또는 소비될 것이 합리적으로 예상되는 자산을 말한다. 여기에는 현금, 예금, 상품 등과 같이 일반적인 상거래에서 순환적으로 발생하는 자산과, 비순환적이지만 재무상태표일(재무상태표 작성기준일)로부터 1년 이내에 현금화할 수 있는 자산을 포함한다.

유동자산은 현금화의 용이성에 따라 당좌자산과 재고자산으로 분류되며, 당기의 영업활동에 사용하지 않을 자산은 유동자산에 포함시키지 않는다.

당좌자산은 판매과정을 거치지 않고 즉시 현금화될 수 있는 자산으로 다른 자산의 취득 또는 유동부채의 지급에 충당할 수 있는 자산을 말한다. 당좌자산에는 받을 어음과 단기대여금, 미수금, 미수수익, 선급금 등과 기타 당좌자산이 포함된다.

재고자산은 기업이 정상적인 영업활동 과정에서 판매를 목적으로 보유하고 있는 자산과 판매를 위해 현재 생산 중에 있는 자산 및 판매할 자산을 생산하는 데 사용하거나 소모할 자산을 말한다. 여기에는 상품, 제품, 반제품, 제공품, 원재료, 저장품 등과 선박, 건설업의 미완성 공사가 포함된다.

② 고정자산(fixed assets):고정자산은 투자자산, 유형자산, 무형자산 및 이연자산으로 구성된다.

㉠ 투자자산(investments assets):투자자산은 장기에 걸쳐 이자, 배당 등 자본이득을 획득할 목적 또는 다른 기업을 지배, 통합할 목적으로 취득한 자산을 말한다. 투자자산에는 장기성 예금, 투자유가증권, 출자금, 관계주식 회사사채, 관계회사출자금, 투자부동산 등이 포함된다. 그리고 자산의 속성 또는 보유목적상 다른 자산으로 명확하게 분류하기 곤란한 자산이라서 경상적인 영업자금으로 즉시 이용할 수 없으나 현금화가 확실한 자산도 포함한다. 이에는 장기대여금, 장기성 받을 어음, 주주·임원·종업원 장기대여금, 장기금융상품, 전세권, 전신전화가입권, 임차보증금 및 영업보증금 등이 있다.

㉡ 유·무형 고정자산:고정자산은 기업의 정상적인 영업활동 과정에서 재화의 생산, 판매 및 용역제공을 위한 수단으로서 장기간 소유하고 있는 자산을 말하며 형태의 유무에 따라 유형 고정자산과 무형 고정자산으로 분류한다.

유형 고정자산은 전매를 목적으로 하지 않고 1년 이상 영업활동에 사용할 목적으로 소유하고 있는 물리적 실체가 있는 자산을 말한다. 토지, 건물, 구축물, 기계장치, 선박, 차량운반구, 건설가계정 등이 포함된다. 토지와 건설가계정 등 비상각자산을 제외한 대부분의 유형 고정자산은 사용 또는 시간의 경과에 따른 가치감소분에 대해 감가상각을 하고 비용화

하며 감가상각충당금을 차감한 순액으로 표시된다.

무형 고정자산은 구체적인 물리적 존재 형태가 없으며 미래의 경제적 효익의 가치와 존속 기간이 다른 자산에 비해 불확실한 고정자산으로서 여기에는 영업권과 같은 사실상 권리와 특허권, 실용신안권, 의장권, 상표권 등의 산업재산권, 그리고 광업권, 어업권, 차지권 등의 법률상 권리가 포함된다.

ⓒ 이연자산(deferred charges):이연자산은 용역의 대가로서 그 지출은 이미 발생하였으나 그 지출의 경제적 효익이 장래의 수 기간에 걸쳐 제공될 것으로 예상되는 경우, 이를 자산으로 계상한 것으로서 다른 자산으로 분류하기에는 적합하지 않은 자산이다. 창업비, 개업비, 신주발행비, 연구개발비 등이 이에 해당되며, 당해 자산에서 해당기간의 상각액을 직접 차감한 잔액으로 기재한다.

(2) 부채 및 자본

기업에 투입된 총자본은 그 원천에 따라 타인자본인 부채와 자기자본으로 나뉘며, 부채는 유동부채와 고정부채로 구성된다. 자기자본은 주주지분 또는 소유주지분이라고도 하는데, 기업의 총자산에서 총부채를 차감한 잔여분을 말하며 자본금, 자본잉여금, 이익잉여금으로 구성된다.

① 유동부채(current liabilities):유동부채는 재무상태표일(재무상태표 작성기준일)로부터 1년 이내에 지급기간이 도래하는 부채로서 자산을 처분하거나 다른 부채를 발생시킴으로써 상환될 것이 기대되는 채무를 말한다. 외상매입금, 지급어음, 단기차입금(단기외국차관, 단기금융기관차입금, 유동성 장기차입금, 회사채 및 기타 단기차입금)과 미지급금, 선수금, 선수수익 등 기타

유동부채 등을 포함한다.

② 고정부채(long-term liabilities):고정부채는 재무상태표일 다음날로부터 1년 이후에 지급기일이 도래하는 부채를 말한다. 여기에는 회사채, 장기차입금(장기외국차관, 장기금융기관차입금, 기타 장기차입금), 장기성 매입채무, 부채성충당금 및 기타 고정부채 등이 포함된다.

③ 자본금(capital stock):자본금이란 정관에 확정된 자본금 중 발행이 완료된 주식의 액면총액을 말한다.

④ 자본잉여금(additional paid-in capital):자본잉여금은 주식의 발행, 증자, 감자와 같은 자본거래에서 발생한 잉여금으로, 이는 원칙적으로 배당이 불가능하며 주식발행초과금, 감자차익과 기타 자본잉여금으로 구성된다.

⑤ 이익잉여금(retained earnings):이익잉여금이란 유보이익이라고도 하며 기업의 손익거래 결과로 나타난 잉여금 중 사외유출분을 제외하고 사내에 유보된 이익을 말한다. 이익잉여금은 이익준비금, 기타 법정적립금(기업합리화적립금, 재무구조개선 적립금 등), 임의적립금(사업확정적립금, 감채적립금, 배당평균적립금, 결손보전적립금 등), 당기말미처분이익잉여금 등으로 분류된다.

4) 재무상태표 작성기준

(1) 항목의 구분 표시

재무상태표의 항목은 기업회계기준에서 정하는 바에 따라 구분하고 이를 기준으로 해당 계정과목을 적절히 표시하여야 한다. 우선 재무상태표는 자산, 부채와 자본으로 구분한다. 자산은 다시 유동자산과 고정자산으로, 부채는 유동부채 및 고정부채로, 자본은 자본금, 자본잉여금, 이익잉여금 및 자본조정으로 각각 구분하여 표시한다.

(2) 총액 표시

자산, 부채 및 자본은 총액에 의하여 기재함을 원칙으로 한다. 따라서 자산의 항목과 부채 또는 자본의 항목을 상계함으로써 그 전부 또는 일부를 재무상태표에서 제외하여서는 안된다.

(3) 1년 기준에 의한 유동성 구분

자산과 부채는 1년을 기준으로 하여 유동자산과 고정자산으로, 또는 유동부채와 고정부채로 구분하는 것을 원칙으로 한다. 따라서 유동자산이란 1년 이내에 현금으로 전환되거나 소비될 것으로 예측되는 자산을 말하며, 유동부채는 1년 이내에 상환되거나 관련 채무가 소멸될 것으로 예측되는 부채를 말한다.

(4) 유동성 배열

재무상태표에 기재되는 자산과 부채의 항목배열은 유동성 배열에 의함을 원칙으로 한다. 따라서 현금으로의 전환용이성 혹은 단기간 내의 소비가능성이 가장 높은 자산 혹은 상환예정일이 가장 빠른 부채부터 차례로 배열하여야 한다. 유동자산의 경우에는 현금과 예금, 유가증권, 매출채권 등의 순으로 배열하고 그 이후에는 비유동자산의 항목이 보고되며, 유동부채는 매입채무, 단기차입금 등의 순으로 배열하고 그 이후에는 고정부채를 보고한다.

(5) 잉여금 구분

자본의 일부로서 표시되는 잉여금은 자본거래에서 발생한 자본잉여금과 손익거래에서 발생한 이익잉여금으로 구분하여 표시해야 한다. 이는 자본거래에 의한 잉여금 발생분과 정상적인 영업활동에 따른 잉여금 발생분이 혼합되어 자본거래의 결과와 경영성과의 결과가 오는 것을 막고, 자본의 조달원천 및 잉여금 처분의 우선순위를 명백히 하려는 데 있다.

(6) 특정비용의 이연

장래 기간의 수익과 관련이 있는 특정 비용은 차기 이후의 기간에 배분하여 처리할 목적으로 재무상태표에 이연자산으로 기재할 수 있다. 이연자산은 이미 그 지출이 완료되었고 지출에 따른 반대급부도 사실상 제공받았으나 그 지출원가를 모두 당기의 비용으로 처리하지 않고 그 일부를 다음 기로 이연시킨 원가, 즉 경과적 자산을 말한다. 창업비, 개업비, 신주발행비, 사채발행비 및 연구개발비 등이 있다.

[표 3-1] 재무상태표 양식

재무상태표(요약계정식)

제××기 200×년 ×월 ×일 현재

(주) 세종 레스토랑

(단위:천 원)

자산	금액	부채/자본	금액
자산		부채	
Ⅰ. 유동자산		Ⅰ. 유동부채	
1. 현금과 예금		1. 매입채무	
2. 유가증권		2. 단기차입금	
3. 매출채권		Ⅱ. 고정부채	
4. 재고자산		1. 사채	
		2. 장기차입금	
Ⅱ. 고정자산		부채 총계	
(1) 투자자산			
1. 장기성 예금		자본	
2. 특정현금과 예금		Ⅰ. 자본금	
3. 투자유가증권		Ⅱ. 자본잉여금	
(2) 유형자산		1. 자본준비금	
1. 토지		2. 재평가적립금	
2. 건물		Ⅲ. 이익잉여금	
3. 건설중인 자산		1. 이익준비금	
(3) 무형자산		2. 기타적립금	
-		3. 이월이익잉여금	
-			
(4) 이연자산		당기순이익	
-		Ⅳ. 자본조정	
-			
		자본총계	
자산총계		부채와 자본총계	

2 포괄손익계산서

포괄손익계산서(statement of conprehensive income)는 일정기간 동안 기업의 경영성과를 나타내는 표이다. 재무제표를 작성하는 중요한 목적 중의 하나는 기업이 일정기간 중에 얼마나 이익을 남겼는지 또는 얼마나 손해를 보았는지를 정확하게 계산하는 데 있다. 포괄손익계산서의 작성을 통해 정확한 손익금액 계산과 함께 그 손익이 경영의 어떤 활동에서 발생하였나를 알아보는 것이 가능하다.

생산이나 판매 등 기업의 고유한 영업활동 결과로 발생한 손익을 영업손익, 주된 영업활동 이외의 보조적 또는 부수적인 영업활동과는 관계없이 발생한 손익을 특별손익이라 한다. 또 한 기업이 얻은 모든 수익에서 기업이 지출한 모든 비용을 차감하고 순수하게 기업에 이익으로 남은 몫을 당기순이익이라 한다.

(1) 포괄손익계산서의 유용성

① 기업의 경영성과 결과를 측정할 수 있는 정보를 제공한다.

② 기업의 이익력 판단과 미래의 순이익흐름에 관한 정보를 제공한다.

③ 기업의 경영계획이나 배당정책을 수립하기 위한 중요한 정보를 제공한다.

④ 경영분석을 위한 정보를 제공한다.

⑤ 경영자의 경영능력이나 업적을 평가하기 위한 정보를 제공한다.

⑥ 수익 및 비용의 발생원천에 대한 정보 및 과세소득의 기초자료를 제공한다.

(2) 포괄손익계산서의 한계

① 기업의 이익을 정확히 측정할 수 없다.

② 수익 - 비용이 정확히 대응되지 않고 있다.

③ 역사적 원가주의에 의한 정보를 제공하는 포괄손익계산서는 화폐가치 변동기에는 더욱 유용하지 못하다.

(3) 포괄손익계산서 주요 항목의 성격

① 매출액:매출액(sales)은 상(제)품의 매출 또는 용역의 제공에 대한 수입금액으로서 반제품, 부산품, 작업폐물 등을 포함한 총매출액에서 매출환입액 및 에누리액과 매출할인을 공제한 순매출액을 말한다.

② 매출원가:매출원가(cost of sales)는 매출을 실현하기 위한 생산이나 구매과정에서 발생된 재화나 용역의 소비액 및 기타 경비를 말한다. 판매업에 있어서의 매출원가는 기초상품재고액과 당기상품매입액의 합계액에서 기말상품재고액을 차감하여 산출되며 제조업에서는 기초제품재고액과 당기제품제조원가의 합계액에서 기말제품재고액을 차감하여 산출한 다.

③ 매출총이익:매출총이익(gross profit)은 매출액에서 매출원가를 차감한 잔액을 말하며 매출원가가 매출액을 초과하는 경우에는 그 차액을 매출총손실로 표시한다.

④ 판매비와 일반관리비:판매비와 일반관리비(selling & general administrative expense)는 상품과 용역의 판매활동 또는 기업의 관리 및 유지활동과 관련하여 발생하는 비용으로서 매출원가에 속하지 않는 모든 영업비용을 말한다.

⑤ 영업이익:영업이익(operations income)은 기업의 주된 영업활동 결과 발생한 이익으로서 매출총이익에서 판매비와 일반관리비의 합계액을 공제한 차액을 말한다. 판매비와 일반관리비의 합계액이 매출총이익을 초과하는 경우에는 그 차액을 영업손실로 표시한다.

⑥ 영업외수익:주된 영업활동 이외의 보조활동 또는 부수적 활동에 발생하는 이자 또는 투자수익을 영업외수익(non-operating income)이라고 한다. 영업외

수익에는 이자수익, 배당금수익(주식배당금은 제외한다.), 외환차익 및 기타 영업외수익이 속한다.

⑦ 영업외비용:영업외비용(non-operating expense)은 기업의 주된 영업활동으로부터 발생하는 영업비용 이외의 비용 또는 손실로서 이자비용이 대부분을 차지하고 있다. 이자비용, 외환차손, 기타의 대손상각비 및 기타 영업외비용이 이에 속한다.

⑧ 경상이익:경상이익(ordinary income)은 기업의 경상거래, 즉 영업거래와 영업외거래에 의하여 발생된 이익으로 영업이익에 영업외수익을 가산하고 영업외비용을 차감하여 산출한다. 영업외비용의 금액이 영업이익과 영업외수익의 합계액을 초과하는 경우에는 그 차액을 경상손실로 표시한다.

⑨ 특별이익:특별이익(extraordinary gains)은 비경상적, 비반복적으로 발생한 영업외수익과 자산수증이익, 채무면제이익, 보험차익 등을 포함한다. 여기서 비경상적이고 비반복적인 거액의 이익은 주로 투자자산처분이익, 유형자산처분이익, 사채상환이익에서 발생할 수 있다.

⑩ 특별손실:특별손실(extraordinary losses)을 비경상적, 비반복적으로 발생한 영업외비용과 재해손실 등을 포함한다. 여기서 비경상적이고 비반복적인 거액의 영업외비용은 주로 투자자산처분손실, 유형자산처분손실, 사채상환손실에서 발생할 수 있다.

⑪ 법인세차감전순이익:경상이익에 특별이익을 가산하고 특별손실을 차감한 차액을 법인세차감전순이익(income before income taxes)으로 표시한다.

특별손실의 금액이 경상이익과 특별이익의 합계액을 상회하는 경우에는 그 차액을 법인세차감전순손실로 표시한다.

⑫ 법인세비용

㉠ 법인세비용은 법인세법 등의 법령에 의하여 당해 사업연도에 부담할 법

인세 및 법인세에 부가되는 세액의 합계에 당기이연법인세 변동액을 가감하여 산출된 금액을 말한다.

㉡ 법인세비용과 법입세법 등의 법령에 의하여 당기에 부담하여야 할 금액과의 차이는 이연법세차 또는 이연법인세대의 과목으로 하고 차기 이후에 발생하는 이연법인세대 또는 이연법인세차와 상계한다.

㉢ 이연법인세의 산출 근거 및 관련 내용을 주석으로 기재한다.

⑬ 당기순이익:당기순이익(net income)은 법인세차감전순이익에서 법인세 등을 차감한 잔액으로, 당해 회계연도의 최종적인 경영성과를 나타낸다.

(4) 포괄손익계산서 작성 기준

① 발생주의:모든 수익과 비용은 그것이 발생한 기간에 정당하게 배분되도록 회계처리 되어야 한다. 즉 수익과 비용을 현금의 유입이나 지출을 기준으로 인식하는 현금주의 회계와는 달리, 수익은 실현주의에 의해 인식하고 비용은 관련 수익에 대응시키는 방법으로 인식하는 발생주의 회계처리를 따라야 한다.

② 수익과 비용의 구분 및 대응표시:수익과 비용은 그 발생원천에 따라 명확하게 분류하고, 각 수익항목과 이에 관련되는 비용항목을 상호 대응표시 하여야 한다. 수익을 단순히 하나의 항목으로 표시하지 않고 발생원천에 따라 매출액, 영업외수익 및 특별이익으로 구분하며, 비용도 매출원가, 판매비와 일반관리비, 영업외비용, 특별손실 및 법인세비용 등으로 구분 표시하여야 한다. 중심적인 영업활동과의 관련성 여부에 따라 매출원가는 매출액에 대응표시하고 관리비와 판매비는 매출총이익에 대응시켜 영업이익으로 표시하여야 한다. 또한 영업외수익과 영업외비용은 상호 대응표시하여 경상이익을 산출하고, 여기에 특별이익과 특별손실을 대응표시하여 법인세비용차감전순이익을 표시하게 된다.

③ 총액표시:수익과 비용은 총액에 의하여 기재함을 원칙으로 하고 수익항목은 비용항목을 직접 상계함으로써 그 전부 또는 일부를 포괄손익계산서에서 제외하여서는 아니된다.

④ 이익의 구분표시:이익은 총수익에서 총비용을 차감한 단일 이익의 개념으로 보고하지 않고 다음과 같이 여러 유형의 이익으로 구분하여 표시해야 한다.

㉠ 매출총이익:매출액 - 매출원가

㉡ 영업이익:매출총이익 - 판매비와 관리비

㉢ 경상이익:영업이익 + 영업외수익 - 영업외비용

㉣ 법인세비용차감전이익:경상이익 + 특별이익 - 특별손실

㉤ 당기순이익:법인세비용차감전순이익 - 법인세비용

[표 3-2] **포괄손익계산서 양식**

포괄손익계산서(요약계정식)

제××기 200×년 ×월 ×일부터

200×년 ×월 ×일까지

(주) 세종 레스토랑

(단위:천 원)

과목	제 ×(당)기	
Ⅰ. 매출액		
Ⅱ. 매출원가		
Ⅲ. 매출총이익		
Ⅳ. 판매비와 관리비 1. 급여 2. 지급임차료 3. 감가상각비 4. 광고선전비 5. 대손상각비		
Ⅴ. 영업이익		

Ⅵ. 영업외수익 1. 이자수익 2. 배당금수익 3. 임대료		
Ⅶ. 영업외비용 1. 이자비용 2. 이연자산 상각비		
Ⅷ. 경상이익		
Ⅸ. 특별이익 1. 보험차익 2. 전기 오류수정이익		
Ⅹ. 특별손실 1. 재해손실 2. 전기 오류수정손실		
XI. 법인세차감전순이익		
XII. 법인세 비용		
XIII. 당기순이익 (주당경상이익 :) (주당순이익 :)		

3 현금흐름표

현금흐름표(statement of cash flow)는 일정기간 동안 기업이 조달한 현금의 내역과 조달된 현금이 어떻게 이용되어졌는가 하는 운용내역을 영업활동, 투자활동 및 재무활동으로 나누어 정리한 재무보고서이다.

(1) 현금흐름표의 주요 항목

① 영업활동으로 인한 현금흐름:영업활동이란 일반적으로 제품생산과 상품 및 용역의 구매와 판매활동을 말하며 제품 등의 판매에 따른 현금유입, 수입이자와 수입배당금 등이 영업활동으로 인한 현금유입에 포함된다. 그리고 원재료·상품 등의 구입에 따른 현금유출, 기타 상품과 용역 공급자와 종업원에 대한 현금지출, 미지급 법인세의 지급, 이자비용 등이 영업활동으로 인한 현금유출에 포함된다.

② 투자활동으로 인한 현금흐름:투자활동이란 현금대여와 회수활동, 현금등가물(cash equivalents)을 제외한 유가증권이나 투자자산 및 고정자산의 취득과 처분활동을 말한다. 대여금 회수와 유가증권처분, 투자자산과 고정자산의 처분 등이 투자활동으로 인한 현금유입이며, 현금대여, 유가증권 취득, 투자자산과 고정자산 취득에 따른 현금지급액 등이 투자활동으로 인한 현금유출에 포함된다.

③ 재무활동으로 인한 현금흐름:재무활동이란 현금차입 및 상환활동, 신주발행이나 배당금지급 등과 같이 부채 및 자본계정에 영향을 미치는 거래를 말한다. 당좌차월, 단기차입금, 장기차입금, 어음과 사채의 발행, 주식의 발행 등이 재무활동으로 인한 현금유입이며, 배당금지급, 유상감자, 자기주식취득, 차입금상환 등이 재무활동으로 인한 현금유출에 포함된다.

(2) 현금흐름표의 유용성

① 미래현금의 예측:현금흐름표에서 제공되는 현금의 유입과 유출에 관한 정보는 포괄손익계산서의 당기순이익과 함께 기업이 미래에 벌어들일 수 있는 현금을 예측하는 데 유용한 정보가 된다.

② 부채와 배당금에 대한 지급능력:기업에 현금이 부족하다면 차입금과 배당금에 대한 지급능력이 없을 것이다. 현금흐름표에는 현금유입의 원천과 현금유출의 사용내역이 표시되므로 기업의 채권자나 주주들은 이에 대하여 많은 흥미와 관심을 가질 것이다.

③ 순이익의 질:현금흐름표에서 계산되는 현금흐름은 원가배분방법이나 회계추정을 통하지 않고 산출되기 때문에 순이익보다는 좀 더 객관적이고, 직접적으로 계산되어 신뢰성이 높다.

④ 현금흐름:현금흐름표는 기업의 영업활동과 투자활동 및 재무활동으로부터 유입되고 유출되는 현금의 흐름에 관한 정보를 제공하며, 기업의 재무상태가 어떻게 변화하는지 보여준다.

⑤ 현금흐름표의 한계:현금흐름표는 현금주의에 근거하고 있으므로 일시적 또는 계절적으로 현금 이외의 자산을 보유할 경우 기업의 단기지급능력평가를 달리할 가능성이 높다. 뿐만 아니라 장기적인 현금흐름 예측에는 부적합하다는 이론상의 한계가 있다.

[표 3-3] 현금흐름표

200×년 ×월 ×일부터

200×년 ×월 ×일까지

(주) 세종 레스토랑

(단위:천 원)

Ⅰ. 영업활동으로 인한 현금흐름
  1. 매출로부터의 유입액
  2. 매입에 대한 유출액
  3. 영업비의 지급

Ⅱ. 투자활동으로 인한 현금흐름
  1. 투자활동으로 인한 현금유입액
  2. 투자활동으로 인한 현금유출액

Ⅲ. 재무활동으로 인한 현금흐름
  1. 재무활동으로 인한 현금유입액
  2. 재무활동으로 인한 현금유출액

Ⅳ. 현금의 증가

Ⅴ. 기초의 현금

Ⅵ. 기말의 현금

---

4 이익잉여금처분계산서

이익잉여금처분계산서는 전기 이월이익잉여금과 당기 이익잉여금의 처분사항을 명확히 보고하기 위하여 작성되는 재무제표이다.

이익잉여금처분계산서는 처분이익잉여금, 임의적립금 등의 이입액, 이익잉여금처분과 차기이월이익잉여금으로 구성되며, 그 작성 목적이 주주총회에서 당기 발생이익의 배당 및 처분을 결정하는 데 기초 자료로 쓰기 위한 것이므로 이익처분안이라고도 한다.

이익처분은 주주총회 승인절차가 반드시 필요하기 때문에 주주총회에서 당기 발생이익의 배당 및 처분을 결정하는 데 기초 자료로 쓰기 위한 것이므로 이익처분안이라고도 한다.

이익처분은 주주총회 승인절차가 반드시 필요하기 때문에 주주총회에서 확정되기 이전의 이익잉여금처분계산서(안)이며, 주주총회를 거치면 이익잉여금처분계산서가 된다.

이익잉여금처분계산서의 주요 항목은 다음과 같다.

① 처분전이익잉여금:처분전이익잉여금은 전기 이월이익잉여금(전년도 재무상태표나 이익잉여금계산서상의 차기이월이익잉여금), 회계처리기준의 변경으로 인한 누적효과, 전기 오류수정이익과 손실, 중간 배당액 및 당기순이익을 가감한다.

② 임의적립금 등의 이입액:임의적립금은 처분전이익잉여금이 부족하거나 적절한 배당을 할 수 없거나 임의적립금이 더 이상 필요하지 않은 경우 임의적립금을 이입하여 다시 처분 가능한 처분전이익잉여금으로 환원된다. 처분전이익잉여금과 임의적립금이입액을 합치면 당기에 처분 가능한 이익잉여금이

된다. 처분 가능한 이익잉여금이 양(+)이면 이익잉여금계산서가 되고, 그 금액이 음(-)이면 결손금처리계산서를 작성하게 된다.

③ 이익잉여금처분액:처분전이익잉여금과 임의적립금이입액의 합계액을 원천으로 이를 배당금으로 처분하거나 법정적립금 또는 임의적립금으로 적립한다.

이외에도 주식할인발행차금상각, 배당건설이자상각, 자기주식처분손실의 잔액, 상환주식상환액, 감자차손 등 이익잉여금의 처분으로 상각하여야 하는 자본계정 등도 배당을 하기 전에 먼저 처리하여야 한다. 그러나 주식할인발행차금, 배당건설이자 등은 처분가능한 이익잉여금이 있는 경우에 실시하고 처분할 이익잉여금이 부족하거나 결손이 있는 경우에는 차기 이후 연도에 이월하여 상각하여야 한다. 따라서 이들 자본조정을 상각하는 경우에 우선 순위에 대하여는 기업회계기준에서 규정하고 있지 않다.

따라서 배당금은 다음과 같은 범위 내에서 할 수 있다.

배당가능액 = (처분전이익잉여금 + 임의적립금 등의 이입액) - (이익준비금 + 기타 법정적립금 + 이익잉여금처분에 의한 상각액)

[표 3-4] 이익잉여금처분계산서

제××기 200×년 ×월 ×일부터

200×년 ×월 ×일까지

(주) 세종 레스토랑

(단위:천 원)

과목	금액	
Ⅰ. 처분전 이익잉여금		
1. 전기 이월이익잉여금		
2. 당기순이익		
Ⅱ. 임의적립금이입액		
1. 사업확장적립금		
2. 배당평균적립금		
Ⅲ. 이익잉여금처분액		
1. 이익준비금		
2. 재무구조개선적립금		
3. 배당금		
4. 감채적립금		
Ⅳ. 차기 이월이익잉여금		

2. 손익계산서의 이해

외식점포에 있어서 손익계산서(profit&loss statement)는 다른 어떤 자료보다 굉장히 중요한 부분이다. 일반적으로 점포의 손익계산서는 월별, 분기별, 반기별, 연도별로 작성하고 있다. 외식점포의 손익계산서의 비교대상으로 예산(budget)과 비교하거나, 과거 데이터와 비교함으로써 그 기준점을 찾을 수 있고, 예산상의 수치와 비교함으로써 점포의 이익관리에 초점을 맞추고 있다.

우리나라는 현재 외식기업에 맞는 재무제표가 마련되어 있지 않아 기업회계기준에 의한 양식을 사용하고 있으며, 외국 체인 기업의 경우 해외본사가 마련한 양식을 내부자료로 사용하고 있는 실정이다.

따라서 일반 외식점포의 손익계산서, 통일회계제도(Uniform System of Accounts for Restaurants)에 대해서 중점적으로 설명하고자 한다.

1 일반 외식점포의 손익계산서 양식

(1) 매출액

매출액은 크게 음식매출, 음료매출, 주류매출로 구분하여 작성하는 것이 좋다. 나중에 부문별 원가를 계산하기도 편리하며 구분매출은 향후 분석 시에 자료로 활용될 수도 있다.

(2) 원료비

원료비는 매출을 발생시키는 데 기여한 원가로서 이 역시 음식원가, 음료원가, 주류원가 등으로 구분하여 작성하도록 한다.

(3) 인건비

인건비는 단지 직원들의 급여명세서의 합계가 아닌 법정복리비, 직원들을 위한 복리후생비, 교육과 직원채용에 관련된 모든 비용을 포함하는 것이다. 급여·수당은 정직원들의 급여, 잡급은 파트타이머의 급여로 생각하면 된다.

퇴직금이 발생하였을 경우 계상하며, 퇴직적립금은 법정복리비에 계상하도록 한다. 법정복리비의 국민연금, 고용보험, 의료보험, 산재보험 등이 여기에 속한다.

(4) 제경비

제경비는 점포의 운영과 관련된 비용으로 수도광열비, 소모품비, 수선비, 사무용품비, 마케팅비, 유니폼비 등 점포를 직접적으로 운영하는 데 사용된 경비를 계상한다. 소과목으로 분류된 계정에 사용한 금액을 적정하게 배분해주면 된다.

(5) 고정비

고정비 항목은 매출액과 관계없이 매월 고정된 금액이 계상되는 것이므로 고정비라 한다. 여기에는 임대료, 감가상각비, 이자비 등이 포함되며 영업의 여부와 관계없이 매월 일정금액이 지출된다.

(6) 기타 손익

기타 손익은 영업과 관계없이 발생하는 손해와 이익을 기입하면 된다. 즉, 외식점포가 주차장을 가지고 있고 주차장 수입이 일정부분 발생한다면 이는 영업과 관계없이 발생하는 기타 수익이 된다.

(7) 법인세·소득세

세법상 설정된 법인세 등을 계상한다.

[표 3-5] 이익잉여금처분계산서[1)]

<table>
<tr><th>대과목</th><th>중과목</th><th>소과목</th><th>대과목</th><th>중과목</th><th>소과목</th></tr>
<tr><td rowspan="6">매출액</td><td rowspan="3">음식매출액</td><td>음식매출</td><td rowspan="13">제경비</td><td rowspan="5">(III)
판매촉진비</td><td>광고선전비</td></tr>
<tr><td>음료매출</td><td>판매촉진비</td></tr>
<tr><td>주류매출</td><td>접대교제비</td></tr>
<tr><td rowspan="2">상품매출액</td><td>매점매출</td><td>기부·회비</td></tr>
<tr><td>점외매출</td><td>연구비</td></tr>
<tr><td>기타 매출액</td><td></td><td rowspan="8">(IV)
잡비·기타</td><td>여비교통비</td></tr>
<tr><td rowspan="3">원료비</td><td>음식원료비</td><td></td><td>통신비</td></tr>
<tr><td>상품원료비</td><td></td><td>보험료</td></tr>
<tr><td>기타원료비</td><td></td><td>조세공과</td></tr>
<tr><td rowspan="4">인건비</td><td>급여·수당</td><td></td><td>차량비</td></tr>
<tr><td>잡급</td><td></td><td>서비스비</td></tr>
<tr><td>상여</td><td></td><td>지불수수료비</td></tr>
<tr><td>퇴직급</td><td></td><td>잡비</td></tr>
</table>

1) 강태봉, 『외식업점장의 업무』 (MJ미디어, 2007)

	법정복리비		고정비	임차료	임대료
	복리후생비	일반			리스료
		식비·거주비		감가상각비	
		통근교통비			지불금리
	교육비				수취금리
	구인비				수취배당금
제경비	(I)에너지비	수도광열비		본부비	임원보수
	(II)물건비	소모품비	기타 손익		잡수익
		수선비			잡손실
		사무용품비	영업이익		
		메뉴비	법인세/ 소득세		
		장식비	순이익		

2 통일회계제도

미국에서는 외식점포의 재무제표 작성을 위해 통일된 양식을 개발하여 사용하고 있으며, 이를 Uniform System of Accounts for Restaurants이라고 하며, 이 양식은 미국 레스토랑 협회에서 발행하고 있다. 이 양식은 레스토랑을 위한 양식으로 레스토랑을 이해하기 위한 자료로서 적합성을 가지고 있다 하겠다. 현재 우리나라의 경우 레스토랑을 위한 회계양식이 없으므로 적합한 양식을 개발하기 위한 노력을 기울여야 하겠다.

[표 3-6] The Uniform System of Account for Small Hotels, Motels, Motor Hotels Restaurants

Food & Beverage	Amounts	Percentages
Revenue		
Food		
Beverage		
Total		
Allowances		
Net Revenue		
Other Income		
Total		
Cost of Sales		
Cost of food consumed		
Less:cost of employee meals		
Cost of beverage sales		
Other cost of sales		
Net cost of sales		
Gross Profit		
Expense		
Salaries and wages		
Employee benefits		
Total payroll and related expense		
Other expenses		
China, glassware, silver, and linen		
Contract cleaning		
Kitchen fuel		
Laundry and dry cleaning		
Licenses		
Music and entertainment		
Operating supplies		
Uniforms		
Other		
Total other expenses		
Total other expense		
Departmental income(loss)		

[표 3-7] The Uniform System of Account for Restaurants

Statement of Income Full-Menu, Table service Restaurant with Food and Beverage Sales Year Ended December 31, 2005	Amounts	Percentages
Revenue		
Food		
Beverage		
Total Revenue		
Cost of Sales		
Food		
Beverage		
Total cost of sales		
Gross Profit		
Other Income		
Total Income		
Expense		
Salaries and wages		
Employee benefits		
Direct operating expense		
Music and entertainment		
Marketing		
Energy and utility services		
Administrative and general		
Repairs and maintenance		
Total Controllable expense		
Income Before Rent and Other Occupation Costs, Interest and Depreciation		
Rent and other Occupation costs		
Income before interest and Depreciation		
Interest		
Depreciation		
Income before Provision for income taxes		
Provision for income Taxes		
Net Income		

3 점포 손익계산서의 이해

[표 3-8] 점포의 손익계산서

(단위:원)

계정 항목	2012년 4월			
	4월 예측(금액, 비율 %)		4월 실적	
1. 매출액	100,000,000	100.0		
2. 매출원가	30,000,000	30.0		
식료원가	27,000,000	27.0		
주음료원가	3,000,000	3.0		
3. 인건비	24,400,000	24.4		
급여수당	20,000,000	20.0		
상여금	2,000,000	2.0		
법적복리금	1,500,000	1.5		
퇴직금	500,000	0.5		
교육비	200,000	0.2		
기타인건비	200,000	0.2		
4. 매출이익	45,600,000	45.6		
5. 일반관리비	14,950,000	15.0		
1) 마케팅비	3,000,000	3.0		
2) 소모품비	1,500,000	1.5		
3) 사무용품비	50,000	0.1		
4) 교통비	300,000	0.3		
5) 수선유지비	200,000	0.2		
6) 수도광열비	5,000,000	5.0		
7) 통신비	200,000	0.2		
8) 차량비	200,000	0.2		
9) 연구비	500,000	0.5		
10) 보험료	1,000,000	1.0		
11) 조세공과금	300,000	0.3		
12) 청소비	700,000	0.7		
13) 기타경비	2,000,000	2.0		
6. 영업이익 1	30,650,000	30.7		
7. 기타고정비용	14,770,000	14.8		
1) 임대료	10,000,000	10.0		
2) 감가상각비	2,770,000	2.8		
3) 이자비용	2,000,000	2.0		

8. 영업이익 2	15,880,000	15.9		
9. 점포이익	15,880,000	15.9		
10. 법인세/소득세	3,800,000	3.8		
11. 순이익	12,080,000	12.1		

(1) 매출액

매출액은 고객이 지불한 총금액의 합계이며, 총매출액에서 할인금액을 제외한 금액이다. 이때 매출액은 부가세를 제외한 금액으로 계상하여야 한다.

(2) 매출원가

매출원가는 식료원가와 주음료원가 두 항목의 원가를 합산한 원가이다. 원가의 계산에서 다시 설명하겠지만 월단위 원가를 구하는 공식은 다음과 같다.

> 총원가 = 기초원가(전월재고) + 당기입고액 – 기말재고(월말재고)

여기서 주의해야 할 점은 기말재고를 조사할 때 정확한 원가를 계산하지 않으면 원가가 올라가거나 내려가게 된다. 따라서 기말재고 조사를 정확히 해야 한다. 재고관리법에는 실지재고조사법과 계속기록법이 있고, 재고가치의 평가방법에는 선입선출법, 후입선출법, 총평균법 등이 있다.

① 재고관리법

㉠ 실지재고조사법:식자재비를 정확히 계산하려면 회기초의 기초재고량과 회기말의 기말재고량 그리고 당기 내 구매량을 모두 파악해 합하였을 때 구할 수 있다. 여기서 말하는 기초재고량이나 기말재고량은 저장고에 있

는 재고물품을 일일이 조사하는 수고를 해야 파악되는 노동집약적인 업무이다.

총식자재비 = 총재고량(기초재고량 + 당기구매량) - (기말재고량)

㉡ 계속기록법:저장고로 유입되는 식자재의 입고와 출고되는 식자재를 지속적으로 기록함으로써 항상 정확한 재고량을 파악하기 위해 사용되는 재고관리법이다.

계속기록법을 사용하였을 때 얻을 수 있는 이점은 다음과 같다.

- 구매시기와 적정구매량을 손쉽게 알 수 있어 과잉, 과소 구매로 인한 손실을 막을 수 있다.
- 지속적인 재고상황을 알려준다.
- 장부와 실제 재고와의 차이를 밝혀준다.

계속기록법을 이해하기 위해서는 최소, 최대 보유량, 구매소요기간, 재주문점, 재주문량에 대한 이해가 있어야 한다.

- 최소, 최대 보유량(par stock):Par란 어떤 기준을 말하는 것으로 첫째, 항상 보유하고 있어야 할 특정 아이템에 대한 재고 보유량, 둘째, 보유하고 있어야 할 특정 아이템에 대한 최대와 최소량, 셋째, 주문한 특정 아이템이 입고되었을 때의 최대량으로 해석된다.
- 구매소요기간(lead time):특정 아이템을 주문하여 도착할 때까지 걸리는 기간을 말한다.
- 재주문점(reorder time):재주문점을 결정하는 데 요구되는 정보는 구매소요기간, 기간동안 소요되는 양, 구매주기 3가지이다. 예를 들어 특정 아이템의 구매주기가 1주일이고, 아이템의 월평균 소비량이 120kg, 구

매소요기간이 1주일인 경우 재주문점은 42kg이고, 재주문량은 120kg 이며, 최대보유량은 162kg이다.

② 재고가치 평가:식자재의 가격은 구매시점에 따라 상이할 수 있다. 각각 상이한 가격으로 입고된 아이템에 대해 출고가격을 입고된 가격으로 계산하는 것은 여러 가지 문제가 있다. 따라서 저장고에서 출고되는 아이템에 대한 가치평가에 일반적으로 많이 이용되는 방식으로 선입선출법, 후입선출법 등 다양하다.

㉠ 선입선출법:선입선출법(FIFO:First In First Out)은 먼저 입고된 아이템이 먼저 출고되는 방법을 적용하는 방식으로 먼저 입고된 전량이 출고될 때까지 그 아이템의 입고가격으로 출고원가를 적용하는 방법이다.

㉡ 후입선출법:후입선출법(LIFO:Last In First Out)은 나중에 입고된 것이 먼저 출고되는 방식으로 주로 고인플레이션 하에 적용하는 방법이다.

㉢ 총평균법:총평균법(weighted average method)은 주로 회계연도 초에서 회계연도 말까지 출고, 또는 소비된 총식자재의 원가를 계산할 때 쓰는 방법이다. 대체로 재무회계의 목적으로 이용하는데 총구매가격의 합을 총구매수량으로 나누어서 얻는다.

식료원가와 음료원가를 나누어 기입하는 것이 정확한 원가의 흐름을 파악하기 위해서 필요한 작업이다. 또한 음료원가는 일반적으로 식료원가보다 원가율이 좋으므로 음료의 판매비율도 같이 분석해서 보아야 한다.

3장

예제 재고가치평가의 방법

[문제] (주) 세종 레스토랑은 스테이크만을 판매하는 레스토랑이다. 세종 레스토랑의 재고자산에 대한 한 해 동안의 기록은 다음과 같다.

	수량(개)	단가	금액
기초재고(1/1)	900	$10.00	$9,000
당기매입(3/5)	1,180	10.20	12,036
(8/9)	800	10.35	8,280
(9/12)	620	10.70	6,634
(11/17)	1,000	10.85	10,850
판매가능액	4,500		
한 해 동안의 매출	3,200		$46,800
기말재고(12/31)	1,300		

다음의 재고자산 단가결정법을 사용하여 기말재고자산액과 당기매출원가를 산출하라.

1. 선입선출법 2. 후입선출법 3. 총평균법을 구하시오.

[풀이] 1. 선입선출법

	수량(개)	단가	금액
기말재고자산			
기초재고분	900		$9.000
3/5	400	$10.00	4,080
	1,300	10.20	$13,080

2. 후입선출법

	수량(개)	단가	금액
기말재고자산			
기초재고분	900		$9.000
3/5	400	$10.00	4,080
	1,300	10.20	$13,080

매출원가:$46,800 - $13,080 = $33,720

3. 총평균법

평균원가:총원가/총수량 = $46,800/4,500 = $10.40

따라서,

기말재고자산:1,300개 × $10.40 = $13,520

매출원가:3,200개 × $10.40 = $33,280

(3) 인건비

인건비는 점포운영에 필요한 인원(직원)에게 지급되는 경비의 총합계이다. 인건비에는 급여, 상여금, 법적복리비, 퇴직금, 교육비, 기타 인건비 등이 모두 포함된다. 점포운영 시 반드시 적정인건비율의 목표를 가지고 가야 한다. 적정 인건비율이 25%라면 25%에 맞는 일별 인력계획으로 점포를 운영할 수 있도록 해야 한다. 인건비의 경우 메뉴의 품질, 서비스와 직접적인 연관이 있으므로 이를 고려해서 목표 인건비를 설정해서 운영하도록 한다. 일일 인건비의 가장 편리하면서 유용한 계산방법은 다음과 같다.

3월 인건비	27,000,000원
3월 총근로시간	3,673시간
3월 1시간당 인건비	7,351원(3월 인건비÷3월 총근로시간)
4월 예측매출액	100,000,000원
4월 적정인건비율	25%
4월 사용가능금액	25,000,000원
4월 사용가능근로시간	25,000,000원÷7,351원 = 약 3,401시간

위에서 보면 3월 점포의 1시간당 평균인건비는 7,351원이다(이는 법적복리비 등 모든 비용의 합계로 구했다). 따라서 이번달 예측을 할 때는 시급인상, 급여인상 등을 고려해야겠지만 편리한 방법으로 7,351원(1시간당 인건비)로 계산해서 대략적인 계획을 세울 수 있다. 따라서 4월 예측 매출액이 1억이고, 인건비 목표가 25%라고 한다면 25,000,000원 정도의 인건비를 사용할 수 있다. 따라서 25,000,000원을 7,351원으로 나누면 3,401시간 정도가 4월 사용할 수 있

는 근로시간이다. 이를 일별로 나눠서 운영하면 25%의 인건비 목표에 근접할 수 있다. 다만 요일별 매출액이 달라지고 인건비율이 주말과 주중이 달라지므로 일별 인건비율 목표는 달리 가져가야 한다. 이런 관리방법도 점포에 적용해서 운영해보길 바란다.

(4) 매출이익

매출이익은 매출액에서 매출원가, 인건비를 차감한 후의 금액이다. 매출원가와 인건비의 적정한 관리는 필요하고 따라서 매출이익의 비율이 얼마인지를 항상 확인하고 관리해나가야 한다.

(5) 일반관리비

일반관리비는 점포에서 비용으로 집행하는 대부분의 관리비용이 들어간다고 보면 된다. 마케팅비, 소모품비, 사무용품비, 교통비, 수선유지비, 수도광열비, 통신비, 차량비, 연구비, 보험료, 조세공과금, 청소비, 기타경비 등 일반 변동비성으로 발생되는 경비나 점포운영에 필요한 경비의 대부분이 일반관리비에 포함된다.

(6) 영업이익 1

영업이익 1은 매출이익에서 일반관리비를 차감한 금액으로 대부분의 변동비인 일반관리비용을 차감한 금액으로 보면 된다.

(7) 기타 고정경비

기타 고정경비에는 임대료, 감가상각비, 이자비용이 포함된다.

① 임대료:임대료는 매출액 대비 몇 %가 적정한 비율일까? 지속적으로 상승하고 있는 임대료 때문에 사실 외식 점포를 운영하는 것은 쉽지 않은 일이다. 원가와 인건비를 합쳐서 60%를 육박하고, 임대료 10%를 내고 나면 사실 운영에 있어서 쉽지 않은 부분이다. 임대율은 사실 점포의 상황에 따라서 다르기는 하나 매출 대비 10%가 넘어가지 않는 범위 내에서 설정되는 것이 이상적이다.

감가상각 방법에는 정액법, 정률법, 연수합계법, 생산량비례법 등이 있다. 이는 경영주의 선택에 의해서 한 가지 방법을 사용하면 되고, 대부분의 외식기업에서는 정액법과 정률법 2가지 중 한 가지를 선택해서 사용하고 있다.

② 감가상각비:토지를 제외한 모든 유형자산은 시간의 경과나 사용에 따라 일정기간 후에는 그 가치가 소멸되어 기업에 더 이상 경제적 효익을 제공하지 못하게 된다. 따라서 기업은 사용기간 동안에 자산의 취득원가를 일정한 방법에 의해 배분시킴으로써 자산의 재무상태표가액을 감소시킴과 동시에 그 금액을 당기의 비용으로 처리하게 되는데, 이를 감가상각 회계처리라고 한다. 감가상각 방법에는 정액법, 정률법, 연수합계법, 생산량비례법 등이 있다. 이는 경영주의 선택에 의해서 한 가지 방법을 사용하면 되고, 대부분의 외식기업에서는 정액법과 정률법 2가지 중 한 가지를 선택해서 사용하고 있다.

감가상각비를 이해하기 위해서는 잔존가치와 내용연수에 대한 이해가 필요한데 잔존가치란 감가상각 대상이 되는 유형자산의 금액을 취득원가에서 잔존가치를 차감한 금액으로 기업이 자산을 폐기처분하거나 이를 처분할 때 획득할 것으로 추정되는 금액에서 그 자산의 제거비용과 판매비용 등을 차감한 추정액으로서, 이를 처분가치라고도 한다.

내용연수란 자산이 수익획득과정에서 실제 사용될 수 있는 것으로 기대되는 기간으로서 감가상각의 대상 기간이 된다. 다음의 예를 통해서 상세히 설명하면 다음과 같다.

㉠ 정액법(straight-line method):매 기간 동일한 금액을 상각하는 방법

$$감가상각액 = (취득원가 - 잔존가치) \times \frac{1}{내용연수}$$

㉡ 정률법(fixed-rate method):유형자산의 장부가액에 매기간 동일한 상각률을 적용하는 방법이다.

$$감가상각액 = 1 - \sqrt{잔존가치/\ 취득원가}$$

n : 내용연수

㉢ 연수합계법(sum of the years digits method):정률법과 마찬가지로 초기에 많은 금액이 상각되는 체감상각법의 일종으로서 매년 일정률을 장부가액에 곱하는 대신 연수합계에 대한 잔여내용연수의 비율을 매번 계산하여 감가상각 대상액에 곱해주는 방법이다.

$$감가상각액 = (취득원가 - 잔존가치) \times \frac{잔여내용연수}{내용연수합계}$$

㉣ 생산량비례법(units of product method):내용연수를 기준으로 하지 않고 생산량 혹은 사용량에 비례하여 감가상각액을 계산하는 방법이다.

$$감가상각액 = (취득원가 - 잔존가치) \times \frac{당기실제사용량}{추정\ 총생산량}$$

③ 이자비용:이자비용은 각 기관으로부터 대출받은 금액에 대한 지급이자 비용으로 매월 지급되는 이자비용만큼 계상하여 넣도록 한다. 이는 고정비용의 성격으로 매월 일정 금액이 지불된다.

예제 감가상각방법

[문제] (주) 세종 외식은 제과류를 생산, 판매하는 기업이다. (주) 세종 외식은 제품의 운송을 위하여 취득원가가 20,000,000원인 트럭을 제1영업연도 시작일에 구입하였다. 트럭의 내용 내용연수는 4년으로 추정되며, 4년 후 트럭의 잔존가치는 2,000,000원이 될 것으로 예측하고 있다. (주) 세종 외식의 경우 트럭 내용연수 동안의 총추정거리 200,000km라고 추정 2011년 실제거리가 50,000km이다. 위의 예시를 기준으로 하여 4가지 감가상각법으로 감가상각액을 추정하라.

[풀이] 1. 정액법에 의한 감가상각

(단위:천 원)

연도	계산	감가상각액	감가상각 누계액	장부가액
				20,000
1	18,000 × 1/4	4,500	4,500	15,500
2	18,000 × 1/4	4,500	9,000	11,000
3	18,000 × 1/4	4,500	13,500	6,500
4	18,000 × 1/4	4,500	18,000	2,000
		18,000		

2. 정률법에 의한 감가상각

연도	감가상각액 계산 (기초장부가액×상각률)	감가상각 누계액	장부가액
			20,000
1	20,000 × 0.438 = 8,760	8,760	11,240
2	11,240 × 0.438 = 4,923	13,683	6,317
3	6,317 × 0.438 = 2,766	6,499	3,551
4	3,551 × 0.438 = 1,551	18,000	2,000
	18,000		

상각률 = $1 - \sqrt{2{,}000{,}000/20{,}000{,}000} = 0.438$

3. 연수합계법에 의한 감가상각

연도	계산	감가상각액	감가상각 누계액	장부가액
				20,000
1	18,000 × 4/10	7,200	72,000	12,800
2	18,000 × 3/10	5,400	12,600	7,400
3	18,000 × 2/10	3,600	16,200	3,800
4	18,000 × 1/10	1,800	18,000	2,000
		18,000		

4. 생산량비례법에 의한 감가상각

감가상각액 = (20,000,000 − 2,000,000)×50,000,000/200,000

= 4,500,000

[표 3-9] 연간손익계산서의 작성

계정 항목	1월	2월	3월	4월	5월	6월	7월	8월	9월	10월	11월	12월
고객수 객단가 좌석회전율												
1. 매출액												
2. 매출원가 식료원가 주음료원가												
3. 인건비 급여수당 상여금 법적복리금 퇴직금 교육비 기타인건비												
4. 매출이익												
5. 일반관리비 1) 마케팅비 2) 소모품비 3) 사무용품비 4) 교통비 5) 수선유지비 6) 수도광열비 7) 통신비 8) 차량비 9) 연구비 10) 보험료 11) 조세공과금 12) 청소비 13) 기타경비												
6. 영업이익 1												
7. 기타고정비용 1) 임대료 2) 감가상각비 3) 이자비용												

8. 영업이익 2											
9. 점포이익											
10. 법인세/소득세											
11. 순이익											

(8) 영업이익 2

영업이익은 2는 영업이익 1에서 고정비용인 임대료, 감가상각비, 이자비용을 차감한 금액을 말한다. 실제적으로 이가 점포이익의 성격으로 보면 된다.

(9) 법인세/소득세

말 그대로 법인세와 소득세로 지불금액만큼 계상해서 넣어두면 된다.

(10) 순이익

점포이익에서 법인세/소득세를 차감한 금액으로 경영주가 얻게 되는 이익을 말한다.

손익계산서는 매월 발생되는 금액을 엑셀 시트나 기타 양식에 넣어두어서 월별 매출에 대한 트렌드와 매월 집행되는 비용의 흐름을 파악할 수 있어야 한다. 위와 같은 양식으로 월별손익계산서와 더불어 연간손익계산서를 작성해서 운영하기 바란다.

3. 매출액 예측방법

1 외식수요예측

수요예측(forecasting)이란 과거의 자료를 통해 미래의 수요를 예측하는 데 도움을 주는 수량적 과정이다. 미래에 대한 예측의 중요성은 미래 상황에 대한 불확실성에서 기인한다. 부정확한 수요예측은 기업활동 전반에 부정적인 영향을 미치게 되어 기업의 수익성을 악화시키며, 결국 기업의 생존여부와도 직접적인 영향을 미친다고 볼 수 있다.

외식점포에 있어서의 수요예측이란 일반적으로 매출액 예측, 고객수의 예측, 생산해야 할 음식의 예측, 음식 생산에 필요한 식자재량의 예측 등이 있다고 하겠다.

외식점포에서의 수요예측은 매출액과 고객수의 정확한 예측을 통해 근무해야 할 적정인원을 알게 해주고 결국 인건비의 안정을 도와주는 역할을 한다. 또한 생산해야 할 음식의 수와 필요한 식자재의 양을 정확하게 측정함으로써 식자재비의 안정에도 도움을 준다. 또 소모품, 재고품의 과다 보유나 과소 보유로 인한 손실을 줄여주며, 효율적인 영업 준비에도 도움을 준다고 할 수 있다. 그럼에도 불구하고 대부분의 외식점포에서는 이런 중요성을 간과한 채 영업준비를 하고 있는 것이 현실이다. 따라서 본 절에서는 정확한 수요예측기법을 통해 외식점포에서 필요한 수요예측기법을 습득할 수 있도록 하겠다.

2 외식수요 예측방법

수요예측방법에는 정량적(quantitative) 방법과 정성적(qualitative) 방법 크게 두 가지로 구분할 수 있다. 정량적 예측방법은 예측대상 변수에 대한 정량화된 과거정보의 이용이 가능하고, 이러한 과거정보에 내포된 변수의 변화 행태가 미래에 도 지속될 것이라는 가정에 근거한다. 정량적 예측방법은 시계열(time series) 방법과 인과관계(casual) 방법으로 구분한다. 시계열 방법에서는 예측대상의 과거자료만 이용하는 방법으로, 과거의 변숫값들의 변화 행태를 분석하고 이를 미래 예측값에 투영시키는 방법이다. 대표적인 시계열 예측방법으로 이동평균법(moving average), 지수평활법(exponential), 추세반영법(trend projection) 등이 있다.

인과관계 예측방법에서는 예측대상 변수가 하나 이상의 다른 변수와 원인결과 관계에 있다는 전제하에서 이루어진다. 인과관계 예측방법으로는 회귀분석(regression)이 널리 이용되고 있다. 본 장에서는 시계열 분석방법으로 한정해서 다루도록 한다.

정성적 예측방법에서는 특정 전문가 개인 또는 전문가 집단의 주관적 판단에 의해 예측이 이루어진다. 이 방법은 과거자료에 대한 정량적 자료의 수집이 불가능하거나, 수집은 가능하나 이를 위해서 막대한 비용이 소요되어 정량적 방법을 현실적으로 이용할 수 없을 경우 활용되고 있다.

[그림 3-2] 수요예측방법의 종류

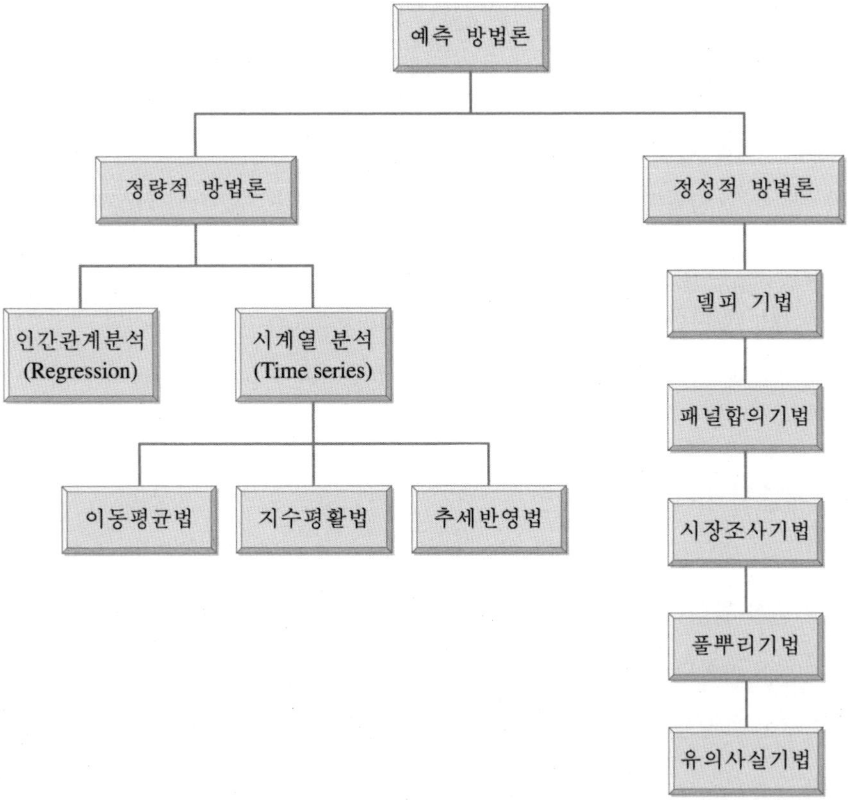

3 정성적 예측방법

(1) 델피 기법

먼저 전문가 패널을 구성해 놓고, 여러 차례에 걸쳐 설문지에 응답하게 하여 예측하는 방법이다. 이때 매회 응답의 결과는 다음 설문지의 작성에 반영되므로 전문가들은 정보를 교류하게 된다. 그러나 각 전문가는 개별적으로 응답하기 때문에 다른 전문가의 영향을 받는 'backwagon' 효과를 방지할 수 있다. 델피 기법에 의한 예측의 결과는 비교적 정확하지만 비용은 다소 많이 든다.

(2) 패널 합의 기법

전문가 패널을 구성하여 한 자리에 모이게 한 뒤 자유로운 토의를 통하여 예측에 관한 합의를 도출하는 방법이다. 이 방법의 성공여부는 전적으로 패널의 구성에 의존한다. 패널 합의에 의한 예측의 결과는 다른 정성적 예측기법보다 정확성이 다소 떨어지지만 시간과 비용이 적게 드는 것이 장점이다.

(3) 시장조사기법

시장조사란 어떤 제품이나 서비스의 시장에 관한 규모나 구조, 특성 등 여러 가지 수단을 동원하여 알아내는 것을 말한다. 시장조사기법은 설문지, 전화, 면담 등을 통하여 시장에 관한 정보를 수집하고 이를 분석하여 예측하는 방법이다. 이 방법에 의한 예측결과는 대단히 정확한 편이지만 정성적 예측기법 중에서는 시간과 비용이 가장 많이 드는 방법이다.

(4) 풀뿌리 기법

일선 판매원들에게 각자의 지역에 대한 예측을 하도록 하여 이를 집계함으로써 전체 예측을 하는 방법이다. 따라서 이 방법의 정확성 정도는 일선 판매원들의 개별예측에 달려 있다. 풀뿌리기법은 비용이 적게 드는 것이 장점이지만 판매원들의 협조를 얻기가 어렵고 업무에 지장을 줄 수 있다는 단점이 있다.

(5) 유의사실 기법

과거에 있었던 유사한 사실을 바탕으로 하여 새로운 현상을 예측하는 방법이다. 예컨대 신제품의 성공여부를 예측하기 위하여 기존 제품 중에서 유사한 제품을 찾아 그 자료를 분석하는 것이다.

4 시계열 예측방법

시계열 데이터의 형태는 크게 안정적 형태와 비안정적 형태 및 계절적 요인 형태로 구분한다. 시계열 데이터에 대한 예측모형이란 과거 시계열 데이터를 입력 자료로 해서 특정 미래에 대한 예측값을 출력해 주는 수리적 형태의 처리

[그림 3-3] 시계열 데이터의 세 가지 형태

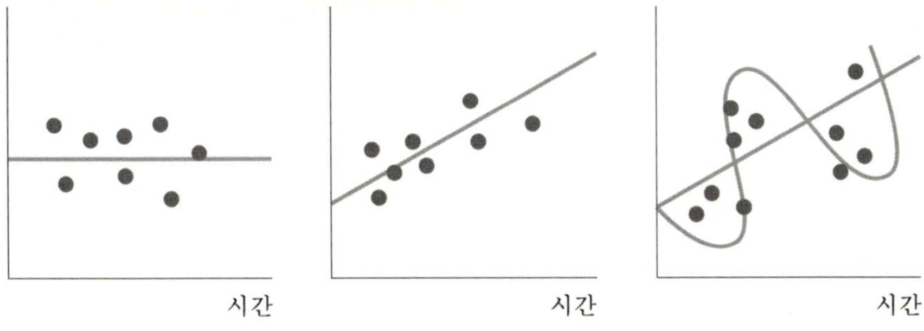

방법을 말한다. 즉 시계열 자료란 일정한 시간 간격(시간, 일, 주, 월, 분기, 반기, 년 등) 마다 발생한 과거의 관측값을 시간 순서대로 나열한 것이다. 그리고 변동 양상은 증가나 감소의 추세, 계절적 변화 등을 탐색하는 것이다. 시계열분석 방법에는 이동평균법, 지수평활법, 홀트의 지수평활법, 윈터의 지수평활법 등이 있다. 예측모형의 일반적인 형태는 〈그림 3 - 3〉과 같다.

시계열 데이터의 형태는 시간에 따른 추세의 변화가 없는 안정적 형태와 시간의 변화에 따라 추세 변화가 있는 비안정적 형태 그리고 계절적 특성을 가지는 계절적 요인 형태의 3가지가 있다.

과거의 시계열 데이터를 입력자료로 해서 특정 미래에 대한 예측값을 출력해 주는 수리모형은 〈그림 3 - 4〉와 같다.

[그림 3-4] 시계열 데이터의 예측모형

과거 시계열 데이터	예측모형(함수 f)	미래 예측값
$\widehat{Xt+1}$:t + 1 시점에서의 예측값	$\widehat{Xt+1} = f(Xt, Xt-1, Xt-2)$	Xt:t 시점에서의 시계열 데이터

(1) 추세변화가 없는 시계열

① 단순 이동평균법:단순 이동평균법은 가장 쉽게 사용할 수 있는 시계열 분석 방법으로서 최근 n개의 자료에 대한 평균값으로 다음 기간에 대한 예측값을 결정하는 모형이다. 과거 특별한 추세나 계절변동이 없다고 생각되면 이동평균법과 같은 단순한 방법을 선택하여 사용할 수 있다.

$$\widehat{Xt+1} = \frac{\text{최근 n개의 데이터 값의 합}}{n} = \frac{Xt + Xt - 1 + Xt - n + 1}{n}$$

예제 단순평균법의 계산

[문제] (주) 세종 레스토랑의 과거 4주간의 고객수를 이용하여 다음 주의 고객수를 예측해 보시오.

기간	1	2	3	4
고객수	850	780	670	720

[풀이]

$$\text{다음 주 고객수의 예측값} = \frac{850+780+670+720}{4} = 755$$

단순평균법을 이용한 5주의 고객수 예측값은 755명이다.

② 가중 이동평균법:가중 이동평균법은 단순 이동평균법의 한계를 보완한 방법으로서 최근의 과거자료에 더 많은 가중치를 부여하는 방법이다. 가중이동평균법을 적용하기 위해서는 n값과 더불어 n개의 가중치값들을 결정해야 한다. 예를 들어 3주의 가중 이동평균법의 경우 가장 가까운 주의 가중치는 0.5, 그 전주의 자료는 0.3, 그 전주의 자료는 0.2를 부여하여 예측값을 결정한다.

③ 지수평활법:지수평활법은 과거 데이터에 대해 가중치를 부여한다는 점에서 가중 이동평균법과 같다고 볼 수 있다. 그러나 지수평활법은 최근의 데이터일수록 미래에 발생할 데이터 실현값에 미치는 영향력이 크다고 보고 최근 데이터에 가중치를 높게 부여해야 한다는 점에 기반을 두고 있다. 따라서 지

예제 가중 이동평균법의 계산

[문제] (주) 세종 레스토랑의 과거 4주간의 고객수를 이용하여 다음 주의 고객수를 예측해 보시오.

기간	1	2	3
고객수	850	780	670
가중치	0.1	0.2	0.7

[풀이] 다음 주 고객수의 예측값 = 780(0.1) + 670(0.2) + 720(0.7) = 716

가중 평균법을 이용한 4주의 고객수 예측값은 716명이다.

수평활 예측값은 최근의 변화에 민감하게 반응을 한다. 지수평활법은 모든 확보된 자료를 이용할 수 있으나 가중 이동평균법은 이동평균에 고려된 과거 시계열 자료만을 이용한다는 점이 다르다. 지수평활법은 지난주의 자료와 지난주의 예측값, 평활상수에 의해서 구해지며, 평활상수 가 1에 가까우면 최근의 실제값을 과거의 예측값에 비해 더 많이 반영하는 것을 의미한다. 반대로 가 0에 가까우면 과거의 예측값에 더 많은 비중을 두고 미래를 예측하는 것이다. 이러한 값은 최적화 값을 찾을 수도 있고, 경영자의 경험이나 직관을 이용할 수도 있다. 일반적으로 평활상수값이 0.1~0.3은 수요의 변동이 많지 않은 경우, 0.4~0.6은 수요가 불안정한 경우, 0.7~0.9는 새로운 품목의 경우에 사용한다.

3장

수요예측치 = α(지난주의 실제값) + (1 - α)×(지난주의 예측값)

예제 지수평활법의 계산

[문제] (주) 세종 레스토랑은 스테이크만을 판매하는 레스토랑이다. 지난주 안심 스테이크의 실제 판매량은 250개, 지난주 수요예측치는 230개였다. 그리고 평활상수는 과거에 0.4를 적용하였을 경우 가장 적은 예측오차값을 보였다. 다음 주의 안심 스테이크의 판매수량을 예측하시오..

[풀이] 다음 주 안심 스테이크의 예측값 = 0.4 × 250 + (1 - 0.4) × 230 = 238개
다음 주 안심 스테이크 판매예측값은 238개이다.

(2) 추세변화가 있는 시계열

현실에 있어서 많은 시계열 데이터들은 실제적으로 어떤 추세를 가지고 있는 것이 대부분이다. 여기서 추세란 데이터가 상향 또는 하향 방향으로 중장기적으로 변화하고 있는 형태를 의미한다. 고객수의 경우를 살펴보면 500, 550, 600, 650명으로 50명씩 지속적으로 늘고 있다고 보았을 때 당연히 다음 주 고객수의 경우 700명으로 추정할 것이다. 그러나 이전의 단순평균법의 경우에는 575명으로 예측하게 된다. 따라서 이런 추세를 반영할 필요성이 제기된다.

일반적으로 단순 지수평활법과 홀트(holt)의 지수평활법이 사용되는데 단순 지수평활법의 경우는 시계열 자료의 추세나 계절적 변동이 크지 않은 경우에 적합한 방법이며, 홀트의 지수평활법은 시계열 자료에 계절적 변동은 없으면서 지속적인 추세경향이 두드러질 경우 적용할 수 있는 방법이다. 홀트의 지수평활법은 기간별 추세값과 시계열 자료의 수준치를 이용하여 미래 예측값을 산출한다. 예를 들어 매출이 증가하면서 계절적 변동이 크지 않는 외식업체에 적용할 수 있는 방법이다.

$$Xt+1 = Lt+$$
$$Lt = \alpha Xt + (1-\alpha)(Lt-1+Tt-1)$$
$$Tt = \beta(Lt-Lt-1)+(1-\beta)Tt-1$$

Lt:기간 t에서의 시계열 데이터의 수준
Tt:기간 t에서의 추세를 나타낸다.

(3) 계절적 요인 변화가 있는 시계열

계절적 요인 변화가 있는 시계열 데이터의 경우 시계열 데이터가 일정한 시간 간격을 두고 특정 패턴이 반복되는 경향을 보이는 자료를 이용하여 예측값을 구하는 방법이다. 윈터(winter)의 지수평활법이 가장 대표적이다.

윈터의 지수평활법은 시계열 자료에서 추세뿐 아니라 계절성이 존재하는 경우 윈터의 방법을 사용하여 계절변동을 고려한 예측을 할 수 있다. 계절성이 존재하는 경우 평준화하여 예측값을 계산하려면 최소한 하나의 완전한 주기 동안의 실제 자료와 계절적 주기를 보이는 기간 수가 필요하며, 다음으로 계절지수를 추정해야 한다. 계절지수는 계절적 요인에 의해서 시계열 자료값이 추세값으로 변동하는 정도를 나타낸다.

외식점포의 경우 계절적으로 변동하는 추세를 잘 나타내고 있으며 따라서 매출이나 고객수 예측 등은 윈터의 지수평활법이 적당한 방법이 될 수 있다.

$$Xt+1 = (Lt+\widehat{T}t) \times \text{계절지수}$$

$$Xt+K = (Lt+\widehat{kTt}) \times \text{계절지수},\ K = 1,\ 2,\ \cdots$$

5 인과형 예측방법

수요는 환경요인이나 기타 다른 요인과 관계가 있다는 가정하에 인과관계를 나타내는 인과형 모델을 만들어 미래의 수요를 예측하는 방법이다. 인과형 모델 중 회귀분석 모델(regression model)이 많이 사용된다. 회귀분석은 독립변수와 종속변수 간의 인과관계를 이용하여 예측하는 방법으로 독립변수가 하나이면 단순 회귀분석(single resression), 독립변수가 둘 이상이면 다중 회귀분석(multiple regression)이라고 한다.

단순 회귀분석의 모델은 다음과 같다.

$$Y(\text{예측치}) = a + bX$$

a, b : 상관계수, X : 독립변수, 수요예측에 영향을 줄 수 있는 요인

다중 회귀분석의 모델은 다음과 같다.

$$Y(\text{예측치}) = a + bX + b_2X_2 + \ + b_nX_n$$

$a,\ b_1 - b_n$: 회귀계수

$X_1 - X_n$: 수요예측에 영향을 줄 수 있는 요인들

6 외식점포에서 가장 많이 쓰이는 예측방법

위에서 설명한 것처럼 엑셀을 활용하면 좀 더 과학적인 수치가 나온다는 것은 틀림이 없다. 일반적으로 외식점포의 경우 위에서 제시한 과학적인 방법과 더불어 간략하게 진행할 수 있는 추세분석과 계절지수를 반영하는 방법을 설명하면 아래와 같다. 손쉽게 활용할 수 있으므로 잘 활용하길 바란다.

우리가 2012년 4월 매출액을 예측한다고 가정하자. 위에서 보면 2011년 매출액의 월별 추이가 나와 있고, 아래쪽에는 전월 대비 매출액비율이 나와 있다.

2012년 4월 매출액 예측을 위해서 2011년 3월 대비 4월의 매출액은 약 80% 정도의 수준에 있다. 그래서 2012년 4월의 매출액을 예측하면 2012년 3월의 매출액이 125,000,000원이었으니 125,000,000원의 80% 수준인 약 100,000,000원이 된다. 이렇게 계절추이와 작년추이를 반영하여 매출액을 예측하는 방법은 가장 간략한 방법이면서 손쉽게 쓰는 방법이다. 여기에 점장의 마케팅활동, 전사마케팅활동, 객단가 상승분 등 기타 요인의 의지를 반영해서 추가로 적용하면 월매출액 예측분이 나온다.

이 월 매출액 예측분이 나오고 나면 다음은 일별로 이를 배분하여 일별 예측을 하도록 한다.

월 매출액 예측이 100,000,000원이 나왔다. 이 1억 원의 매출액을 일별로 특이사항, 마케팅활동, 날씨정보, 작년 매출데이터를 기준으로 하여 일자별로 매출액, 고객수, 객단가, 좌석회전율 등을 예측하도록 한다. 특이사항 등에 대해서 민감하게 반응할 수 있으므로 반드시 마케팅활동, 사회적 이슈 등 특이사항 등을 반영해서 일자별 매출액을 예측하도록 한다.

일자별로 4가지의 예측수치를 예측하고 나면, 일별로 관리 시 실제매출액을 입력함으로써 예측매출과의 차이점을 분석하고, 이를 토대로 나온 수치를 반영하여 다음 주 매출액을 보완하는 등의 노력을 기울여야 한다.

[표 3-10] 외식점포의 월매출예측방법

매출월별 추이

년도	1월	2월	3월	4월	5월	6월	7월	8월	9월	10월	11월
2011	145,000,000	150,000,000	120,000,000	96,000,000	125,000,000	110,000,000	135,000,000	140,000,000	100,000,000	95,000,000	98,000,000
2012	150,000,000	158,000,000	125,000,000								

전월대비 매출비율

년도	1월	2월	3월	4월	5월	6월	7월	8월	9월	10월	11월
2011		103.4%	80.0%	80.0%	130.2%	88.0%	122.7%	103.7%	71.4%	95.0%	103.2%
2012	90.9%	105.3%	79.1%								

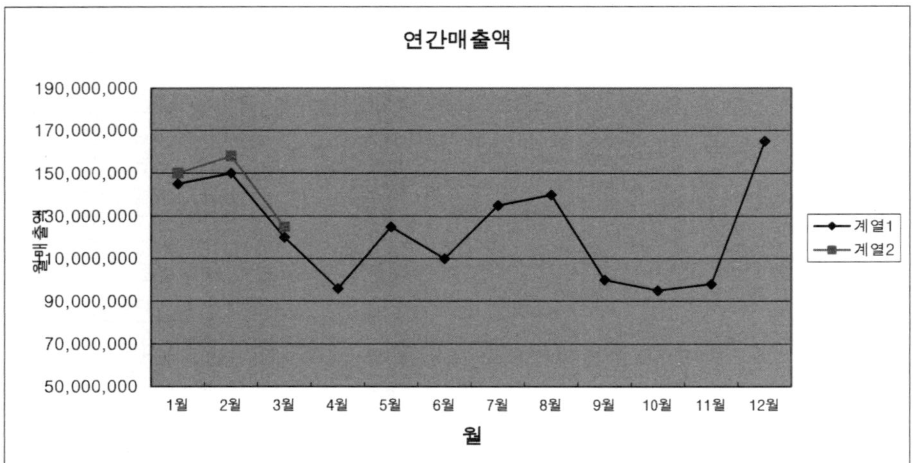

[표 3-11] 외식점포의 매출예측방법

좌석수	직원수	영업일수	평균시급	예측매출액
150	25	30	7500	100,000,000

예측매출								실제매출			
일자	요일	전년매출액	특이사항	예측매출액	고객수	객단가	좌석회전율	실제매출액	고객수	객단가	좌석회전율
4월1일	일요일	4,500,000		5,000,000	667	7,500	4.4				
4월2일	월요일	2,400,000	쿠폰배포	2,800,000	373	7,500	2.5				
4월3일	화요일	2,600,000		2,500,000	333	7,500	2.2				
4월4일	수요일	2,600,000		2,500,000	333	7,500	2.2				
4월5일	목요일	2,700,000		2,700,000	360	7,500	2.4				
4월6일	금요일	2,600,000		2,850,000	380	7,500	2.5				
4월7일	토요일	5,000,000		5,250,000	700	7,500	4.7				
4월8일	일요일	4,500,000		4,900,000	653	7,500	4.4				
4월9일	월요일	2,200,000	SMS문자할인	2,300,000	307	7,500	2.0				
4월10일	화요일	2,750,000	SMS문자할인	2,750,000	367	7,500	2.4				
4월11일	수요일	2,900,000		2,950,000	393	7,500	2.6				
4월12일	목요일	3,000,000		3,250,000	433	7,500	2.9				
4월13일	금요일	3,300,000		3,500,000	467	7,500	3.1				
4월14일	토요일	4,900,000		5,300,000	707	7,500	4.7				
4월15일	일요일	4,400,000		4,900,000	653	7,500	4.4				
4월16일	월요일	2,200,000		2,400,000	320	7,500	2.1				
4월17일	화요일	2,500,000		2,700,000	360	7,500	2.4				
4월18일	수요일	2,800,000		2,900,000	387	7,500	2.6				
4월19일	목요일	3,000,000		3,000,000	400	7,500	2.7				
4월20일	금요일	3,000,000		3,200,000	427	7,500	2.8				
4월21일	토요일	4,400,000		4,000,000	533	7,500	3.6				
4월22일	일요일	3,800,000		3,650,000	487	7,500	3.2				
4월23일	월요일	2,000,000	대학생중간고사	3,000,000	400	7,500	2.7				
4월24일	화요일	2,150,000		2,000,000	267	7,500	1.8				
4월25일	수요일	2,150,000		2,100,000	280	7,500	1.9				
4월26일	목요일	2,100,000		2,100,000	280	7,500	1.9				
4월27일	금요일	2,550,000		2,500,000	333	7,500	2.2				
4월28일	토요일	5,300,000		5,500,000	733	7,500	4.9				
4월29일	일요일	5,200,000		5,000,000	667	7,500	4.4				
4월30일	월요일	2,500,000		2,500,000	333	7,500	2.2				
합계		96,000,000		100,000,000	13,333	7,500	3.0	0	0	0	0

전년매출액은 일자별이 아닌 주요일에 맞춰서 배분함

[표 3-12] 외식점포의 손익계산서 예측

계정항목	예측금액	비율
1.매출액	100,000,000	100.0%
2.매출원가	30,000,000	30.0%
식료원가	27,000,000	27.0%
주음료원가	3,000,000	3.0%
3.인건비	24,400,000	24.4%
급여수당	20,000,000	20.0%
상여금	2,000,000	2.0%
법적복리비	1,500,000	1.5%
퇴직금	500,000	0.5%
교육비	200,000	0.2%
기타인건비	200,000	0.2%
4.매출이익	45,600,000	45.6%
5.일반관리비	14,950,000	15.0%
1) 마케팅비	3,000,000	3.0%
2) 소모품비	1,500,000	1.5%
3) 사무용품비	50,000	0.1%
4) 교통비	300,000	0.3%
5) 수선유지비	200,000	0.2%
6) 수도광열비	5,000,000	5.0%
7) 통신비	200,000	0.2%
8) 차량비	200,000	0.2%
9) 연구비	500,000	0.5%
10) 보험료	1,000,000	1.0%
11) 조세공과금	300,000	0.3%
12) 청소비	700,000	0.7%
13) 기타경비	2,000,000	2.0%
6.영업이익 1	30,650,000	30.7%
7.기타고정비용	14,770,000	14.8%
1) 임대료	10,000,000	10.0%
2) 감가상각비	2,770,000	2.8%
3) 이자비용	2,000,000	2.0%
8.영업이익 2	15,880,000	15.9%
9.점포이익	15,880,000	15.9%
10.법인세/소득세	3,800,000	3.8%
11.순이익	12,080,000	12.1%

예측된 매출액을 기입하도록 한다.

점포의 원가목표에 맞는 원가를 기입한다.

마케팅비 : 마케팅인쇄물, 광고비 등
소모품비 : 점포 고객사용 기물,소모품(냅킨/포크/나이프등)
사무용품 : 사무실 사용용품(잉크,종이등)
교통비 : 직원지급 교통비, 출장비 등
수선유비지 : 기기, 기물 수리비용
수도광열비 : 가스,수도,전기 비용
통신비 : 전화, 팩스, 인터넷, 포스 비용
차량비 : 점포차량 관련 비용, 주유비
연구비 : 메뉴개발 등의 연구비
보험료 : 점포가입 화재보험료, 손해보험등
조세공과금 : 각종 공과금
청소비 : 청소용역, 종량제 봉투 등
기타 : 위의 계정항목 이외의 비용 모두

예측된 월 매출액을 기준으로 하여 월 예측 손익계산서를 작성해야 한다. 월 예측 손익계산서는 점포운영의 기준이 되며, 이 기준대로 운영해야 원하는 이익의 목표를 달성할 수 있다. 뒤에 비용관리부분에서 다시 설명하겠지만 각 계정별로 예측 매출을 기준으로 사용할 비용의 수준을 결정하고 이에 따라 점포가 움직일 수 있도록 점장은 관리해 나가야 한다. 따라서 월 예측 손익계산서의 작성은 월단위 점포운영의 기준이 될 것이므로 신중히 자세하고 세밀하게 작성하도록 해야 한다.

> 각 계정별로 예측 매출을 기준으로 사용할 비용의 수준을 결정하고 이에 따라 점포가 움직일 수 있도록 점장은 관리해 나가야 한다.

4. BEP의 이해

1 손익분기점의 의의

손익분기점(BEP : Break-Even Point)은 일정기간의 매출액 또는 매출량이 그것을 얻기 위해 발생된 총원가와 일치할 때의 매출액 또는 매출량을 말한다. 즉 손익분기점은 매출액과 총원가가 일치하여 이익도 손실도 없는 조업도를 말한다. 손익분기점 분석을 위해서는 총비용을 매출액의 변동에 관계없이 일정하게 발생하는 고정비와 매출액의 변동에 비례하여 발생하는 변동비로 구분하여야 한다. 비용의 분해방법은 개별비용법과 총비용법 등이 있다. 그러나 현실적으로 고정비와 변동비를 구분하기가 쉽지 않으므로 월별손익계산서나 연간손익계산서를 토대로 고정비와 변동비를 적정하게 분류하여 계산하여야 한다.

(1) 손익분기점 산출 목적

① 경영주는 발생되는 수입과 지출의 내용을 정확하게 파악

② 손익 분기 매출액과 실제 매출액 비교, 기업의 매출 수준의 적정성 판단

③ 손익분기점을 토대로 손익계산서 작성하여 경영상태 점검

④ 점포 출점에 있어서 근거자료

(2) 손익분기점의 변동비, 고정비의 분류

외식점포에서 변동비와 고정비는 아래와 같이 분류할 수 있다. 일부 성격이 변동비인지 고정비인지 애매한 부분이 있는 것도 있으나 점포상황에 맞게끔 판

단해서 운영하면 될 것 같다.

① 외식점포에서의 변동비:횟수 또는 양에 비례하여 지출되는 비용으로써 식자재비, 잡급, 통신비, 소모품비, 수도광열비 정도가 있다. 하지만 인건비도 정직원의 경우 고정비로 봐야 하고, 시급 직원의 경우 변동비로 봐야 한다. 따라서 점포에서 판단해서 변동비인지 고정비인지를 결정해서 손익분기점을 계산하면 되겠다. 임대료가 수수료로 나가는 점포일 경우도 변동비로 판단해야 한다.

② 외식점포에서의 고정비:사용 유무, 횟수에 상관없이 일정하게 지급되는 비용으로써 정직원 인건비, 임차료, 감가상각비, 화재보험료, 방역비, 보안업체비용, 청소용역비 등이 있을 수 있다. 앞서 언급했지만 임차료가 고정적으로 지출될 때만 고정비로 처리하면 된다.

[그림 3-5] **손익분기점 도표**

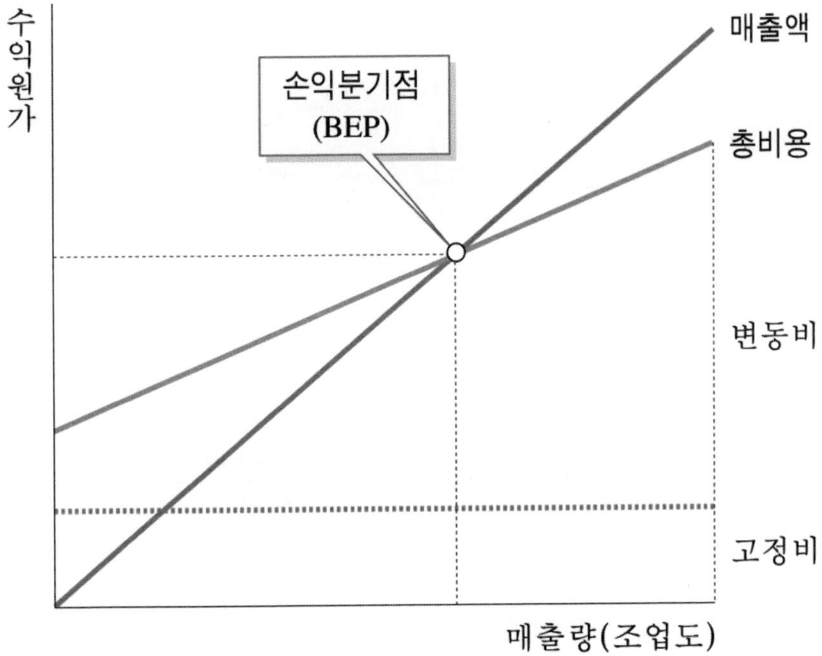

(3) 손익분기점의 계산

① 매출량의 손익분기점:총수익과 총비용이 일치하는 점에서의 생산량과 판매량이고, 총비용은 고정비와 변동비로 구분할 수 있다.

$$총수익(TR) = 총비용(TC) = 고정비(FC) + 변동비(VC)$$
$$R = P \cdot Q - V \cdot Q - FC = 0$$
$$P \cdot Q - V \cdot Q = FC$$
$$(P - V) \cdot Q = FC$$
$$BEP(Q) = \frac{FC}{P - V}$$

② 매출액의 손익분기점 계산

$$R = P \cdot Q - V \cdot Q - FC = 0$$
$$PQ = VQ/PQ \cdot PQ + FC$$
$$PQ(1 - VQ/PQ) = FC$$

③ 목표이익과 손익분기점

$$목표이익을\ 고려한\ 손익분기점\ 매출량(Q) = \frac{고정비 + 목표이익}{단위당\ 공헌이익}$$

$$목표이익을\ 고려한\ 손익분기점\ 매출량(Q) = \frac{고정비 + 목표이익}{공헌이익률}$$

④ 비용의 분류:손익분기점을 분석하기 위하여 기업 내의 모든 비용을 고정비와 변동비로 구분하여 분석한다. 고정비(fixed cost)는 조업도의 증감에 관계없이 원가총액이 변동하지 않고 고정적으로 발생하는 원가를 의미하며, 변동비(variable cost)는 조업도의 증감에 원가총액이 비례적으로 증감하는 원가를 말한다.

⑤ 손익분기점의 특징

㉠ 법인세가 있는 경우와 법인세가 없는 경우의 손익분기점은 동일하다.

㉡ 판매량이 증가하여도 손익분기점은 변하지 않는다.

㉢ 단위당 판매가격이 증가하면 손익분기점은 작아지고, 단위당 판매가격이 하락하면 손익분기점은 커진다.

㉣ 단위당 변동원가가 증가하면 손익분기점은 커지고, 단위당 변동원가가 감소하면 손익분기점은 작아진다.

㉤ 단위당 변동원가와 고정원가가 동시에 같은 방향(증가 또는 감소)으로 변동할 경우 손익분기점은 크게 영향을 받으나 다른 방향으로 변동하면 서로 상쇄되어 손익분기점은 크게 변하지 않는다.

㉥ 고정원가가 증가하면 손익분기점은 커지고, 고정원가가 감소하면 손익분기점은 작아진다.

㉦ 단위당 판매가격, 단위당 변동원가 및 고정원가가 동일한 비율로 증가하거나 감소하는 경우 손익분기점은 변하지 않는다.

⑥ 손익분기점 공식의 전제:손익분기점은 총비용을 고정비와 변동비로 나누어야만 그 산출이 가능하다. 그런데 고정비와 변동비는 이론상의 고정비와 변동비를 의미하는 것이므로, 손익분기점은 현실에 비추어 볼 때 다음과 같은 전제를 기초로 하여 기본 공식이 도출되었다.

㉠고정비는 조업도에 관계없이 항상 변하지 않는다.

㉡ 변동비는 조업도에 정비례하여 변동하여야 한다.

㉢ 제품의 구성은 고정되어 있어야 한다.

㉣ 작업자 1인당 생산성은 본질적으로 일정하여야 한다.

㉤ 제조와 판매와의 사이에는 동시성이 있어야 한다.

㉥ 일반 물가수준에 있어서의 변동은 없어야 한다.

⑦ 손익분기점의 한계점

㉠ 영업비용의 구성항목을 고정비와 변동비로만 구분하였으나, 고정비 가운데 변동비의 성격을 갖는 비용과 변동비 중에서 고정비의 성격을 갖는 준변동비, 준고정비가 존재하게 되며, 이때 고정비와 변동비의 정확한 배부가 어렵다.

㉡ 기업 생산품이 다품종일 경우 공동비의 배부문제가 생길 수 있다.

㉢ 손익분기 분석에 필요한 단위당 판매가격, 단위당 변동비, 고정비가 각 생산 수준에 알려져 있는 것으로 전제하고 있으나, 이러한 요소들이 변화할 수 있는 불확실성 상황에서는 이들 요소의 정확한 추정이 손익분기분석의 유용성을 결정한다.

예제 손익분기점의 계산

[문제] (주) 세종 레스토랑은 신규브랜드로 돈가스전문점을 오픈하려고 한다. 아래와 같이 조건으로 운영하려고 할 때 돈가스전문점의 BEP를 산출하고, 신규브랜드를 오픈해야 하는지 의사결정하시오.

1.(주) 세종 레스토랑은 아파트 상가에 7%의 수수료 점포를 임차하여 돈가스전문점을 오픈하려고 준비하고 있다.

2.돈가스의 평균 식자재 원가는 35%이며, 월 수도광열비는 약

1,200,000원이고, 통신비는 150,000원, 카드수수료는 2.5%, 인건비(변동비로 봄) 약 25%, 투자비로 매월 지불금액이 650,000원, 은행이자로 350,000원의 비용이 든다.

3.상권조사, 입지조사를 통해서 나온 월 예상매출액은 약 79,000,000원 정도 될 것으로 보고 있다.

4. (주) 세종 레스토랑은 오픈 투자금액은 2억 원이며, 연간 기대수익률이 15%이다.

[풀이] 변동비:임대료 7%, 식자재 원가 35%, 카드수수료 2.5%, 인건비 25%

합계 69.5%

고정비:수도광열비 1,200,000원+통신비 150,000원+투자비 650,000원+은행이자 350,000원

합계 : 2,350,000원

손익분기점 = 2,350,000원/1 - 0.695 = 2,350,000원/0.305 =7,704,918원

따라서 (주) 세종 레스토랑의 돈가스전문점 손익분기점은 77,049,180원이다. 예상매출액이 약 79,000,000원이므로 연간 영업이익은 (79,000,000 - 77,049,180)×12(개월) = 23,409,840원이 된다. (주) 세종 레스토랑의 연간 투자수익률은 15%이므로 200,000,000×0.15 = 30,000,000원이다. 이에 따라 본 점포는 기대수익률에 미치지 못하므로 오픈하지 않는다는 것으로 의사결정을 한다.

2 외식점포 손익분기점의 계산

점포의 손익분기점 산출공식은 아래와 같이 계산하면 된다.

[표 3-13] 점포의 손익분기점 계산표

점포 BEP 산출공식

계정항목	예측금액	비율	변동비용	고정비용
1.매출액	100,000,000	100.0%		
2.매출원가	30,000,000	30.0%		
식료원가	27,000,000	27.0%	0.27	
주음료원가	3,000,000	3.0%	0.03	
3.인건비	24,400,000	24.4%	0.244	
급여수당	20,000,000	20.0%		
상여금	2,000,000	2.0%		
법적복리비	1,500,000	1.5%		
퇴직금	500,000	0.5%		
교육비	200,000	0.2%		
기타인건비	200,000	0.2%		
4.매출이익	45,600,000	45.6%		
5.일반관리비	14,950,000	15.0%		
1) 마케팅비	3,000,000	3.0%	0.03	
2) 소모품비	1,500,000	1.5%	0.015	
3) 사무용품비	50,000	0.1%	0.001	
4) 교통비	300,000	0.3%	0.003	
5) 수선유지비	200,000	0.2%	0.002	
6) 수도광열비	5,000,000	5.0%	0.05	
7) 통신비	200,000	0.2%		200,000
8) 차량비	200,000	0.2%		200,000
9) 연구비	500,000	0.5%		500,000
10) 보험료	1,000,000	1.0%		1,000,000
11) 조세공과금	300,000	0.3%		300,000
12) 청소비	700,000	0.7%		700,000
13) 기타경비	2,000,000	2.0%	0.02	
6.영업이익 1	30,650,000	30.7%		
7.기타고정비용	14,770,000	14.8%		
1) 임대료	10,000,000	10.0%		10,000,000
2) 감가상각비	2,770,000	2.8%		2,770,000
3) 이자비용	2,000,000	2.0%		2,000,000
8.영업이익 2	15,880,000	15.9%		
9.점포이익	15,880,000	15.9%		
10.법인세/소득세	3,800,000	3.8%	0.038	
11.순이익	**12,080,000**	12.1%	0.703	17,670,000

점포순이익 BEP	59,494,949

17,670,000(고정비)
------------------ = 59,494,949
1- 0.703

① 각 계정항목 비용들을 변동비와 고정비로 분류한다. 고정비와 변동비로 분류하기에는 애매모한 계정항목들이 존재하기도 한다. 예를 들어서 인건비의 경우 정직원의 인건비는 고정비에 가깝고, 아르바이트의 급여는 변동비에 가깝다.

따라서 이는 점포의 상황에 맞게끔 처리하거나 변동비 성격이 가까운지, 고정비 성격이 가까운지에 따라서 정하면 될 것 같다. 또한 위 점포의 경우 임대료는 10,000,000원의 고정비이다. 임대료를 수수료로 내는 점포의 경우 변동비용으로 처리해야 한다.

위의 계산식에서 변동비용과 고정비용으로 분류하면 다음과 같다.

㉠ 변동비:식료원가, 주음료원가, 인건비, 마케팅비, 소모품비 사무용품비, 교통비, 수선유지비, 수도광열비, 기타경비, 법인세와 소득세

㉡ 고정비:통신비, 차량비, 연구비, 보험료, 조세공과금, 청소비, 기타경비, 임대료, 감가상각비, 이자비용

② 변동비의 모든 변동비율의 합을 구한다. 위의 예시에서는 변동비율의 합계가 0.703이다.

③ 고정비의 모든 고정비용 급액의 합을 구한다. 위의 예시에서는 고정비 금액의 합계가 17,670,000원이다.

④ 점포 BEP의 산출공식에 수치를 대입한다. 이를 BEP 매출량 공식에 대입시키면 17,670,000/1 - 0.703 = 59,494,949원이다.

⑤ 위 점포의 BEP는 59,494,949원이다. 따라서 위 점포의 경우 59,494,949원 이상의 매출만 올리면 손익분기점 매출은 넘는다는 말이 된다.

BEP 산출의 경우 매월 BEP가 달라지므로 매월 한 번씩 BEP를 계산하기 바란다.

예제 점포의 손익분기점 계산

[문제] (주) 세종 레스토랑에서 운영하는 브랜드 행복돈가스의 10월 손익계산서는 다음과 같다. 아래의 표를 이용하여 10월 손익분기점을 계산하라.

행복돈까스 10월 손익계산서

계정항목	매출	비율	변동비용	고정비용
1.매출액	**200,000,000**	**100.0%**		
2.매출원가	**70,000,000**	**35.0%**		
식료원가	60,000,000	30.0%		
주음료원가	10,000,000	5.0%		
3.인건비	**36,100,000**	**18.1%**		
급여수당	23,000,000	11.5%		
잡급	8,000,000	4.0%		
법적복리비	2,000,000	1.0%		
퇴직금	1,600,000	0.8%		
교육비	500,000	0.3%		
기타인건비	1,000,000	0.5%		
4.매출이익	**93,900,000**	**47.0%**		
5.일반관리비	**20,450,000**	**10.2%**		
1) 마케팅비	5,000,000	2.5%		
2) 소모품비	4,500,000	2.3%		
3) 사무용품비	100,000	0.1%		
4) 교통비	500,000	0.3%		
5) 수선유지비	400,000	0.2%		
6) 수도광열비	6,500,000	3.3%		
7) 차량비	600,000	0.3%		
9) 연구비	200,000	0.1%		
10) 보험료	1,000,000	0.5%		
11) 조세공과금	250,000	0.1%		
12) 청소비	400,000	0.2%		
13) 기타경비	1,000,000	0.5%		
6.영업이익 1	**73,450,000**	**36.7%**		
7.기타고정비용	**27,400,000**	**13.7%**		
1) 임대료	12,000,000	6.0%		
2) 감가상각비	8,400,000	4.2%		
3) 이자비용	7,000,000	3.5%		
8.영업이익 2	**46,050,000**	**23.0%**		
9.점포이익	**46,050,000**	**23.0%**		
10.법인세/소득세	**11,512,500**	**5.8%**		
11.순이익	**34,537,500**	**17.3%**		

주어진 자료를 이용하여 BEP를 산출하시오.

주어진 자료를 이용하여 BEP를 산출하면 아래와 같다.

계정항목	매출	비율	변동비용	고정비용
1.매출액	**200,000,000**	**100.0%**		
2.매출원가	**70,000,000**	**35.0%**		
식료원가	60,000,000	30.0%	0.30	
주음료원가	10,000,000	5.0%	0.05	
3.인건비	**36,100,000**	**18.1%**		
급여수당	23,000,000	11.5%		23,000,000
잡급	8,000,000	4.0%	0.04	
법적복리비	2,000,000	1.0%		2,000,000
퇴직금	1,600,000	0.8%		1,600,000
교육비	500,000	0.3%		500,000
기타인건비	1,000,000	0.5%		1,000,000
4.매출이익	**93,900,000**	**47.0%**		
5.일반관리비	**20,450,000**	**10.2%**		
1) 마케팅비	5,000,000	2.5%	0.025	
2) 소모품비	4,500,000	2.3%	0.023	
3) 사무용품비	100,000	0.1%	0.001	
4) 교통비	500,000	0.3%	0.003	
5) 수선유지비	400,000	0.2%	0.002	
6) 수도광열비	6,500,000	3.3%	0.033	
7) 차량비	600,000	0.3%		600,000
9) 연구비	200,000	0.1%		200,000
10) 보험료	1,000,000	0.5%		1,000,000
11) 조세공과금	250,000	0.1%		250,000
12) 청소비	400,000	0.2%		400,000
13) 기타경비	1,000,000	0.5%	0.005	
6.영업이익 1	**73,450,000**	**36.7%**		
7.기타고정비용	**27,400,000**	**13.7%**		
1) 임대료	12,000,000	6.0%		12,000,000
2) 감가상각비	8,400,000	4.2%		8,400,000
3) 이자비용	7,000,000	3.5%		7,000,000
8.영업이익 2	**46,050,000**	**23.0%**		
9.점포이익	**46,050,000**	**23.0%**		
10.법인세/소득세	**11,512,500**	**5.8%**	**0.058**	
11.순이익	**34,537,500**	**17.3%**		
변동비율합계			**0.54**	
고정비율합계				**57,950,000**

BEP=57,950,000/(1-0.54) **125,978,260.87**

$$BEP = \frac{고정비}{(1-변동비율)} = \frac{57,950,000}{(1-0.54)} = 125,978,260원이다.$$

행복돈가스의 경우 1억 2천 5백만 원이 전월 BEP이므로 이를 감안해서 11월을 운영할 필요성이 있다. 비용 중 어느 부분을 줄여나갈 것인지 등에 대해서도 고민해야 한다.

물론 BEP는 계정을 고정비와 변동비로 어떻게 구분하느냐에 따라서 조금씩 달라질 수 있다.

5.경제적 주문량(EOQ)의 이해

경제적 주문량(EOQ:Economic Order Quantity)이란 물품의 조달과정에서 소요되는 비용(acquisition costs)과 유지비용(possession costs)이 일치되는 지점에서 구해지는 구매량으로서 비용을 최소화할 수 있는 구매량을 말한다.

경제적 주문량 모형, 즉 EOQ 모형은 재고관리와 관련하여 발생하는 재고관리원가를 최소화시켜 주는 최적주문량을 결정하기 위한 계량적 모형이다.

이 모형은 현실을 보다 단순화시키는 몇 가지 기본적 가정을 전제로 하고 있다.

기본적인 경제적 주문량 모형의 가정은 다음과 같다.

① 각 재 주문점의 주문량은 일정하다.

② 필요량(수요량), 1회 주문원가, 재고자산단위당 유지원가는 확실하며 일정하다.

③ 발주시점과 인도시점기간인 매입주문조달기간은 일정하며, 그 기간을 확실히 알 수 있다.

④ 재고부족은 없다. 재고부족으로 인한 비용이 많이 들기 때문에 경영자는 가능한 이 잠재적 원가를 회피하기 위해 재고부족을 발생시키지 않는다고 가정한다.

⑤ 주문량을 결정할 때 경영자는 재고자산의 유지비용과 주문비용의 범주 속에 포함시켜 품질원가를 고려한다.

⑥ 재고자산의 단위당 매입가격은 주문량에 영향을 받지 않는다. 이것은 경제적 주문량을 결정하는데 매입원가가 무관련 원가임을 가정하는 것이다.

$$\text{경제적 주문량} = \sqrt{\frac{2FS}{C}}$$

총적합원가(TRC) = 총주문원가 + 총재고유지원가

F:1회 주문에 소요되는 고정비용, S:연간 매출액, 또는 사용량

C:단위당 연간 재고유지원가, Q:경제적 주문량

예제 경제적 주문량(EOQ)의 계산

[문제] (주) 세종 레스토랑은 매일 120kg의 안심을 소비한다. 안심의 kg당 구매원가는 40,000원이며 kg당 연간관리비용은 40원이다. 1회 주문원가는 100원이다.

1. 경제적 주문량, 총재고자산 관련원가, 주문횟수를 계산하시오.
2. 경제적 주문량을 그래프로 나타내시오.

[풀이] 1. ①경제적 주문량 $= \sqrt{\frac{2 \times 120 \times 365 \times 100}{40}} = 467.97 = 468\text{kg}$

② 총재고자산 관련원가

$$\frac{48{,}000 \times 100}{486} = \frac{486 \times 40}{2} = 18{,}719\text{원}$$

③ 주문횟수

$$\frac{48{,}000}{486} = 93.59 = 94\text{회}$$

2.경제적 주문량 그래프

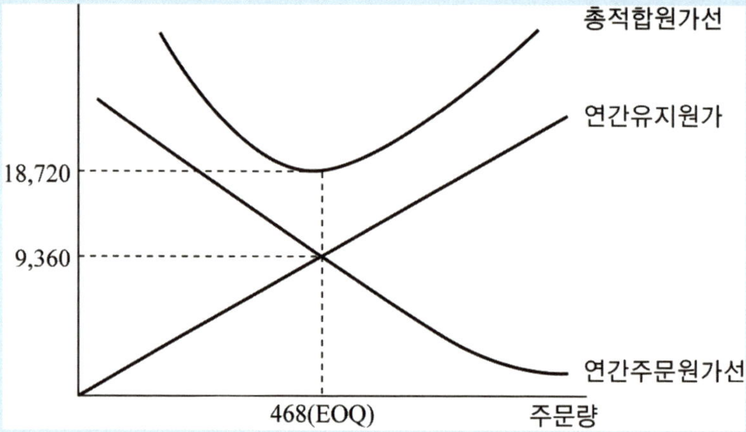

6. 점포비용의 관리방법

> 점포관리의 기준은 항상 매출 향상 및 수익의 극대화를 목표로 움직여야 한다. 점포조직의 팀워크 향상과 점포조직의 문화, QSC 강화활동, 직원의 교육 등의 모든 영업활동들은 수익을 창출하기 위한 활동이다.

점포관리의 기준은 항상 매출 향상 및 수익의 극대화를 목표로 움직여야 한다. 점포조직의 팀워크 향상과 점포조직의 문화, QSC 강화활동, 직원의 교육 등의 모든 영업활동들은 수익을 창출하기 위한 활동이다. 따라서 모든 영업활동의 목표를 매출향상과 수익의 극대화에 두어야 한다. 따라서 매출 향상을 위한 관리방법과 더불어 표준화되고 시스템화된 방법을 습득하여 비용관리를 효과적으로 하는 것은 점포의 수익향상을 위해서 학습해야 할 과제이다.

외식점포의 손익구조는 식자재 원가, 인건비, 일반관리비의 세 가지 항목이다. 식자재 원가의 경우 변동비이며, 인건비의 경우 고정비와 변동비가 같이 구성되어 있고, 일반관리비 역시 변동비의 성격 계정과 고정비의 성격 계정이 있다. 업종에 따라서 경비의 비율은 다르나 일반적으로 외식점포의 경우 식자재 원가는 30%~40% 수준, 인건비는 20%~30% 수준으로 구성되고 있고, 일반관리비의 경우 20% 내외로 구성되어 있다. 각 점포의 상황이나 브랜드의 상황에 따라서 다르겠지만 통상적인 비율 수준이고, 이 비율을 어떻게 조정할 것인가하는 것은 브랜드나 점포의 상황에 맞춰서 목표를 설정한 후 실행할 수 있도록 해야겠다. 외식점포에서 가장 중점을 두고 관리하는 것이 인건비와 식자재 원가이다. 그리고 수도광열비, 소모품비, 수선유지비 등 변동성 경비들이다. 특히 변동성 경비의 경우 매출 대비 사용량의 목표를 가지고 점포의 직원들이 움직이도록 노력해야 한다. 다만 매출 증대보다 원가절감이 우선시되면 안 된다. 가장 선행되어야 하는 것은 고객수의 증가, 매출의 증대이다. 따라서 매출 증대를 위해서 우선 노력하고, 매출 증대 이후 원가절감을 위한 노력을 기울여야 한다.

1 인건비 관리

인건비의 목표는 점포의 상황, 서비스, 메뉴생산의 스킬 등에 따라서 목표비율이 달라진다. 다만, 계속 언급하고 있지만 인건비는 외식점포에 있어서 많은 비율을 차지하고 있는 경비이다. 따라서 인건비 컨트롤을 통해서 인건비의 운영이 적절히 되고 있는가를 항상 점검해야 한다. 실제 기입하는 항목들은 매출액, 고객수, 점포목표인건비, 인건비 금액, 전월시간당 인건비, 현재 인건비이다.

아래의 〈표 3 - 14〉 점포의 인건비 컨트롤 시트에서 보는 것처럼 예측된 매출액을 바탕으로 하여 전월 시간당 인건비를 산출하고 이번 달 매출 대비 인건비 목표를 설정하여 일별로 관리해 나가야 한다. 첨부한 인건비 시트를 작성해봄으로써 점포의 인건비 관리를 이해하기 바란다.

[표 3-14] 점포의 인건비 컨트롤 시트

인건비관리시트

예측매출액	예측고객수	점포목표인건비	인건비금액	전월시간당인건비	현재인건비
100,000,000	13,333	25%	24,400,000	7,500	22.9%

4월		예측 매출액				근로시간						
날짜		예측고객수	실제고객수	예측매출액	실제매출액	목표근로시간	주방사용시간	홀사용시간	TOTAL	인건비율%		
1일	일요일	667	680	5,000,000	5,168,000	167	80	70	150	1,125,000	21.8%	달성
2일	월요일	373	380	2,800,000	2,812,000	93	50	44	94	705,000	25.1%	달성
3일	화요일	333		2,500,000		83			0	0	#DIV/0!	#DIV/0!
4일	수요일	333		2,500,000		83			0	0	#DIV/0!	#DIV/0!
5일	목요일	360		2,700,000		90			0	0	#DIV/0!	#DIV/0!
6일	금요일	380		2,850,000		95			0	0	#DIV/0!	#DIV/0!
7일	토요일	700		5,250,000		175			0	0	#DIV/0!	#DIV/0!
8일	일요일	653		4,900,000		163			0	0	#DIV/0!	#DIV/0!
9일	월요일	307		2,300,000		77			0	0	#DIV/0!	#DIV/0!
10일	화요일	367		2,750,000		92			0	0	#DIV/0!	#DIV/0!
11일	수요일	393		2,950,000		98			0	0	#DIV/0!	#DIV/0!
12일	목요일	433		3,250,000		108			0	0	#DIV/0!	#DIV/0!
13일	금요일	467		3,500,000		117			0	0	#DIV/0!	#DIV/0!
14일	토요일	707		5,300,000		177			0	0	#DIV/0!	#DIV/0!
15일	일요일	653		4,900,000		163			0	0	#DIV/0!	#DIV/0!
16일	월요일	320		2,400,000		80			0	0	#DIV/0!	#DIV/0!
17일	화요일	360		2,700,000		90			0	0	#DIV/0!	#DIV/0!
18일	수요일	387		2,900,000		97			0	0	#DIV/0!	#DIV/0!
19일	목요일	400		3,000,000		100			0	0	#DIV/0!	#DIV/0!
20일	금요일	427		3,200,000		107			0	0	#DIV/0!	#DIV/0!
21일	토요일	533		4,000,000		133			0	0	#DIV/0!	#DIV/0!
22일	일요일	487		3,650,000		122			0	0	#DIV/0!	#DIV/0!
23일	월요일	400		3,000,000		100			0	0	#DIV/0!	#DIV/0!
24일	화요일	267		2,000,000		67			0	0	#DIV/0!	#DIV/0!
25일	수요일	280		2,100,000		70			0	0	#DIV/0!	#DIV/0!
26일	목요일	280		2,100,000		70			0	0	#DIV/0!	#DIV/0!
27일	금요일	333		2,500,000		83			0	0	#DIV/0!	#DIV/0!
28일	토요일	733		5,500,000		183			0	0	#DIV/0!	#DIV/0!
29일	일요일	667		5,000,000		167			0	0	#DIV/0!	#DIV/0!
30일	월요일	333		2,500,000		83			0	0	#DIV/0!	#DIV/0!
						0			0	0	#DIV/0!	#DIV/0!
		13,333	1,060	100,000,000	7,980,000	3,333	130	114	244	1,830,000		

작성 순서는 아래와 같다.

① 예측자료를 가지고 예측매출액, 예측고객수, 점포목표인건비, 인건비 금액 등을 기입한다.
② 전월 인건비 데이터를 가지고 점포의 시간당 인건비를 구한다(전월 인건비 총액÷총근로시간 = 시간당 인건비).
③ 예측자료를 가지고 시트 아래쪽 예측고객수와 예측매출액을 기입한다.
④ 근로시간의 목표근로시간(주방, 홀 총 근로시간 합계)을 일별로 산정해서 기입한다.
⑤ 일자별로 실제 발생한 매출액을 기입하고, 근로시간 사용액을 기입한다.
⑥ 그러면 자동적으로 인건비율이 계산되게 되며, 일별 인건비 목표가 달성되었는지 미달성되었는지 엑셀 마지막 칸에 자동적으로 나타나게 된다.
⑦ 시트 위의 현재까지의 인건비율을 확인하면서 인건비율을 조절해 나간다.

2 식자재 원가 관리

식자재 원가와 인건비의 합계를 외식업에서는 프라임코스트(prime cost)라 한다. 그만큼 중요한 비용이라는 의미이다. 외식점포에서 원가 중에서 가장 많은비율을 차지하는 것이 식자재 원가이다. 식자재 원가는 관리돼야 하는 항목이고 또 고객의 만족도와 연관되어 있으므로 적정원가비율을 유지하는 것이 중요하다. 다만 내부적으로 잘못 운영되어 로스로 발생하고 있는 것은 없는지, 발주에 있어서 과발주로 인한 손실량은 없는지, 과소발주로 인해서 판매를 못해 발생하는 기회손실은 없는지, 메뉴의 판매량에 있어서 적정한 메뉴 믹스비율(메뉴판매비율 : 전 판매메뉴를 각 메뉴별로 비율로 나눈 것)을 유지하고 있는지, 그리고 음료의 판매비율은 적정하게 유지되고 있는지 등을 항상 점검하면서 점포를 운영해야 한다. 이렇게 관리하여 적정 식자재 원가비율을 유지하면서 적정 이윤을 확보해 가야 한다. 결론적으로 원가를 줄여나가는 방법으로는 내부적인 관리요소와 메뉴 믹스의 변화이다. 내부적으로 식자재에 대한 손실을 최소화하는 방법과 메뉴원가가 높은 메뉴와 메뉴원가가 낮은 메뉴를 적정한 비율로 판매하는 노력 등으로 원가를 절감할 수 있다. 또한 신메뉴를 개발할 때는 원가율을 고려하고 시장상황을 파악하여 저렴한 식자재로 좋은 품질의 메뉴를 만들어 내는 노력도 기울여야 한다.

> 내부적으로 잘못 운영되어 로스로 발생하고 있는 것은 없는지, 발주에 있어서 과발주로 인한 손실량은 없는지, 과소발주로 인해서 판매를 못해 발생하는 기회손실은 없는지, 메뉴의 판매량에 있어서 적정한 메뉴 믹스비율(메뉴판매비율 : 전 판매메뉴를 각 메뉴별로 비율로 나눈 것)을 유지하고 있는지, 그리고 음료의 판매비율은 적정하게 유지되고 있는지 등을 항상 점검하면서 점포를 운영해야 한다.

식자재 원가는 (전월재고+당월 입고금액-월말재고)로 계산된다. 앞서 설명하였지만 이렇게 식자재 원가가 계산되기 때문에 재고조사에 신중을 기해야 한다. 또한 점포에서는 폐기량에 대한 관리를 철저히 해야 하고, 수율에 대한 관리 역시 철저히 진행해야 한다. 직원들이 간혹 쓸 수 있는 식자재를 쓰레기통으로 버리기도 하고, 잘못 만들어 버려지는 것들도 있기 때문에 항상 조심하고 폐기량 체크표에 체크해서 경각심을 가질 수 있도록 해야 한다. 그리고 주기적으로 메뉴판매량 분석을 통해서 판매량을 분석하고, 식자재 원가에 미치는 영향을 파악해야 한다. 즉 원가가 높은 메뉴와 원가가 낮은 메뉴의 비율을 체크해야 한다는 의미이다.

또 원가의 조절을 위한 세트메뉴의 개발(원가가 낮고 고객만족도는 높게 하는), 원가가 좋은 메뉴개발(식자재의 활용을 잘하면 된다.) 등에 대해서 메뉴개발자나 점포관리자는 고민하고 이를 실행해야 한다.

[표 3-15] 점포의 식자재 원가 컨트롤 시트

식자재원가관리시트

예측매출액	예측고객수	점포목표식자재원가	식자재원가금액	현재식자재원가
100,000,000	13,333	30%	30,000,000	28.8%

4월		예측 매출액				식자재 발주 금액							
날짜		예측고객수	실제고객수	예측매출액	실제매출액	목표발주금액	식료발주금액	음료발주금액	TOTAL	식료원가비율	음료원가비율	총원가비율	달성여부
1일	일요일	667	680	5,000,000	5,168,000	1,500,000	1,350,000	50,000	1,400,000	26.1%	1.0%	27.1%	달성
2일	월요일	373	380	2,800,000	2,812,000	840,000	900,000	0	900,000	32.0%	0.0%	32.0%	미달성
3일	화요일	333		2,500,000		750,000			0	#DIV/0!	#DIV/0!	#DIV/0!	#DIV/0!
4일	수요일	333		2,500,000		750,000			0	#DIV/0!	#DIV/0!	#DIV/0!	#DIV/0!
5일	목요일	360		2,700,000		810,000			0	#DIV/0!	#DIV/0!	#DIV/0!	#DIV/0!
6일	금요일	380		2,850,000		855,000			0	#DIV/0!	#DIV/0!	#DIV/0!	#DIV/0!
7일	토요일	700		5,250,000		1,575,000			0	#DIV/0!	#DIV/0!	#DIV/0!	#DIV/0!
8일	일요일	653		4,900,000		1,470,000			0	#DIV/0!	#DIV/0!	#DIV/0!	#DIV/0!
9일	월요일	307		2,300,000		690,000			0	#DIV/0!	#DIV/0!	#DIV/0!	#DIV/0!
10일	화요일	367		2,750,000		825,000			0	#DIV/0!	#DIV/0!	#DIV/0!	#DIV/0!
11일	수요일	393		2,950,000		885,000			0	#DIV/0!	#DIV/0!	#DIV/0!	#DIV/0!
12일	목요일	433		3,250,000		975,000			0	#DIV/0!	#DIV/0!	#DIV/0!	#DIV/0!
13일	금요일	467		3,500,000		1,050,000			0	#DIV/0!	#DIV/0!	#DIV/0!	#DIV/0!
14일	토요일	707		5,300,000		1,590,000			0	#DIV/0!	#DIV/0!	#DIV/0!	#DIV/0!
15일	일요일	653		4,900,000		1,470,000			0	#DIV/0!	#DIV/0!	#DIV/0!	#DIV/0!
16일	월요일	320		2,400,000		720,000			0	#DIV/0!	#DIV/0!	#DIV/0!	#DIV/0!
17일	화요일	360		2,700,000		810,000			0	#DIV/0!	#DIV/0!	#DIV/0!	#DIV/0!
18일	수요일	387		2,900,000		870,000			0	#DIV/0!	#DIV/0!	#DIV/0!	#DIV/0!
19일	목요일	400		3,000,000		900,000			0	#DIV/0!	#DIV/0!	#DIV/0!	#DIV/0!
20일	금요일	427		3,200,000		960,000			0	#DIV/0!	#DIV/0!	#DIV/0!	#DIV/0!
21일	토요일	533		4,000,000		1,200,000			0	#DIV/0!	#DIV/0!	#DIV/0!	#DIV/0!
22일	일요일	487		3,650,000		1,095,000			0	#DIV/0!	#DIV/0!	#DIV/0!	#DIV/0!
23일	월요일	400		3,000,000		900,000			0	#DIV/0!	#DIV/0!	#DIV/0!	#DIV/0!
24일	화요일	267		2,000,000		600,000			0	#DIV/0!	#DIV/0!	#DIV/0!	#DIV/0!
25일	수요일	280		2,100,000		630,000			0	#DIV/0!	#DIV/0!	#DIV/0!	#DIV/0!
26일	목요일	280		2,100,000		630,000			0	#DIV/0!	#DIV/0!	#DIV/0!	#DIV/0!
27일	금요일	333		2,500,000		750,000			0	#DIV/0!	#DIV/0!	#DIV/0!	#DIV/0!
28일	토요일	733		5,500,000		1,650,000			0	#DIV/0!	#DIV/0!	#DIV/0!	#DIV/0!
29일	일요일	667		5,000,000		1,500,000			0	#DIV/0!	#DIV/0!	#DIV/0!	#DIV/0!
30일	월요일	333		2,500,000		750,000			0	#DIV/0!	#DIV/0!	#DIV/0!	#DIV/0!
									0	#DIV/0!	#DIV/0!	#DIV/0!	#DIV/0!
		13,333	1,060	100,000,000	7,980,000	30,000,000	2,250,000	50,000	2,300,000	28.2%	0.6%	28.8%	

점포의 식자재 원가 컨트롤 시트의 작성 순서는 아래와 같다.

① 예측자료를 가지고 예측매출액, 예측고객수, 점포목표, 식자재 원가목표, 식자재 원가금액 등을 기입한다.

② 예측자료를 가지고 시트 아래쪽 예측고객수와 예측매출액을 기입한다.

③ 목표발주금액을 매출액 대비로 해서 일별로 입력한다.

④ 일자별로 실제 발생한 매출액을 기입하고 식료발주금액, 음료발주금액을 입력한다.

⑤ 그러면 자동적으로 식자재 원가비율이 계산되게 되며, 일별 식자재 원가 목표가 달성되었는지 미달성되었는지 엑셀 마지막 칸에 자동적으로 나타나게 된다.

⑥ 시트 위의 현재까지의 식자재 원가비율을 확인하면서 인건비율을 조절해 나간다.

[표 3-16] 점포의 폐기량 관리 시트

폐기량 관리 시트

번호	날짜	폐기메뉴	수량	원가	판매가	총원가	총판매손실금액	폐기원인	폐기자
1	04월 01일	김치찌개	2	1,500	5,000	3,000	10,000	주문 미스	박OO
2							0		
3							0		
4							0		
5							0		
6							0		
7							0		
8							0		
9							0		
10							0		
11							0		
12							0		
13							0		
14							0		
15							0		
16							0		
17							0		
18							0		
19							0		
20							0		
21							0		
22							0		
23							0		
24							0		
25							0		
26							0		
27							0		
28							0		
29							0		
30							0		
총합계			2			3,000	10,000		

[표 3-17] 점포의 일반관리비 관리 시트

일반관리비 관리시트

	마케팅비	소모품비	사무용품비	교통비	수선유지비	통신비	차량비	연구비	보험료	조세공과금	청소비	기타경비
예측 목표	3,000,000	1,500,000	50,000	300,000	200,000	200,000	200,000	500,000	1,000,000	300,000	700,000	2,000,000
사용 실적	1,000,000	50,000	12,000	0	0	0	0	0	0	0	50,000	0

일자		마케팅비		소모품비		사무용품비		교통비		수선유지비		통신비		차량비		연구비		보험료		조세공과금		청소비		기타경비	
		항목	금액	항목	금액	항목	금액	항목	금액	항목	금액	항목	금액	항목	금액	항목	금액	항목	금액	항목	금액	항목	금액	항목	금액
1일	일	판촉물	1,000,000			종이	12,000																		
2일	월			냅킨	50,000																				
3일	화																					종량제	50,000		
4일	수																								
5일	목																								
6일	금																								
7일	토																								
8일	일																								
9일	월																								
10일	화																								
11일	수																								
12일	목																								
13일	금																								
14일	토																								
15일	일																								
16일	월																								
17일	화																								
18일	수																								
19일	목																								
20일	금																								
21일	토																								
22일	일																								
23일	월																								
24일	화																								
25일	수																								
26일	목																								
27일	금																								
28일	토																								
29일	일																								
30일	월																								

3 일반관리비 관리

일반관리비는 마케팅비, 소모품비, 사무용품비, 수선유지비, 수도광열비, 통신비, 차량비, 연구비, 보험료, 조세공과금, 청소비, 기타경비 등으로 구성되어 있다. 일반관리비의 관리는 어려울 것이 별로 없다. 각 점포의 특성에 맞게끔 일반관리비의 목표비율을 정할 필요가 있고, 또 매월 일반관리비용의 목표금액을 설정하여 목표에 의해서 일반관리비를 관리하면서 운영할 수 있도록 하면 된다.

점포의 일반관리비 관리 시트의 작성순서는 아래와 같다.

① 예측자료를 가지고 각 계정항목별로 예측목표 금액을 기입한다.

② 각 비용을 집행할 때마다 항목과 금액을 작성해서 넣는다.

③ 매일, 매주 계획 대비 금액을 확인하고 목표금액에 맞게 운영하도록 한다.

4 수도광열비 관리

매일매일 수도광열비를 관리한다는 것은 분명히 어려운 일임에 틀림이 없다. 하지만 이 매일하는 관리를 한 달로 보면, 또 연간으로 보면 큰 비용이다. 직원들의 입장에서 보면 편한 게 좋은 것이고 이러다보니 점포에서 쓰지 않는 가스 틀어놓기, 수도밸브를 많이 열어두고 수돗물 펑펑 쓰기, 필요 없는 전구 틀어놓기, 에어컨/난방기 필요 없이 틀어놓기 등은 일반적으로 일어나는 일이다. 비용의 관리는 모두가 한마음이 되어서 목적의식을 가지고 수행해야 하는 부분이다.

따라서 점포의 모든 직원과 함께 비용절감에 대한 의식을 가지고 움직이는 게 좋다. 수도광열비 역시 점포에서 사용 목표비율에 대한 것은 가지고 가는 것이 좋다. 과거의 데이터를 이용하여 고객 1인당 평균사용금액 등을 산출하여 목표치를 분명히 가지고 가는 것은 필요하다고 하겠다. 표준이 설정되면 관리 포인트를 찾기 쉬우므로 반드시 수도광열비에 있어서도 표준을 설정해두어야 한다. 수도광열비 관리를 위해서는 무엇보다도 매일매일 검침을 하고 이를 기입해서 사용량을 파악하는 것이 가장 중요하다. 또 이를 직원들이 보는 게시판과 매니저들이 볼 수 있도록 컴퓨터에 파일을 만들어서 관리하는 것도 한 방법이다.

일별로 검침하고 이상이 없는지 확인하고, 각종 기기의 이상, 점포의 온도, 화장실과 주방의 수압 등이 적정한지를 체크해야 하며 이를 점장뿐만 아니라 점포의 매니저, 캡틴 등 관리자 모두의 공동 운영방안으로 만들어야 한다.

(1) 가스의 체크 포인트

① 한가한 시간이나 필요없는 시간에 가스를 틀어두고 있는지 확인한다.

② 필요 없는 주방기기가 운영되고 있지 않은지 확인한다.

③ 너무 과하게 가스를 틀어서 조리를 하고 있지 않는지 확인한다.

④ 가스라이터를 사용하고 있는지 확인한다.

⑤ 불필요하게 물을 오랫동안 끓이기 위해서 가스를 틀어두고 있지 않는지 확인한다.

⑥ 직원들이 가스절약에 대해서 상기하고 실천하고 있는지 항상 질문한다.

(2) 전기의 체크 포인트

① 영업시간 외의 불필요한 조명이 on 되어 있지 않는지 확인한다.

② 배전판에 필요한 시간대별로 on/off 할 수 있도록 표시를 해두고, 각 시간에 맞게 운영한다.

③ 홀에 온도와 풍량 등을 적절하게 조절한다.

④ 한가한 시간에 불필요한 주방기기, 전기 등을 사용하고 있는지 확인한다.

⑤ 콘덴서의 청결상태를 확인하다. 콘덴서의 청결상태는 전기사용량과 밀접한 관계가 있다.

⑥ 주방기기의 온도 설정은 적정한지를 점검한다.

⑦ 조명의 on/off에 잘 체크하고 있는가?

⑧ 백열등보다 형광등이 효율이 좋으므로 형광등 사용이 가능한 곳은 형광등을 사용하는가?

(3) 수도의 체크 포인트

① 수압은 항상 조절하여 적정한 수압으로 유지되고 있는가? 밸브를 반으로 줄이면 엄청난 수도요금을 줄일 수 있다.

② 수도꼭지와 수도관은 깨진 곳이 없고 잘 작동하고 있는지 확인한다.

③ 고무패킹의 마모는 없는지 확인한다.

④ 불필요한 물을 틀어놓고 사용하고 있지 않은지 확인한다.

⑤ 수냉의 공조 수위는 적정한지 점검한다.

⑥ 화장실 변기에 무게가 있는 돌 등을 넣어서 물 사용량을 최소화하고 있는가?

[표 3-18] 점포의 가스사용량 관리 시트

가스사용량 체크 시트

반영 기간	당월 1일 ~ 당월 31일까지		
가스 단가(원)	700	3월검침	64,750
		4월검침	

1인 객수당 사용량	0.16

4월

일자		실제고객수	실제 매출액	목표 사용량	가스요금	사용량	검침	결과
1일	일	644	5,150,000	100	70,000	100	64,850	달성
2일	월	340	2,750,000	50	42,000	60	64,910	초과
3일	화	390	2,980,000	60	45,500	65	64,975	초과
4일	수	320	2,690,000	60	52,500	75	65,050	초과
5일	목	445	3,750,000	65	35,000	50	65,100	달성
6일	금	480	3,900,000	67	49,000	70	65,170	초과
7일	토	650	5,010,000	100	63,000	90	65,260	달성
8일	일	615	4,920,000	90	63,000	90	65,350	달성
9일	월	300	2,420,000	50	42,000	60	65,410	초과
10일	화	380	3,100,000	60	42,000	60	65,470	달성
11일	수	442	3,650,000	60	45,500	65	65,535	초과
12일	목	460	3,600,000	65	45,500	65	65,600	달성
13일	금	500	4,070,000	67	56,000	80	65,680	초과
14일	토			100	0			달성
15일	일			90	0			달성
16일	월			50	0			달성
17일	화			60	0			달성
18일	수			60	0			달성
19일	목			65	0			달성
20일	금			67	0			달성
21일	토			100	0			달성
22일	일			90	0			달성
23일	월			50	0			달성
24일	화			60	0			달성
25일	수			60	0			달성
26일	목			65	0			달성
27일	금			67	0			달성
28일	토			100	0			달성
29일	일			90	0			달성
30일	월			50	0			달성
				0	0			달성
총합계		5,966	47,990,000	2,118	651,000	930	인당사용량	0.16

<점포의 가스사용량 관리 시트 작성 순서>

① 점포의 사용가스 단가를 확인해서 기입한다.
② 점포의 가스요금 반영기간을 확인해서 기입한다.
③ 전월 마지막 날 검침기록을 기록한다.
④ 일자별로 실제 고객수와 실제매출을 기록하고 목표사용량을 기입한다.
⑤ 매일 검침을 해서 검침수치를 기입한다.
⑥ 그러면 사용량이 뜨고 일별목표가 달성되었는지 되지 않았는지 나타나게 된다. 그런 후 사용량이 초과되었으면 원인 파악을 해야 한다.

[표 3-19] 점포의 가스사용량 관리 시트

전기사용량 체크 시트

반영 기간	당월 1일 ~ 당월 31일까지		
전기 단가(원)	60	3월검침	11,000
		4월검침	

1인 객수당 사용량	2.04
기본요금	500,000
전력기금	50,000

4월

일지		실제 고객수	실제 매출액	목표 사용량	전기요금	사용량	검침	결과
1일	일	644	5,150,000	1,100	60,000	1,000	12,000	달성
2일	월	340	2,750,000	800	66,000	1,100	13,100	초과
3일	화	390	2,980,000	900	60,000	1,000	14,100	초과
4일	수	320	2,690,000	900	54,000	900	15,000	달성
5일	목	445	3,750,000	900	48,000	800	15,800	달성
6일	금	480	3,900,000	950	54,000	900	16,700	달성
7일	토	650	5,010,000	1,100	72,000	1,200	17,900	초과
8일	일	615	4,920,000	1,000	60,000	1,000	18,900	달성
9일	월	300	2,420,000	800	51,000	850	19,750	초과
10일	화	380	3,100,000	900	60,000	1,000	20,750	초과
11일	수	442	3,650,000	900	45,000	750	21,500	달성
12일	목	460	3,600,000	900	54,000	900	22,400	달성
13일	금	500	4,070,000	950	48,000	800	23,200	달성
14일	토			1,100	0			달성
15일	일			1,000	0			달성
16일	월			800	0			달성
17일	화			900	0			달성
18일	수			900	0			달성
19일	목			900	0			달성
20일	금			950	0			달성
21일	토			1,100	0			달성
22일	일			1,000	0			달성
23일	월			800	0			달성
24일	화			900	0			달성
25일	수			900	0			달성
26일	목			900	0			달성
27일	금			950	0			달성
28일	토			1,100	0			달성
29일	일			1,000	0			달성
30일	월			800	0			달성
				0	0			달성
총합계		5,966	47,990,000	28,100	732,000	12,200	인당사용량	2.04

<점포의 전기사용량 관리 시트 작성 순서>

① 점포의 사용전기 단가를 확인해서 기입한다.
② 점포의 전기요금 반영기간을 확인해서 기입한다.
③ 전기의 기본요금, 전력기금, 전월 마지막 날 검침기록을 기록한다.
④ 일자별로 실제 고객수와 실제매출을 기록하고 목표사용량을 기입한다.
⑤ 매일 검침을 해서 검침수치를 기입한다.
⑥ 그러면 사용량이 뜨고 일별목표가 달성되었는지 되지 않았는지 나타나게 된다. 그런 후 사용량이 초과되었으면 원인 파악을 해야 한다.

[표 3-20] 점포의 수도사용량 관리 시트

수도사용량 체크 시트

반영 기간	당월 1일 ~ 당월 31일까지		
수도 단가(원)	2500	3월검침	15,000
		4월검침	

1인 객수당 사용량	0.02

4월

일자		실제 고객수	실제 매출액	목표 사용량	수도요금	사용량	검침	결과
1일	일	644	5,150,000	12	30,000	12	15,012	달성
2일	월	340	2,750,000	8	25,000	10	15,022	초과
3일	화	390	2,980,000	8	20,000	8	15,030	달성
4일	수	320	2,690,000	8	22,500	9	15,039	초과
5일	목	445	3,750,000	9	22,500	9	15,048	달성
6일	금	480	3,900,000	9	22,500	9	15,057	달성
7일	토	650	5,010,000	14	37,500	15	15,072	초과
8일	일	615	4,920,000	12	32,500	13	15,085	초과
9일	월	300	2,420,000	8	20,000	8	15,093	달성
10일	화	380	3,100,000	8	22,500	9	15,102	초과
11일	수	442	3,650,000	8	25,000	10	15,112	초과
12일	목	460	3,600,000	9	25,000	10	15,122	초과
13일	금	500	4,070,000	9	20,000	8	15,130	달성
14일	토			14	0			달성
15일	일			12	0			달성
16일	월			8	0			달성
17일	화			8	0			달성
18일	수			8	0			달성
19일	목			9	0			달성
20일	금			9	0			달성
21일	토			14	0			달성
22일	일			12	0			달성
23일	월			8	0			달성
24일	화			8	0			달성
25일	수			8	0			달성
26일	목			9	0			달성
27일	금			9	0			달성
28일	토			14	0			달성
29일	일			12	0			달성
30일	월			8	0			달성
				0	0			달성
종합계		5,966	47,990,000	292	325,000	130	인당사용량	0.02

<점포의 수도사용량 관리 시트 작성 순서>

① 점포의 사용수도 단가를 확인해서 기입한다.
② 점포의 수도요금 반영기간을 확인해서 기입한다.
③ 전월 마지막 날 검침기록을 기록한다.
④ 일자별로 실제 고객수와 실제매출을 기록하고 목표사용량을 기입한다.
⑤ 매일 검침을 해서 검침수치를 기입한다.
⑥ 그러면 사용량이 뜨고 일별목표가 달성되었는지 되지 않았는지 나타나게 된다. 그런 후 사용량이 초과되었으면 원인 파악을 해야 한다.

참고문헌

- 김근종. 「외식사업경영론」. 대왕사, 2000.
- 박인규·안순례·하창용. 「외식경영실무」. 대왕사, 2003.
- 박진우. 「외식경영학」. 형설출판사, 2010.
- 신재영·선동규·김의근·최창권. 「외식사업경영론」. 백산출판사, 2002.
- 원융희. 「외식산업론」. 대왕사, 1997.
- 이애주. 「식음료관리론」. 일신사, 1996.
- 최학수·강인호·이병연·정승환·김상철·조문식. 「실전외식사업경영론」. 한올출판사, 2004.

4

점포의 마케팅 관리

1. 마케팅의 이해

4장

1 마케팅의 정의

현대 시대를 마케팅의 시대라고 한다. 제품 하나가 생산되어 소비자에게 이르기까지 마케팅을 거치지 않고 소비되는 제품이 없을 정도로 마케팅은 기업의 입장에서나 소비자의 입장에서 불가분의 관계가 되어버린 듯하다. 현대에 와서 마케팅의 개념은 기업이 소비자의 욕구를 파악하여, 이를 충족시켜 줄 수 있는 재화나 서비스를 생산한 후, 이를 판매·유통시키는 일련의 활동으로 확장되었다. 이렇듯 기업이 소비자의 요구를 만족시키려고 실시하는 일련의 활동을 마케팅이라 정의할 수 있다.

마케팅이란 용어는 학자나 기관에 따라 다양하게 정의되고 있으며 그 구체적인 내용은 다음과 같다.

(1) 미국 마케팅 협회의 정의

미국 마케팅 협회(AMA : American Marketing Association)는 1960년에 마케팅을 "생산자로부터 소비자 또는 사용자에 이르는 제품 및 서비스의 흐름을 관리하는 기업활동"이라고 정의하였고, 1985년에 이르러 "마케팅이란 개인과 조직의 목적을 충족시키는 교환활동을 창조하기 위하여 아이디어, 재화 그리고 서비스의 개발, 가격결정, 판매촉진, 유통을 계획하고 수행하는 과정"이라고 정의하였다.

미국 마케팅 협회의 정의에서 알 수 있듯이 마케팅은 1960년의 유통기능적인 측면에서 다기능적인 측면을 강조하는 모습으로 변화하였다.

1985년도의 정의는 다음과 같이 요약할 수 있다.

> 마케팅활동은 고객의 필요와 욕구에 초점을 두어야 하고, 필요와 욕구의 충족을 통해서 기업이익을 실현해야 하며, 고객의 필요 욕구 충족과 기업이익의 실현을 위해서 모든 활동들이 관리되고 실행되어야 하는 기업활동이라고 할 수 있다.

① 마케팅의 연구대상은 '교환'이고 마케팅 활동의 목표는 교환당사자 모두를 만족시키는 교환의 창출이다.

② 기업과 같은 '법인'차원에서의 활동만이 아니라 '개인'차원에서도 똑같은 비중으로 마케팅활동 영역을 설정하고 있다.

③ 마케팅활동을 영리부문만으로 한정하고 있지 않다.

④ 재화, 서비스와 같이 일반적으로 상품이라고 인식되는 것뿐만 아니라 아이디어와 같이 생각이나 사상까지도 마케팅의 대상이 될 수 있다.

(2) 코틀러의 정의

코틀러(P. Kotler)는 "마케팅이란 선택된 고객층의 필요와 욕구를 이익획득의 목적하에서 고객에게 투입한 기업의 자원, 정책, 제활동을 분석, 조직화·계획·통제하는 것을 말한다"라고 정의하고 있다. 코틀러의 정의는 고객의 필요와 욕구라는 명확한 목표설정을 제시하고 있고, 기업의 목표를 이루기 위한 활동까지 규명함으로써 고객지향의 의미, 기업관리활동의 명확한 규정 등을 포함시킴으로써 다른 정의보다 타당성 있는 정의를 내리고 있다.

(3) 마케팅의 일반적인 정의

마케팅이란 "변화하는 환경에 적극적으로 대응하면서, 현재 또는 잠재적 최종 소비자나 사용자의 필요와 욕구를 충족시킬 수 있는 재화와 서비스를 효과적으로 공급하기 위하여 제품·유통·촉진·가격 등의 경영활동을 수행하는 기업의 일련의 활동"으로 정의할 수 있겠다.

이러한 마케팅의 정의에 따르면, 마케팅활동은 고객의 필요와 욕구에 초점을 두어야 하고, 필요와 욕구의 충족을 통해서 기업이익을 실현해야 하며, 고객의 필요·욕구 충족과 기업이익의 실현을 위해서 모든 활동들이 관리되고 실행되어야 하는 기업활동이라고 할 수 있다.

2 마케팅사고의 출발점

(1) 필요와 욕구

① 필요(needs : 인간의 기본적 욕구):어떤 기본적인 만족(일정한 생활수준의 유지)이 결핍됨으로써 불안(문제)을 느끼는 심적인 상태를 말하는 것으로 인간의 유지, 존속에 관련된 인적 생리와 조건의 구조와 관련되어 나타나는 것이다.

② 욕구(wants : 인간의 2차적 욕구):기본적 욕구를 보다 심오하게, 특별히 만족시키는 것에 대한 바람에서 유발되는 심적 상태를 말하는 것이며, 예를 들어 미국인의 기본적 필요는 음식이지만 욕구는 햄버거가 될 수 있고, 1차적 욕구는 의복을 입는 것이지만 2차적 욕구는 피에르가르뎅이 될 수 있다.

(2) 제품과 가치

① 제품(생활자원, 욕구, 필요 충족물):마케팅에 있어서는 재화를 바라보는 시야도 다른 관점과는 상이하게 나타난다. 재화를 보는 관점에 따라 경제학적인 관점에서는 돈이 될 수 있는 자원(경제재/자유재)을 의미하고, 공학적 관점에서는 물리적, 화학적 조작에 의한 구조물로 바라보며 마케팅적인 관점에서 보면 욕구와 필요의 충족물로 생각한다.

② 가치(욕구, 필요 충족성):욕구(필요)를 만족시키는 제품의 일반적 능력에 대한 소비자의 판단으로 볼 수 있으며, 고객의 입장에서 제품의 가치와 지출해야 할 대가(가격)를 고려, 만족을 제일 많이 제공할 수 있는 제품에 가치를 부여한다.

(3) 교환, 상호 호의적인 교환관계

마케팅은 고객들이 욕구와 필요를 갖고 있고, 제품에 가치를 부여한다는 사실만으로는 설명할 수 없으며 고객들이 교환을 통해서 기본적 욕구와 2차적 욕구를 충족시키고자 할 때 발생하는 것으로 설명할 수 있다.

또한 교환은 마케팅의 근거가 되는 개념으로서 대상으로부터 바람직한 것을 얻고자 할 때 반대급부로 무엇인가를 제공하는 행동이나 교환의 조건으로 설명할 수 있다.

3 마케팅의 발전과정

마케팅의 개념은 시대에 따라 변화되어 왔으며 생산지향 시대, 판매지향 시대, 마케팅지향 시대, 사회지향마케팅 시대로 구분할 수 있다. 시대별로 마케팅의 개념을 살펴보면 다음과 같다.

(1) 생산 컨셉

소비자들이 폭넓게 이용할 수 있고, 또한 낮은 원가(가격)의 제품을 선호한다는 것에 근거한 컨셉으로 경영 시스템은 생산지향적이고, 생산량을 증대시키는 데에만 집착하고 유통범위를 넓히는 데 집중하던 시대이다.

4장

① 제품의 수요가 공급을 초과하는 상황이다.

② 팔려고 노력하지 않아도 된다.

③ 제품원가가 높아 수요가 적으므로 생산성 증가를 통해 제품원가를 낮출 수 있는 경우이다.

④소비자를 수단으로 생각한다.

(2) 제품 컨셉

소비자들이 최고의 품질, 성능을 제공하는 제품을 선호한다는 것에 근거한 컨셉으로 경영 시스템은 제품지향적이며, 좋은 제품을 생산하고 계속해서 제품을 개선하는 데 집중하던 시대이다.

① 시장이 거의 변하지 않을 경우이다.

② 이러한 관리자들은 그들이 만드는 제품에 도취되어 있어 시장이 어떻게, 어느 방향으로 변할 것인지에 대해 관심이 없다.

③ 제품의 2차적 욕구보다는 제품 자체에 집중하는 근시안적인 마케팅을 초래할 수 있다.

(3) 판매 컨셉

아무리 좋은 제품을 성공적으로 생산하여도 소비자들을 그대로 두면 일반적으로 제품을 많이 구입하지 않는다. 그래서 기업이 적극적으로 판매 및 촉진활동을 전개하던 시대이다.

판매지향적인 개념은 기업이 고객에게 제품에 대한 관심을 불러일으키는 활동을 하지 않으면 구매하지 않는다는 인식에 근거하고 있다.

① 만들어진 제품의 판매가 기업의 존폐를 좌우하는 것으로 간주되어 판매 증대에 집중한다.

② 더 많이 구입하도록 하기 위해 이용 가능한 보다 효과적인 판매방법과 촉진도구를 활용한다.

③ 판매 후 그로 인해 기업에는 어떤 도움이 되었는지에 대해서는 깊은 관심을 갖지만 소비자들의 만족 여하에 관해서는 관심을 두지 않는다.

(4) 마케팅 컨셉

기업목표를 달성하기 위해서는 목표시장의 필요와 욕구를 알아내어 이를 경쟁자보다 더 효과적이고 효율적으로 충족시켜 줄 수 있어야 한다는 것이다. 즉 기업의 목표를 성취하는 열쇠는 표적시장의 기본적인 욕구와 2차적 욕구를 정확하게 파악하고 결정하여 경쟁자보다 더욱 효과적으로 그 필요와 욕구를 만족시켜야만 한다는 마케팅철학이다. 이때 고객만족의 개념이 도입되었으며 고객만족의 개념은 단순히 고객에게 만들어진 제품을 판매하는 것이 아니라 고객이 필요로 하는 제품을 생산하고 개발하여 고객만족을 충족시키기 위해 가격·유통·촉진관리를 통한 마케팅활동을 체계적으로 수행하는 것이다.

(5) 사회지향적 마케팅 컨셉

사회지향성을 강조하는 사회지향적 마케팅이념은 마케팅관리 활동을 할 때, 고객의 이익, 조직의 이익과 함께 마케팅관리 활동을 이끌어 가는 가장 진보된 이념이라고 할 수 있다. 사회지향적 마케팅이념이 도입된 배경은 다음과 같이 설명할 수 있다.

4장

① 공해나 환경 오염, 자연환경 훼손, 자원의 낭비, 생태계의 파괴 등 환경보호 주의적 입장에서의 문제점으로 인간답게 살 권리를 저해하는 결과를 낳을 수 있다.

② 과소비, 과도한 물질주의, 수요의 조작, 문화적 오염, 과도한 정치력의 행사 등으로 인해 사회 및 소비자의 장기적 복지를 저해하는 결과를 가져올 수 있다.

③ 반경쟁적인 기업집중, 진입장벽 등으로 인해 정당한 경쟁을 미리 배제해 버리는 결과를 가져올 수 있다.

[표 4-1] 판매 컨셉과 마케팅 컨셉의 비교

구분	판매 컨셉	마케팅 컨셉
출발점 초점 수단 목적	공장(생산) 제품 판매 및 촉진 판매량을 통한 이익	고객(시장) 고객 욕구(필요) 통합적 마케팅 고객만족을 통한 기업목적 달성
이익 소비자 기업 내 위치 성격	기업이 구하고자 하는 것 파는 대상 1개 부문 대내적, 기업지향성	기업노력의 결과 만족시켜 주어야 할 대상 중심 대외적, 고객(시장)지향성

2.마케팅환경분석

1 마케팅모델

[그림 4-1] 마케팅모델

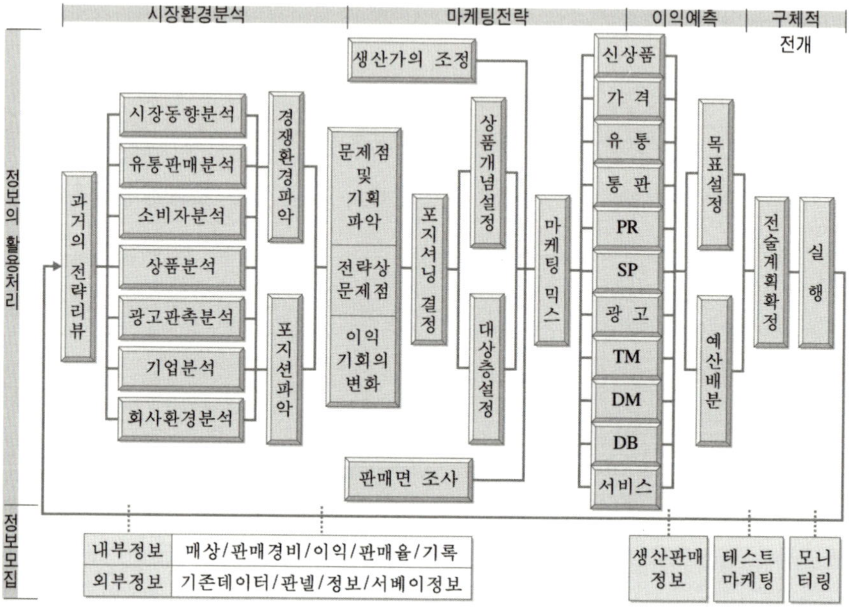

2 거시환경분석

환경분석이란 조직과 관계되는 외부요소들에 대한 분석을 의미하며, 이를 통해서 조직이 당면한 실제적 또는 잠재적인 기회와 위협을 이해하는 것을 의미한다.

기회란 조직이 적절한 전략적 대응을 취했을 경우 매출 및 이익이 현저하게 개선될 수 있는 추세나 사건을 말하며, 위협이란 적절한 대응이 없으면 기존의 매출 및 이익이 심각하게 감소할 수 있는 추세나 사건을 말한다.

거시환경분석은 기업활동에 영향을 미치는 기업 외부환경요소들 중에서 기업이 통제하기 힘든 자연환경이나 사회 전체의 문화나 인구, 정치상황 혹은 경제, 기술 등의 변화추세 및 발전 가능성을 파악한 후 그 영향을 평가하려는 분석이다.

거시환경분석은 기술, 인구통계, 정치, 경제, 문화 그리고 자연의 6가지 분야로 나누어 설명할 수 있다.

(1) 기술 환경

기업성과에 지대한 영향을 미칠 수 있는 과학기술적 동향이나 사건에 대한 분석이다.

(2) 인구통계 환경

시장의 규모를 결정짓는 가장 기초적인 요인이며, 인구통계적 변수에는 연령, 소득, 교육수준, 주거지역, 가족구성 그리고 인구이동 등이 포함된다.

(3) 정치 환경

정치적 환경은 정부의 정책 및 규제, 각종 정부기관의 방침, 국회의 입법, 기타 압력단체들이 모두 정치환경을 구성하는 요소들이다. 정부는 의혹이 있는 기업에 대한 조사나 감독을 행하며, 불공정거래의 시정, 독점에 의한 경쟁제한 행위의 규제, 생활필수품의 가격결정에 대한 통제, 광고활동에 대한 규제, 조세제도의 강화 등을 통하여 기업활동을 규제하기도 한다.

(4) 경제 환경

소비자의 구매력과 소비 패턴에 영향을 미치는 요인들을 말한다. 예를 들어 임금상승률이 물가상승률을 따라주지 못하면 가처분소득의 감소를 가져오게 되며, 가처분소득의 감소는 소비자의 구매빈도 및 가격에 대한 구매탄력성, 상품 및 점포선택행동에 영향을 미치게 된다.

(5) 문화 환경

사회의 기본적 가치, 지각, 선호, 행동 등에 영향을 미치는 제도나 요인으로 구성되며, 문화는 단기적으로 안정적이지만 장기적으로는 부단히 변화한다. 문화요인에는 문화, 하위문화, 사회계층이 포함된다. 문화란 사회구성원이 공유하고 있는 규범, 가치관, 습관이며, 행동의 옳고 그름을 평가하는 기준이라 할 수 있다. 하위문화(subculture)는 한 국가의 문화 안에 있는 세부문화를 의미하는 것으로, 예를 들면 지역문화, 세대문화, 직업문화 등이 있다. 사회계층(social class)은 유사한 사회적 지위와 경제력을 보유하고 있는 사람들의 집합을 말한다.

(6) 자연 환경

기업의 마케팅활동에 영향을 주거나, 또는 영향을 받거나 마케팅관리자에 의해 투입요소로 사용되는 자연자원의 변화를 말한다. 마케팅관리자는 원자재의 부족, 에너지비용의 상승, 공해수준의 증가, 자연자원관리에 대한 정부의 개입 등과 같은 추세에 관심을 가져야 한다.

3 미시환경분석

미시환경분석이란 기업의 활동과 고객의 수요에 직접적이면서 구체적인 영향을 미치는 요인을 분석하는 것으로 이는 개별 기업에서 통제 가능한 환경이다. 미시환경분석에는 산업분석, 경쟁분석, 고객분석 등이 있다.

(1) 산업분석

산업분석이란 특정산업의 매력도를 판단하고 특정산업에서 성공할 수 있는 핵심성공요인이 무엇인지를 파악하는 데 목적이 있다.

산업분석에서는 산업의 규모, 산업구조, 산업의 원가구조, 산업의 유통시스템, 산업의 성장추이와 경향, 산업의 성장률과 산업수명주기상의 단계 등을 분석한다.

산업규모는 투자의사결정을 내리고, 경쟁기업의 시장점유율을 파악하는 데 유용하다. 산업구조는 기존 경쟁기업, 잠재적 경쟁기업, 대체상품, 구매자, 공급자 등으로 구성되어 있다. 또 원가구조분석을 통해 산업의 원가구조를 이해함으로써 현재와 미래의 핵심성공요인에 대한 통찰력을 기를 수 있다.

따라서 산업분석은 전체적인 분석을 통해서 산업의 매력도를 평가하여 산업에서의 핵심성공요인을 파악하기 위한 목적을 가지고 있다.

(2) 경쟁분석

경쟁이란 한 기업이 제품시장에서 목표를 달성하기 위해 소요되는 자원의 지표로 볼 수 있다.

경쟁분석이란 주요 경쟁기업들의 성과를 분석하는 것으로 매출액, 시장점유율, 성장률, 투자수익률, 비용구조, 제품시장 내의 기업의 특성 등을 분석하고, 경쟁기업의 마케팅목표와 마케팅전략을 분석하는 것이다.

구체적으로 경쟁기업이 가지고 있는 목표시장과 제품재의 포지셔닝, 경쟁기업의 약점과 단점 등을 파악하여 경쟁사에 대한 대응책을 마련하고 기업의 미래 전략을 구축하는 데 분석의 목적이 있다고 하겠다.

(3) 고객분석

고객분석이란 상품별 주요 구매자뿐만 아니라 잠재적 고객의 인구통계학적 특성을 파악하는 것으로 고객의 구매동기, 구매목적, 정보의 원천 및 평가, 상품의 인지도, 상표 애호도, 점포 애호도 및 구매의도, 가격민감도, 가격과 품질의 상관관계, 기존상품과 서비스에 대한 만족도 등을 분석한다.

고객분석의 목적은 시장을 세분화하여 고객의 필요와 욕구를 파악함으로써 주어진 시장에서 자사의 목표시장을 공략하기 위해 기초작업을 수행하는 것이라 할 수 있다.

(4) 자사분석

자사분석이란 자사의 성과나 조직의 특성 등을 분석하여 자사가 가지는 자원의 강점과 약점을 파악하여 시장에서의 적절한 대응을 수립하기 위한 분석을 말한다.

자사분석에서는 매출액, 성장률, 이익률 등의 성과분석과 더불어 원가구조, 재무자원, 조직구조, 조직구성원, 경영철학, 문화, 보상체계, 관리제도 등을 분석하고 포트폴리오를 파악하여 과거와 현재의 전략을 검토함으로써 자사의 전략적 강점과 약점, 문제점 등을 파악하여 미래의 대안을 수립하고자 하는 것이다.

① 포트폴리오 모델:포트폴리오 모델(portfolio model)은 전략적 의사결정을 위한 것으로 전략적 의사결정을 위해서는 전략적 대안들을 정의하는 과정, 각 대안에 대해 장기적인 성과 가능성의 평가 과정, 평가에 대한 대안의 분류를 통해 필요한 자원을 배분하는 과정이 필요하다.

전통적인 성장기회 매트릭스는 다음과 같이 설명할 수 있다.

㉠ 신규시장은 새로운 소비자를 말하는 것이며 새로운 국제시장, 새로운 세분시장 등을 의미한다.

㉡ 시장침투는 기존 시장에서 가격, 광고, 판매촉진 등을 이용하여 매출을 증가시키는 것을 의미한다.

㉢ 시장개발은 인구통계적인 새로운 시장의 공략, 지리적으로 새로운 시장의 개발 등을 의미한다. 다각화는 새로운 제품으로 새로운 시장에 진출하는 것으로, 전혀 새로운 제품을 가지고 새로운 시장을 개척하는 것이다. 여기서 주의해야 할 부분은 무분별한 다각화는 기업의 경쟁력에 해가 될 수 있음을 명심하여야 한다.

② BCG(Boston Consulting Group) 성장·점유율 모델:성장·점유율 포트폴리오 모델은 현금창출과 현금사용의 관점에서 전략적 대안을 평가하는 것으로 각 전략대안을 시장성장과 상대적 시장점유율을 이용하여 분류한다.

㉠ 성장률:사업의 연간성장률로서 10% 이상 성장하면 높은 것으로 분류한다.

㉡ 점유율:상대적 시장점유율의 경우 해당 기업이 시장기회에 대하여 경쟁사 대비 원가우위를 어느 정도 가지고 있는가를 나타낸다.

㉢ 사업 대안과 전략지침

[그림 4-2] 전통적인 성장기회 매트릭스

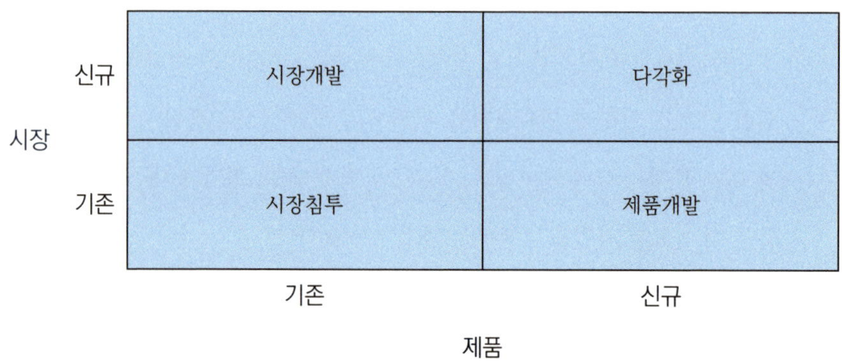

[그림 4-3] 성장·점유율 매트릭스(growth share matrix)

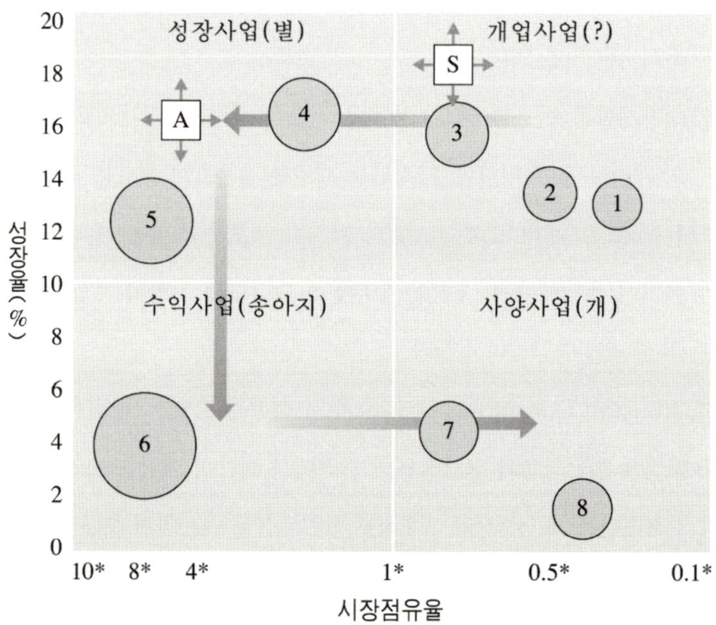

사업대안의 종류	시장위치	위치분석 및 전략지침
별	고성장 시장의 리더	• 물음표가 성공하면 별이 됨 • 시장의 지배적인 위치를 유지, 향상시킴 • 기업에 긍정적인 현금흐름을 제공하는 것은 아님 • 성공을 위해서 실질적인 자금투입 요망
물음표	고성장 시장의 추종자	• 고성장률 & 저점유율로 사업 단위의 시작 시기 • 투자를 확대하여 시장 위치를 강화시킴 • 선도기업이 존재하므로 공장/설비/인력/자금추가 요망 • 사업을 매각하여 투자를 회수하거나 점유율을 감소시켜 현금유입을 증가시킴
송아지	저성장 시장의 리더	• 성장률이 10% 미만 • 시장지배적 위치를 유지하여 현금창출능력을 확보 • 기업에 많은 현금을 제공 • 기업의 투자는 바람직하지 않음 • 여기서 얻는 현금은 다른 사업에 투자할 필요가 있음
개	저성장 시장의 추종자	• 저점유율 & 저성장률 • 현금을 창출하나 이익이 적거나 손실 • 철수에 대해서 심각한 고려 요망

③ GE시장매력도·경쟁위치 매트릭스:GE사는 시장성장률과 시장점유율의 두 요인에 의해서 중요한 투자결정을 내린다는 것은 너무 단순하다고 판단하여 시장매력도와 경쟁위치에 관련된 여러 요인을 포함하는 매트릭스를 개발했다.

이는 다요인 포트폴리오 매트릭스로서 각 기업이 시장, 경쟁 등 사업의 성과에 중요한 요소에 근거하여 적절한 요인을 다수 선정하여 시장매력도와 경쟁위치를 평가한다. 평가되는 다수의 요인들 중에서 관리자들은 어느 요인을 포함시켜야 하고, 그 요인들을 어떻게 비중을 부여하여 사용하는가를 주의깊게 고려해야 한다.

또 각 사업대안은 해당되는 각 요인별로 평가하여 요인에 부여된 가중치를 곱하고 더하여 총점수로 평가한다.

㉠ 원의 크기와 반원:관련 시장의 크기로 사업의 크기를 의미하는 것은 아니다. 반원은 시장점유율을 의미한다.

㉡ 화살표:사업의 진행방향을 의미한다.

[그림 4-4] GE company matrix

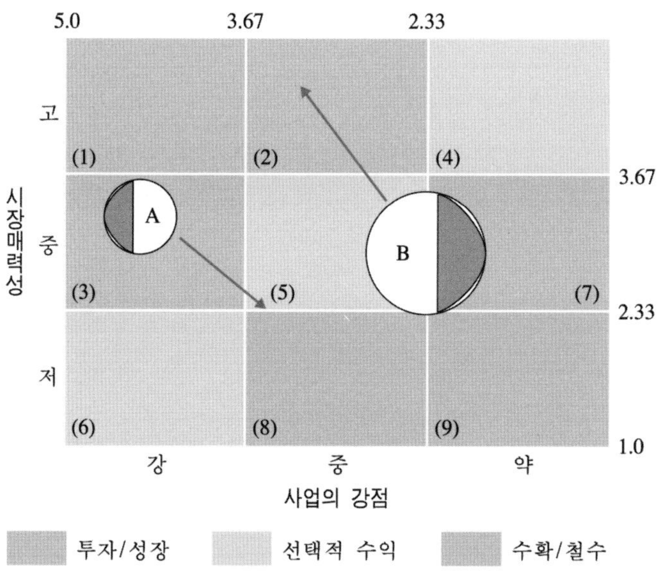

㉢ 시장매력성과 사업강점 결정요인

㉣ 사업대안과 전략지침:투자의 수준은 시장매력도와 경쟁위치에 따라 달라지며, 시장의 매력도와 기업의 경쟁위치가 높은 사업에 가장 많은 투자를 하고, 시장매력도는 높으나 그 시장에서 기업의 경쟁력이 높지 않으면 경쟁위치를 유지하여야 하며, 시장매력도나 기업경쟁위치가 높지 않으면, 틈새시장을 찾아 지배적 위치를 확보하려고 노력해야 한다.

		가중치	평점	가치			가중치	평점	가치
시장매력성	총시장규모	0.2	4	0.6	사업강점	시장점유율	0.2	4	0.8
	시장성장률	0.2	5	1		점유율 성장	0.2	5	1
	수익률	0.15	4	0.6		제품의 질	0.15	4	0.6
	경쟁강도	0.15	2	0.3		상표 명성	0.15	2	0.3
	기술필요조건	0.05	4	0.6		유통망	0.15	4	0.6
	인플레대응력	0.05	3	0.15		촉진 효율성	0.05	3	0.15
	환경영향	0.05	2	0.1		생산능력	0.05	2	0.1
	사회정치적 영향	0.05	3	0.06		단위원가	0.05	3	0.05
						생산능률			
						연구개발성과			
						관리인력			

※ 시장성장률과 시장점유율이 GE 모델의 평가항목 속에 포함됨.

ⓜ GE 모델에 따른 시장세분화 전략

사업의 매력성 \ 사업의 강점	고	중	저
고	위치확보 유지 전략 • 최대성장을 위한 투자 • 강점 유지위해 집중적 노력	기반조성 전략 • 선도력에 도전 • 약점영역강화 • 선택으로 강점추구	선택적 조성 전략 • 약점보완책 모색 • 성장가망 없으면 철수 • 한정적 강점특화
중	선택적 조성 전략 • 매력적 분야에 집중적 투자 • 경쟁 대응능력 배양 • 생산성 향상을 통한 수익 선택적 조성 전략 • 매력적 분야에 집중적 투자 • 경쟁 대응능력 배양 • 생산성 향상을 통한 수익	선택적 수익 관리 • 기존 프로그램 지속 • 수익성 높고 위험이 적은 부분에 투자	제한적 확대/수확 • 위험이 적은 확대방안 • 투자제한, 영업합리화
저	지속/재집중 전략 • 현재 수입관리 • 매력적 부분에 집중 • 강점의 지속적 강화	수입관리 전략 • 수익성 높은 부분에서 방어 전략 • 제품의 고급화/투자극소	철수 전략 • 현금가치 극대시 매각화 • 고정비 감축/투자회피

ⓑ GE 매트릭스 2가지 차원의 단계 : GE 매트릭스는 2가지 차원 상황평가 단계와 전략개발 단계의 2가지 차원의 단계를 가진다. 상황평가 단계는 매트릭스의 작성 단계라고 할 수 있으며, 전략개발 단계는 작성된 매트릭스를 바탕으로 각 사업단위에 적합한 전략을 개발하는 것을 의미한다.

■ 상황평가 단계

상황평가단계는 분석단위결정, 변수파악, 가중치 부여, 사업단위 위치 결정의 과정을 거친다.

- 분석단위 결정 : 기업전략수준에 있어서 개별 사업단위가 분석단위가 되는데, 사업전략수준에서 이 모형을 사용한다면 주요 시장이나 제품라인이 분석단위가 된다. 이때 각 분석단위들은 어느 정도 독립된 의사결정이나 자원배분이 이뤄지는 단위여야 한다.
- 변수파악 : 산업에 따라서는 수익성을 결정하는 주요 변수가 무엇인가 하는 것이 잘 알려져 있는 경우도 있으나 어떤 산업에서는 여기에 대해 논란이 많은 경우도 있다.
- 가중치 부여 : 산업매력도와 경쟁지위를 결정하는 변수들이 영향력에 있어서 모두 동일하다고 볼 수 없을 것이다. 따라서 변수의 중요도에 따라 가중치를 부여할 필요성이 있다.
- 사업단위 위치 결정 : 두 가지 차원에 대해 각 변수들의 점수를 평가하고 차원별로 합산하면, 개별사업단위의 매트릭스상의 지위가 결정된다.

■ 전략개발 단계

- 현재 전략을 계속 수행할 경우 환경변화에 따르는 미래 상황을 예측한다.
- 매트릭스상에는 하나 이상의 표준적인 전략이 제시되어 있는데, 최고경영자는 이를 바탕으로 개별사업단위의 실제 전략을 구체화하는 전략수립 단계이다.

㉦ GE 매트릭스의 장점 : GE 매트릭스의 장점은 몇 가지로 요약할 수 있는데 첫째로 풍부한 분석변수를 가지고 있다는 것이다. 사업강점과 시장매력도 정의를 위해 다양한 변수를 사용하기 때문에 BCG 매트릭스 보다는 잠재적 응용력을 지니고 있다. 둘째, 유연성으로 선택된 변수에 서로 다른 가중치를 부여함으로써 각 SBU의 독특한 상황에 맞는 전략분석이 가능한 것이다. 셋째, 기업 포트폴리오에 대한 포괄적 시각을 제공하며 비교적 전달하기 간단한 직관적 매력을 가지고 있다.GE 매트릭스는 BCG 매트릭스에 비해 보다 세분화함으로써 각 사업부에 대한 정확한 평가가 가능하고 이에 따라 여러 가지 다양한 전략대안을 제시해 준다는 점이 큰 장점이라 볼 수 있다. 하지만 산업매력도와 시장에서의 지위를 평가함에 있어 평가자의 주관이 지나치게 개입될 소지가 크고, 정태적 특성으로 인해 사업을 새로 시작하는 기업이나 산업이 도입기 또는 성장 초기 단계에 있는 경우에는 해당 사업부의 특성을 제대로 반영해 주지 못한다는 단점도 작용한다고 볼 수 있다.

3. 마케팅의 STP 전략

1 시장세분화

(1) 시장세분화의 개념

> 시장세분화의 의미는 크고 다양한 전체 시장을 보다 세분되고 동질적인 하위시장으로 분할하고 이들을 충족시키는 일련의 활동이라 정의할 수 있다.

마케팅에 있어서 성공하는 기업이란 동일한 욕구를 가진 구매자 집단을 적절히 식별하고 그들이 원하는 종류의 제품과 서비스를 생산하고 판매하는 기업이라 할 수 있다.

시장세분화(market segmentation)의 의미는 크고 다양한 전체 시장을 보다 세분되고 동질적인 하위시장으로 분할하고 이들을 충족시키는 일련의 활동이라 정의할 수 있다. 즉, 시장세분화의 의미는 이질적인 전체 시장을 동질적인 몇 개의 세분시장으로 나누는 행위를 말하며, 각 세분시장의 수용에 따라 마케팅 전략을 전개하는 데 그 의의가 있다.

(2) 시장세분화의 요건

효과적인 시장세분화를 위해서 세분화된 시장이 갖추어야 할 요건은 다음의 5가지로 요약하여 정리할 수 있다.

① 측정가능성:각 세분시장의 규모나 구매력, 판매 잠재력, 비용, 이익 등은 정확히 측정·비교될 수 있어야 한다. 이는 곧 세분시장에 대한 정보의 유무 및 정보의 획득가능성 여부를 말한다.

② 접근가능성:기업의 마케팅적 노력이 세분시장에 서브될 수 있어야 한다. 세분시장의 경우 법규나 사회적 제약, 유통상의 제약요인으로 인해서 서브될 수 없는 경우가 발생하기도 한다.

③ 실질성:세분시장이 충분히 크거나 수익성을 가져다 줄 수 있어야 한다는 의미로 실질성은 단기간이 아니라 상당한 기간 동안 지속적으로 유지될 수 있어야 한다.

④ 차별가능성:세분시장이 개념적으로 규정될 수 있으면 상이한 전략이 가능해야 한다.

⑤ 행동가능성:선정된 세분시장을 서브할 수 있는 마케팅 프로그램을 수립할 수 있어야 한다.

(3) 시장세분화의 이점

① 구매자에 대한 경영자의 이해를 도와주며 고객의 구매 목적을 알 수 있게 해준다.

② 변화하는 시장의 변화추이를 파악하게 해준다.

③ 고객의 필요와 욕구를 파악하게 함으로써 고객의 필요와 욕구에 맞는 제품과 서비스를 생산할 수 있게끔 해준다.

④ 시장 상황을 알 수 있게 도와주며 기업의 강점과 약점을 파악하게 해준다.

(4) 시장세분화의 변수

시장세분화의 기준이 되는 변수들은 제품과 서비스의 성격, 고객 및 경쟁특성에 따라 다양하게 달라질 수가 있다.

① 지리적 세분화(geographic segmentation):전체의 시장을 기후, 지역, 자연자원, 도시와 지방, 도시 규모 등과 같이 상이한 지역단위로 세분화하는 것으로 객관적인 경계를 확인하기가 쉽다. 또한 각 시장들에 대한 인구통계적, 사회경제적 자료도 얻기 쉬워 가장 편리하게 이용할 수 있고, 가장 많이 사용되는 세분화 변수이다.

② 인구통계적 세분화(demographic segmentation):전체 시장을 인구통계치에 기초하여 분할하는 것으로 지리적 세분화와 더불어 세분화 변수로 가장 많이 사용하며 지리적 세분화와 함께 세분화의 변수로 사용하기도 한다.

[그림 4-5] 세분화의 유형

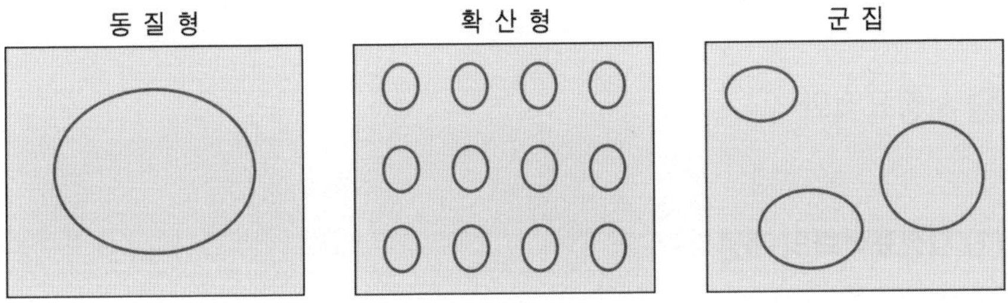

③ 심리적 세분화(psychographic segmentation):고객 내면의 심리적 특성과 독특한 생활양식에 근거한 세분화 기준으로서 변수로는 사회계급, 개성 및 라이프 스타일 등이 많이 이용된다.

> 시장세분화를 통해 확인된 여러 세분시장들을 평가하여 어떤 세분시장을 목표로 할 것인가를 정하는 과정이 시장표적화이다.

④ 행동적 세분화(behaviour segmentation):고객의 특정 제품과 그 제품에 대한 서비스, 특정 상표에 대한 과거, 현재 또는 잠재적 행동차원을 세분화의 기초로 이용하는 것을 행동적 세분화라고 한다. 행동적 세분화의 구체적인 변수는 이용 빈도 세분화, 사용자 지위와 잠재력에 의한 세분화, 상표충실도에 의한 세분화, 구매동기에 의한 세분화, 혜택에 의한 세분화, 제품 관련 세분화, 유통경로에 의한 세분화, 편익추구에 의한 세분화 등으로 나눠 볼 수 있다.

2 시장표적화

(1) 시장표적화의 개념

시장을 세분화하면 세분시장별로 기회와 위협을 파악하게 되며, 세분화된 시장을 놓고 기업이 충족시키고자 하는 목표시장을 결정하게 된다. 이처럼 시장세분화를 통해 확인된 여러 세분시장들을 평가하여 어떤 세분시장을 목표로 할 것인가를 정하는 과정이 시장표적화(market tarketing)이다.

(2) 표적시장의 선정

기업은 시장을 세분화한 이후 여러 세분시장을 평가하게 되고 평가결과에 따라 하나 내지 그 이상의 세분시장에 진출하려는 노력을 기울이게 된다. 세분화된 시장을 놓고 기업은 보통 5가지의 시장범위 패턴을 고려한다.

① 단일 세분시장에 집중한다.

② 제품 전문화는 다양한 여러 고객집단의 욕구를 충족시킬 단일 서비스 상품을 개발하는 형태이다.

③ 시장 전문화는 여러 가지 다양한 서비스 상품으로 단일의 세분시장 욕구를 충족시키는 형태이다.

④ 선별적 전문화는 기업에 매력적이고 기업의 자원이나 목표에 부합되는 몇 개의 세분시장을 선별하여 진출하는 형태이다.

⑤ 전체 시장을 확보하기 위해 전체 세분시장이 필요로 하는 모든 서비스 상품을 생산·판매하는 형태로 기업의 가용자원이 풍부할 때 사용할 수 있는 전략이다.

[그림 4-6] 세분시장 선정의 5가지 방법

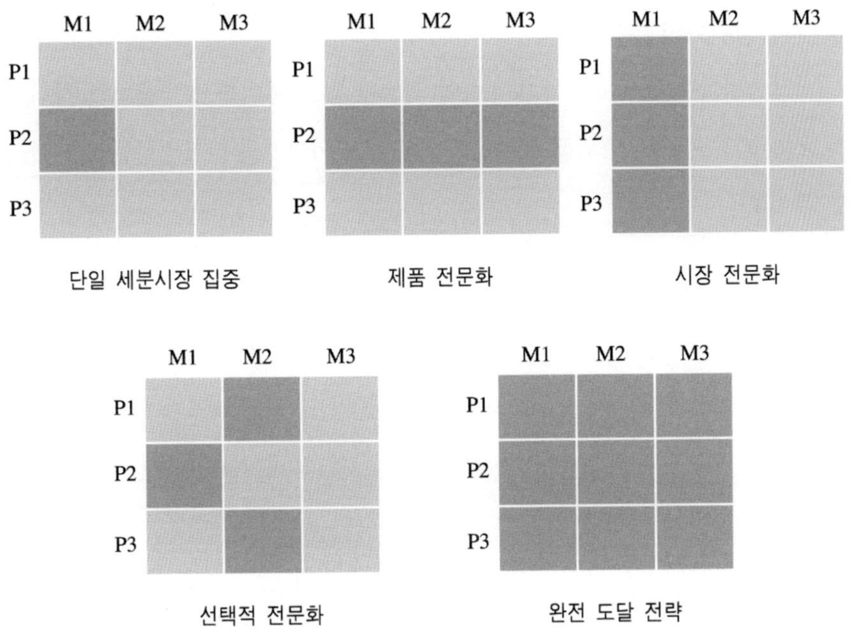

3 시장정위화

(1) 시장정위화의 개념

> 시장정위화란 표적고객의 마음속에 의미가 있고 특이하고 경쟁적인 자리를 확보할 수 있도록 하기 위해서 기업의 제공물과 이미지를 디자인하는 행동이라 할 수 있다.

시장정위화(market positioning)란 표적고객의 마음속에 의미가 있고 특이하고 경쟁적인 자리를 확보할 수 있도록 하기 위해서 기업의 제공물과 이미지를 디자인하는 행동이라 할 수 있다. 즉, 목표시장 내의 고객들의 심중에 특정한 위치를 차지하도록 하는 제품 서비스 및 마케팅믹스의 개발을 의미한다.

시장정위화는 특정 영역이나 속성에 있어 경쟁업자에 비해 차별적 우위를 구축하려는 것이며 선정된 고객집단의 특정 욕구에 대응시켜려는 활동이다.

(2) 시장정위화의 유형

시장정위화란 표적고객의 마음속에 의미가 있고 특이하고 경쟁적인 자리를 확보할 수 있도록 하기 위해서 기업의 제공물과 이미지를 디자인하는 행동이라 할 수 있다.

① 객관적 정위화(objective positioning):제품이나 서비스의 물리적이고 객관적인 속성들과 관련된 측면을 반영하여 서비스의 이미지를 창조하는 것이다.

② 주관적 정위화(subjective positioning):제품이나 상표의 주관적 속성과 관련된 것으로 소비자의 정신지각에 속하는 인지된 이미지를 말한다.

(3) 시장정위화 접근방법

① 속성에 의한 정위화:차별적 속성을 통한 독특한 효익을 소비자에게 제공한다는 인식을 심어주는 것이다.

② 사용상황에 의한 정위화:사용상황에 따라 효익을 소비자에게 제공한다는 인식을 심어주는 것이다.

③ 제품사용자에 의한 정위화:제품을 어떤 사람이 사용하는가에 따라 제품의 효익을 소비자에게 제공한다는 인식을 심어주는 것이다.

④ 가격·품질에 의한 정위화:제품의 가격과 품질로 소비자에게 효익을 제공한다는 인식을 심어주는 것이다.

⑤ 경쟁에 의한 정위화:1위 제품과의 비교를 통해 자사제품의 혜택을 강조하는 것이다. 광고에 있어서 설득력 있는 메시지를 전달할 필요가 있으며 경쟁기업의 약점을 노출시키는 광고 컨셉도 필요하다.

(4) 시장정위화의 전략유형

① 소비자의 마음속에 그 자신의 현재 위치를 더욱 공고하게 한다.

② 충분히 소비자에게 가치 있는 전혀 새로운 위치를 탐색, 점유하게 한다.

③ 경쟁자를 낮게 위치화 하거나 재위치화 한다.

④ 배타적 동호회(특별회원) 전략을 세운다.

4. 소비자행동의 이해

1 고객의 구매행동 요인

고객의 구매행동에 영향을 미치는 요인에는 여러 가지가 있는데 이를 구분해 보면 문화적 요인, 사회적 요인, 개인적 요인, 심리적 요인 등이 있다.

(1) 문화적 요인

고객의 구매행동에 영향을 미치는 요인으로는 문화, 하위문화, 사회계층이 포함된다. 문화란 사회구성원이 공유하고 있는 규범, 가치관, 습관 등으로 행동의 적부에 대한 평가기준이라 할 수 있다. 하위문화란 한 국가의 문화 안에 있는 세부문화를 의미하는 것으로, 예를 들어 종교문화, 세대문화, 지역문화 등이 여기에 포함된다. 사회계층이란 유사한 사회적 지위와 경제력을 보유하고 있는 사람들의 집단을 말한다.

(2) 사회적 요인

사회적 요인으로는 준거집단, 가족, 역할과 지위 등이 있다. 준거집단이란 구전활동을 통하여 고객의 행동에 영향을 미치는 개인·집단·가족·친척·친구·직장동료 등을 말한다.

(3) 개인적 요인

구매행동에 영향을 미치는 개인적 요인에는 연령, 생활주기, 직업, 경제상황, 라이프스타일, 개성 등이 포함된다.

개성이란 주변환경이나 대인관계에 대처하는 내적·외적 기질과 성향을 말하며 라이프스타일이란 시간과 돈을 소비하는 방식이다.

고객의 구매행동에 영향을 미치는 요인에는 여러 가지가 있는데 이를 구분해 보면 문화적 요인, 사회적 요인, 개인적 요인, 심리적 요인 등이 있다.

(4) 심리적 요인

고객의 구매행동에 영향을 미치는 요인에는 여러 가지가 있는데 이를 구분해 보면 문화적 요인, 사회적 요인, 개인적 요인, 심리적 요인 등이 있다.

경험지식이란 고객의 몸에 배어 있거나 기억 속에 저장되어 있는 정보이다. 지각이란 외부의 정보 혹은 자극을 이해하여 의미를 부여하는 심리적 과정이며 학습은 경험에서부터 나온 개인의 행동유형이라 할 수 있다. 신념은 사람이나 사물이 특정 속성에 어느 정도 보유하고 있는가에 대한 믿음을 의미한다. 태도는 어떤 객체, 즉 사람이나 사물에 대해 가지는 지속적인 감정이라 할 수 있다.

[그림 4-7] 소비자 구매영향 모델

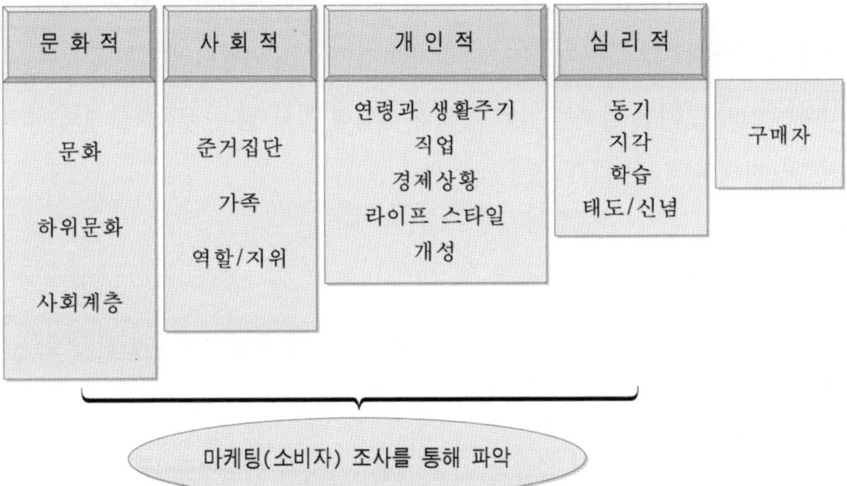

2 구매의사 결정과정

소비자의 구매의사 결정과정은 욕구인식, 정보탐색, 대안평가, 구매결정, 구매 후 행동의 다섯 단계로 이루어진다.

> 인지부조화란 기대성과와 인지성과보다 작거나 같을 때 발생하는 것으로 구매 후에도 자신의 의사결정에 대한 적정성 여부를 판단하게 되며 확신이 서지 않을 경우 심리적인 갈등을 겪게 되는데 이처럼 의사결정 후 발생하는 심리적 갈등을 인지부조화라 한다.

(1) 욕구인식

이는 문제를 인식하여 구매욕구가 발생하는 단계이며 욕구인식은 외적 자극과 내적 자극이 발생하며 내적 자극이란 생리적 욕구의 충동이나 심리적 변화와 같은 것이며, 외적 자극은 준거집단의 영향력 혹은 개인상황의 변화와 같은 것이다.

(2) 정보탐색

구매의사 결정과정의 2단계로서 정보탐색을 하게 된다. 정보탐색은 내적 탐색과 외적 탐색으로 나뉘며, 내적 탐색이란 기억 속에 저장되어 있는 정보를 탐색하는 것이고 외적 탐색은 인적 정보와 상업적 정보 및 공공정보를 이용하여 정보를 탐색하는 것이다.

(3) 대안평가

구매의사 결정과정의 3단계로 대안평가가 이루어지게 되며 정보탐색 후 고려하고 있는 여러 대안들을 심층적으로 비교평가하는 과정이다. 소비자들이 대안을 평가할 때 가장 먼저 선정하는 것이 평가기준의 설정이다. 평가기준은 소비자가 가장 중요하게 생각하는 속성을 중심으로 평가하게 된다.

(4) 구매결정

구매의사 결정과정의 4단계로, 대안들을 평가한 후 후보 대안들 중에서 가장 소비자에게 혜택을 많이 주고, 우월한 상표를 어떻게 구매하겠다는 결정을 내리게 된다.

(5) 구매 후 행동

구매의사 결정과정의 마지막 단계로 구매 후 평가가 이루어지게 된다. 구매 후의 행동으로는 만족과 불만족이 대표적인 예가 되며, 인지부조화의 성향도 나타난다. 인지부조화란 기대성과와 인지성과보다 작거나 같을 때 발생하는 것으로 구매 후에도 자신의 의사결정에 대한 적정성 여부를 판단하게 되며 확신이 서지 않을 경우 심리적인 갈등을 겪게 되는데 이처럼 의사결정 후 발생하는 심리적 갈등을 인지부조화라 한다.

[그림 4-8] 소비자의 구매행동유형 및 구매결정과정

상표간 차이 \ 관여도	높다	낮다
높다	복잡한 구매행동	다양한 추구 구매행동
낮다	불협화 감소 구매행동	습관적 구매행동

[표 4-2] 소비자 구매행동유형

구매행동유형	세분행동유형
복잡한 구매행동	• 고관여와 상표 차이가 높으며 소비자가 제품을 잘 모르기 때문에 학습과정이 필요하다. • 마케팅 : 인쇄매체 활용 및 상표특성 차별화와 이점을 제공한다.
다양성 추구 구매행동	• 저관여와 제품 차이 높으며 소비자는 상표를 자주 전환한다. • 마케팅 : 반복적 구매, 습관적 구매로 유도/쿠폰, 가격인하, 샘플 등을 통해 다양성 추구 구매로 유도한다.
불협화 감소 구매행동	• 고관여, 상표 차이가 낮다. • 마케팅 : 구매 후 사후 평가를 잘 할 수 있도록 신념과 평가를 제공한다.
습관적 구매행동	• 저관여, 상표 차이는 낮으며 정보탐색과 특성평가 없다. • 마케팅 : 가격촉진과 판촉, 반복적인 광고, 관여도를 높여준다.

5. 마케팅믹스

마케팅믹스(marketing mix)란 시장의 세분화를 통해 표적시장을 설정하고 표적시장에서 정위화시키기 위한, 즉 시장에서의 마케팅활동을 수행하기 위해 사용되는 하부기능을 말한다. 일반적으로 상품, 가격, 판매촉진, 유통의 네 가지를 마케팅믹스라고 부른다. 즉 마케팅믹스는 마케팅활동을 수행하는 과정에서 표적시장의 고객에게 만족을 주기 위해 마케팅을 배합하는 과정을 의미한다고 볼 수 있다.

마케팅활동에서 이런 마케팅믹스를 적절하게 배합하는 것이 마케팅활동의 성공을 의미한다고 볼 수 있다.

(1) 상품

상품(product)은 수요에 영향을 미치는 상품이나 서비스 또는 소비자의 욕구를 충족시키는 효용을 가지고 있는 유형적인 재화나 무형적인 서비스를 말한다. 상품의 마케팅믹스 요소에는 상품의 속성, 상품의 품목수, 상품의 품질, 상표 명칭, 디자인과 포장, 상품이 가져다 주는 효용, 상품에 부과된 서비스 등이 포함된다.

(2) 가격

가격(price)은 상품의 거래조건을 구성하는 것으로 상품과 서비스의 효용 및 가치를 금액으로 표시한 것이다. 가격의 구성요소에는 정가, 할인가격, 할증가격, 공제, 리베이트, 지불 기간, 신용 조건 등이 있다.

(3) 유통

유통(place)은 상품의 물적 유통 및 유통경로에 관한 것으로, 상품과 서비스가 생산자로부터 최종 소비자에게 전달되는 구조적인 과정을 의미한다. 유통의 마케팅 요소에는 주문처리 방식, 운송, 보관, 재고관리, 입지조건, 중간 도매상과 중간 소매상 등이 포함된다.

(4) 촉진

촉진(promotion)은 현재의 고객과 잠재 고객과의 커뮤니케이션 활동을 통하여 상품을 홍보하고, 상품에 대한 정보를 제공하며, 구매를 유도하는 기능을 말한다. 촉진의 마케팅믹스 요소에는 광고, 판매촉진, 홍보, 인적 판매 등이 있다.

[표 4-3] 서비스 마케팅믹스 요소

마케팅믹스	마케팅믹스 요소
상품	범위, 품질, 수준, 상표명, 서비스 라인, 보증, 애프터서비스 등
가격	수준, 할인(공제, 커미션), 지불 조건, 고객의 인지가치, 품질, 가격 차별화 등
장소	위치, 접근성, 유통경로 등
촉진	광고, 인적판매, 판매촉진, 홍보, PR 등
사람	종사원(훈련, 재량, 인센티브, 용모, 개인행동), 태도, 다른 고객의 행동과 관여 정도, 고객 간의 접촉 등
물적 증거	환경(가구·색채·배치·소음), 편의용품, 유형적 단서 등
과정	정책, 절차, 기계화, 종사원 재량, 고객관여, 고객재량, 활동의 흐름 등

자료:B. H. Booms & M. J. Bitner, Marketing Strategies and Organization Structures for Service Firms, in J. Donnelly & W. R. Geoge(eds) (Chicago : Marketing of Services AMA, 1981).

6.외식점포의 LSM

1 LSM의 개념과 목표

점포 마케팅(LSM : Local Store Marketing)은 지역상권개발 마케팅을 의미하며, 상품의 직접적인 판매가 이루어지는 점포에서 고객들이 상품을 구매하러 올 수 있는 한정된 지역을 대상으로 마케팅활동을 하는 것을 말한다.

점포 마케팅은 일정 지역 내에서 일어나기 때문에 대규모 차원의 마케팅과 달리 세분화된 시장을 더욱 세분화하여 고객의 필요와 욕구가 무엇인지 찾아낼 필요가 있다.

점포에서 행하는 점포 마케팅은 대규모의 마케팅활동보다 훨씬 적은 비용과 시간이 소요되므로 상대적으로 효율적인 면이 있다.

점포 마케팅은 전국에 걸친 획일적인 전략이 아닌 지역적 특성을 파악하여 차별화 전략을 전개하는 것이기 때문에 각 지역의 특성인 생활방법, 유통조건, 경쟁조건 등을 자세하게 조사할 필요가 있다.

LSM은 고객들 사이에서 인지도를 확보하고 그들에게 영향을 미칠 수 있는 기회를 활용하는 것이다. 따라서 레스토랑의 LSM은 작게는 레스토랑의 4벽면의 포스터부터 상권에서는 레스토랑으로부터 반경 5km까지 레스토랑의 규모에 따라서 진행되는 점포 마케팅이라 할 수 있다. 즉 점포 마케팅은 점포를 우리의 고객들에게 알리고, 점포를 찾아오게 하고, 찾아온 고객을 만족시키는 일련의 제반 활동이라 하겠다.

레스토랑의 마케팅의 목적은 시장확보를 위해, 경쟁에서 이기기 위해, 구매

> 점포 마케팅은 지역상권개발 마케팅을 의미하며, 상품의 직접적인 판매가 이루어지는 점포에서 고객들이 상품을 구매하러 올 수 있는 한정된 지역을 대상으로 마케팅활동을 하는 것을 말한다.

욕구를 창출하기 위해, 시장의 상황 변동을 알기 위해, 고객 니즈의 변동을 알기 위해서 시행한다고 할 수 있으며 가장 궁극적인 목표는 역시 매출과 이익의 증대라고 할 수 있다. LSM을 진행하기 전에 반드시 기억해야할 것은 점포의 완전한 조직문화(자신감, 팀워크 등)와 완벽한 QSC의 바탕 위에서 진행하여야 한다. 마케팅은 고객을 끌어들이는 활동이다. 마케팅활동을 통해서 집객된 고객들에게 좋지 못한 QSC를 제공하여 고객이 불만족하게 한다면 강조했던 고객의 재방문과 방문빈도의 주기 등에 오히려 악영향을 미치게 된다. 따라서 점포 마케팅의 선행요인은 완전한 조직문화와 완벽한 QSC의 토대에서 진행되어야 한다.

효과적인 LSM을 위한 기본적인 사항을 정리하면 다음과 같다.

① 직감과 경험에 의존하지 마라:점포 마케팅이란 '점포의 매출 증대와 점포의 좋은 이미지를 주변 지역에 구축하는 모든 활동'으로 정의할 수 있다. 따라서 '성공 점포'와 '실패 점포'가 생기는 것은 올바른 점장이 올바른 마케팅 지식을 갖고 있는가, 또 지속적으로 활동하는가에 그 원인이 있다고 할 수 있다. 따라서 점장은 마케팅 지식을 습득하기 위한 꾸준한 학습을 하고 또 이를 점포상황에 맞게 잘 적용할 필요성이 있다.

② 중단하지 마라:강력하고 스케일이 큰 지역형 마케팅과 달리 점포 마케팅은 착실하고 끈기있는 활동을 지속적으로 해나가야 한다. 점포 마케팅은 업종, 업태, 규모의 크고 작음에 관계없이 각각의 점포가 그 특성을 살려가면서 매출을 증대시키기 위한 실무에 적합한 방법이다. 잘 관리되며 고객이 많은 점

포의 경우 대부분 꾸준한 마케팅활동을 진행하는 경우가 많다. 비록 스케일이 작은 마케팅이라 할지라도 꾸준히 진행하는 것이 가장 중요하다고 하겠다.

> 스케일이 작은 마케팅이라 할지라도 꾸준히 진행하는 것이 가장 중요하다고 하겠다.

③ 저가정책에 의존하지 마라:마케팅에서 가장 조심히 다루어야 할 부분이 가격이다. 가격 부분은 점포의 입장에서도, 고객의 입장에서도 민감한 부분이므로 신중하게 결정해서 진행되어야 한다. 'OO 할인판매' 등 저가정책은 타 경쟁업소에서 카피가 가능하다. 따라서 가격으로 승부하기보다는 상품의 필요성이나 장점에 대해서 광고하는 것이 훨씬 좋으며 고객가치의 제공에 늘 관심을 가져야 한다.

[그림 4-9] C 커피브랜드의 스탬프쿠폰

※ 커피브랜드인 C 브랜드의 경우 오픈 이후 현재 대규모 브랜드가 되었음에도 불구하고 꾸준히 스탬프쿠폰을 고집하고 있다. 이는 지속성의 측면에서도 본다면 훌륭한 마케팅 기법이라고 할 수 있다. 이렇게 큰 업체에서 멤버십 카드를 만들지 않고 스탬프를 고집하는 이유에 대해서 고민하라.

④ 매출 증대는 사람에 달려 있다:외식업에 가장 중요한 것은 역시 직원이다. 점포의 점장, 매니저, 직원의 고객응대가 매출 증대의 열쇠이다. QSC 관리 역시 직원이다. 마케팅의 핵심 역시 사람이다. 마케팅 역시 내부직원으로부터 출발한다.

⑤ 경쟁점포와 차별화 시켜라:경쟁점포가 많을수록 점포의 개성과 특성을 중시해야 한다. 예를 들어 convenience, quick service, best price 등 차별화할 수 있는 포인트를 찾아야한다. 또 레스토랑이 가장 잘 운영되는 기준은 늘 피크타임이어야 하므로 피크타임 때 점포가 어떻게 운영되는지를 살펴보는 것도 좋은 포인트를 찾을 수 있는 부분이다.

[그림 4-10] L 커피브랜드 1리터 커피

※ 프로모션은 창의적이고 차별화되어야 하며, 고객이나 직원이 즐거워야 한다.

LSM의 목표는 매출과 이익 증대를 위해서이다. 매출증대는 많은 고객이 찾아오게 하고, 보다 많은 구매가 이루어지게 함이다. 매출액은 고객수×객단가이다. 따라서 고객수와 객단가를 늘리거나 고객의 방문빈도를 늘려야 한다. 일반적으로 고객수를 증가시키기 위해서는 신규고객의 경우는 점포의 마케팅활동과 QSC의 차별화를 기반하며, 고정고객의 방문빈도를 증진하기 위해서는 QSC를 통한 고객만족도 증진에 기반한다. 객단가의 경우 점포 내부의 프로모션과 직원들의 추천판매로 증가시킬 수 있으나 객단가는 고객의 방문빈도에 영향을 미칠 수 있으나 가급적 무리한 객단가 상승은 하지 않도록 해야 한다.

LSM 진행 시 아래의 고객센터(generator)를 적극적으로 활용할 필요가 있다. 점포 마케팅에서 다양한 시도 등이 있겠지만 가장 기본적인 고객센터를 활용하는 것은 굉장히 중요하다고 하겠다.

(1) people centers

① 상권 내외의 사람들을 매일 유치하게 됨

② 학교, 사무실 빌딩 등

③ 학생과 사무실 직원의 경우 단골고객이 될 가능성이 높음

④ 개인이용도 있으나 회의, 회식 등의 단체모임이 많음

(2) magnet centers

① 다수의 고객을 수차례 유치할 수 있음

② 쇼핑몰, 종합운동장, 영화관

③ 지속적으로 유동인구를 확보할 수 있고, 유인할 수 있음

(3) influence centers

① 사회 단체의 활동에 참가함

② 종교단체, 시민단체, 도서관, 병원

③ 서로 간의 결속을 통해 고객충성도(customer loyalty)를 형성할 수 있는 기회를 갖게 됨

④ 타 generator보다 훨씬 높은 영향을 미침

2 LSM 기획양식

LSM 실시의 구체적인 6단계의 흐름을 살펴보면 아래와 같다. 〈표 4-4〉에서 보는 것처럼 흐름에 맞추어서 진행하고 각 단계별로 세부사항을 살펴보면 다음과 같다.

자사의 사업분석 및 현상분석에서는 월별 매출 추이분석, 일별 매출 추이분석, 요일별 매출 추이분석, 시간대별 매출 추이분석, 고객수 분석, 객단가 변동분석, 경쟁사 매출 분석, 주변 상권의 매출 추이분석 등을 하도록 한다. 주변 시장 분석에서는 자사의 분석을 토대로 경쟁업체의 분석, 고객에 대한 세밀한 분석, 인근 customer center 파악 등을 행하면 된다.

LSM을 기획할 때는 다음에 제시하는 양식들을 활용하여 작성하고 검토하여 효과적인 LSM이 되도록 한다. 양식은 기본 양식으로 볼 수 있으나 업체의 성격에 따라서 일부 변경하여 사용하여도 무방하다.

[표 4-4] LSM 실시 단계

단계(Process)	주요 내용
1단계 자사의 사업 분석 및 현상 분석	매출 결과를 낳은 다양한 요인의 파악과 분석
2단계 주변 시장 분석	현 주변 시장에 대한 분석을 통해서 자사와 비교하고 기회와 문제점을 꺼내어 해결의 실마리를 찾는다.
3단계 LSM 기회 포착	위의 분석을 토대로 하여 점포의 현상을 확인하고 LSM의 기회를 포착하도록 한다.
4단계 LSM 구상	• 전략의 결정, 대상, 지역, 기간에 대한 결정 • 상권의 변화, 계절 특성 등을 고려하여 최적의 내용을 결정한다. • 전술의 결정, 충분한 정보 전달과 고지활동을 위한 도구와 방법을 결정한다.
5단계 LSM 진행 및 모니터링	LSM을 진행하고 지속적으로 모니터링한다.
6단계 LSM 효과 평가	진행된 LSM은 반드시 효과성에 대해서 평가하고 결과보고서를 작성하도록 한다.

[표 4-5] 단기고객 유치방법 양식

	고객유치 1단계	고객유치 2단계	비고
행사 제목			
행사 내용/컨셉			
행사 담당자			
타깃 고객			
행사 기간			
커뮤니케이션 방법			
홍보 시점			

위 〈표 4 - 5〉는 단기고객 유치방법에 대한 양식을 보여주고 있다. 점포 마케팅이든 단순한 고객 유치방법이든 간에 항상 위와 같은 양식으로 작성을 해서 점포 마케팅의 목적을 명확히 해야 한다. 정확한 계획과 목표 없이 진행된 마케팅은 무용지물이 될 가능성이 크다. 반드시 고객유치에 대한 행사 제목, 행사 내용 및 컨셉, 행사 담당자, 타깃 고객, 행사 기간, 고객 커뮤니케이션 방법, 홍보시점 등이 나와 있어야 하며 명확히 기획해서 진행하는 것이 중요하다고 하겠다.

〈표 4 - 6〉의 장기고객 유치방법도 마찬가지라 하겠다.

마케팅을 할 때 가장 좋은 마케팅은 일대일 마케팅이다. 즉, 상대방이 원하는 부분을 주면 고객만족을 끌어 낼 수가 있다. 다만 이러지 못하는 이유는 비용의 한계 때문이다. 따라서 비용의 효율적 집행은 반드시 필요하다고 하겠다.

최소의 비용으로 최대의 효과를 낼 수 있도록 집행되어야 한다. 점포의 컨디션에 따라 다르겠지만 마케팅 진행을 할 때도 허용할 수 있는 범위 내에서 비용은 집행되어야 한다.

[표 4-6] 장기고객 유치방법 양식

	고객유치 1단계	고객유치 2단계	비고
행사 제목			
행사 내용/컨셉			
행사 담당자			
타깃 고객			
행사 기간			
커뮤니케이션 방법			
홍보 시점			

[표 4-7] 비용계획 양식

NO	행사 내용	세부 항목	세부 비용			비고
			수량	단가	금액	
1						
2						
3						
4						
비용 총합계						

[표 4-8] 세부 실행 스케줄

NO	행사내용	세부 실행 계획															
1																	
2																	
3																	
4																	

[표 4-9] 예상매출 효과 분석

<table>
<tr><th rowspan="2">NO</th><th rowspan="2">행사 내용</th><th rowspan="2">세부 항목</th><th colspan="5">기간</th><th rowspan="2">비고</th></tr>
<tr><th>1주차</th><th>2주차</th><th>3주차</th><th>4주차</th><th>5주차</th></tr>
<tr><td rowspan="5">1</td><td rowspan="5"></td><td></td><td></td><td></td><td></td><td></td><td></td><td></td></tr>
<tr><td></td><td></td><td></td><td></td><td></td><td></td><td></td></tr>
<tr><td></td><td></td><td></td><td></td><td></td><td></td><td></td></tr>
<tr><td></td><td></td><td></td><td></td><td></td><td></td><td></td></tr>
<tr><td></td><td></td><td></td><td></td><td></td><td></td><td></td></tr>
<tr><td rowspan="5">2</td><td rowspan="5"></td><td></td><td></td><td></td><td></td><td></td><td></td><td></td></tr>
<tr><td></td><td></td><td></td><td></td><td></td><td></td><td></td></tr>
<tr><td></td><td></td><td></td><td></td><td></td><td></td><td></td></tr>
<tr><td></td><td></td><td></td><td></td><td></td><td></td><td></td></tr>
<tr><td></td><td></td><td></td><td></td><td></td><td></td><td></td></tr>
<tr><td rowspan="5">3</td><td rowspan="5"></td><td></td><td></td><td></td><td></td><td></td><td></td><td></td></tr>
<tr><td></td><td></td><td></td><td></td><td></td><td></td><td></td></tr>
<tr><td></td><td></td><td></td><td></td><td></td><td></td><td></td></tr>
<tr><td></td><td></td><td></td><td></td><td></td><td></td><td></td></tr>
<tr><td></td><td></td><td></td><td></td><td></td><td></td><td></td></tr>
<tr><td rowspan="5">4</td><td rowspan="5"></td><td></td><td></td><td></td><td></td><td></td><td></td><td></td></tr>
<tr><td></td><td></td><td></td><td></td><td></td><td></td><td></td></tr>
<tr><td></td><td></td><td></td><td></td><td></td><td></td><td></td></tr>
<tr><td></td><td></td><td></td><td></td><td></td><td></td><td></td></tr>
<tr><td></td><td></td><td></td><td></td><td></td><td></td><td></td></tr>
<tr><td colspan="3">예상매출 총합계</td><td></td><td></td><td></td><td></td><td></td><td></td></tr>
</table>

점포 마케팅을 기획하고 운영할 때도 철저하게 세부 실행 스케줄에 의해서 움직이도록 해야 한다. 마케팅을 기획할 때 중요한 것 중 하나가 시기적인 부분이다. 시기적인 부분을 간과해서 마케팅의 효과를 최대화 할 수 없는 경우가 있다. 따라서 마케팅 기획 시 반드시 세부 실행 스케줄을 작성하고 스케줄에 의해서 업무의 진척도를 파악해야 한다.

점포 마케팅의 가장 궁극적인 목적은 고객수와 매출액의 증가와 이익에 있다. 점포 마케팅 기획 단계 시 이 마케팅을 통해서 얼마의 매출을 올리고, 고객을 얼만큼 증가시킬 수 있는지를 미리 예측하여 작성하는 부분이 필요하다. 따라서 〈표 4 - 9〉와 같이 예상매출은 기획 전에 반드시 작성하고 또 진행 중간에도 계획했던 것과 비교하면서 매출을 극대화하도록 노력해야 한다.

LSM은 체크표를 가지고 주기적으로 우리 점포가 어떻게 LSM을 운영하고 있는지 점검하는 툴로 사용하고 부족한 부분이 있다면 채워나가는 노력을 기울여야 한다. 어떤 LSM이 점포에 가장 효율적이고 효과적이었는지도 아울러 점검할 필요가 있다.

[표 4-10] LSM 활동 체크리스트

작성자__________ 작성일 ______________ 점포명 ___________

LSM 내용	LSM 실행유무	효과성 정도	기타 상황
점포의 외부 홍보 현황			
전단지, 팸플릿 등의 비치와 배포			
무료 쿠폰			
지역 백화점, 마트 등과의 제휴			
영화관, 소극장 등과의 제휴			
어린이 선물 배포 및 메뉴 행사			
평일 집객을 위한 활동			
학생(직장인)들을 위한 활동			
매일 바뀌는 추천 메뉴 실시 여부			
결제금액에 따른 혜택 실시 여부			
명함, 추첨 이벤트 실시 여부			
메뉴 내 POP 홍보물 게시			
기타 활동			

〈표 4 - 11〉의 경쟁점 조사표를 활용해서 매월 또는 분기별로 경쟁점을 지속적으로 관찰하고 상권 내에서 고객들이 어떻게 평가하고 어떤 반응이 있는지를 살펴보아야 한다. 경쟁점의 움직임에 민감하게 반응하는 점포만이 우수한 점포로 살아남을 수 있다고 본다.

[표 4-11] 경쟁점 조사표

점포명		작성자		작성일	
경쟁점			주소지		
경쟁점 거리			영업시간		
경쟁점매출			주요 고객층		
좌석 수			객단가		
주차장 유무			입점형태		
오픈일			주요 메뉴		

주요 메뉴	가격	맛	외형	주요 특색
quality(품질)				
service(서비스) : 인사, 미소, 서비스 시간 등				
cleanliness(위생, 청결)				
LSM				
경쟁점의 강점				
경쟁점의 약점				
주요 이슈 사항				

3 LSM의 종류

(1) 연계 마케팅

타이 인 프로모션이라고도 하며 경쟁가가 아닌 같은 지역 내 또는 연관 사업자와 공동으로 판촉을 진행하는 것으로 현재 대부분의 외식업체가 많이 사용하는 점포마케팅 기법이다. 인근 지역의 영화관, 서점, 카드사, 백화점과의 연계를 통해서 상호 윈 - 윈(win-win)하는 마케팅 기법이라 할 수 있다.

많이 진행되고 있는 연계마케팅을 살펴보면 아래와 같다.

① 영화관: 영화관과 주로 이루어지는 연계 마케팅은 영화관에서 일부 홍보를 해주고 그 대가로 금액을 제공하기도 하고, 티켓 뒷면에 쿠폰을 삽입해서 집객을 목적으로 진행하는 경우도 있다. 또 제휴는 아니더라도 영화관의 관객을 점포로 집객하기 위해서 당일 영화티켓을 가지고 오면 특정메뉴를 무료로 제공하는 등의 행사 등도 진행하고 있다. 점포의 입장에서는 집객에 도움이 되므로 상권에 영화관이 있다면 제휴를 진행하는 것도 좋은 방법이다.

[그림 4-11] ○사 영화 제휴 마케팅

② 서점:요즘은 소형서점은 대부분 사라지고 대형서점들이 대부분의 시장을 석권하고 있다. 물론 서점뿐만 아니라 기타의 산업, 점포들도 대부분이 대형화되어 가는 추세이다. 서점 역시 지역 상권 내에서 generator이다. 따라서 서점과의 제휴 역시 일부 집객에 도움이 된다. 대부분의 외식점포들의 경우 서점과의 제휴에서 서점에서 계산 시 쿠폰을 나눠주는 식의 제휴를 진행하고 있다. 또 서점 영수증 하단부에 쿠폰을 삽입하기도 하고, 일정 금액 이상 결제 시 쿠폰을 제공하는 등의 제휴를 진행한다. 쿠폰의 대가로 서점에서의 점포홍보(배너나 포스터를 통해서) 등도 병행하여 진행한다. 요즘은 온라인 서점도 활성화되어 있다. 온라인 서점과도 제휴를 진행하기도 하는데 온라인 서점에서의 행사(온라인상에서 도서행사를 통한 경품제공 등)를 진행하기도 하고, 도서가 택배로 배송되기 때문에 쿠폰을 삽입해서 배송하여 집객하려는 시도도 하고 있다.

[그림 4-12] 서점과 레스토랑 제휴 마케팅

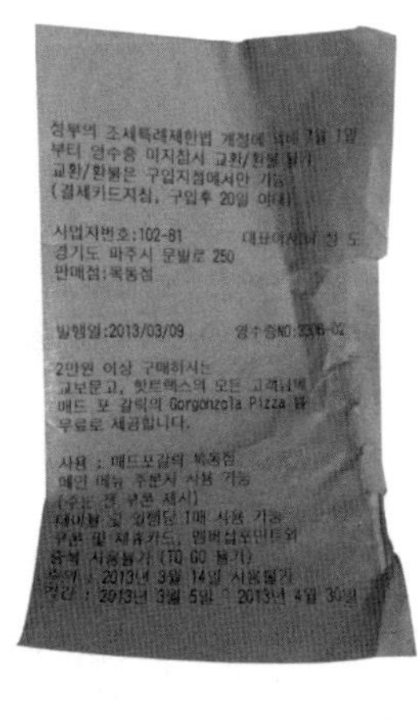

③ 카드사:카드사는 많은 고객을 확보하고 있어 어떤 제휴의 툴보다도 집객에 상당한 영향력을 가지고 있다. 점포 마케팅 진행 시 반드시 점포의 카드사별 점유율을 살펴보고 영향력을 많이 가지는 카드사와의 제휴를 진행해야 한다. 카드사의 경우 DM을 보내거나, 이메일로 행사 내용을 고객들에게 공지하는 것이 일반적이다. 점포에서 살펴보아야 할 것은 DM의 경우 과거의 쿠폰 회수율, 이메일의 경우도 마찬가지로 쿠폰 회수율 등을 살펴보고, 이메일의 오픈율(이메일을 열어보는 경우가 몇 %인가?)을 확인해보아야 한다. 카드사의 경우 데이터가 방대하므로 적극적으로 활용할 필요가 있다.

④ 백화점:백화점은 지역 내에서 확실한 generator임에 틀림이 없다. 특히 백화점 이용고객의 경우 소득수준이 타 제휴처보다 높은 편이어서 레스토랑의 레벨에 따라 집객에 상당한 도움이 된다. 백화점 DM을 활용하는 방법이 가장 좋다. 일부 전단광고에 쿠폰을 삽입하거나 광고를 싣는 방법도 좋은 방법이다.

[그림 4-13] 통신사 제휴 마케팅 사례

※ 대규모 외식업체에서는 통신사와 제휴해서 다양한 고객층을 흡수하고 있다.

(2) 쿠폰 마케팅

> 쿠폰은 가장 보편화된 마케팅 기법으로 자리를 잡았다. 이는 가장 쉽게 적용가능하고, 고객반응도 가장 빠르게 볼 수 있는 단기성과에 유리한 마케팅이다.

마케팅의 수단 중 쿠폰은 가장 보편화된 마케팅 기법으로 자리를 잡았다. 이는 가장 쉽게 적용가능하고, 고객반응도 가장 빠르게 볼 수 있는 단기성과에 유리한 마케팅이다. 다만 쿠폰의 남용으로 인한 점포의 이미지 손실, 브랜드 이미지 손실을 가져올 수 있고, 쿠폰을 중지했을 때 고객의 방문이 중단되는 상황을 맞이하기도 한다. 따라서 배포 시에는 쿠폰의 발행 목적, 종류, 배포방법, 배포 후 결과 등에 대한 사전 점검이 이루어져야 한다. 가장 보편화된 마케팅 기법은 신문, 잡지, 전문광고, 단독 전단, 우편, 인터넷 등을 이용해서 고객들에게 할인권, 무료 메뉴 시식권 등을 제공하는 방식이다. 최근에는 쿠폰을 전문적으로 제작해서 무가지로 배포하는 업체가 생겨났을 정도로 쿠폰 마케팅은 일반화되었다.

또한 고객들이 소지하고 있는 멤버십카드에 입력시켜주는 전자쿠폰 등도 일반화되어 고객들로부터 좋은 반응을 얻고 있다. 이와 같이 DM은 비용적인 측면, 이메일은 스팸메일로 보거나 고객들이 열어보지 않고(오픈율이라고 함) 지우는 오픈율이 저조한 경우 등의 이유로 전자 쿠폰, 점포배포방식이 선호되고 있다. 쿠폰의 종류에는 할인권, 무료시식권, 음료권 등 다양하게 있으나 이 중 원가율이 좋고, 고객반응이 좋은 메뉴를 선정하여 고객들을 끌어들일 수 있도록 해야 한다.

또 쿠폰에 대한 반응률에 대한 데이터를 축적해두어 향후 쿠폰 행사 시 이를 적극 활용하여 남용되는 경우가 없도록 하고, 좋은 효과를 거둘 수 있도록 해야 한다. 다시 한 번 언급하지만 쿠폰의 오남용은 브랜드와 점포의 이미지에 밀접한 연관이 있으므로 쿠폰의 배포에 대해서는 신중을 기해야 한다.

> 쿠폰의 오남용은 브랜드와 점포의 이미지에 밀접한 연관이 있으므로 쿠폰의 배포에 대해서는 신중을 기해야 한다.

4장

[그림 4-14] 외식업체의 쿠폰 마케팅

(3) 가격할인 마케팅

점포에서 행할 수 있는 마케팅은 메뉴의 가격을 할인하는 방법이 있다. 가격할인의 경우 주로 한가한 해피아워나 낮시간에 주로 이루어지며, 이는 고객을 가격으로 유인하여 매출을 향상시키기 위한 방법이다. 가격할인의 경우 마케팅에서 가장 마지막에 적용해야 할 부분이다. 해피아워 등의 이유가 아니라면 가격의 할인을 통해서 고객을 유인하는 방법은 권하고 싶은 방법은 아니다. 가격의 인식은 미래의 영업에 상당한 영향력을 미친다. 마케팅은 인식의 싸움이다. 가격에 대한 고객의 인식은 향후 브랜드의 이미지와 영업에 상당한 영향력을 미친다.

[그림 4-15] **가격할인 마케팅**

※ 가격할인 마케팅은 결국 가격을 낮춰서 고객의 유입을 늘리고자 하는 마케팅 기법이다. 가격할인을 진행할 경우 향후 고객의 인식 속에 브랜드나 점포를 그 가격으로 인식하게 된다.

※ (우측 그림) 출처 : 서울스포츠닷컴, 2013.06.13일 기사 사진

(4) 마일리지 마케팅

> 마케팅은 인식의 싸움이다. 가격에 대한 고객의 인식은 향후 브랜드의 이미지와 영업에 상당한 영향력을 미친다.

단골고객을 만드는 방법은 쿠폰, 할인권, 스탬프쿠폰 등 여러 가지가 있겠으나 포인트카드 일명 마일리지 적립카드 또는 멤버십카드가 있다. 마일리지를 적립만 할 수 있도록 만든 카드도 있고, 멤버십에 가입하면 할인혜택과 더불어 마일리지까지 적립되는 카드도 있다. 이런 마일리지 적립카드로는 스탬프쿠폰, 자기식 적립카드, 멤버십마일리지 카드가 대표적인 예이다. 이는 이용실적에 따라 특전을 주는 적립방식의 마케팅 기법으로써 외식점포뿐만 아니라 항공사, 신용카드, 백화점 등 거의 모든 기업에서 행하는 방식이다. 개인이 운영하는 소형점포의 경우 마일리지 적립카드를 만들기 위해서 많은 비용이 들어야 하므로 현실적인 어려움이 있으므로 자기식카드의 대여나 스탬프쿠폰의 활용도 좋은 방법이다. 스탬프쿠폰의 경우 회수 시 고객의 동의하에 정보를 입력하게 하여 향후 마케팅 수단으로 활용하는 것도 좋은 방법이다. 고객의 입장에서는 마일리지 제도가 적립을 통한 혜택을 누리게

[그림 4-16] 외식업체의 대표적인 마일리지 카드

※ 대부분의 외식업체에서 마일리지 카드를 활용하고 있다. 마일리지 카드는 고객이 브랜드를 전환하지 못하게 하는 역할과 동시에 브랜드충성도를 증가시키는 역할을 한다.

하는 것이고, 점포의 입장에서는 고객의 재방문과 단골고객 확보를 할 수 있는 수단이 된다. 대부분의 외식점포와 브랜드에서는 마일리지 적립제도를 거의 보유하고 있다. SPC그룹의 Happy Point 카드, 아웃백의 멤버십 카드 등 대부분의 외식기업이나 브랜드에서 마일리지 카드를 가지고 있다. 마일리지카드는 고객의 입장에서는 포인트나 경품을 얻는 등 마일리지의 적립에 따른 서비스의 환원이 있고, 점포의 입장에서는 고객이 브랜드나 기업에서 이탈하지 못하도록 하는 역할을 한다. 다만 마일리지 카드의 경우 단기적인 이윤으로 생각하기 보다 장기적인 안목으로 이끌고 가야할 수단임을 잊지 말아야 한다. 또한 마일리지 카드를 가진 단골고객의 수를 지속적으로 늘려가야 한다는 것도 잊지 말아야 한다. 하지만 요즘은 외식을 즐기는 고객이 한 기업이나 브랜드의 마일리지 카드만을 가지고 있는 것이 아니라 대부분의 카드를 소지하는 경우가 많다. 따라서 마일리지 카드를 가지고 있다고 해서 안도할 게 아니라 멤버십 고객들 대상으로 하는 행사나 이벤트, 프로그램을 만들어서 지속적으로 관리를 해줘야 한다.

(5) 요일 마케팅

외식점포의 경우 입지에 따라 다소 다르겠지만 요일별로 매출액이 상이하게

[그림 4-17] 요일 마케팅

나타난다. 따라서 요일별 행사를 마련하거나 다른 가격대의 메뉴를 제공하는 등 요일에 따른 고객유입에 따라 행하는 마케팅 기법이다.

주 5일제 이후 금요일을 이용한 마케팅 기법도 많이 등장하고 있다. 평일 중 금요일에 대부분의 레스토랑들이 다른 요일에 비해서 매출이 높고, 주말 전이라 회식하는 직장인들이 많아서 이를 이용해서 프로모션을 기획해서 진행하는 업체도 늘어나고 있다. 특히 최근에는 알콜 도수가 높은 주류를 회피하고, 간단하게 주류를 즐기는 문화가 확산되면서 금요일 저녁에 생맥주를 무료로 제공해 주는 외식점포가 늘고 있어서 직장인 고객들에게 호평을 받은 경우도 있다.

(6) 메뉴 마케팅

메뉴는 최고의 마케팅 수단이다. 레스토랑은 메뉴를 통해서 고객과 커뮤니케이션한다. 메뉴의 교체시기, 신메뉴의 개발, 특정한 고객들(채식주의자, 어린이, 건강 등)을 위한 적합한 메뉴의 개발 등 메뉴를 통해서 고객과 어떻게 의사소통하는지에 따라 레스토랑의 성패가 달려있다고 할 수 있다. 메뉴 마케팅으로 진행할 수 있는 부분들에 대해서 살펴보면 다음과 같다.

① 레스토랑 핵심 메뉴(key menu) 개발:레스토랑에서 고객들이 기억하고 시장 내에서 이슈가 될 수 있는 독특한 애피타이저나 메인메뉴, 디저트들을 개발한다. 또 개발된 메뉴는 독창적인 이름을 부여해서 시장 내에서 이슈가 되고 기억이 되도록 해야 한다. 아웃백의 경우 부쉬맨 브레드를 만들고 이를 레스토랑에서 고객들에게 무한제공하면서 시장에서 이슈가 되고, 고객만족을 이끌어 내었다. 이후 타 레스토랑에서 같은 방식으로 많은 시도를 하기도 했다. 그러나 시장에서는 늘 처음만 기억한다. 이를 pioneer effect라고 한다.

② 웨이팅 푸드(waiting food):고객이 레스토랑에 입점하기 위해서 기다리는 시

간은 정말 지루하고 초조하고 배고픈 시간이다. 고객들이 기다리는 동안 먹을 수 있는 간식거리를 제공하는 것은 고객들의 지루함 등을 방지하고 고객만족을 이끌어 낼 수 있다. 또 점포의 입장에서는 고객이 기다리다 이탈하는 것을 방지할 수 있다.

> 점포 마케팅에서 간과해서는 안 될 부분은 지역 주민들과의 화합과 조화이며. 그들의 필요와 욕구에 대해 면밀히 조사한 후 행하여야 한다는 것이다.

③ 지역 선호 음식을 포함:지역에 기호식이 있는지 살펴보고, 그 지역 음식을 메뉴 구성에 넣도록 한다. 또 지역 산지 식자재를 이용해서 메뉴를 개발하는 방법도 활용해야 하다. 레스토랑은 어차피 지역을 위해서 존재하고 그 지역 주민을 떠나서는 성공할 수 없기 때문이다.

④ 세트메뉴:애피타이저, 샐러드, 주요리, 디저트, 음료 등을 묶어서 하나의 가격으로 세트메뉴를 판매하도록 한다. 2인세트, 3인세트, 가족세트 등으로 다양하게 만들 수 있고, 또 특정일에는 특정일을 기념하는 세트를 만들어 보는 것도 적합한 방법이다.

[그림 4-18] 외식업체 세트메뉴

세트의 경우 점포의 입장에서 객단가를 높이거나 원가를 낮춰주는 역할을 하기도 한다. 또 세트메뉴의 판매가 많이 이루어질 경우 주방의 업무효율, 홀의 업무효율성도 높아진다. 물론 가장 중요한 것은 고객만족도라 할 수 있다. 잘 구성된 세트메뉴의 경우 고객만족, 레스토랑의 운영효율성에 상당한 도움이 될 것이다.

⑤ 테이크아웃 메뉴:레스토랑에서 테이크아웃이 차지하는 비율은 그리 높지 않다. 하지만 테이크아웃이 점차적으로 늘어나고, 선호하는 고객도 상당히 늘고 있는 추세이다. 따라서 고객이 테이크아웃할 수 있는 메뉴들을 일부 만들어서 제공할 수 있도록 한다.

⑥ 신메뉴 출시 시 프로모션:신메뉴가 나왔을 때는 반드시 고객들에게 프로모션을 진행해서 고객들이 맛볼 수 있게 하여야 한다. 고객들은 실패를 경험하지 않으려는 성향을 가지고 있기 때문에 레스토랑에서도 본인이 먹던 음식을 먹으려는 경향이 있다. 따라서 신메뉴가 나왔을 때에는 그것을 선택할 수 있도록 경품 등의 프로모션을 하도록 한다.

[그림 4-19] 신메뉴 출시 프로모션

(7) 시간 마케팅

한가한 시간의 매출을 올리거나 점심과 저녁 고객을 늘리기 위해 가장 많이 사용하는 방법이다. 해당 시간대에 방문하는 고객에 한해 가격을 할인해 준다거나 무료서비스를 주는 등 특별한 혜택을 주는 마케팅 기법이다.

이외에도 외식점포에서 행할 수 있는 마케팅 기법은 무수히 존재한다. 다만 점포 마케팅에서 간과해서는 안 될 부분은 지역 주민들과의 화합과 조화이며. 그들의 필요와 욕구에 대해 면밀히 조사한 후 행하여야 한다는 것이다.

(8) 스포츠 마케팅

스포츠에 대한 관심이 날로 증대되고 있고, 프로스포츠는 더 활성화되고 있다. 따라서 스포츠 구단과의 연계를 통한 마케팅활동은 스포츠 구단과 레스토랑에 서로 도움이 되고 있다. 스포츠 마케팅의 의미는 기업들의 스폰서십을 활용하여 스포츠 단체가 재원을 확보하여 운영하는 마케팅활동으로서 최근 각광받고 있는 마케팅 기법이다. 기업들은 스포츠 단체에 재원이나 물품, 외식기업의 경우에는 식사권 등을 제공하고, 스포츠 단체 등은 광고, 브랜드 노출, 프로모션 등의 광고효과를 제공하는 윈-윈의 전략이다. 스포츠 마케팅을 진행할 경우 스포츠를 관람하는 고객들에게 자연스럽게 브랜드나 광고가 노출되어 접근하게 되며, 브랜드에 대한 친숙도가 생긴다. 또 스포츠의 활동적이고 공익추구적 이미지와 함께함으로써 브랜드 이미지 상승에도 도움이 된다. 또, 스포츠 구단 관객들에게는 일정한 행사 등을 통해서 레스토랑의 식사권 등 경품을 제공하고, 레스토랑의 입장에서는 스포츠 구단 관객들에게 광고 등을 통해서 레스토랑을 홍보하고, 레스토랑 고객으로 유인하는 효과를 볼 수 있다. 특히 유명 프로스포츠 구단과의 연계는 브랜드의 이미지를 높이는 데 상당한 도움이 된다고 볼 수 있다. 지역을 연고로 하는 프로스포츠 구단과의 연계는 지역과 같이 움직인다는 공동체 의식을 심어줌으로써 고객들에게도 좋은 이미지를 줄 수 있다.

(9) 모바일 마케팅

인구수보다 이동통신 가입자 수가 더 많아졌다. 모바일은 최근 가장 큰 마케팅 도구로 부상하고 있다. 고객의 정보와 데이터를 활용해서 1대1 마케팅(one to one marketing)이 가능하고, 손쉽게 고객들에게 정보를 제공하여 고객을 유인할 수 있어서 최근 각광받는 마케팅 도구로 인식하여, 이를 활용하는 업체들이 늘어나고 있다. 또한 모바일 마케팅의 경우 즉각적이고, 단기적인 고객반응이 있어서 단기적인 매출향상을 위한 효과적인 마케팅방법이라 하겠다. 다만 몇 가지 주의할 점은 SMS 문자를 활용할 경우 사전에 반드시 고객의 개인정보보호 및 메시지 허용에 관한 동의를 사전에 받아 두어야 한다. 그렇지 못할 경우 위법한 경우로 처벌을 받게 되며, 잦은 문자 제공 시 고객들의 항의나 스팸 문자로 간주받아 효과를 보지 못할 경우가 발생하기도 한다. 그렇지만 단기간의 성과를 위해서나 모바일을 주로 활용하는

[그림 4-20] 모바일 마케팅 예시

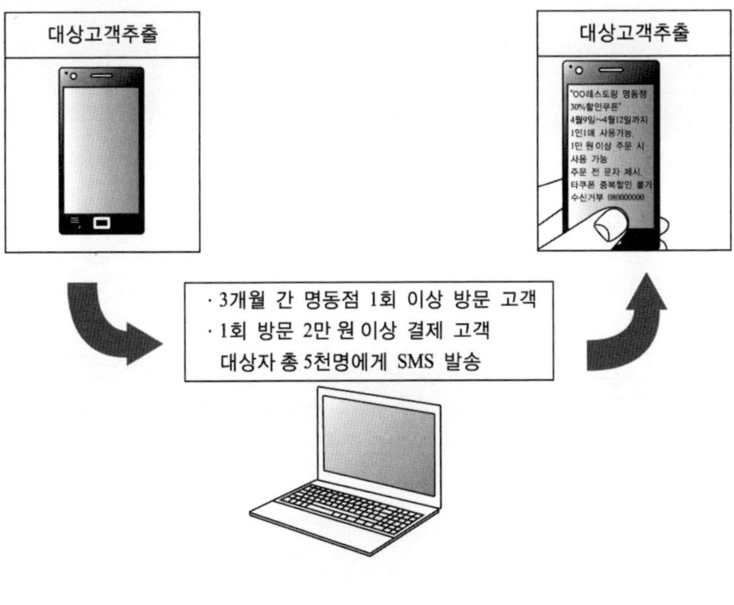

젊은 고객층을 대상으로 한 쿠폰의 배포와 행사정보의 제공은 향후 지속적으로 발전할 전망으로 보이며, 외식점포의 경우 이를 적극적으로 활용해서 좋은 성과로 이어나가야 하겠다.

(10) 기타 마케팅

> 지역 내 행사에 적극적으로 참여함으로써 레스토랑의 이미지를 끌어올리고, 지역과 함께한다는 인식을 주민들에게 심어주도록 노력해야 한다.

① 지역 내 행사 참여:다른 업종과 달리 음식장사의 경우 지역 내의 민심이 상당히 크게 작용하는 것이 대부분이다. 물론 입지에 따라서 그렇지 않은 경우도 있지만, 지역 내의 행사 참여 등 지역행사의 경우 점포의 경영자의 인식이 가장 중요하며 브랜드의 파워나 대형 체인점이 아닌 경우를 제외하고는 지역 내의 주민들을 고객화하는 노력을 기울여야 한다. 지역 내에는 많은 행사들이 열린다. 지역 마라톤 대회, 지역구민 체육대회, 양로원 어르신 초청 행사, 지역 축제 등 많은 행사들이 열린다. 이런 행사에 적극적으로 참여하고, 스폰서하는 것은 상당히 중요하다고 할 수 있다. 물론 이런 부분들이 상업적이라고 받아들여질 수 있으나 지역의 주민과 함께한다는 인식을 심어주는 것이기 때문에 굉장히 중요한 부분이라고 할 수 있다. 이는 또 단기적인 성과가 아니라 장기적인 안목으로 지속적으로 진행해야 하는 부분임을 명심해야 한다. 따라서 지역 내 행사에 적극적으로 참여함으로써 레스토랑의 이미지를 끌어올리고, 지역과 함께한다는 인식을 주민들에게 심어주도록 노력해야 한다.

아웃백 스테이크하우스의 경우 2000년 중반 몇몇 점포에서 아침식사 대용으로 스프, 커피, 부쉬맨 브레드 등을 직장인들에게 무료로 나눠주는 행사를 통해 좋은 평가를 받았고, 스타벅스의 경우 '저자와의 대화'를 통해 지역 주민들로부터 큰 호평을 받았다. 그 외에도 많은 외식업체들이 불우이웃돕기행사, 지역 청소 등 사회봉사활동을 하면서 지역과 함께 하려고 노력하고 있다.

② 명함추첨 행사:고객의 명함(정보)을 모으고, 고객수를 증가시킬 수 있는 효과적인 방법이다. 명함을 모으고 매월 추첨을 통해 고객에게 일정 혜택을 부여하고, 고객만족도를 높여 고객충성화시키는 방법이라 할 수 있다. 또한 명함을 통해서 고객의 정보를 볼 수 있고, 어느 지역과 누가 주 방문객들인지도 파악할 수 있어서 좋은 행사로 볼 수 있다. 이 행사 역시 사전 행사용으로 사용하는 것을 고객들에게 명시하고 다른 용도로 사용할 경우 고객의 정보 동의가 있어야 하며, 사용 후 반드시 고객정보를 폐기해야 한다.

③ 제안 이벤트:고객들이 메뉴를 제안하거나, 아이디어를 제안하는 등 고객이 참여하는 프로그램을 기획하고 개발하도록 한다. 이는 적은 비용으로 고객이 관심을 가지고 참여하게끔 하면서 레스토랑을 홍보할 수 있는 최고의 방법이다. 또 고객이 참여한다는 것은 레스토랑에 대한 고객의 관심과도 직결되는 부분이므로 다양한 방법을 시도해볼 수 있다. 예를 들어서 고객 메뉴 제안대회, 레스토랑 기념일 이벤트(홈페이지 축하글 남기기), 시식회, 고객초청행사(지역 주민), 음식기증행사(학교, 상가, 지역사회, 양로원 등) 등이 있다.

④ 어린이 마케팅, 행사:주 5일제 시행, 초등학생들의 주 5일제 전면시행, 여가시간의 증대 등으로 가족이 함께하는 시간이 절대적으로 증가하고 있다. 따라서 어린이 고객은 레스토랑에서 반드시 만족시켜야 할 대상이다. 최근에는 어린이를 위한 놀이방, 식사 중 같이 할 수 있도록 색칠공부 제공, 전용 식기 등은 기본적인 제공 사항이 되어 버렸다. 레스토랑의 주요 고객 중의 하나인 어린이를 위한 행사나 메뉴는 반드시 필요하다. 꼭 행사가 아니어도 반드시 어린이 메뉴를 개발하고, 어린이들이 참여할 수 있는 그림대회, 독후감대회, 사생대회 등을 개최해서 어린이들의 만족도를 높여가야 한다. 그리고 레스토

랑에서 어린이를 위한 경품이나 기념품(풍선, 학용품, 즉석사진 등)을 만들어서 나눠주는 것도 좋은 방법이다. 또 어린이 멤버십카드를 만들어 고객충성화시키는 노력을 기울여야 한다. 어린이를 동반한 가족고객의 경우 레스토랑을 선정하는 대상이 어린이임을 반드시 기억하도록 한다.

'아웃백스테이크하우스'의 키즈메뉴 1천원 행사, '김가네 김밥'의 '어린이 그림그리기대회' 등 어린이를 위한 행사를 진행함으로써 브랜드가 가진 어린이를 위한 마음을 전달하고, 브랜드에 대한 호감을 높이는 이벤트로 좋은 반응을 보였다.

[그림 4-21] 어린이 메뉴 가격 할인 행사와 어린이를 위한 이벤트

⑤ 광고, 전단지, DM:광고는 당장 효과를 나타내지 않지만 3개월에서 6개월 정도에서 효과를 볼 수 있다. 브랜드의 내셔널 광고는 브랜드 전체를 광고하지만 점포에서 광고 툴을 활용해서 광고를 하는 것은 매출에 많은 영향을 미친다. 따라서 점포에서 마을버스, 인근 제휴처, 지하철, 학교신문, 지역신문, 온라인 맛집 등 적정한 곳을 선정하여 지속적인 광고를 진행하도록 한다. 광고의 내용은 점포의 소개, 위치, 메뉴, 프로모션 등 적합한 것을 선정해서 하면 된다.

전단지는 점포의 규모나 크기 등에 상관없이 손쉽게 활용할 수 있는 점포의 마케팅수단이기 때문에 필요할 경우 제작하여 효과적으로 활용할 수 가 있다. 다만 전단지의 경우 불특정 다수에게 전달함으로 효과성이나 집중도가 다소 미흡할 수 있다. 전단지에는 행사내용, 메뉴의 소개, 할인쿠폰 등 강하고 임팩트 있는 소재를 활용하여 제작하여야 한다.

[그림 4-22] 신문전단지

※ 최근에 들어 신문전단지의 경우 효과성이나 집중도 면에서 미흡한 광고 수단이다.

DM을 활용해서 마케팅을 진행할 수도 있다. 다만 DM의 경우 특정 다수에게, 또 원하는 고객에게 전달된다는 점에서 훌륭한 마케팅 수단이기는 하나 비용이 많이 든다는 단점이 있다. 특정 다수에게 제공되는 것이니 만큼 쿠폰의 삽입이나 할인권의 삽입은 고객들에게 강렬한 인상을 주고, 존중받는다는 느낌을 전달해주어 집객에 상당한 도움이 된다. 시기적으로 필요할 경우나 단골고객의 로열티 향상을 위한 프로그램의 일환으로 진행하는 것은 효과적이라 하겠다.

⑥ 시즌별 마케팅:시즌별로 반드시 프로모션을 해야 할 시기가 있다. 이 시기에 프로모션을 진행하지 않는 것은 매출이 하락할 수 있다. 모든 레스토랑에서 행사를 진행하기 때문에 연중 필수적으로 해야 할 시기는 반드시 진행하도록 한다. 대표적으로 밸런타인데이, 졸업과 입학, 화이트데이, 5월 가정의 달, 수능 후, 크리스마스 시즌 등이 있다.

⑦ 휴대폰 활용:휴대폰을 활용해서 고객들에게 문자를 보내는 것으로 최근 문자를 활용해서 쿠폰을 동봉하거나 프로모션 소식을 알려서 고객을 집객 하는 것을 목적으로 한다. 대부분의 사람들이 휴대폰을 다 사용하고 있어서 가장 적극적으로 커뮤니케이션하는 방법이라 할 수 있다. 따라서 문자를 잘 활용하는 방법도 집객을 위한 훌륭한 방법이다.

[그림 4-23] 진정성의 마케팅

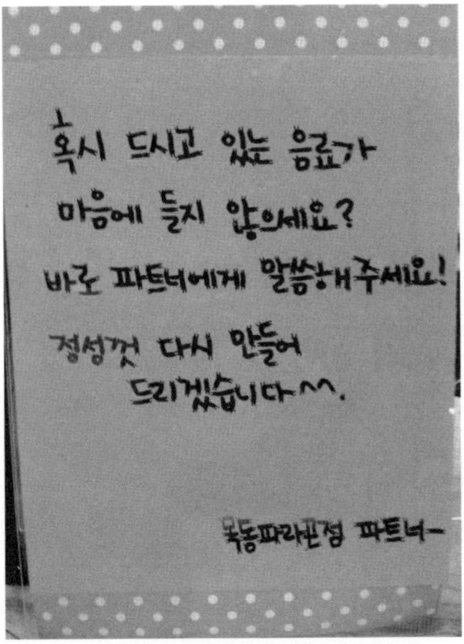

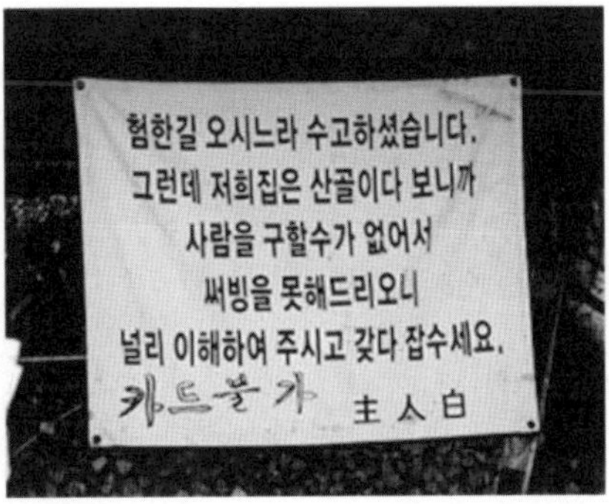

※ 우리 점포의 고객을 향한 진정성은 얼마나 되는가? 자문하라.

7. 부진 점포 활성화 방안

1 매출활성화를 위한 전략

> 업종, 점포의 입지와 상권, 메뉴의 문제, 서비스 문제, 직원들의 팀워크 등 다양한 문제가 산재해서 부진점포로 연결되는 것이다. 여러 가지 부진의 원인 중 가장 중요한 것은 점포책임자 본인에게 있음을 명심해야 한다.

부진 점포의 유형을 보면 첫째, 매출이 계속 감소하면서 이익도 같이 감소하는 점포, 둘째, 매출은 오르고 있으나 이익이 감소하는 점포, 셋째, 매출은 오르고 있으나 이익은 그대로인 점포, 넷째, 매출은 그대로 있으나 이익은 감소하고 있는 점포 모두 부진 점포로 판단할 수 있다. 부진 점포의 경우 한 가지의 원인이 영향을 미치지 않고 여러 가지 영향이 복합적으로 진행되는 경우가 대부분이다. 그래서 구조적이고 시스템적으로 접근하여야 한다. 업종, 점포의 입지와 상권, 메뉴의 문제, 서비스 문제, 직원들의 팀워크 등 다양한 문제가 산재해서 부진점포로 연결되는 것이다. 여러 가지 부진의 원인 중 가장 중요한 것은 점포책임자 본인에게 있음을 명심해야 한다. 물론 외부적인 요인으로 경기가 좋지 못하고, 가계의 부채비율에 대한 이자부담이 증가되어 결국 소비심리가 위축되어 영향을 받게 되고, 외식점포의 임대료 상승, 인건비 상승, 식자재 원가 상승 등의 비용구조의 악화도 영향을 미치며, 외식점포 수는 지속적으로 수직상승하면서 오픈해 경쟁구도가 가속화되는 것도 영향을 미치는 요인이다. 하지만 명심할 것은 경기가 좋지 못하거나 경쟁이 치열한 상황에서도 잘되는 점포는 항상 존재한다는 것이다.

외식점포 매출활성화를 위해서 기본적으로 단계별로 점검할 필요성이 있다. 매출활성화를 위해서 다방면의 노력이 필요하지만 일단 기본적인 사항을 미리 점검해볼 필요가 있다. 매출활성화를 위한 기본 전제 조건으로 저자는 점포의 조직력, 마케팅 실행능력, 상권 내에서의 마케팅 실행에 대한 공격적인 성향이 있다고 생각한다. 따라서 아래의 사항들을 기본적으로 점검할 필요가 있다고 하겠다.

첫 번째로 상권과 업종의 적합성을 점검해야 한다. 상권은 수시로 변화한다. 따라서 이런 상권의 변화에 대처하지 못하지는 않았는지 점검을 해야 하고 이런 상권의 변화에 대해 업종이 적합한지 적합성을 점검해야 한다. 즉 상권 배후지의 재개발, 재건축, 대형 편의시설 등의 이전으로 쇠퇴기에 접어들었는지 등에 대한 점검을 하고 이런 상권의 변화가 있었다면 즉시 매도하거나 이전을 검토해야 한다. 상권의 변화가 있었음에도 불구하고 변화를 감지하지 못해서 매출부진이 일어나기도 한다.

상권의 변화는 없었으나 매출이 부진한 경우에는 경쟁점포를 조사한 후 이상이 없다면 점포의 마케팅에 문제가 있는 것으로 판단을 하면 된다. 앞서 언급한것처럼 마케팅은 지속적이고 적극적으로 진행되어야 한다. 실제로 마케팅을

[그림 4-24] **점포 진단 프로세스**

현상분석	문제점 파악	전략 도출	실행	결과 피드백
매출 및 원가 분석 점포 마케팅 분석 경쟁사 분석 상권입지 분석	점포의 각종 문제점 파악	매출원가방안 점포 마케팅 방안 QSC 방안 경쟁사 대응방안 상권입지 대응방안	전략방안 실행	컨트롤 및 피드백 관리

전혀 진행하지 않아서 매출이 부진한 경우를 시장 내, 상권 내에서 흔하게 볼 수 있다. 또 유사업종이나 다른 업종을 추가하는 방법도 검토해보아야 한다.

둘째, 점포의 고객층을 재분석해보아야 한다. 흔하게 실수를 하는 부분으로서 점포의 고객층이 누구인지를 모르는 경우가 많이 발생하고, 진행되고 있는 점포 마케팅도 타깃 대상 없이 무작위로 진행되는 경우가 허다하다. 따라서 점포의 내점고객이 누구인지, 점포의 타깃고객이 누구인지, 고객이 무엇을 원하는지를 점검해서 보완전략을 구사하고 정확한 타깃을 선정해서 타깃고객을 위한 선택과 집중 전략을 구사해야 한다.

셋째, 고객만족도를 조사해야 한다. 요즘은 고객만족도 조사, 미스터리 쇼핑 등 다양한 방법으로 고객만족도나 점포상황을 점검하고 있으나 아직도 고객만족도 조사를 하지 않고 고객이 무엇을 원하는지조차도 파악하지 않는 점포들을 볼 수가 있다. 반드시 고객에게 직접 조사해서 고객들이 원하는 바가 무엇인지 찾아내고 이를 충족시켜 줄 수 있는 방법을 찾아야 한다. 즉 메뉴 만족도, 가격 만족도, 서비스 만족도, 이용행태, 개선사항 등에 대해서 수시로 조사하고 액션플랜을 수립하여 실천하여야 훌륭한 점포로 성장할 수 있다. 마케팅에서 가장 중요한 것은 고객이 원하는 바를 만족시켜 주는 것이다.

넷째, 점포의 강점과 약점을 파악하고 행동으로 옮겨야 한다. 입지, 고객, 만족도 조사 등을 통해서 나온 점포의 강점과 약점을 파악하고 강점을 보강할 수 있는 방안, 약점을 극복할 수 있는 방안을 찾아 액션플랜을 수립하고 이를 적극적으로 실천해 나가야 한다. 또 액션플랜을 수립할 시 반드시 직원들이 고객들로부터 듣는 현장의 소리를 반영해야 한다.

다섯째, 메뉴의 구성과 주기를 파악해야 한다. 고정적인 메뉴로 운영하는 점포와 순환 메뉴로 운영하는 점포가 있으나 외식점포의 경우 꾸준히 메뉴를 개발하고 이를 고객들에게 선보이는 노력을 기울여야 한다. 또 메뉴에도 라이프

사이클이 있다. 따라서 운영하고 있는 메뉴의 반응을 정확히 파악하고 고객만족도를 조사하여 메뉴의 현재 상황이 라이프사이클에서 어느 지점에 해당되는지를 점검해야 한다. 또 상황에 따른 적절한 판매대책도 강구되어야 한다.

여섯째, 적극적인 LSM과 판매촉진활동이 필요하다. 앞서 언급한 LSM 활동을 얼마나 잘 진행하고 있는지를 점검하고 또 점포 내에서 고객을 유인할 수 있는 대안들이 있는지를 점검하고 실천해야 한다. 이처럼 LSM 활동에 대해서 명확한 목적과 목표를 갖고 적극적으로 실천하고 있는지 점검하고 실천하는 것이 매출을 활성화시키는 방법이다.

일곱째, 점포의 QSC 상태 점검을 실시해야 한다. 외식점포에 있어서 가장 중점적으로 관리되어야 하는 부분이 바로 QSC이다. 메뉴의 품질이 굉장히 까다롭고 뛰어나야 하며, 메뉴의 구성, 가격, 고객만족도, 적정성 등을 수시로 점검하고 체크해야 한다. 외식업에 있어서 메뉴는 그 점포를 선택하는 가장 큰 이유가 된다. 그리고 직원들의 서비스도 마찬가지이다. 점포 내의 문화가 고객지향적인 사고로 움직이고 있는지도 점검을 해야 하며, 직원 한 명 한 명이 고객들에게 최고의 서비스를 제공하고 있는지도 점검해야 하고, 또 고객들이 점포를 이용하면서 불편한 점이 없는지도 늘상 점검하고 체크해서 수정·보완하도록 해야 한다. 마지막으로 위생청결 부분이다. 점포의 청결상태, 직원들의 위생상태 등 점포 전반적으로 위생과 청결에 늘 신경 써야 한다.

이것은 외식점포를 운영하면서 가장 기본적으로 유의해야 하는 부분이다. 기본에 가장 충실한 점포가 훌륭한 점포이다. 이런 기본적인 것이 충실히 갖추어져 있는 점포는 우수한 점포로서의 기본적인 준비가 된 것으로 보면 되겠다.

여덟째, 시장조사를 주기적으로 철저히 해야 한다. 1주일에 한 번 내지 2주에 한 번 정도 점포의 반경 1km 이내에서 직접 시장조사를 다닐 필요가 있다. 상권의 변화, 주변 업종 변화, 전체 상가의 경기흐름, 경쟁점포의 이벤트나 마케팅현황 등을 파악하고 외부환경 변화에 적극적으로 대응하고 점포의 영업방향을 결정하거나 전환 또는 개선해나가야 한다.

또 경쟁점의 세부상황까지 적극적으로 조사해야 한다. 경쟁점에 직접 찾아가 장점을 배우고 이를 수용해서 점포에 적용하는 일도 필요시에는 진행해야 한다. 경쟁점은 월별, 분기별로 정기적으로 진행하는 것이 좋다. 주위의 경쟁점만 이겨도 점포의 매출액은 상승하게 된다. 따라서 다른 멀리 있는 요인보다 경쟁점을 분석하여 그들을 이기는 전략을 만드는 것이 점포활성화를 위한 가장 기본적인 방법일 수 있다.

아홉째, 이 모든 것의 진행 주체는 직원임을 잊지 말아야 한다. 외식업은 사람이 하는 사업임에 틀림이 없다. 점포활성화 역시 주체는 직원이 되어야 한다. 서비스 제공자로서의 주체, 메뉴 생산자로서의 주체, 내부고객이면서 외부고객들에게 광고를 하는 주체이다. 이렇듯 직원들이 주체임을 잊지 않고, 직원들을 어떻게 교육시키고, 동기부여시키며, 권한위임을 하고 강한 팀을 만들어서 팀워크를 발휘할 수 있게 할지 생각하는 것 역시 점포경영자로서의 임무이다. 직원들이 모든 전략의 주체임을 잊지 말아야 한다.

[그림 4-25] **점포 활성화 프로세스**

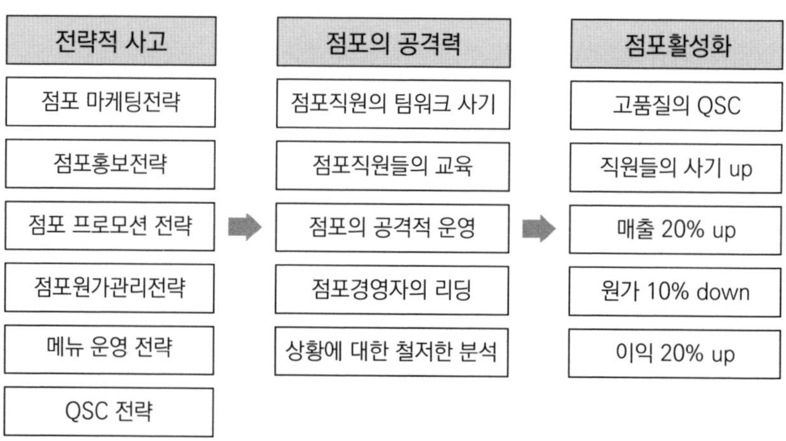

2 상권 및 입지 재조사

(1) 상권과 입지의 기본조사

> 상권 및 입지조건을 재조사 후 고객층이 누구인지, 고객들이 무엇을 원하는지, 어떤 업종과 가격대가 적정한지 등을 파악하고 이를 적용하는 것이 매출 활성화의 중요한 부분이라 하겠다.

외식업을 입지산업(local business)이라고 한다. 그만큼 입지는 점포 성공의 중요한 역할을 한다고 볼 수 있다.

성공점포의 경우 좋은 입지를 선정해서 입지에 맞는 업종을 선택하고 입지업종에 맞는 가격대, 메뉴를 선정하여 점포를 운영하는 경우가 많다. 또 고객층을 철저히 분석해서 점포의 특성에 맞는 메뉴를 구비하고 있다. 부진 점포의 경우를 살펴보면 점포가 경영주 위주로 선정되고, 경영주의 취향에 맞는 입지가 선택되어 영업이 되고 있다. 또 고객층을 고려하지 않는 메뉴와 가격대가 선정이 되는 등의 실수를 범하고 있기도 하다.

따라서 상권 및 입지조건을 재조사 후 고객층이 누구인지, 고객들이 무엇을 원하는지, 어떤 업종과 가격대가 적정한지 등을 파악하고 이를 적용하는 것이 매출활성화의 중요한 부분이라 하겠다.

① 상권 조사를 위한 자료의 수집:세대수 및 연령대, 성별, 거주현황, 주거현황 및 상권 내 업종별 분포현황 등을 세밀하게 파악한다.

② 1차 상권 조사:소점포는 반경 500m, 대형점포의 경우 1km 이내 상권으로, 점포를 기준으로 원을 그려 원내 세대수 및 인구수 파악, 점포 앞 유동량 파악(성별, 연령별, 시간대별 등)하도록 한다.

③ 2차 상권, 3차 상권 조사:반경 1km, 반경 2~5km 내 상권 특성 파악

(2) 상권과 업종의 적합성 조사

> 경쟁점의 상품력, 가격, 서비스, 위생청결, 인테리어, 익스테리어, 서비스, 프로모션 현황, 마케팅 현황 등을 면밀히 살펴서 시사점을 찾아낼 필요가 있다.

① 상권의 쇠퇴기로 인한 점포의 부진: 점포의 성공 여부는 상권과 밀접한 관련이 있다. 상권의 변화 여부를 미리 감지하는 것이 가장 좋으나 그렇지 못했다면 상권이 라이프사이클 중 어디에 있는지 집중 점검하고 향후 변화가능성에 대해서 집중 점검해야 한다. 예를 들어서 상권의 재계발이나 재건축, 대형 집객시설의 이전(백화점, 병원, 대학교 등)이 상권이 라이프사이클 중 쇠퇴기에 접어들었다면 점포가 회생하기 불가능할 경우가 많다. 상권의 라이프사이클을 면밀히 검토하기 바란다.

② 상권의 변화는 없는 상황에서 점포의 부진:상권에는 아무런 변화가 없는데 점포가 부진한 경우에는 대부분 경쟁점이 생겨서 고객이 이동한 경우이며 만약 이런 경우가 아니라면 점포 내부에 문제가 있을 경우가 대부분이다. 점포의 QSC가 문제라든가 아니면 점포 마케팅의 문제 등 대부분이 내부적 원인일 경우가 많다.

③ 상권의 변화는 없으나 업종 자체가 상권과 맞지 않는 경우:점포를 오픈할 시점에 상권과 업종이 맞는지 점검해야 한다. 상권의 형성과 우리가 운영하는 점포의 고객층 등 여러 가지 상황이 맞지 않는다면 타 업종으로 오픈을 해야 한다. 다만 오픈 이후 이런 상황을 감지했다면 유사업종으로 변경을 해야 한다. 상권과 업종의 관계에 대해서 면밀한 검토가 요구된다.

3 고객 조사 및 고객만족도 조사

매출부진의 원인 중 하나로 점포의 타깃고객이 잘못 설정된 경우가 많다. 따라서 고객층을 심도 깊게 분석하여 타깃고객을 정확히 설정할 필요성이 있다. 고객층은 시간대, 연령대, 성별, 동반고객 등을 분석하여 이 조사된 자료를 바탕으로 하여 영업방침을 수립해야 한다. 또한 분석을 통하여 가격정책 변화, 메뉴 정책 변화, 주력 상품의 변화 등을 기해야 한다.

고객만족도는 대면조사, 설문조사, 전화조사, FGI(Focus Group Interview), FGD(Focus Group Discussion)등이 있다. 설문은 메뉴 만족도, 가격만족도, 서비스 만족도, 위생청결만족도 등이 주를 이루고 점포이용 시 기타 필요한 서비스에 대한 만족도 등도 체크해보아야 한다. 설문조사나 전화조사는 고객들이 기피하는 현상이 다소 있으므로 명확한 조사를 위해서 FGI 등을 적극 활용하는 것도 방법이다. 그리고 조사에만 의존할 것이 아니라 홈페이지상의 고객의 소리 내용, 점포 내의 고객의 소리 카드, 고객 블로그, 인터넷 외식 관련 카페 등도 세밀하게 관찰해서 전반적인 내용을 정리 후 대응전략을 만드는 것이 필요하다.

또, 점포 내의 직원의 소리 즉, 현장의 소리도 중요한 부분이다. 외식점포의 경우 현장이 답일 경우가 많다. 현장에서 직접 고객과 접촉하는 직원들의 소리를 많이 듣는 것은 전략을 수립하는 데 반드시 필요한 부분이다. 따라서 직원들과의 대화를 많이 갖고 직원들이 서비스, 위생청결, 메뉴, 가격, 광고, 복지 등 다방면에서 걸쳐서 많은 얘기들을 할 수 있도록 해야 한다.

이런 모든 조사 등을 통해서 점포의 전략을 도출하고, 개선방안을 수립해서 액션플랜을 작성한 후 업무를 분장하여 진행하고 점검하면 된다.

4 내부상황 재점검

외식점포는 관리 포인트들이 타 업종에 비해서 많은 편이다. 경쟁점을 이기고 매출을 활성화하려면 많은 관리 포인트들이 잘 관리되어야 한다. 점포의 QSC, 내부직원의 팀워크·열정 등 조직력의 문제, 점포의 매출 및 마케팅을 통한 이익의 확보 등이다.

QSC는 점포 이미지이며, 점포의 운영수준 또는 고객만족도로 볼 수 있다. 만족도는 QSC 레벨과 내용에 의해서 결정이 되며 좋은 QSC를 경험하게 되는 고객의 만족도는 올라가고 그렇지 못할 경우 하락하게 되어서 점포 매출에 영향을 미치게 된다. 그리고, 가장 기본적인 QSC가 이루어지지 않는 점포에서의 마케팅활동은 무용지물이다. 따라서 외식점포의 경우 QSC가 매출을 좌우하는 중요한 열쇠가 되고, 가장 기본적으로 관리되어야 하는 부분인 것이다.

외식업의 근간을 이루는 것은 직원의 구성이다. 그 다음이 교육, QSC, 매출,

[그림 4-26] 점포이익 피라미드

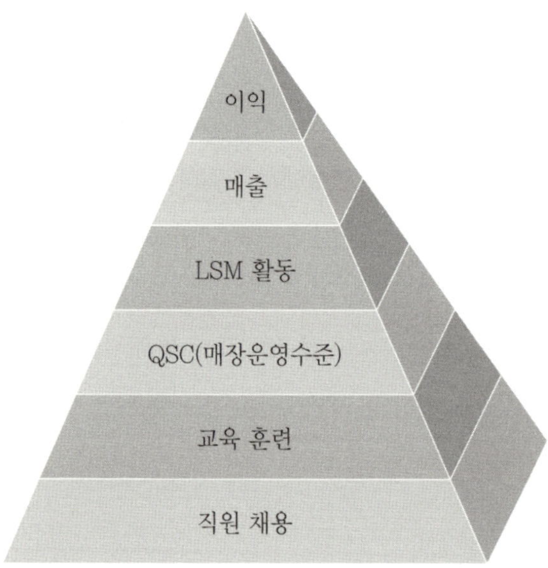

이익으로 볼 수 있다. 직원들을 교육하고, 적정인력을 확보하고, 능력 있는 인력을 채용하는 것은 외식점포에 있어서 중요한 부분이다. 적정인력을 확보해서 교육하고 이를 통해서 훌륭한 QSC를 고객들에게 전달하게 되면 이익은 자연스럽게 창출된다. 그러므로 내부 직원들이 열정을 가지게 하고, 구성원끼리의 팀워크를 유지하여 이를 토대로 조직력을 갖추도록 해야 한다.

5 경쟁점 및 상권 조사

앞서 잠깐 언급했듯이, 경쟁점 조사는 점포의 전략을 결정하는 주요한 단서를 제공하기도 한다. 경쟁점을 조사할 때는 경쟁점이 상호 양립관계에 있는지, 경쟁상대 업종인지를 명확히 할 필요성이 있고, 고객이 왜 경쟁점을 이용하는지도 정확히 조사하고 파악해야 한다. 경쟁점 조사표는 앞서 〈표 4 - 11〉에서 언급하였는데, 경쟁점의 상품력, 가격, 서비스, 위생청결, 인테리어, 익스테리어, 서비스, 프로모션 현황, 마케팅 현황 등을 면밀히 살펴서 시사점을 찾아낼 필요가 있다.

상권의 변화상황도 철저하게 조사할 필요가 있다. 건물 신축, 증축, 사무실 이동사항, 관공서 신설, 병원, 아파트 재건축, 교통시설물 변경 등의 변화에 대해서 항상 조사해야 하고, 신규 경쟁점포 출현정보에 대해서 파악을 해야 한다. 또 주변 업종의 변화도 눈여겨 보아야 한다. 부상하는 업종은 어떤 것이고, 쇠퇴하는 업종은 어떤 것인지도 살펴볼 필요가 있다.

[표 4-12] 경쟁점 대응 전략

경쟁점상황	점포 전략
신규점포로 메뉴 가격대 유사	• 점포 장점 부각 • 경쟁점포 판촉 전략, 마케팅 전략, 가격 참고해서 운영
신규점포로 주요 메뉴군 판매가 더 저렴하게 이루어질 때	• 주요 메뉴 조정, 가격 저렴하게 운영 • 장점 상품 부각시킴
개별점포로 가격이 더 저렴할 때	• 주요 메뉴 가격 조정 • 경쟁점포 광고상품 반영 • 고객 서비스 강조
신규점포로 인테리어 등이 우수할 때	• 리모델링 고려 • 점포 익스테리어, 인테리어 리뉴얼 • 점포 내·외부 업그레이드
구형점포로 신규장비로 교체했을 때	• 경쟁점 고객의 반응 조사 • 광고, 외부 머천다이징 고려
점포보다 대형점포일 때	• 점포 강점메뉴, 상품 강화 • 대형점의 단점인 고객밀착 서비스 강화
점포보다 소형점포일 때	메뉴 다양화, 고객 서비스 강화

[표 4-13] 부진 점포 진단 체크리스트

진단 항목	진단 세부항목	검토내용	조치사항
상권입지 재조사	• 상권변화가 있는 경우 • 상권변화가 없는 경우	업종에 대한 점검	• 매도 • 재투자 • 내부 점검
점포 마케팅 관리	• 점포 홍보 전략 • 점포 프로모션 운영 전략		점포 마케팅 진행
점포 메뉴 운영 전략	• 상권과 맞는 메뉴 운영 • 메뉴의 가격 • 메뉴의 고객만족도 • 고객층과 메뉴의 적합성		• 메뉴의 교체 • 메뉴에 대한 투자 • 상권에 적합한 메뉴 구성

QSC 전략	• 메뉴 만족도 • 서비스 만족도 • 위생/청결만족도		고객만족도 조사 실시
점포원가관리 전략	• 인건비관리 • 식자재 원가관리 • 기타경비관리		
경쟁점 조사	점포의 입지, 시설, 메뉴, 가격 등 경쟁점과의 경쟁력 정도		경쟁점포 체크리스트 활용해서 점포경쟁력 평가 후 활성화 전략 마련

4장

[표 4-14] 부진 점포 활성화 전략안

전략 구분	전략안	세부전략안	기타
상권 공략 전략안	상권 쇠퇴기	상권 쇠퇴기에는 업종 전환 및 매도 고려	
	상권 성장기	상권 성장기에는 내부 진단 및 경쟁점 조사 진행	
점포 마케팅 전략안	홍보 전략	• 지역정보지 광고, 다양한 이벤트, 신문잡지 광고, DM 발송 • 홈페이지 구축, 온라인 광고 • 키워드 구매, 검색 엔진 등록, 이메일 발송	
	프로모션 전략	• 추천판매로 내부 객단가 상승 • 상권의 고객집객유발센터와 제휴 프로모션 진행 • 세트메뉴 판매, 1+1 행사, 특정상품 할인 행사 샘플링 진행 • 쿠폰 제고, 할인판매, 콘테스트, 도장모으기 쿠폰 제공	
점포 메뉴 운영 전략안	메뉴 만족도 조사	현 메뉴 운영에 대한 만족도 조사 진행	
	메뉴 개발	• 상권 적합 메뉴 개발 • 점포의 핵심 메뉴 • 고객유인 메뉴 개발	

QSC 운영 전략안	QSC 만족도 조사	QSC 만족도 조사 진행(미스터리 쇼퍼, 고객의 소리, 홈페이지 고객의 소리 조사)	
	정기적 만족도 조사	• QSC 체크리스트 작성 후 주기적 만족도 조사 진행 • QSC에 대한 직원교육 실시 • QSC 목표 점수 정립	
점포 원가관리 전략안	prime cost 관리	적합한 인원 선발 및 관리를 통한 직원의 생산성 향상	
	기타 경비 관리	불필요한 비용 집행 금지	
경쟁점 대응 전략안	메뉴 차별화	• 타 경쟁점에서 흉내내지 못하는 메뉴를 운영 • 메뉴의 경쟁력 확보를 위해서 지속적으로 원가를 투자	
	가격 차별화	• 신메뉴를 지속적으로 개발하고 제공 • 타 경쟁점 대비 가격만족도 향상 노력 • 식자재 원가의 경쟁력확보를 위한 다양한 툴을 개발	
	시설 등 기타 차별화	• 지속적으로 인테리어, 익스테리어를 점검하고 만족도 향상 노력 • 고객편의시설은 항상 최상의 상태로 유지	

[약식 LSM 기획서 예시]

세종돈가스 명동점 **카드 제휴의 건

1. LSM 진행 목적

명동점(기타 부진점 4개 점포)과 **카드가 제휴하여 **카드 고객 대상 브랜드와 점포를 알리고, 3월~4월 비수기 대비 고객 재방문 유도로 고객수와 매출을 증대시키고자 함.

2. 현 시장 상황

가. 현 경쟁사로의 방문이 높아지고 있고, 해당 카드사의 매출이 줄어들고 있는 상황임. 경쟁사의 행사로 인한 경쟁사 유입이 높으리라 판단됨.

나. 졸업 시즌 이후 3월~4월 극심한 비수기에 대비하여 프로모션을 활용한 기존 고객의 재방문유도를 통하여 고객수를 확보하는 것이 필요함.

다. 주요 경쟁사들이 제휴프로모션, 쿠폰 활동 등을 적극적으로 준비, 시행하고 있음.

3. 주요 내용

가. **카드 5만 원 이상 결제 고객 대상 세종돈가스 5,000원 상품권 증정

나. 행사 종료 후 **카드 측에서 5,000원 행사금액 지원

다. 회수량 1,200매 초과 회수 시 추가 1,000원 금액 지원

4. 홍보 방법

가. 온라인양사 홈페이지 팝업창 및 이벤트 페이지 내용 공지**카드사 홈페이지 내용 공지

**카드사 회원 고객 대상 DM 발송

나. 오프라인

점포 내 배너, 포스터 고지

다. 모바일

세종돈가스 고객 대상 SMS 발송 공지**카드사 고객 대상 SMS 발송 공지

5. 세부진행내용

구분	내용
시행 점포	1. 세종돈가스 점포 중 비수기 매출이 하락하는 모든 점포 2. 점장의 판단에 의해서 매출증진을 위해서 필요하다고 판단되는 점포 3. 명동점, 강남점, 강동점, 구로점, 안산점 이상 5개 점포
행사 제목	1. **카드와 함께 세종돈가스 5천 원 상품권 증정 행사 2. 상품권 배포기간2014년 1월 2일~2월 28일(총 58일간)
행사 기간	2014년 1월 2일~2월 28일까지(총 58일간)
행사 방법	1. 고객증정방법1월 2일~2월 28일 **카드로 결제하신 고객들에게 상품권 증정 2. 상품권 배포기간 및 사용기간 가. 상품권 배포기간 2014년 1월 2일~2월 28일까지 **카드로 결제하신 고객 대상 증정 나. 상품권 사용기간 2014년 3월 2일~4월 30일(총 60일간)

3. 세종돈가스와 **카드 제휴 내용
가. 세종돈가스 쿠폰 발행(5천 원 상품권 발행)
나. **카드 5,000원 행사금액 지원(행사 후)
다. 쿠폰내용
① 5천 원권 상품권 이미지 (제작 당사)
② 행사 대상점에서 **카드로 결제할 때 본 쿠폰을 제시하시면 5천 원 할인혜택을 드립니다.
③ 유효기간2014년 3월 2일~4월 30일(총 60일간)
④ 사용점포총 5개점(명동점, 강남점, 강동점, 구로점, 교대점)
⑤ 유의사항
- 성인 1인 이상 주문 시 사용가능하며, 테이블당 1매 사용가능합니다.

6. 예상매출 및 손익분기점 계산

가. 상품권 예상 회수량당사의 이전행사를 토대로 비교, 예측하면 약 5%정도의 회수량 보일 것으로 판단됨.20,000장 배포×5% = 1,000장 회수 예상

나. 평균 객단가 15,000원(기존 16,500원)×1,000장×2.5명(평균 점포방문객수) =37,500,000원 매출 증대 예상(실객단가로 했을 경우 41,250,000원 매출)

다. 쿠폰 5% 회수 시 할인 금액5,000원×1,000매 = 5,000,000원 매출할인**카드 행사지원 금액 5,000,000원 Total 42,750,000원 추가매출 발생

라. 그 외 비용

인건비 22%	8,965,000원
식자재비	41,250,000원×0.35% = 14,375,000원
운영경비 10%	4,075,000원
총 비용 합계	27,415,000원

영업이익 15,335,000원

7. 추가 소요 비용

가. 온라인 이미지 제작 : 10만 원

나. 오프라인

배너 : 30,000원×5개 =	150,000원
포스터 : 각 2장씩×5개×3,000원 =	30,000원
모바일 : 25원×30,000명 =	750,000원
총 합계	1,030,000원

8. 기대효과

가. 5천 원 상품권 제공으로 3월, 4월 경영계획 달성

나. 쿠폰 5%회수 시 영업이익 15,335,000원 달성

다. **카드 고객에게 쿠폰을 제공함으로써 경쟁사 고객유입 차단과 당사 브랜드 유입효과

라. 기존 고객들에게 만족도 증대

마. **카드 행사 지원 금액으로 추가 매출 발생

9. 지원사항

가. 행사 5개 매장 POS 키 생성 : 유관부서

나. 5천 원 할인권 이미지 제작 : 마케팅팀 디자이너

다. 행사 배너, 포스 이미지 제작 : 삼성카드

4장

[약식 LSM 결과보고서 예시]

세종돈가스 명동점 **카드 제휴의 건 결과보고서

1. 행사 진행 목적

세종돈가스 5개 점포와 **카드가 제휴하여 **카드 고객 대상 브랜드와 점포를 홍보하고, 3월, 4월 비수기 대비 고객 재방문 유도로 고객수와 매출을 증대시키고자 함.

2. 진행비용

가. 온라인 이미지 제작	100,000원
포스터 이미지 제작	100,000원
포스터	50,000원
모바일 SMS 공지	1,000,000원
합계	1,250,000원

기 기획서상에서 예상했던 금액 1,030,000원보다 220,000원 초과 발생.

*포스터 기존 제작수량보다 추가 제작으로 추가 비용 발생

*SMS 고객 발송대상 고객 증가로 인한 추가 비용 발생

3. 매출 및 영업이익 측면

총 1,254건 회수 1,254건×객단가 14,800원×평균객수 2.8명 = 51,965,760원

인건비 22%	10,393,152원
식자재비 57,934,800원×0.35% =	20,277,180원

(1,254건×원객단가 16,500원×0.35에서 식자재비가 산출됨)

운영경비 10%	5,793,480원
총 비용 합계	36,463,812원
영업이익	15,501,948원

총 영업이익 15,501,812원 발생

4. 고객적인 측면

가. 신규고객이 전월, 전년 대비 증가함

나. 경쟁사 고객의 유입이 늘어남. **카드 평균 결제율 15%에서 행사기간 동안 **카드 결제율 18%로 증대됨(고객유입이 이루어짐)

다. QSC 지표(미스터리 쇼퍼 결과 고객수가 증가한 당월 전년 대비 1.0점 상승함. 고객의 증대가 이루어졌으나 QSC지표는 상승하여 오히려 긍정적 효과가 나타남.

라. 신규멤버십 고객의 증대 : 신규고객이 늘어나면서 자연스럽게 신규멤버십이 전월, 전년 대비 각각 10%, 8% 신장함.

5. 향후계획

2개월간 진행된 **카드와의 제휴는 신규고객의 유입, 경쟁사고객의 유입 등으로 인한 고객의 확보와 매출 증대 등으로 긍정적인 효과를 보였으며, 당초 예상보다 식자재원가, 인건비 등에 부정적인 영향을 보이지 않음으로 비수기 마케팅으로 적합하다고 판단됨.

참고문헌

- 고야마 다카오. 「점포 마케팅」. 고수, 2006.
- 박강수·김형순·김영태. 「호텔·외식·관광마케팅」. 석정, 2000.
- 박인규·안순례·하창용. 「외식경영실무론」. 대왕사, 2003.
- 박진우. 「외식경영학」. 형설출판사, 2010.
- 신봉규·황재선·박재호·함동철. 「외식업 마케팅」. 학문사, 2001.
- 신재영·선동규·김의근·최창권. 「외식사업경영론」. 백산출판사, 2002.
- 신혜숙. 「호텔·관광마케팅」. 대왕사, 2004.
- 이수동·박상준·김주영·이형재. 「전사적 관점의 마케팅」. 학현사, 2001.

- Alastair M Morrison. Hospitality and Travel Marketing. ITP, 1996.
- Donnelly & W.R. Geoge. Marketing of Services. Chicago : AMA, 1981.
- Kotler. Marketing Management : Instructors. PrenticeLHall, Inc, 1996.

〈인터넷 사이트〉

- 스포츠서울닷컴

5

상권 입지의 분석과 활용

1. 상권 입지분석 개요

외식업을 입지산업(local business)이라고도 한다. 이는 외식업을 함에 있어서 가장 우선적으로 고려해야 하고, 가장 많은 영향을 받는 것이 상권과 입지라는 의미이다. 즉 상권과 점포의 위치를 어떻게 선택하느냐에 따라서 사업의 성공 여부가 결정된다고 볼 수 있는 것이다. 따라서 상권과 입지의 선정에 대한

[그림 5-1] 외식점포의 입지 선정 flow

입지 선정 시나리오 작성	• 거주지 인근 30km 이내 상권 선정 • 상권규모 파악(역세권, 주택지, 오피스 등)/상권력 파악
점포정보 수집	• 정보 툴을 활용(잡지, 광고, 신문, 인터넷 등) • 개인정보 수집:공인중개사, 건축주, 건물주, 건설업자
후보상권, 입지 선정	• 상권과 점포 등에 대한 정보의 습득 • 업종별 입지전략 이해와 숙지 • 상권별 업종, 운영사항에 대한 이해와 숙지
상권 입지조건분석	• 상권분석:점포숫자/응집도/대형편의시설 유무 • 입지조건분석:핵점포/주동선 접근성과 가시성 기준 교통시설, 도로현황/A, B, C 급지분석
상권 입지조건분석도 작성	• 반경 500m 이내의 상권지도 작성 • 상권입지조건 분석도 작성 : 핵심점포/경쟁점포의 표시, 업종별 표시, A, B, C 급지분석
출점타당성 분석	• 투자비:임대료, 권리금, 시설비 • 상권 발전 가능성
예상손익계산서 타당성 검토	• 매출액 추정/투자대비 수익률분석:5개년 정도 추정 • 사업타당성 분석 • 추정손익계산서 작성
계약조건 검토	• 시설조건, 계약조건
점포 개발	• 점포 판별:입지 수준과 권리금, 매출, 수익 등 종합 비교

> 상권 입지의 분석은 물건의 적합성, 입지의 적합성, 수익성 분석 등을 통하여 점포의 컨셉을 개발하고, 타깃 고객을 선정하며, 메뉴의 적합성, 서비스, 가격, 마케팅을 어떻게 전개할 것인가 하는 전략의 초석이 된다.

정확한 판단은 외식점포를 경영하는 경영자에게는 무엇보다 중요한 업무 중의 하나이다. 또한 점포의 업무성과가 부진하다고 판단될 때에도 상권 입지의 분석과 업종과의 어울림 정도에 대한 파악부터 해야 한다. 결국 상권과 입지의 분석은 사업의 가장 기초적인 부분인 것이다.

상권 입지의 분석은 물건의 적합성, 입지의 적합성, 수익성 분석 등을 통하여 점포의 컨셉을 개발하고, 타깃 고객을 선정하며, 메뉴의 적합성, 서비스, 가격, 마케팅을 어떻게 전개할 것인가 하는 전략의 초석이 된다. 그리고 사전에 브랜드나 업종이 선정되어 있다고 하면 그에 맞는 상권과 입지를 선정하기 위해서 상권 입지를 분석하고 이러한 분석을 토대로 하여 점포를 개발하고 운영하게 된다. 상권 입지분석의 목적은 〈그림 5 - 2〉와 같다.

[그림 5-2] 상권 입지분석의 목적

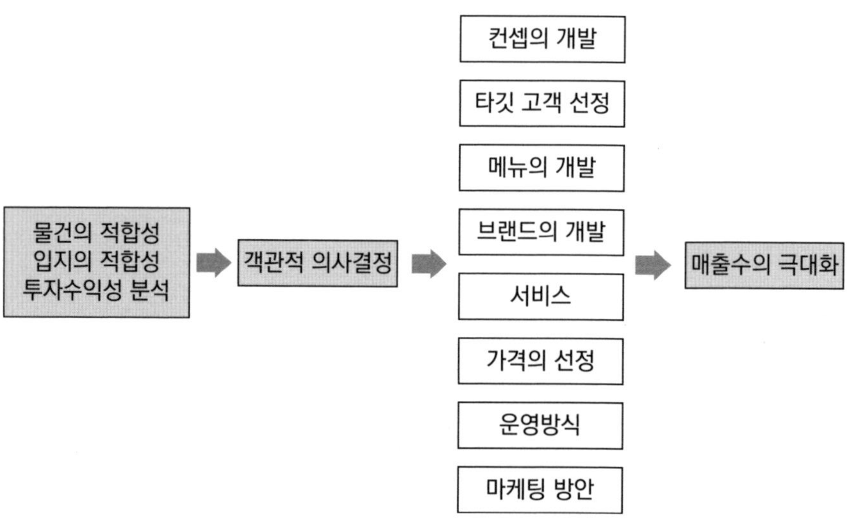

1 상업지의 입지조건[1)]

(1) 사회적·경제적 조건

상권 입지의 조건은 배후지 및 고객의 양과 질이 좌우하며, 인구밀도와 지역 면적이 크고 고객의 소득 수준이 높아야 유리하다고 할 수 있다. 인구밀도는 높은 게 좋으나 사실 더 중요한 것은 구매율이다. 밀도가 높더라도 구매율이 낮다면 상권으로서의 매력도는 떨어진다. 또 현재의 고객은 아니지만 미래에 고객이 될 수 있는 잠재적 고객까지도 고려해야 한다. 인구의 증가와 정체, 감소를 고려하고, 직업별/성별/학력별/연령별로 고려하며 고학력과 청장년층이 많은 곳이 더 유리하다고 볼 수 있다. 소득 수준은 높으면 높을수록, 배후지의 면적이 넓을수록 좋은 상권의 요건이 된다.

입지주체가 아니라 고객의 교통수단과의 접근성이 좋아야 고객을 흡인할 수 있고 교통인구가 증가하여 상업지로서 유리하다. 배후지가 잘 발달되어 있고 소득이 높다 하더라도 교통수단이 발달되어 있지 않으면 고객을 흡인할 수 없기 때문에 접근성이 나빠 불리하다. 상점가의 가치는 고객의 교통인구가 많은 곳이 좋지만, 이때 교통인구는 단순한 통과인구가 아닌 고객인구이어야 한다. 접근수단이 도보라면 실거리가 가까운 곳이 유리하지만 소매용 부동산은 의식거리가 중요하다.

또한 상권이 어떤 형태로 놓여 있으며 얼마나 번영하고 있는가는 당해 지역의 지가 수준, 임료 수준, 매상고, 교통량, 입지경쟁 등의 상태를 파악하면 알 수 있으며, 이때 번영의 정도가 높아야 유리하다.

---

1) 부동산 입지 및 상권분석(한국생산성본부 사회능력개발원)

(2) 물리적 조건

보도와 차도의 구별의 유무, 포장상태, 일방통행 등은 가로의 이용도를 좌우하며, 상업지는 상품의 전시를 위해서 가급적 가로와 접한 폭인 바깥길이가 넓은 것이 유리하다. 사무용 빌딩 용지나 상업용 빌딩 등 하중이 큰 건물을 건축할 곳은 지반에 대한 조사가 요구되는데, 주거지는 가로보다 낮으면 불리하나 상업지는 지하실 등을 파기 때문에 상관없다. 하지만 상업지가 가로보다 높을 경우 고객의 접근성을 나쁘게 하므로 불리한 요인이 된다.

2 상권분석과 입지조건분석의 관계[2)]

(1) 상권과 입지조건의 상관성

[표 5-1] 상권과 입지

구분	입지	상권
개념	• 대지나 물건(점포)이 소재하고 있는 위치적인 조건(location) • 입지주체가 정한 장소(정적, 공간적 개념)	• 대지나 물건(점포)이 미치는 영향권(거래권)의 범위(trading area) • 넓은 의미의 상권/좁은 의미의 상권 • 점, 선, 면, 흐름으로 구성됨
물리적 특성	평지, 도로변, 상업시설, 도시계획지구 등 물리적 시설	대학가, 역세권, 아파트 단지, 시내중심가, 먹자상권 등 비물리적인 상거래 활동 공간
등급 구분	1급지, 2급지, 3급지	1차 상권, 2차 상권, 3차 상권

2) 부동산 입지 및 상권분석(한국생산성본부 사회능력개발원)

분석방법	점포분석, 통행량분석, 통행인구분석	업종경쟁력 분석, 구매력 분석
평가기준	매출, 권리금, 임대료(평당 단가)	반경 거리(250m, 500m, 1km)

자료:박민구, 「경희대 프랜차이즈 최고전문가과정」, 2011

5장

> 상권과 입지조건이 서로 맞물려 있어 입지조건이 좋으면 상권의 범위가 좋고, 상권이 좋으려면 입지조건(접근성과 가시성)이 좋아야 한다.

상권이란 어떤 사업을 영위함에 있어서 대상 고객이 존재해 있는 시간적, 공간적 범위를 일컫는다. 점포가 위치하고 있는 조건(입지조건)에 따라서 상권의 범위가 달라진다. 상권과 입지조건은 서로 맞물려 사용되기도 하며 실제로 혼용해서 사용되기도 한다. 상권은 지형, 지세 등 지리적 요인에 의해서 결정되며, 같은 위치에 있더라도 점포의 크기나 취급하는 업종에 의해서 달라진다. 상권은 개개 점포의 상권 범위라는 뜻으로도 사용되지만 상가가 형성되어 있는 범위전체인 A 급지, B 급지, C 급지의 합을 가리키기도 한다. 신촌상권, 신림상권, 대학로상권이라고 표현할 때가 바로 그 의미이다.

(2) 상권분석과 입지분석의 상관성

좁은 의미의 상권이란 사업을 영위함에 있어서 대상으로 하는 고객이 존재해 있는 시간적, 공간적 범위를 일컫는다. 따라서 상권의 범위는 점포가 위치하고 있는 조건(입지조건)에 따라서 달라진다. 즉 상권과 입지조건이 서로 맞물려 있어 입지조건이 좋으면 상권의 범위가 좋고, 상권이 좋으려면 입지조건(접근성과 가시성)이 좋아야 한다. 입지 선정을 위해서는 반드시 지켜야 할 것이 있다.

상권분석을 먼저 하고, 입지분석은 그 뒤에 해야 한다. 상권분석은 상권 전체의 성쇠 여부를 파악하는 것이고 입지분석은 개개 점포의 성패 여부를 파악하는 것이기 때문이다.

상권분석은 입지조건분석 이전에 그 상권 전체가 죽은 상권인지 번성하는 상권인지 등을 파악하기 위한 것이다. 당연히 번성하는 상권이 선호되며 이때 개개 점포의 입지조건분석을 통하여 입지조건이 유리한지를 분석한다. 숲을 먼저보고 한 그루 한 그루의 나무는 나중에 보는 것과 같은 이치이다. 상권과 입지조건분석을 동시에 묶어 상권분석이라고 하기도 한다. 이런 경우에는 상권 자체의 번성 여부를 놓치고 개개 점포의 입지조건만 분석할 확률이 높다. 실제 상권 자체는 쇠락의 길을 걷고 있어도 자기 점포의 입지가 워낙 좋아서 장사가 잘 되는 경우가 없지는 않다. 하지만 상권 자체가 죽으면 개개 점포도 머지 않아 같은 운명에 처하게 된다. 그렇기 때문에 상권과 입지조건은 구분하여 분석하는 것이 좋다.

상권의 입지조건 파악 시에 특히 중요한 것은 정확히 현장에서 발로 뛰면서 상권을 끊어버리는 요인들을 찾는 것이다. 일반 업종들은 상권을 끊는 요인들이 매우 많아 그만큼 입지 선정이 어렵다.

- 입지(location):점포의 위치적 조건, 고정적
- 상권(trading area):점포의 영향권, 거래권 범위, 가변적

2. 상권분석방법

1 상권의 정의

상권이란 고객이 흡인되는 지리적 범위로서 대지나 물건(점포)이 미치는 영향권(거래권)의 범위를 말한다. 곧 중심지에 의한 흡인력이 작용하는 범위이다. 이는 지역상권, 지구상권, 지점상권으로 분류되며, 지역상권이란 특정 지역(서울, 부산 등과 같은 대도시의 넓은 의미) 전체를 말하는 것이고, 지구상권은 지역상권내에서 상업 지적공간인 지구(중구, 강남구, 양천구 등과 같은 중규모의 넓은 의미) 전체를 말하는 것이고, 지구상권 내에서 특정 입지의 점포가 있는 지점(여의도동, 목동, 광화문 등과 같은 소규모의 넓은 의미) 전체를 말할 때 지점상권이라고 한다.

이 중에서 지점상권은 점포상권이라고도 하며 1차 상권, 2차 상권, 3차 상권으로 구분한다.

(1) 1차 상권

점포 이용고객의 60%~70%를 포함하는 범위를 말하며, 약 500m 이내의 지점을 말한다.

(2) 2차 상권

점포 이용고객의 15%~25%를 포함하는 범위를 말하며, 약 1km 반경 이내의 지점을 말한다.

(3) 3차 상권

1차 상권, 2차 상권 이외의 고객을 포함하는 범위를 말하며, 약 2km 반경 이외의 지구를 말한다.

① 반경 2km 이내에 10층 이상의 대형 건물이 5개 이상 밀집된 지역 또는 대규모 아파트나 주택단지가 있을 것
② 반경 1km 이내에 여관, 모텔, 호텔 등 숙박업소가 10개 이상 있을 것
③ 지하철역으로부터 300m 이내의 지역
④ 버스 정류장 100m 이내 지역
⑤ 정류장에 정차하는 버스의 노선이 5곳 이상인 지역
⑥ 고등학교나 대학 정문 주변 500m 이내, 후문 300m 이내 지역
⑦ 버스 종착역 반경 500m 이내 지역
⑧ 지하철역, 버스 정류장으로부터 주택으로 들어오는 입구의 모퉁이
⑨ 편도 2차선 삼거리 이상 도로의 200m 이내 지역
⑩ 동일 도로 200m 이내에 동업종이 없는 지역
⑪ 반경 500m 이내에 동업종이 3개 이상 없는 지역
⑫ 인구 이동이 심한 지역일 경우에는 들어오는 추세인 지역 또는 고정인구가 2만 명 이상인 지역
⑬ 고정세대가 5천 세대 이상인 지역
⑭ 기타 업종에 상응하는 시간대별 유동인구의 주거 인구에 적합한 지역

2 상권별 특성

상권별 입지의 형태에는 여러 가지가 있다. 번화가 및 상가, 주택 및 아파트 밀집가, 지하철 역세권, 학교·학원 주변, 중심지 대로변, 오피스 등이다. 각 점포 상권별로 특성을 살펴보면 다음과 같다.

5장

(1) 번화가 및 상가

번화가 및 상가는 레스토랑, 식당업으로는 최적지라 판단할 수 있다. 고객유입이 많고, 여러 상업시설에 근무하는 고정인력 또한 많기 때문이다. 번화가 및 상가의 주 고객은 주로 20대~30대의 젊은 세대가 대부분이며, 1회성 고객이 많고, 고정고객은 주로 직장인이 대부분이다. 서울의 명동이나 강남역 주변이 대표적이며 임대료가 너무 높아 주로 대기업에서 안테나숍이나 아이콘 점포를 열어 홍보 위주로 영업을 하는 경우가 많다.

따라서 소규모 점포나 개인형 점포의 경우 기업형 점포에 비해서 경쟁력이 약할 수밖에 없다. 또한 높은 임대료로 인해 운영 면에 어려움이 있을 수 있으므로 서비스나 메뉴 운영을 최대한 간소하게 전문화시켜서 운영하는 것이 좋다.

(2) 주택 및 아파트 밀집가

주택가 지역은 최근 맞벌이 부부의 증가, 노인인구의 증가, 생활 수준의 향상, 번화가의 교통 혼잡 등의 이유로 최근 많은 전문점과 레스토랑 점포가 오픈하고 잘 운영되고 있다. 맞벌이 부부가 많아지면서 외식에 대한 선호도가 늘어나고 있고, 활동반경이 좁아 가까운 외식점포를 선호하는 노인인구가 증가하고 있다.

독신인구의 증가 역시 외식에 많은 영향을 미치고 있으며, 생활 수준의 향상도 외식점포에 긍정적인 영향을 미치고 있다. 이와 더불어 최근 주부모임이 늘어나고 있고, 가족외식의 경우 그 결정권이 주부나 자녀들에게 있어 외식의 기회가 많이 늘어나고 있는 실정이다.

주부는 주택가 점포운영의 핵심 고객층으로 이들은 주로 주차장의 편리, 오랜 시간 머무를 수 있는 곳, 직원들의 서비스, 메뉴에 대해 많은 관심을 가지고 있으며 이에 따라 외식점포를 선택하는 경향이 있다. 따라서 주부들에게 편의를 제공하기 위해 다각도로 많은 노력을 기울여야 할 것으로 판단된다.

(3) 지하철 역세권

지하철 역세권은 유동인구가 가장 활발하고, 사람의 흐름이 많아서 최근 가장 주목받는 상권 입지이다. 특히 최근에는 역의 지하상권의 고급화로 인해서 많은 외식점포들이 오픈하여 영업을 하고 있다. 상시로 일정 수의 유동인구가 확보되기 때문에 마케팅 여부, 점포의 가시성과 위치, 동선의 흐름만 파악해서 점포를 선정하고 운영한다면 영업 점포로서 최적지가 될 수 있다. 다만 점포의 위치나 유동인구의 흐름이 영업에 미치는 영향이 막대하므로 이를 최우선으로 파악해야 한다.

(4) 학교주변과 학원가

학교주변이나 학원 등은 판매 대상이 항상 고정적이라 구매력 또한 고정적인 편이다. 따라서 점포를 오픈하고 운영할 때에는 학생들의 취향과 구매형태를 고려한 전문점 형태나 가격이 비교적 저렴한 메뉴 품목을 운영해야 한다. 그리고 고정고객이 대다수를 차지하므로 고객관리에도 만전을 기해야 성공할 수 있다.

(5) 중심지 대로변

도로변 입지 선정에 있어서 가장 중요한 것은 교통체증을 피하는 것이고, 주행속도가 너무 빠른 도로변 점포의 위치도 좋지 않다. 또한 횡단보도, 육교, 유턴 지역 등 교통시설물들이 불편해서 점포의 위치까지 이동이 어렵다든지 하는 심리적, 육체적 불안감을 주는 위치는 피해야 한다. 차량속도가 빠르고 체증이 심하거나 지나치게 넓은 도로의 도로변, 도로 전면에 녹지대가 있는 경우에는 점포운영에 불리한 경우가 많고 입지 선정을 피하는 것이 좋다.

5장

(6) 오피스

대부분 직장인들이 주 고객들이다. 직장인 고객대상 상권과 입지는 무조건 점심시간의 좌석회전율이 매출의 관건이 된다. 오피스 상권에서 점포를 오픈할 때는 반드시 직장인의 니즈인 빠른 식사의 해결이 관건이 되므로 이를 고려해야 한다.

따라서 메뉴의 선택 역시 빠르게 회전시킬 수 있는 메뉴를 선택해야 하고, 서비스 역시 간편하게 운영될 수 있도록 해야 한다. 오피스 상권은 대형점포보다 소형이나 중형 규모의 전문식당이 효율적일 것으로 판단된다. 오피스 상권에 위치한 점포의 문제점은 공휴일의 수, 여름휴가, 주말영업 등이다. 이를 잘 검토하여 점포의 매출과 손익, 운영이 가능한지를 확인한 후 점포를 오픈해야 한다.

[표 5-2] **상권 입지별 조사 시 체크포인트**

구분	특성 및 조사 시 체크포인트
번화가 및 상가	• 고정고객보다 유동고객이 대부분임 • 간판, 상품 진열, 쇼케이스 등으로 점포의 개성을 강조 • 동선의 흐름, 간판의 가시성 확보, 건물 출입구의 형태 점검 • 차 없는 거리, 거리의 무드, 문화형성 정도 체크 • 간판공간 확보, 넓은 창유리, 옆 건물과의 조화 체크 • 여성 관련 용품 전문점 등이 주위에 많이 있는지 체크 • 2층 공간이라 할지라도 넓은 공간을 확보하는 것이 좋음 • 대형 건물이나 집객시설이 인근 50m 내에 있는지 확인
주택 및 아파트 밀집가	• 배후지 세력의 생활 수준 정도를 반드시 점검 • 소비형태가 도보로 이루어지는 경우가 많으므로 입지 선정 시 고려 • 배후지 세력의 인구형태(연령/학생/소득 수준/주택 소유 등) 체크 • 점포 주변의 교통수단, 교통유도시설, 동선, 시계성 체크 • 배후지 세력은 1년 단위로 교체된다는 가정 아래 영업 실시해야 함
지하철 역세권	• 역의 유동인구 수, 역 출입구 수 및 주 출입구 확인 • 역에서 흐르는 동선의 확실성, 경쟁점의 위치 • 유동인구의 보행속도, 흐름 파악 • 유동인구의 특성상 중저가 가격대 메뉴 취급 • 작은 평수의 점포 가능
학교 주변과 학원가	• 판매 대상이 고정적이기 때문에 구매 단위 역시 고정적 • 학생 취향과 구매형태를 고려한 전문점 적합 • 메뉴는 중저가 메뉴 선정 • 고정고객이므로 고객관리를 철저히 해야 함
중심지 대로변	• 지나치게 넓은 도로는 피하며, 쌍방향 통행로가 좋음 • 자동차 주행속도가 너무 빠르거나 느리면 안 좋음 • 주차장은 반드시 확보되어야 하고, 가시성이 좋아야 함 • 점포 전면에서 주차장 출입이 가능하고, 가시성이 좋은지 점검 • 특화된 메뉴, 전문화된 메뉴, 가격은 중고가로 운영하는 게 좋음
오피스	• 1층이 전반적으로 유리하며, 1층과 2층을 동시에 사용하는 점포도 좋음 • 반경 100m 이내에 10층 이상의 건물이 몇 개인지 체크 • 관공서, 은행 등 금융권보다 일반 회사 사무실이 많은 곳이 좋음 • 대형 병원, 대형 집객시설이 인근에 있는지 확인 • 주차장 시설이 있는지 점검 • 주말, 휴무, 휴가 등이 영업에 지장이 크다는 사실을 염두에 둘 것 • 점심시간 좌석회전율을 극대화하는 메뉴 운영 • 지속적으로 메뉴, 인테리어 등에 변화를 주어야 함

3 상권분석 프로세스

상권분석은 업종 선택의 기준, 임대료 평가척도, 마케팅전략 토대, 매출추정의 근거로 필요한 작업이며 향후 매출과 손익에 영향을 미치므로 기준에 의거하여 정확하고 세밀하게 분석하여 영업준비에 대한 기초자료로 적극 활용해야 한다. 상권분석은 〈그림 5-3〉의 상권분석 프로세스에 따라 상세하게 조사하고 계약체결까지 이루어져야 한다.

[표 5-3] 상권분석의 필요성

구분	상세내용
업종 선택의 기준	상권 내 유동인구 혹은 상주인구의 구매성향을 분석함으로써 특정 재화 혹은 서비스재 선정 가능
임대료 평가척도	• 상권분석을 통해 나타난 특정 업종에 대한 시장수요를 산출해 내고 월평균 매출액을 추정 • 월평균 매출액의 10% 정도가 월임대료 수준으로 타당(일매출 × 3) • 월매출액에서 추정지출을 제외한 순익을 1년간 환산한 금액이 권리금 수준과 비슷하게 형성되어야 함
마케팅전략 토대	고객 구매성향분석을 통해 주고객층을 선별하고 이에 따른 마케팅전략 구축이 가능 예)20, 30대 여성이 주로 모임을 하는 공간으로 레스토랑을 창업할 경우 조용하면서도 분위기가 있고, 인테리어도 고급스러우면서 편안한 분위기 연출, 중저가 가격의 가격전략, 소량 메뉴, 이벤트 활성화 전략 연출
매출추정 근거	수요분석을 통해 나타난 1인당 혹은 1가구당 소비지출을 산출하여 매출을 추정할 수 있음(이때 동일상권 내에 경쟁업체가 존재할 경우 시장점유율을 토대로 매출액을 산출하면 됨)

자료:박민구, 「경희대프랜차이즈 최고전문가과정」, (2011)

[그림 5-3] 상권분석 프로세스

상권 기본 모델링	• 고객타깃팅, 소비성향 파악, 상권변수 조사 • 지역별/상권별 mapping, 시장 수요 조사
기초 통계 조사	상주인구 조사, 기초 사업체 조사
예정 점포 선정	가시성 및 접근성 조사, 임대료/권리금 수준 평가
점포 선정(계약)	인허가사항, 주차장, 전기, 상하수도, 환기 점검
상권분석	유동인구 조사, 업종분포 조사
경쟁업체분석	영업실태, 입점율/구매율, 고객성향 조사
수익성 분석	매출예측, 지출분석, BEP, ROI 분석
점포 계약	근저당 확인, 권리금 분석

시장조사는 주위 환경 및 시장의 배경과 특성, 상권 내 인구의 특성과 동태 분석, 점포의 상권세력과 입지의 강약도를 파악하고 이를 판단하여 평가하는 것으로 영업의 기본적인 방향을 세우는 과정이라 할 수 있다.

5장

(1) 상권 내 지역정보 수집

상권 내 지역정보 수집으로 관광서의 인구통계자료, 상업통계자료, 특정 기관 조사정보, 지역 관련 점포 조사(점포의 수, 위치, 매출 등)

(2) 지역상권 지도 작성

지구별 세대수, 인구수, 소매업종별 점포, 역과 정류장 등 교통기관정보, 지형적인 특성, 집객력이 있는(traffic generator) 지역시설, 경쟁점 등

(3) 상권 내 지역 관찰

연령별 생활방식과 생활양식 파악, 거주지/주거형태/거주 햇수/차량 소유/소득 수준 파악, 교통 이용현황을 통한 상권의 넓이, 상권 내의 점포의 상황 파악, 상권 내의 구매행동 파악 등

(4) 인터뷰 조사

지형특성, 거리, 차량진입, 주차장, 경쟁점현황, 마케팅활동의 영역 등

[표 5-4] 상권 조사의 형태

구분	조사의 형태	조사의 대상	정보 수집의 방법	분석의 내용
점포활성화	상권 데이터 분석	공개자료/관련 자거래처	공공기관 자료 센터 발행처 구입 또는 청취	상권 특성, 상가의 특성, 상권 수요, 고객 특성 등
	고객 데이터 분석	매출 데이터	고객 카드, 매출자료	상권 설정, 상권 쉐어, 점포의 고객층
	이용객 조사	점포이용객	면접, 우편, 점포에서 인터뷰, 기타	점포의 이미지 평가, 점포의 고객층, 상권 설정, 선호 메뉴 등
	통행자 조사	상가통행객	가두 인터뷰, 관찰	상권의 설정, 고객층, 상가
	상권 이용자 조사	상권 내 생활자	가두 인터뷰, 설문조사, 방문면접, 기타	상권의 설정, 상권 쉐어, 경쟁점의 침투상황, 이미지 평가, 상권 전체와 경쟁점포의 고객층
신규출점전략	통행량 조사	상권 내 주요 지점, 통행객	관찰 및 체크	출점후보지의 선정 가능성, 후보지의 상권 설정, 이용객 수의 추정
	통행객 조사	상가왕래자 (통행객)	가두 인터뷰, 관찰	상권 설정, 상가의 고객층, 출점가능성, 출점 후의 가능성, 출점 후의 전략 입안
	상권 내 이용자 조사	상권 내 생활자	방문면접, 전화, 관찰	상권 설정, 상권 쉐어, 경쟁점포의 침투상황, 이미지 평가, 상권 전체와 경쟁점포의 고객층, 출점 가능성, 출점 후의 전략 입안
	상권 데이터 분석	공개자료, 직장인, 거래처	공공기관 자료 센터로 부터 입수, 발행처로부터 구입, 청취	상권의 특성, 출점거리의 특징, 상권 수요 등, 출점후보지의 선정, 출점후보지의 상권 설정

4 상권의 규모

상권의 규모는 업종업태의 조사, 고저상권(주거인구 및 고정출근자, 상주인구), 유동상권(비거주 및 비상주인구), 주간상권 및 야간상권의 파악, 대형 집객시설의 고정, 유동상권의 파악으로 알 수 있다. 이에 대한 분석의 결과를 토대로 규모가 크고 좋은 상권인지 여부를 가늠한다. 상권 내에서는 판매업종과 서비스 업종의 구조를 파악하고(일반적으로 판매업종이 많을수록 유동성이 높으며 패스트푸드점 점포가 유망함. 또한 판매업종이 다수이면 판매업종을 출점하는 것이 유리), 브랜드 선호도가 높은 유명 브랜드가 많이 입점되어 있으면 좋은 입지이다.

[그림 5-4] 상권 범위의 실례:강남역

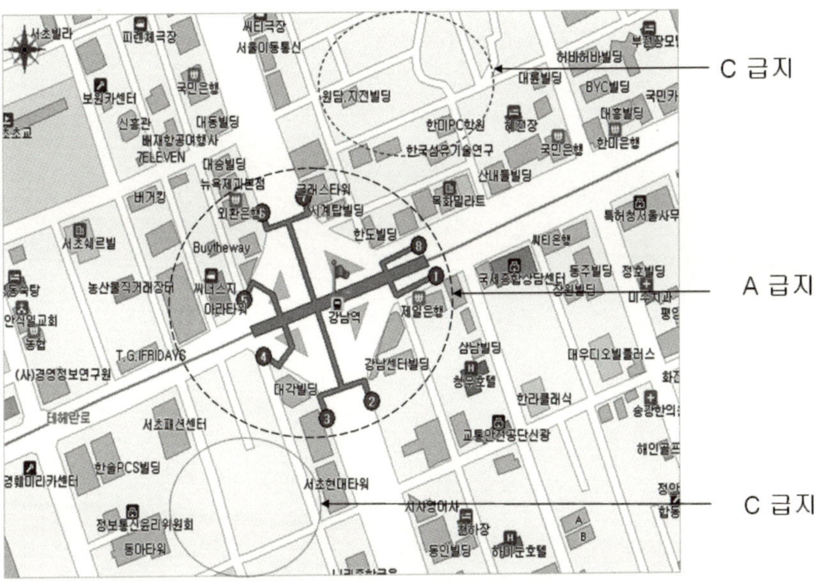

[그림 5-5] 상권 범위의 실례:일반음식점과 전문음식점의 상권 범위

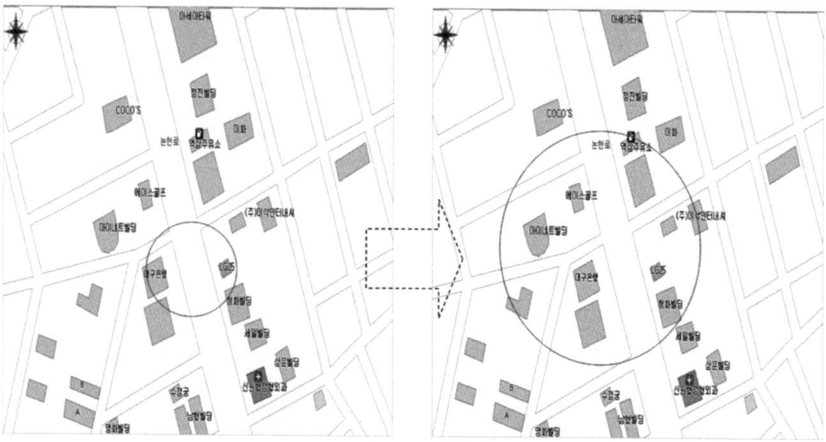

일반음식점과 전문음식점의 상권 범위　　　　전문음식점일 경우의 상권 범위

3. 입지 선정방법

3 입지의 중요성

외식점포의 창업과 운영에 있어서 가장 중요한 요소는 앞서 설명한 것처럼 입지이다. 그래서 외식업의 성공요건을 입지라 하고, 외식업이 입지산업으로 불리기도 한다. 좋은 입지의 선정으로 성공이 보장될 수 있으며, 입지가 좋은 곳은 광고나 홍보 비용을 투자하지 않고서도 브랜드나 점포의 인지도를 올릴 수 있는 장점이 있다. 그리고 부족한 경험으로 인한 창업과 운영과정에서의 실수를 입지의 요건이 일부 해결해주는 장점도 있다. 반면 잘못 선택한 입지는 점포활성화의 어려움, 매출부진으로 인한 투자회수기간의 장기화를 초래하기도 한다. 따라서 입지 선정은 신중에 신중을 기해서 선택해야 한다.

또한 입지는 지속적으로 변화하기 때문에 여러 가지 사회적, 환경적 요인을 수시로 체크하고 점검해야 한다. 환경의 변화는 상권을 발전시키고 입지를 강화하기도 하지만 다른 변화로 인해서 상권이 쇠퇴기로 접어드는 경우도 있다.

외식점포에 있어서 점포의 매출을 결정하는 요소들은 여러 가지가 있겠지만 매출형성요소로는 입지요소, 인지성, 유도시설, 동선, 도로, 상권요소, 상권 규모, 상권의 질, 교통, 통행량, 영업력 등이 있다.

(1) 고객유인수단

작은 점포일수록 고객이 직접 점포에 방문하여 구매하는 경우가 대부분이기 때문에 대부분의 점포는 입지가 매출의 성패를 좌우한다고 볼 수 있다. 따라서 점포는 거리, 교통 등의 면에서 고객과 가까운 곳에 있어야 하며 인구가 많고, 유동인구가 많은 곳에 위치하는 것이 좋다.

> 외식점포에 있어서 점포의 매출을 결정하는 요소들은 여러 가지가 있겠지만 매출형성요소로는 입지요소, 인지성, 유도시설, 동선, 도로, 상권요소, 상권 규모, 상권의 질, 교통, 통행량, 영업력 등이 있다.

(2) 경쟁수단

외식점포의 경우 메뉴, 서비스, 광고, 홍보, 프로모션, 인테리어 등 대부분의 요소는 모방하거나 카피할 수 있으나 입지는 모방이 불가능하다. 따라서 점포가 소규모일수록 입지가 가장 큰 영향을 미친다고 볼 수 있다. 입지는 타 점포와 경쟁하는 경쟁수단으로서도 중요한 의미를 가진다.

[그림 5-6] 점포의 매출을 결정하는 요소

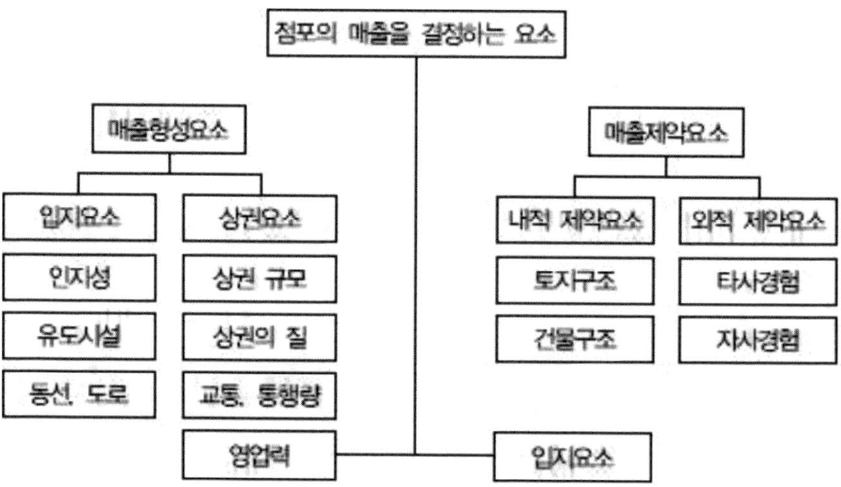

자료:강병남·김형준, 「외식창업론」 (형설출판사, 2005), p. 82.

(3) 장기적인 점포로서의 입지 선정

외식점포의 경우 소규모나 중형 규모의 경우(50평 이하)는 대부분 5년 정도의 계약, 100평 이상의 대형 점포의 경우 7년 이상으로 장기 계약을 하는 경우가 일반적이다. 그러므로 한 번 계약하고 영업을 하게 되면 장기적으로 사업에 영향을 미치게 된다. 또한 지속적으로 관계를 맺는 고객들이 다시 찾아오게 되는 등 점포의 입지는 장기적인 관점에서도 영향을 미치게 된다. 이러한 의미에서 점포를 계약할 때는 장기적인 관점에서 생각하고 신중을 기해야 한다.

2 점포의 입지분석

점포의 입지 선정 시 가장 중요한 기준은 가시성과 접근성이다. 모든 점포의 입지분석 기준은 가시성과 접근성으로 판단하며 A, B, C 급지로 분류하는데 이는 주관적이라서 객관성을 잃기 쉽다. 대단위 아파트 단지 상업지역의 신규 상권에서는 이러한 기준으로 파악할 수 밖에 없지만 기존 상권에서는 업종분포도로 입지 파악이 가능하므로 병행해서 점포 입지 수준을 파악하면 오류를 줄일 수 있다. 접근성이란 물리적으로 점포에 얼마나 쉽게 접근할 수 있는가를 말한다. 또 가시성이란 고객이 얼마나 쉽게 점포를 식별할 수 있는지를 말하는 것이다. 또한 상권의 단절요인을 조사하는 것 역시 입지 선정에서 빼놓을 수 없는 일이다. 아래에 제시한 상권 단절요인은 면밀히 조사해봐야 한다.

(1) 일반업종 상권 단절요인

① 자연지형물:하천, 둑, 강, 공원 등

② 인공지형물:철로, 도로(6차선 이상)

③ 장애물시설:쓰레기처리장, 학교, 병원

④ C 급지 업종:카센터, 공작기계, 우유대리점, 가구점, 표구점, 기타 기술 위주의 업종

⑤ 기타:주유소, 주차공간, 은행 등

⑥ 점포 자체 장애요소:계단, 경사, 화단 등

(2) 입지 선정 시 고려사항

① 통행량:점포 앞을 지나는 유동인구의 수를 말하며, 특히 소매점의 경우 성패가 통행량에 달려있다.

② 주변 상가:1차 상권 내의 주변 상가가 계속 발전되는 곳인지 아니면 쇠퇴기에 접어들었는지 파악해야 한다.

③ 접근성:고객 흡인의 용이성, 점포의 입구, 교통시설 등을 파악해야 한다. 버스 정류장, 지하철, 횡단보도 등이 있는 곳은 유리하다. 점포 입구에 계단이 있다면 심리적인 장애물이 되며 계단 외의 다른 심리적 구조물이 있는지도 점검해야 한다. 차량의 출입 시에도 좌우 회전, 유턴 등이 접근성을 떨어뜨리지는 않는지 세밀한 검토가 있어야 한다.

④ 가시성:점포가 눈에 잘 띄는지 면밀히 살펴봐야 한다. 간판의 위치나 크기, 점포의 위치, 유동인구의 규모, 점포의 전면 길이, 건물 전체의 규모, 건물의 집객능력 등을 살펴봐야 한다. 간판의 위치나 크기는 가능한 크게 만드는 것이 유리하고 높이는 지상으로부터 4m~6m가 가장 이상적이다.

⑤ 향후 발전계획:도로, 지하철역, 횡단보도/교량/터널/대형 집객시설 등의 신설이 이루어지는 상권의 향후 움직임은 어떤지 점검하고 이런 시설물들의 신설이 계획되어 있다면 발전 가능성이 높다 하겠다.

⑥ 외식형태와 생활동선:지역 내의 경쟁외식점포가 어디에 있는지, 주고객들의

동선은 어디인지를 파악해야 한다. 즉 출퇴근동선, 통학통로, 구매동선 등의 파악이다.

⑦ 지형/지세 파악:철도, 도로, 대형 담장, 아파트 경계, 언덕, 평지, 강 등을 조사해야 한다. 이런 대형 지형물들은 상권의 단절과 장애가 요소가 된다.

(3) 우수점포의 입지조건[3)]

① 10층 이상의 대형 건물이 5개 이상 밀집된 지역

② 5,000세대 이상의 대규모 아파트나 주택단지

③ 지하철역으로부터 300m 이내인 지역

④ 버스 정류장으로부터 100m 이내의 지역

⑤ 버스 정류장에 정차하는 버스노선이 5개 이상인 지역

⑥ 고교 이상 대학가 주변 정문의 50m 이내, 후문 300m 이내인 지역

⑦ 버스 종착역 반경 500m 이내

⑧ 버스 정류장이나 지하철역으로부터 주택으로 들어오는 입구 모퉁이

[표 5-5] 점포 입지 판단기준과 입지 수준

접근성	가시성	입지 수준
○	○	A 급지
○	×	B 급지
×	○	B 급지
×	×	C 급지

3) 신봉규, 「외식산업 입지 상권분석 기법」 (백산출판사, 2003)

[그림 5-7] 입지의 지리적 위치 조사

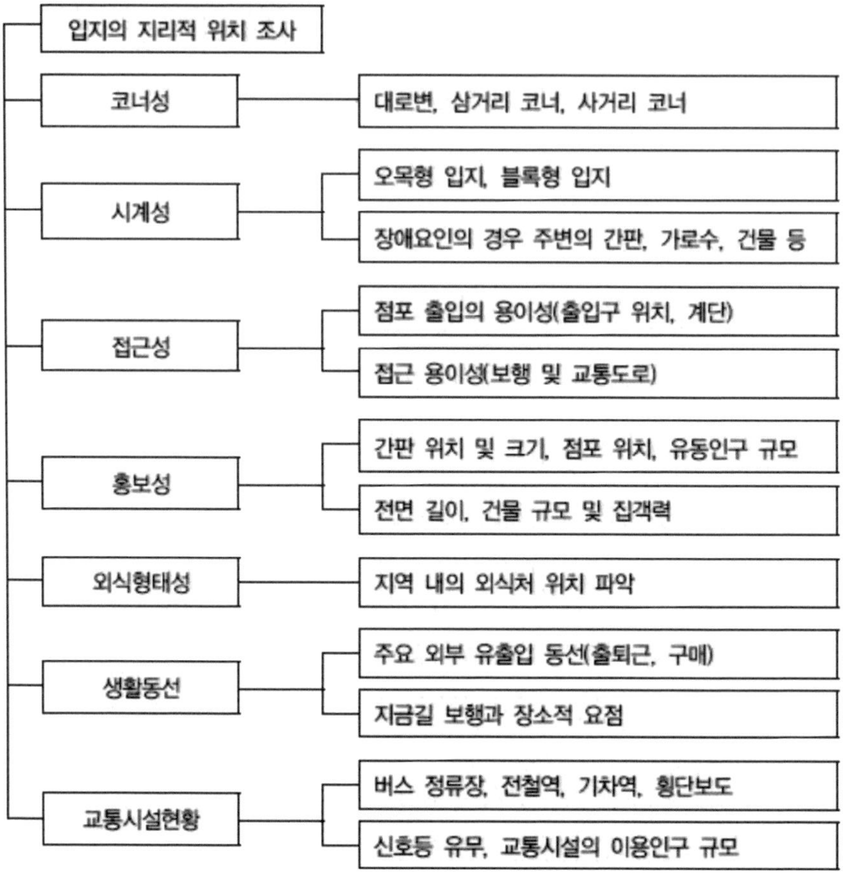

자료:강병남·김형준, 「외식창업론」 (형설출판사, 2005), p. 82.

⑨ 편도 2차선 삼거리 이상 도로의 200m 이내인 지역

⑩ 동일 도로 200m 이내에 동업종이 없는 지역

⑪ 반경 500m 이내에 동업종이 3개 이상 없는 지역

⑫ 인구 이동이 심한 지역인 경우 전입해 오는 추세인 지역 또는 고정인구 2만 명, 고정세대 5천 이상

⑬ 기타 업종에 상응하는 시간대별 유동인구 및 주거인구에 적합한 지역

5장

[표 5-6] 출점적합성 평가와 배점처리 기준

항목(설명)	단위	A 급지	B 급지	C 급지
상주인구(반경 500m 이내) 혹은 세대	명/세대	5,000세대	3,000세대	2,000세대
가구원 수	명	2.8	2.5	2.5 이하
연령층(전체 상주인구 중 30세~45세 인구비중)	%	50	40	30
경쟁점포수(동일업종)	개	0	1	2
소득(가구연간소득)	만 원	5,000	4,000	3,000
아파트비율	%	60	40	30 이하
권리시세(1층 점포, 평당 기준)	만 원	1,500	1,000	500
업종연계성(외식 관련 비율)	%	50	40	30
경쟁업체 수익성(일평균 매출)	만 원	300	150	100 이하

3 상권 입지조사표[4)]

[표 5-7] 업종구성 조사표

구분 업종별	층분류					계	구성비
	B1	1F	2F	3F	4F		
판매업종							
식품류 신변잡화류 의류 가정용품류 문화용품류 레포츠 용품 가전가구류							
서비스업종							
외식 서비스 유흥 서비스 레저 오락 문화 서비스 교육 서비스 의료 서비스 근린 서비스							
계							

4) 신봉규, 「외식산업 입지 상권분석 기법」 (백산출판사, 2003)을 토대로 하여 작성

[표 5-8] 업종업태구성 조사표

구분 업종별	층분류					계	구성비
	B1	1F	2F	3F	4F		
한식업종							
소갈비집 한정식 설렁탕 돼지구이집 탕집 김밥 기타							
서비스 업종							
카페 & 양식 일식 & 횟집 중식 베이커리 피자 기타							
계							

[표 5-9] 외식산업 업태조사표

구분 업종별	층분류					계	구성비
	B1	1F	2F	3F	4F		
FF(패스트푸드)							
FR(패밀리레스토랑)							
CD(캐주얼다이닝)							
TR(테마레스토랑)							
FD(고급레스토랑)							

5장

통행인구의 조사 시에는 통행인구의 양과 성격을 성별/연령별/시간대별로 파악하고, 통행인구의 거주, 상주권도 파악해야 한다. 통행인구 조사방법으로는 평일과 주말의 특정 시간대를 정해서 진행하며 평일은 최소한 2일, 토요일 2회, 일요일 2회 정도 진행한다.

통행량의 조사는 차종별, 시간대별로 진행해야 하며, 통행차량의 거주, 상주권도 파악해야 한다. 통행차량(차량 수와 시간대, 노선 수, 차량의 종류, 승용차, 버스, 트럭, 덤프)의 종류를 체크하는 이유는 주로 해당 점포의 시계성 문제이다.

[표 5-10] 통행량 조사표(연령대별 집계표)

구분	10대		20대		30대		40대		50대	
	남	여	남	여	남	여	남	여	남	여
11시~12시										
12시~13시										
13시~14시										
15시~16시										
16시~17시										
17시~18시										
18시~19시										
19시~20시										
20시~										
합계										

[표 5-11] 통행량 조사표(고객유형별 집계표)

구분	청소년		청년/대학생		직장인		장년층		주부	어린이
	남	여	남	여	남	여	남	여		
11시~12시										
12시~13시										
13시~14시										
15시~16시										
16시~17시										
17시~18시										
18시~19시										
19시~20시										
20시~										
합계										

[표 5-12] **통행차량 조사표**

구분	승용차	화물차	버스	이륜차	봉고차
11시~12시					
12시~13시					
13시~14시					
15시~16시					
16시~17시					
17시~18시					
18시~19시					
19시~20시					
20시~					
합계					

[표 5-13] 경쟁점포 비교조사표

구분	분석항목	경쟁점포 A	경쟁점포 B	경쟁점포 C
업종업태	메뉴와 가격			
	서비스			
	객단가			
조직	오너의 성향			
	종업원 수			
	근로조건			
입지	상권 범위			
	가시성			
	접근성			
	홍보성			
경영관리	고객분포			
	매출			
	마케팅			
	기타			
시설	점포외관과 이미지			
	테이블 배치도			
	조리 시스템			
	주차장			

4. 매출, 권리금의 산정방법

1 기본 매출액 예측

매출액 예측은 다음의 절차에 의해서 기본적인 발생 매출액을 예측한다.

(1) 수요 추출

① 1차 상권:고객의 70%를 포함하는 범위를 말하며, 점포인 경우는 약 500m 반경 이내

② 2차 상권:고객의 30%를 포함하는 범위를 말하며, 점포인 경우는 약 1km 반경 이내

> 1차 상권 아파트 3,000세대, 2차 상권 10,000세대인 경우 수요 추출
> (3,000×0.7) + (10,000×0.3) = 2,100 + 3,000 = 5,100세대

(2) 구매성향 파악

① 구매요구 메뉴에 대한 가구당 소비성향을 파악한다.

② 구매형태를 분류한다(가구 외 소비/가구 내 소비의 분류, 주류 소비 중에서 소주/맥주/위스키 소비의 분류).

> 중국집:월평균 가구당 짜장 1.5개 소비(1인당 연간 6개 소비), 판매가 4,000원 기준 5,750세대×6,000원 = 34,500,000원

(3) 시장점유율 및 매출 예측

① 해당 상권의 경쟁점포 수 파악:10개인 경우

② 시장점유율:맛, 브랜드, 점포 평형, 영업 햇수, 인테리어, 서비스에 따라 차이

③ 일반적으로 점포 면적비율 가중치로 함:자기 점포 면적/(전체 경쟁점 면적의 합+자기 점포 면적)

> 15평/100평 = 0.15
> 200,000,000×0.15 = 15,000,000원

2 권리금의 정의

대법원 판례를 통해서 보면 '권리금 자체는 점포의 영업시설, 비품 등 유형물이나 거래처, 신용, 영업상의 노하우(know-how) 또는 점포 위치에 따른 영업상의 이점 등 무형의 재산적 가치'라고 정의하고 있다. 따라서 현실적으로 시설권리금, 영업권리금, 바닥권리금의 3가지를 아울러 권리금이라 칭하고 있으며, 이는 우리나라에만 있는 형태의 무형자산으로 법적인 보호를 받을 수 없는 재산이다. 따라서 계약 시 권리금에 대해서 신중을 기해야 하고, 권리금을 투자해야 할 때에는 이를 계약기간 안에 회수할 수 있는지, 계약 해지 후 받아서 나갈 수 있는지 등을 점검한 후 투자해야 한다. 특히 법적인 보호를 받지 못한다는 사실을 명확히 알고 있어야 한다. 권리금은 영업이 활발한 곳에서 형성되는 돈임에는 틀림이 없다. 따라서 권리금은 그 상권을 반영한다고 할 수 있으며 상권이 좋으면 권리금이 있고, 상권이 좋지 못하다면 권리금이 없는 경우가 많다. 즉 권리금의 크기나 유무에 따라서 상권을 판단할 수도 있다. 우리나라의 경우 권리금이 있는 곳이 좋은 상권이므로 권리금이 있는 곳에서 영업하는 것이 낫다고 판단하는 경향이 있지만 요즘은 몰링, 종합상가 등이 많이 형성되고 있어서 권리금 없이도 영업할 수 있는 좋은 입지들이 많다.

(1) 시설권리금

시설권리금이란 점포 오픈 당시 투자한 인테리어, 비품, 집기, 기기 등의 시설물에 대한 금액을 보전해주는 성격으로서의 권리금이다. 이는 감가상각을 통해서 3년에서 5년 사이에 소멸한다고 판단하면 되는데 시설 수준과 관리 상태에 따라서 금액의 차이는 있을 수 있다. 통상적으로 감가상각 기간을 3년 정도로 보고 있으나 명확한 기준은 없다. 외식점포의 경우 통상 3년 정도가 지난 후 고객의 트렌드나 시장상황을 감안해서 리뉴얼을 한다고 가정했을 때 3년 정도의 기간을 감가상각의 내용연수로 보면 타당하다고 할 수 있다. 그리고 3년 정도 점포를 운영했다면 그 기간 동안 충분한 수익을 올렸다는 판단을 하는 것이다. 하지만 정확한 기준은 없으므로 이를 참조해서 생각하면 된다. 그러나 시설에 대한 인정 금액은 동종 업종으로 창업했을 시 감안되어야 하는 부분이고, 다른 업종의 창업이라면 인정되지 않는다. 예를 들어 1억 원으로 점포를 오픈했고 2년 동안 영업 후 점포를 양도한다고 가정했을 경우 3년을 감가상각 기준으로 하면 6천 7백만 원은 이미 비용처리되었고 나머지 3천 3백만 원 정도를 시설권리금으로 본다.

(2) 영업권리금

영업권리금이란 점포의 경영자가 영업을 하면서 단골고객을 많이 확보했고, 영업력 등을 발휘하여 높은 매출과 수익을 올리고 있었다면 새롭게 오픈을 해서 영업을 하더라도 기존의 매출을 어느 정도 보장받을 수 있으므로 그 매출과 수익의 보전적인 측면에서 지급되는 돈을 말한다. 이는 통상적으로 1년간의 순이익이 얼마인가를 계산해서 판단한다. 이 역시 동종 업종으로 창업했을 시 감안되는 부분이며, 다른 업종의 창업이라면 인정되지 않는다.

예를 들어서 월 5백만 원 정도의 순이익을 올리고 있는 점포라면 연간 이익은 6천만 원이 되는데 이것이 바로 영업권리금이다. 영업권리금 계산 시에는 정확한 데이터와 정보를 가지고 계산해서 지급해야 한다. 그리고 재창업 시 추정손익계산서를 작성해보고 이런 순이익이 가능한지도 점검해 봐야 한다.

(3) 바닥권리금

바닥권리금이란 점포가 좋은 상권, 좋은 입지에 자리 잡고 있는 경우 그 위치에 대한 프리미엄이라고 보면 된다. 좋은 입지에서의 영업은 기본적인 매출을 보장받을 수 있는데 보장받을 수 있는 매출에 대한 권리금이 바로 바닥권리금이다. 실제 시장에서는 바닥권리금이 권리금의 대부분을 차지하고 있다. 각 상권별로 대략적인 바닥권리금은 형성되어 있다. 하지만 권리금은 법적인 보호를 받을 수 없는 부분이므로 거품이 많은 권리금에 대해 주의해야 하며 영업기간 내에 권리금 회수가 가능한지를 점검해야 한다.

3 적정 권리금의 계산

적정 권리금을 산정하는 방법에는 다음 6가지 방법이 있다. 즉 입지조건, 영업상황, 손익 측면에서 고려하여 적정한 권리금을 산정해야 한다.

〈표 5 - 14〉에서 제시한 권리금 산정방법을 보면 다음과 같다.

[표 5-14] 입지조건별 권리금 산정방법

계산	입지조건	영업현황	이익	권리금 산정방법
1	좋음	좋음	좋음	순수권리금 + 시설비
2	좋은	보통	손익분기점	약간의 순리권리금 + 시설비
3	좋음	나쁨	나쁨	약간의 시설비(바닥권리금 정도)
4	나쁨	좋음	좋은	주변 점포들의 순수익 감안 산정
5	나쁨	보통	손익분기점	약간의 시설비(바닥권리금 정도)
6	나쁨	나쁨	나쁨	시설비도 책정하기 어려움

(1) 1번의 권리금 산정(입지조건 좋음/영업현황 좋음/이익 좋음)

1번의 방법으로 권리금을 산정한 경우에는 '1년 동안의 순이익'인 순수권리금과 함께 '시설비'도 인정해준다. 이 권리금을 제대로 평가받는 곳은 유명 상권의 B급 이상인 경우가 많다.

예제 권리금의 계산(1번 계산, 입지조건 좋음/영업현황 좋음/이익 좋음)

[문제] 목동 A 주상복합 지하(A 급지)에 점포 크기가 25평 정도인 설렁탕집이 매물로 나왔다. 이 설렁탕집의 경우 월 순수익이 1천만 원 정도 되고, 영업이 잘되는 곳이다. 시설의 경우 고급 자재를 사용하여 총 5천만 원을 투자하였고, 현재 영업은 2년 정도 영업을 한 상황이다.

[풀이] ① 영업권리금:월 순수익 1천만 원×12개월=120,000,000원
② 시설권리금:3년을 감가상각기간으로 했을 경우 총 2년의 시설 감가상각금액을 제외하고 1년 치인 16,667,000원
③ 권리금=①+②=120,000,000+16,667,000=136,667,000원

(2) 2번의 권리금 산정(입지조건 좋음/영업현황 보통/이익 손익분기점 정도)

2번의 경우 입지조건은 좋고, 영업현황은 보통의 수준이며, 영업이 활발하지 못해서 이익은 손익분기점 정도 나오는 점포이다. 2번과 같이 입지조건이 좋음에도 불구하고 영업이 안 되는 경우는 업종의 선택이 잘못되었거나 운영능력이 좋지 못한 경우가 대부분이며 이때는 권리금 역시 절반 정도로 감액하여 책정해야 한다.

예제 권리금의 계산(2번 계산, 입지조건 좋음/영업현황 보통/이익 손익분기점)

[문제] 목동 A 주상복합 지하(A 급지)에 점포 크기가 20평 정도 되는 부대찌개집이 매물로 나왔다. 이 부대찌개집의 경우 월 순수익이 200만원 정도 된다. 시설, 집기의 경우 총 2천만 원 정도 투자하였고, 현재 영업은 1년 정도 한 상황이다. 적정 권리금을 산정하시오.

[풀이] ① 영업권리금:1월 순수익 2백만 원×12개월 = 24,000,000원 이의 절반 금액 12,000,000원

② 시설권리금:3년의 감가상각기간으로 했을 경우 총 1년의 시설 감가상각금액을 제외하고 1년 치인 13,333,000원의 절반 금액 6,000,000원

③ 권리금 = ①+② = 12,000,000 + 6,000,000 = 18,000,000원

(3) 3번의 권리금 산정(입지조건 좋음/영업현황 나쁨/이익 나쁨)

3번의 경우 입지조건만 좋고 영업현황이나 이익 측면은 아주 좋지 않은 점포로 운영능력과 업종이 모두 좋지 못하다고 볼 수 있다. 이 경우 입지조건만 좋은 조건이므로 시설비 정도만 권리금으로 형성될 수 있다. 바닥권리금이라 생각해도 무방하다.

예제 권리금의 계산(3번 계산, 입지조건 나쁨/영업현황 나쁨/이익 나쁨)

[문제] 목동 A 주상복합 지하(A 급지)에 점포 크기가 약 30평 정도 되는 죽집이 매물로 나왔다. 이 죽집의 경우 월 이익이 현재 적자 수준이며, 초기 오픈 시 투자금액을 6천만 원 정도 들여서 오픈하였고, 현재 오픈한 지 2년 정도가 지났다. 적정 권리금은 얼마인가?

[풀이] ① 영업권리금:없음

② 시설권리금:3년을 감가상각기간으로 했을 경우 총 2년의 시설 감가상각금액을 제외하고 1년 치인 20,000,000원

③ 권리금 = ① + ② = 0 + 20,000,000 = 20,000,000원

(4) 4번의 권리금 산정(입지조건 나쁨/영업 현황 좋음/이익 좋음)

4번의 경우 입지조건은 좋지 않지만 영업도 잘 되고 이익도 좋은 점포로 운영능력이 뛰어나거나 메뉴 등 다른 부분에서 탁월한 점이 있다고 볼 수 있다. 입지가 좋지 못하므로 다른 점포가 들어왔을 때 영업 여부는 판단하기 어려워진다. 따라서 이런 경우는 권리금의 산정에 있어서도 주변 영업점포들의 순이익과 우수한 운영능력으로 인한 이익의 절반 정도를 감안해서 산정하는 것이 일반적이다.

예제 권리금의 계산(4번 계산, 입지조건 나쁨/영업현황 좋음/이익 좋음)

[문제] 영등포시장 골목 뒷길에 30평 정도의 분식집이 있다. 이 분식집은 단골고객이 많아서 영업이 잘되어 월 순이익이 6백만 원 정도이다. 바로 인근의 경쟁점포들은 월평균 1백만 원 수준의 순이익을 보이고 있다. 이 분식집의 권리금은 얼마인가?

[풀이] ① 경쟁점포들의 1년 동안의 순이익 1백만 원×12개월 = 12,000,000원

② 운영능력으로 인한 1년 동안의 순이익

6백만 원×12개월 = 72,000,000원 72,000,000원

이의 절반 금액 36,000,000원

③ 권리금 = ① + ② = 12,000,000 + 36,000,000 = 48,000,000원

(5) 5번의 권리금 산정(입지조건 나쁨/영업현황 보통/이익 손익분기점)

5번의 경우 입지조건도 좋지 못하고 영업은 손익분기점을 유지하는 곳으로서 이때 권리금은 약간의 시설권리금으로 책정된다. 사실 이런 입지와 영업 정도라면 영업하기가 힘든 곳이다. C 급지나 주택가 등에서 흔하게 볼 수 있는 곳이다.

(6) 6번의 권리금 산정(입지조건 나쁨/영업현황 나쁨/이익 나쁨)

6번의 경우는 입지조건도 나쁘고, 운영현황도 매우 안 좋은 점포로 권리금은 거의 없다고 보면 된다. 만약 권리금이 있다고 하더라도 일부의 기기 매각대금 정도이며, 점포의 양도도 힘든 경우가 대부분이다. 이런 경우는 외식점포로서 운영하기는 힘들다.

4 점포 크기별 적정 권리금 산정방법[5)]

적정 권리금을 도출하기 위해서는 입지조건별 권리금 산정방법에 의해 도출한 권리금과 실제 이미 형성되어 있는 상권별 권리금을 활용하여 조율해야 한다. 또한 권리금은 점포 크기와 점포 층수에 따라서도 달라지므로 그 모든 상황에 맞는 권리금을 도출할 수 있어야 한다. 점포 크기별 적정 권리금 산정방법은 다음과 같다.

5) 박경환, 「실전! 상권분석과 점포개발」 (상상예찬, 2006)

- 권리금 산정방법에 의해 권리금 도출
- 상권별 권리금(10평 기준)에 점포 크기 적용법
  - 10평 미만 점포의 권리금:점포 크기 비례대로 적용
  - 11평 이상~20평 미만 점포의 권리금:10평 크기 권리금의 1.1배~1.6배
  - 21평 이상~30평 미만 점포의 권리금:10평 크기 권리금의 1.7배~2배
  - 30평 이상 점포의 권리금:2배+α

점포 크기는 매출액이나 업종에 미치는 영향력이 크다. 10평 크기를 기준으로 이루어지고 있는 권리금 시세인 상권별 권리금을 점포 크기에 맞추어 적용해야 한다. 그러면 그 상권에서 이루어지고 있는 점포 크기별 권리금 시세가 된다.

[표 5-15] 점포 크기별 주택지 상권 권리금 적용 예

상권별	급지	실평수	권리금	실평수	권리금	비고
점포 수 70~80개인상권	A	10	8,000만 원	8 20 30	6,400만 원 1억 2,800만 원 1억 6,000만 원	10평의 80% 10평의 1.6배 10평의 2배
	B	10	4,000만 원	8 20 30	3,200만 원 6,400만 원 8,000만 원	상동
	C	10	2,000만 원 이하	8 20 30	1,600만 원 3,200만 원 4,000만 원 이하	위와 같으며, C급지는 약간 배수가 낮다.

5 층별 적정 권리금 산정방법[6)]

동일 조건, 동일 아이템일 경우에 1층과 지하 1층, 지상 2층의 이용률을 보면 1층이 접근성과 가시성에서 얼마나 유리한지를 알 수 있다. 즉 층수가 올라갈수록 접근성과 가시성이 떨어지며 그에 비례해서 권리금도 떨어질 수밖에 없다.

5장

[표 5-16] **상권별 권리금의 층별 적용법**

구분	이용율	권리금	비고
1층 점포	100%	100%	
2층 점포	50%	60%	
지하 1층	60%	50%	

[표 5-17] **점포 크기별 주택지 상권 권리금 적용 예**

상권별	급지	실평수	권리금	실평수	권리금	비고
점포 수 70~80개인상권	A	10	8,000만 원	지하 1층 지상 2층	4,000만 원 4,800만 원	1층의 50% 1층의 60%
	B	10	4,000만 원	지하 1층 지상 2층	1,600만 원 2,000만 원	상동
	C	10	2,000만 원 이하	지하 1층 지상 2층	800만 원 1,000만 원	1층의 40% 1층의 50%

6) 박경환, 「실전! 상권분석과 점포개발」 (상상예찬, 2006)

[표 5-18] 부동산 권리양도 계약서

부동산 권리양도 계약서

본 부동산 권리에 대하여 양도인과 양수인은 합의에 의하여 다음과 같이 부동산 권리 양도계약을 체결한다.
1.부동산의 표시

소재지			
상호		면적	㎡(평)
업종		허가(신고)번호	

2.권리금액의 표시

권리금액(시설비포함)	金 원정(₩)

3.계약내용
제1조) 위 부동산의 권리금액을 아래와 같이 지불하기로 한다.

계약금	金 원정(₩)
중도금	金 원정은 계약시에 지불하고 영수함.
	金 원정은 년 월 일에 지불하며
잔금	金 원정은 년 월 일에 지불한다.

(제2조) 양도인은 위 부동산의 권리 행사를 할 수 있는 상태로 하여 년 월 일까지 양수인에게 인도하며, 임대차기간은 인도일로부터 년 월 일까지( )개월로 한다.

(제3조) 양도인은 임차권의 행사를 방해하는 제반사항을 제거하고, 잔금수령과 동시에 양수인이 즉시 영업 할 수 있도록 모든 시설을 포함 인계하여 주어야 한다. 다만, 약정을 달리한 경우에는 그러하지 아니한다.

(제4조) 위 부동산에 관하여 발생한 수익의 귀속과 조세공과금 등의 부담은 위 부동산의 인도일을 기준으로 하여 그 이전까지는 양도인에게 그 이후의 것은 양수인에게 각각 귀속한다. 단, 지방세의 납부의무 및 납부책임은 지방세법의 규정에 따른다.

(제5조) 양수인이 중도금(중도금약정이 없을 때는 잔금)을 지불하기 전까지 양도인은 계약금의 배액을 배상하고, 양수인은 계약금을 포기하고 본 계약을 해제할 수 있다.

(제6조) 공인중개사는 계약 당사자 간 채무불이행에 대해서는 책임을 지지 않는다. 또한, 서비스 용역비(보수)는 본 계약의 체결과 동시에 양도인과 양수인 쌍방이 각각 (양도대금의 ( )%를)지불하며, 공인중개사의 고의나 과실 없이 계약당사자간의 사정으로 본 계약이 해제되어도 서비스용역비(보수)를 지급한다.

(제7조) 양도인은 잔금지급일 이전까지 아래(4.소유자와의 임대차 계약내용)의 조건으로 소유자와 양수인 간에 임대차계약이 체결되도록 책임을 지며, 양도인이 이를 이행하지 못한 경우 계약은 해제되고, 양도인이 수령한 계약금과 중도금은 양수인에게 반환하여야 한다.

4.소유자와의 임대차 계약내용

임대 보증금	金 원정(₩)	임대료	金 원정(₩)
소유자 성명		연락처	
임대차 기간	년 월 일 ~ 년 월 일		

특약사항 :

본 계약에 대하여 계약당사자는 이의 없음을 확인하고 각자 서명, 날인 후 양도인, 양수인, 공인중개사가 각 1통씩 보관한다.

년 월 일

양도인	주소					印
	주민등록번호		전화		성명	
양수인	주소					印
	주민등록번호		전화		성명	
공인 중개사	사무소소재지					
	등록번호		사무소명칭			印
	전화번호		대표자성명			

5장

[상권 입지분석보고서 예시]

1. 물건 개요

구분		내용
물건 개요	소재지	서울시 중구 명동 ○○가 ○○○번지
	대지 면적	200평
	건축 규모	B2 - 지상 10층(지하 1층, 2층 모두 주차장 사용)
	출점 대상층	2층(실평수 100평) : 엘리베이터 이용 가능
	개점 가능일	2012년 5월

2. 임차조건

구분		내용
임차조건	출점 장소	2층
	임차 면적	2층(전용 100평/계약 면적 150평)
	임차보증금/권리금	500,000,000원(계약기간 동안 동결)
	월 임대료	월 10,000,000원(최초 2년 동결 후 인상) 3년차 5%/4년차 6%/5년차 6%
	계약기간	5년
	채권확보방법	근저당
	권리금	50,000,000원
	주차장 사용조건	주차 1대 무료, 고객주차장 2시간 무료

3. 상권분석

1) 상권 위치

2) 입지 상권분석

구분	내용
상권	• 본 명동상권은 총 3개의 상권으로 형성되어 있음 • 입점하고자 하는 상권지역은 충무로쪽에 인근한 상권으로 주로 일본인 관광객들이 많이 밀집하고 있음 • 인근 호텔 등 숙박시설이 밀집하고 있음 • 상권 내 주로 고기집, 한정식집 등이 있고, 일본인 상대 잡화점 많이 있음 • 명동 외곽쪽이지만 명동 주대로변에서 고객을 유인할 수 있느냐가 주관건이 됨 • 상권 내 주요시설로는 영화관, 호텔 3개, 명동성당, OO백화점 등이 있음 • 주변에 오피스가 일부 형성되어 있음
입지	• 명동 외곽 3번째 대로변에 위치함 • 명동 메인 통로에서 2번째 안쪽에 위치하여 점포의 접근성은 떨어짐 • 전면 대로변으로 유리면이 넓어 가시성이 확보됨 • 접근성은 떨어지나 가시성이 확보되어 B 급지 정도로 분류됨 • B 급지에서 권리금 5천만 원 정도는 무난해 보임

3) 주요 시설물현황

건물명	거리	건물 규모(상주인구)	비고
○○증권 빌딩	200m	20층(3천 명)	1층 ○○커피하우스 입점
○○텔레콤	500m	10층(1천 명)	
○○은행	300m	3층(100명)	
○○건설 본사	150m	15층(2천 명)	
○○은행 본점	200m	5층(400명)	
명동성당	400m	-	
AA 호텔	250m	20층(200명)	1층 P 베이커리숍
BB 호텔	50m	13층(150명)	
CC 호텔	50m	10층(70명)	
○○대학	450m	-	구내식당 3곳 운영 중
○○빌딩	100m	7층(200명)	

4) 주요 시설물현황

점포명	월매출액	좌석수	거리	입점형태	비고
○○ 돈가스	1.0억 원	120	50m	2층 빌딩인	
○○ 패밀리레스토랑	2.5억 원	200	400m	2층 빌딩인	
AA 패밀리레스토랑	3.0억 원	250	500m	지하 1층 빌딩인	
○○피자	1.5억 원	100	100m	1층/2층 나대지	
○○ 패스트푸드	1.8억 원	80	250m	1층 빌딩인	
○○ 커피하우스	1.5억 원	120	30m	1층/2층 빌딩인	

BB 패밀리레스토랑	2.1억 원	250	100m	나대지	
○○ 오므라이스	1.1억 원	130	100m	1층 빌딩인	
○○ 설렁탕	0.8억 원	60	100m	2층 빌딩인	
AA 피자	1.3억 원	90	300m	2층 빌딩인	
AA 커피하우스	1.2억 원	100	100m	1층 빌딩인	
BB 교자	1.9억 원	220	50m	1층 빌딩인	

5) 유동인구 조사표

구분	10대		20대		30대		40대		50대	
	남	여	남	여	남	여	남	여	남	여
11시~12시	250	220	330	320	120	145	28	35	10	9
12시~13시	302	400	320	350	122	122	30	30	12	11
13시~14시	450	448	390	399	100	120	35	34	18	20
15시~16시	558	605	752	881	358	450	40	55	50	41
16시~17시	550	605	700	900	550	555	100	114	80	80
17시~18시	600	702	824	835	820	888	201	202	150	149
18시~19시	1000	1212	1025	1544	988	952	566	201	222	320
19시~20시	1504	1602	1112	1354	1028	988	666	587	198	168
20시~	1254	1135	1041	1115	999	800	200	128	41	38
합계	6,468	6,929	6,494	7,698	5,085	6,247	1,866	1,386	781	836

4. 추정 매출액

매출액	객단가	좌석회전율	일평균매출	연매출	회수기간	좌석수	비고
1.0억 원	7,500원	4.4	3,333,000원	12.0억 원	2.5년	100	
1.2억 원	7,500원	5.3	4,000,000원	14.4억 원	2.0년	100	
1.5억 원	7,500원	6.6	5,000,000원	18.0억 원	1.7년	100	

5. 최종 결론

- 입지적인 접근성은 일부 결함이 있으나 가시성이 확보되어 있고, 인근 오피스, 호텔, 일본인 관광객의 접근이 용이해서 매출은 월평균 1.0억 원 이상 확보될 것으로 보이며, 이익은 매월 약 1천만 원 정도 형성될 것으로 판단되어 양호한 것으로 보임
- 명동 메인 도로에서 고객들을 어떻게 유인하여 입점시키는지가 관건이며, 홍보 수단을 마련해야 할 것으로 보임
- 주 타깃을 20대~30대 여성고객보다 직장인, 일본인 관광객으로 하고, 서브 타킷으로 젊은 고객들을 대상으로 해야 할 것으로 보임

➡ 전반적으로 점검했을 때 입점 타당성은 충분히 확보되므로 점포 오픈에 긍정적임

참고문헌

- 강병남·김형준. 「외식창업론」. 형설출판사, 2005.
- 박경환. 「실전! 상권분석과 점포개발」. 상상예찬, 2006.
- 박진우. 「외식경영학」. 형설출판사, 2010.
- 정연강. 「실전상권의 법칙」. 경향미디어, 2011.
- 신봉규. 「외식산업 입지 상권분석 기법」. 백산출판사, 2003.
- 이종한·최주호·여생규. 「외식프랜차이즈창업실무론」. 형설출판사, 2010.
- 한국생산성본부. 「부동산입지 및 상권분석」. 한국생산성본부사회능력개발원.

에필로그

최근 필자는 "매뉴얼을 만드는 것이 먼저인가? 사람을 만드는 것이 먼저인가?"라는 화두에 머리 속을 정리하지 못하고 있다. 외식기업들은 저마다 모두 운영에 관한 매뉴얼을 만들어서 브랜드를 운영하고 발전시키기 위해서 노력하고 있다. QSC매뉴얼, 레시피, 점포운영매뉴얼, 인테리어 시방서, 기기운영매뉴얼 등 그 수도 헤아릴 수 없이 많다.

나도 나의 브랜드에 아주 많은 매뉴얼을 제작하고 이를 운영하고 있고, 다양한 교육을 통해서 매뉴얼을 전파하는데 일조하고 있다. 하지만 최근 매뉴얼은 가지고 있으나 매뉴얼대로 운영되지 않고 있는 모습들을 현장에서 확인하게 되었다. 그리고 곰곰이 생각한 것이 "매뉴얼을 만드는 것이 먼저인가? 아니면 구성원을 제대로 만드는 것이 먼저인가"를 생각하게 되었다.

그리고 다시 다짐한다. 외식업은 사람이 가장 중요하다. 그래서 사람을 만들어야 한다. 그리고 그 사람을 통해서 매뉴얼과 표준이 전파되어야 한다고. 그래서 우리는 구성원들에게 집중해야 하고, 매뉴얼에 집중해야 한다.

"구성원은 어떻게 완성되는가?"라는 질문에 집중해야 한다. 외식업은 사람이 하는 일임에 틀림이 없다. 상당 부분 기계로 대체되거나 키오스크 주문시스템이 도입된다 하더라도 타 산업에 비해서 여전히 외식업은 사람을 대체할 수 있는데 한계가 있는 듯 하다. 특히 업스케일 레스토랑일수록 더욱 그러하다.

그래서 사람이 제일 중요하다. 사람이 외식업의 근간이다. 그들이 만족하고 만족한 구성원이 훌륭한 음식과 서비스를 제공하고 이것이 모여 조직문화가 되고 훌륭한 조직문화는 고객을 만족시키고 나아가 감동까지 선사한다. 만족한 고객은 브랜드를 찾게 되며 곧 매출과 이익의 창출로 돌아온다. 이것이 핵심이다.

어찌 보면 이 단순한 논리를 실천하기가 힘이 드는지 모르겠다. 알면서도 실천하기 어려운 외식업의 과제이다. 하지만 외식경영자는 이 과제에 대한 고민을 끝없이 해야 한다. 경영자는 결국 문제를 해결하기 위해서 존재하는 것이 아닌가? 직원만족, 고객만족, 매출과 이익으로 흐르는 선순환적 과제에 대해서 질문하고 답해야 한다. 그것이 외식업의 성공포인트이다.

나에게 누군가가 외식업의 성공포인트가 무엇이냐고 묻는다면 한치의 물러섬없이 나는 첫째는 조직문화와 구성원 만족이고 둘째는 고객만족이고 셋째는 매출과 이익이다. 그 순서에도 의미가 있다고 생각한다.

"성공을 꿈꾸는가? 그러면 구성원들의 만족에 집중하라."고 말을 던지고 싶다.

이 책은 매뉴얼처럼 적힌 노하우가 깃든 책이다. 10년을 넘게 자료를 모으고 고민한 외식업 후배들에게 주는 지침서이기도 하다. 현장경영자로 지내면서 느꼈던 갈증을 과학적으로 접근하고 싶어서 쓴 책이기도 하다. 외식업은 또 매뉴얼 사업이기도 하다. 제대로 된 매뉴얼은 제대로 된 결과물을 창출하는 원동력이 되는 계기가 되기도 한다. 그래서 매뉴얼이 필요하다. 이 책의 집필 이유이다. 10년을 고민하고 400페이지로 정리했다.

우리는 외식점포를 제대로 운영하기 위해서 훌륭한 매뉴얼이 반드시 필요하다. 이게 매뉴얼에 집중하는 이유다. 매뉴얼이 항상 좋은 결과를 가져다 주지 않지만 최악의 순간은 모면하게 만들어준다. 또 우리가 과학적 지식으로 무장하여 외식업을 운영한다면 외식의 성공은 좀 더 수월하게 다가올 수도 있다.

"성공을 꿈꾸는가? 그러면 매뉴얼에 집중하라"고 말을 던지고 싶다.

오늘도 나는 고민한다. 매뉴얼을 만드는 것이 먼저인가? 사람을 만드는 것이 먼저인가?"

우리는 둘 다에 집중해야 한다.

광화문 서재에서

저자 박진우 씀.

외식 경영 노하우

초판 1쇄 인쇄 / 2022년 6월 10일
초판 1쇄 발행 / 2022년 6월 17일

저자 박진우
발행처 형설출판사
경기도 파주시 회동길 37-23 · 전화 (031) 955-2361~4 · 팩시밀리 (031) 955-2341
발행인 장진혁
등록 라-제9호 · 1962년 5월 1일
홈페이지 http://www.hyungseul.co.kr
e-mail hs@hyungseul.co.kr

정가 25,000원

ISBN 978-89-472-0509-2 03320

외식 경영 노하우